Johanna Rahner

Einführung in die christliche Eschatologie

GRUNDLAGEN THEOLOGIE

Johanna Rahner

Einführung in die christliche Eschatologie

FREIBURG · BASEL · WIEN

© Verlag Herder GmbH, Freiburg im Breisgau 2010
Alle Rechte vorbehalten
www.herder.de

Umschlaggestaltung: Finken & Bumiller, Stuttgart
Satz: Barbara Herrmann, Freiburg im Breisgau
Herstellung: fgb · freiburger graphische betriebe
www.fgb.de

Gedruckt auf umweltfreundlichem, chlorfrei gebleichtem Papier
Printed in Germany

ISBN 978-3-451-30337-1

Inhalt

Vorwort#Vorwort 13

Teil I: Grundfragen

Kapitel 1: Erste (Er-)Klärungen 17
1. Der Tod – ein Existenzial? 17
1.1 Vom Umgang mit dem Tod 19
1.1.1 Das Natürlichste aller Dinge? 19
1.1.2 Den Tod ›feiern‹? Totenliturgien und Totenriten als Quelle von Todesdeutung und Lebenshoffnung 21
1.1.3 Der Tod als Kulturgenerator 23
1.2 Hoffnung jenseits der Projektion 25
2. Die Zeit, die bleibt – zur Eigenart des christlichen Zeitverständnisses 30
2.1 Befristung der Zeit wider die kulturelle Amnesie ... 30
2.2 Apokalyptik oder: Die Entdeckung der Geschichte . 31
2.3 Apocalypse now: Gegenwart kontrafaktisch 32
2.4 Apocalypse no! 36
3. ›Weil wir in dieser Welt nicht zuhause sind ...‹ 41
3.1 Fortschritt – wohin? 43
3.2 Traum – Utopie – Vision 48
3.3 Endstation Sehnsucht? 50

Kapitel 2: Die ›Lehre von den letzten Dingen‹? – Zur Hermeneutik eschatologischer Aussagen 53
1. Zu Sprache und Hermeneutik eschatologischer Aussagen 56
1.1 Eschatologische Bilder geraten in Verruf 57
1.2 Aufgaben einer angemessenen Hermeneutik eschatologischer Aussagen 59
1.3 Hermeneutische Vorüberlegungen 61

5

1.3.1	Aktuelle Herausforderungen	61
1.3.2	Zur Sprachgestalt eschatologischer Aussagen	62
1.3.3	Das Problem der Systematisierung eschatologischer Aussagen	64
1.3.4	Abgrenzungen	65
2.	Regeln für eine angemessen Hermeneutik eschatologischer Aussagen	66
2.1	Alles nur ›Projektion‹?	66
2.2	Zur anthropologischen Grunddimension eschatologischer Aussagen	67
2.3	Konsequenzen	69
2.3.1	Eschatologie als der ›Blick aufs Ganze‹	69
2.3.2	Grundregeln zur Auslegung eschatologischer Aussagen	70
2.4	Zu den Themen der Eschatologie	72

Kapitel 3: Vollendung und Geschichte		73
1.	Eschatologie als Geschichtstheologie	73
1.1	Zum Geschichtsverständnis Israels	74
1.1.1	Vom Mythos zur Geschichte	74
1.1.2	Zur dialogischen Struktur von Geschichte	76
1.1.3	Der Engel der Geschichte	78
1.1.4	Heil in Geschichte	79
2.	Inkarnation und Geschichtstheologie	80
2.1	Die Menschwerdung Gottes als Konsequenz der Offenbarung in Geschichte	80
2.2	Theologie des Neubeginns	82
2.3	Systematische Kernthesen einer Theologie der Geschichte	84
3.	Geschichtstheologische Entwürfe	85
3.1	Das apokalyptische Erbe des Christentums	85
3.2	Modelle	88
3.2.1	Joachim von Fiore († 1202): Chiliasmus als Kirchenkritik	88
3.2.2	Augustinus‹ ›De civitate Dei‹ – Modell eines theologisch gebändigten Milleniarismus	90
3.3	Systematische Konsequenzen	92

4.	Herausforderungen außerchristlicher Geschichtsentwürfe und Gesellschaftsutopien	94
4.1	Die Neuzeit als Blütezeit des Milleniarismus	94
4.1.1	Geschichtsphilosophien als Erbe der Aufklärung?	94
4.1.2	Säkularisierung und Politisierung von Geschichtsutopien	95
4.2	Säkulare Geschichtsphilosophien der Neuzeit	96
4.3	Die theologische Herausforderungen durch säkulare Geschichtsphilosophien	101

Kapitel 4: Entstehung des Glaubens an ein Leben nach dem Tod 105

1.	Ägypten – das goldene Jenseits	106
1.1	Entwicklungslinien der Jenseitsvorstellungen Ägyptens	107
1.2	Das Bild des Todes in Ägypten	113
1.2.1	Der Tod als Feind	114
1.2.2	Der Tod als Heimkehr	118
1.2.3	Der Tod als Geheimnis	120
2.	Zwischen ›Reich der Finsternis‹ und Unsterblichkeit der Seele: Mesopotamien – Kanaan – das hellenistische Zeitalter	120
2.1	Mesopotamien	120
2.1.1	Totenkult als ritualisierter Schutz gegen das Totenreich	121
2.1.2	Sehnsucht nach dem ewigen Leben	122
2.2	Syrien und Kanaan (auch Ugarit)	124
2.3	Das hellenistische Zeitalter und die Jenseitsvorstellungen Griechenlands	125
2.3.1	Die Frühphase (mykenische Kultur)	125
2.3.2	Die klassische Phase: Homer	126
2.3.3	Die Spätphase: Platon und die Idee der Unsterblichkeit der Seele	128
3.	Die theologiegeschichtliche Entwicklung in der Hebräischen Bibel	131
3.1	Grundstationen der theologiegeschichtlichen Entwicklung der Jenseitsvorstellungen	131
3.1.1	Jenseitsvorstellungen und Kultur	131

3.1.2	Die theologische Grunddimension	132
3.1.3	Entwicklungsstufen	134
3.2	Die Apokalyptik	139
3.2.1	Zum historischen Entstehungshorizont der Apokalyptik	139
3.2.2	Prophetische Tradition vs. Apokalyptik?	142
3.2.3	Vom ›Sinn‹ apokalyptischer Aussagen	144
4.	Die neutestamentliche Überlieferung	147
4.1	Jesus von Nazaret und die Verkündigung des nahegekommenen Gottesreichs	147
4.1.1	Übernahme und Abgrenzung	148
4.1.2	Die Gottes-Reich-Botschaft	148
4.2	Apokalyptische Motive und ihre christologische Deutung	152
4.2.1	Parusie und Naherwartung	152
4.2.2	Gericht	154
4.2.3	Systematische Konsequenzen	155
4.3	Die eschatologische Dynamik des Bekenntnisses zur Auferweckung Jesu von den Toten	156
4.3.1	Tod und Auferstehung Jesu – mitten in oder jenseits der Motivwelt der Apokalyptik?	156
4.3.2	Der Tod	157
4.3.3	Die Auferstehung	158
4.3.4	Apokalyptische Metaphorik und theologischer Gehalt	160
4.3.5	Was ›Ostern‹ bedeutet	161
4.4	Die christologische Grunddimension aller Eschatologie	163
4.5	Neutestamentliche Eschatologien	166

Teil II: Einzelthemen

Kapitel 1: Tod und Auferstehung] Tod und Auferstehung 173
1. Der Preis der Sünde? 173
1.1 Neuere ›Theologien des Todes‹ 174
1.1.1 Karl Rahner:
 Der Tod als Existenzial und als Tat des Menschen .. 174
1.1.2 Eberhard Jüngel: Ganz-Tod-Hypothese 175
1.1.3 Joseph Ratzinger: Dialogische Unsterblichkeit 176
1.2 Preis der Liebe? 177
2. ›So bleiben, wie ich bin ...‹? –
 Auferstehung mit Leib und Seele 182
2.1 Die Leib-Seele-Existenz des Menschen 182
2.1.1 Grundzüge einer biblischen Anthropologie 182
2.1.2 Theologiegeschichtliche Entwicklungslinien 185
2.2 Interpretationsmodelle der Auferstehung der Toten .. 194
2.2.1 Auferstehung am Jüngsten Tag 194
2.2.2 Auferstehung im Tod 195
2.2.3 Diskussionen und die Möglichkeit eines Konsenses . 196

Kapitel 2: ›Zu richten die Lebenden und die Toten ...‹ 201
1. Das Jüngste Gericht 201
1.1 Das biblische Fundament 202
1.1.1 Der Tag des Herrn 202
1.1.2 Gericht und Treue Gottes 204
1.1.3 Neutestamentliche Zuspitzungen 205
1.2 Systematische Konkretionen 208
1.2.1 Widerspruch gegen das Unrecht 208
1.2.2 Hoffnung auf Rettung und
 Sehnsucht nach Gerechtigkeit 209
1.2.3 Gericht und Selbstgericht 211
2. Vom doppelten Ausgang des Gerichts 213
2.1 Origenes oder:
 Die Hoffnung auf die Wiederbringung aller 213
2.2 Augustinus oder:
 Der doppelte Ausgang des Gerichts 217

3.	Gerechtigkeit und Versöhnung	218
3.1	Allzumenschliches	218
3.2	Anthropodizee oder Theodizee?	221
3.2.1	Anamnetische Solidarität	222
3.2.2	Im Kreuz ist Heil	224
3.3	Versöhnung – eine unmögliche Möglichkeit?	227

Kapitel 3: Auferstehung auf Bewährung oder Hölle auf Zeit? – Das Fegefeuer 233

1.	Fegefeuer – eine veraltete Mythologie?	233
1.1	Biblisches	234
1.2	Die theologiegeschichtliche Entwicklung und der lehramtliche Grundbestand	235
2.	Das Fegefeuer in ideengeschichtlicher Perspektive	237
2.1	Zentrale Grunddimensionen der mittelalterlichen Fegefeuerlehre	239
2.1.1	Der kommuniale Grundaspekt	239
2.1.2	Ein mentalitätsgeschichtlicher Perspektivenwechsel	239
2.1.3	Sündensensibilität im Mittelalter	240
2.2	Theologiegeschichtliche Verortungen	242
2.2.1	Mittelalterliche häretische Bußbewegungen	242
2.2.2	Die lehramtliche Fixierung des duplex iudicium und damit die Denknotwendigkeit eines eschatologischen Zwischenzustandes	242
2.2.3	Pastorales Befreiungspotential und die Gefahr der Kapitalisierung	243
2.3	Die bleibende Hoffnungsgestalt der Fegefeuerlehre	245
2.3.1	Zur Hermeneutik der Bildwelt	245
2.3.2	Vom Proprium des Fegefeuers	248
3.	Eine moderne Infragestellung: Reinkarnationsglaube	249
3.1	Begrifflichkeit und Vorstellungswelt	250
3.1.1	Zum Begriff ›Reinkarnation‹	250
3.1.2	Zur Geschichte des Reinkarnationsgedankens	250
3.1.3	Eine notwendige Differenzierung	252
3.2	Moderne Plausibilitäten	255
3.2.1	Die Vorstellung eines natürlichen Todes	255

3.2.2 Das Motiv der ausgleichenden Gerechtigkeit 256
3.2.3 Leistung zahlt sich aus 257
3.2.4 Wer bin ich? 258
3.3 Christliche Anfragen 259
3.3.1 Schöpfungstheologie: Differenz von Schöpfer und Geschöpf 259
3.3.2 Gnadenlehre: Vergebung, nicht Selbsterlösung 260
3.3.3 Anthropologie: Die Würde von Beziehung und Geschichte 260

Kapitel 4: Zur Hölle mit der Hölle? 262
1. Eine kleine Kulturgeschichte der Hölle 263
1.1 Biblisches 263
1.1.1 Scheol und was noch? 263
1.1.2 Neutestamentliche Zurückhaltung 266
1.2 Altkirchliche Wegbereiter 267
1.2.1 Apokryphe christliche Apokalypsen 267
1.2.2 Theologische Weichenstellungen 269
1.3 Die Blüte der Höllenvorstellung im Mittelalter 270
1.4 Neuzeitliche Infragestellungen 275
2. Hölle – reale Möglichkeit? Zur theologischen Diskussion des 20. Jahrhunderts 277
2.1 Lehramtliche Zurückhaltung 277
2.2 Theologisches Weiterdenken 279
2.2.1 Karl Rahner 279
2.2.2 Hans Urs von Balthasar 280

Kapitel 5: ›All will be well ...‹ ›All will be well ...‹ 284
1. Eine kleine Kulturgeschichte des Himmels 284
1.1 Biblisches 286
1.1.1 Jenseits der Scheol 286
1.1.2 Herr des Himmels und der Erde 287
1.2 Religionsgeschichtliche Streiflichter 289
1.3 Theologiegeschichtliches 291
1.3.1 Die christliche Antike 291
1.3.2 Mittelalterliche Konkretionen und ihre Wirkungsgeschichte 293

1.3.3	Neuzeitliche Infragestellungen	295
1.3.4	Unaufgebbare Theozentrik	296
2.	Erlösung vom Himmel?	297
2.1	Jenseits von Erlösung	297
2.2	Diesseits des Himmels	298
3.	Die (Wieder-)Entdeckung des Himmels	300
3.1	Heaven can wait	300
3.2	Solidarisierung und Dynamisierung des Himmels	301
3.3	›All is well that ends well‹	303

Literaturverzeichnis ... 306

Personenverzeichnis ... 316

Vorwort

> »*Der algerische Sommer hat mich gelehrt,*
> *dass eines noch tragischer als das Leiden ist:*
> *das Leben eines glücklichen Menschen.*«
> Albert Camus, Hochzeit des Lichts

Hatte man in der Rede von ›den letzten Dingen‹ in vergangenen Jahrhunderten zu viel gewusst und dabei auf die subtile Einprägsamkeit jener Bilder von Himmel und Hölle gesetzt, die bis heute unsere Vorstellungen wie unsere Phantasie anregen, so zeichnet sich die zeitgenössische Eschatologie eher durch eine gewisse Verlegenheit oder gar Sprachlosigkeit aus. Die ›größere Hoffnung‹ ist Christinnen und Christen durch die Religionskritik gehörig ausgetrieben worden. Sie hat uns mit so vielen Fragezeichen versorgt, dass uns die Ausrufezeichen abhanden gekommen scheinen. Freilich schnappt die Falle damit in einer ganz anderen Richtung zu: Mit dem Verlust der Sprache droht die Sache selbst verloren zu gehen. Doch eines sollte uns klar sein: Wo die Hoffnung auf Zukunft verloren geht, geht am Ende das Humanum verloren.

Denn die entscheidende Herausforderung, die eigentliche Tragödie des Menschseins, bleibt jenes Ärgernis des Todes, der aller Hoffnung auf Glück den Stachel der Endlichkeit einpflanzt. Wo man sich dieser Herausforderung stellt, trifft man früher oder später auf jene unaufgebbare Frage nach Gerechtigkeit und die unstillbare Hoffnung nach der Erfüllung jener Sehnsucht, die – wider alle Erfahrung dieser Welt – davon träumt, dass am Ende alles gut sein möge. Diese Sehnsucht ist nicht einfach nur die kleine Münze christlicher Hoffnung, sondern sie ist heute das gängige Zahlungsmittel. Sicher, manchmal sind auch falsche Fünfziger darunter, aber anders zahlt sich christliche Hoffnung in der späten Moderne nicht mehr aus.

Freiburg, Ostern 2010   Johanna Rahner

Teil I: Grundfragen

Kapitel 1: Erste (Er-)Klärungen

1. Der Tod – ein Existenzial?

> »*Das schauerlichste Übel also, der Tod, geht uns nichts an; denn solange wir existieren, ist der Tod nicht da, und wenn er da ist, existieren wir nicht mehr.*«
> (Epikur, Brief an Menoikeus, 125)[1]

Obgleich von unhinterfragbarer Logik erweist dieser Satz des griechischen Philosophen *Epikur* sich bei näherem Hinsehen als entscheidende Herausforderung. Epikurs Ideal der ›Gelassenheit‹ (ataraxia) auch hinsichtlich des scheinbar schauerlichsten Übels, das uns aber im Prinzip nichts angeht, steht im Widerspruch zu einer der emotionalsten Grunderfahrungen des Menschen: dem Schrecken des Todes und dem Erschrecken über den Tod.

In diesem ›Endlichkeitsschock‹ meldet sich das an, was über 2300 Jahre nach Epikur *Martin Heidegger* als die Grundstruktur menschlicher Existenz überhaupt beschrieben hat. Menschliche Existenz ist ein ›Sein zum Tode‹: »*Der Tod als Ende des Daseins ist die eigenste, unbezügliche, gewisse und als solche unbestimmte, unüberholbare Möglichkeit des Daseins. Der Tod ist als Ende des Daseins im Sein dieses Seienden zu seinem Ende*«.[2] *Emmanuel Levinas* ergänzt diesen Gedanken durch das Moment der absoluten Ausgeliefertheit, der Herrschaftslosigkeit des Subjekts, ein Inbegriff der Andersheit, über die wir nicht mehr verfügen können.[3] Mit einer solchen Definition

---

[1] Epikur, Von der Überwindung der Furcht. Katechismus, Lehrbriefe, Spruchsammlung, Fragmente, hrsg. v. Olof Gigon, Zürich 1968, 101.
[2] Sein und Zeit 258f.
[3] Vgl. Lévinas, Die Zeit und der Andere, bes. 44–49.

des Todes als anthropologischer Grundkonstante verschiebt sich unter der Hand das Verständnis des Todes zum Wissen um die Sterblichkeit[4]. Und so wird aus der ›Ubiquität‹ des Todes eine Ontologie der Sterblichkeit. Denn Kennzeichen des Menschen schlechthin ist für Heidegger nicht Geist, Idee, Wille, sondern die schlichte Tatsache, dass seine Zeit eine begrenzte, befristete ist. Diese Erfahrung und vor allem diese Gewissheit, dass das eigene Leben unaufhaltsam dem Nicht(mehr)sein entgegengeht, prägt alle menschlichen Lebensvollzüge – bewusst oder unbewusst. Die Zeitlichkeit ist das ihn als Menschen prägende und auszeichnende Ideal. Sein Wesen ist durch die Zukunft und als äußerste Zukunft eben durch den Tod bestimmt. Natürlich müssen auch Tiere und Pflanzen sterben, denn der Tod ist – biologisch gesehen – der Preis der Evolution. Alles Kreatürliche höherer Ordnung muss sterben. Der Tod ist nicht nur das biologische Ende eines Lebens, sondern ein das Leben selbst begleitender stetiger Prozess des Werdens und Vergehens, dem niemand entkommt. »Der Unterschied besteht jedoch darin, dass nur der Mensch um seine Sterblichkeit weiß und mit dem Wissen um seine Endlichkeit leben muss.«[5] Das ist keine moderne Einsicht. Schon die Mythen des Alten Orients machen auf diesen seltsamen ›Zwischenstand‹ aufmerksam: Zum göttlichen Wissen gehört das ewige Leben, zum Sterbenmüssen gehört die Unwissenheit. Aber der Mensch, dieses exzentrische Wesen, hat die sinnvolle Disposition gestört. Er verbindet Sterben und das Wissen darum.

Ea ist der Gott der Weisheit. Er konnte seinem Sohn Adapa die Weisheit, aber nicht die Unsterblichkeit vererben. Eines Tages zerreißt der Südwind dem fischenden Adapa das Netz. Adapa verflucht den Südwind, und da er das Wissen der Götter besitzt, ist sein Fluch so kräftig, dass er dem Windgott die Flügel zerbricht. Dadurch wird der unhaltbare Zustand für alle Götter offensichtlich: Ein irdisches, sterbliches Wesen besitzt das Wissen der Götter, ist aber keiner von ihnen. Das Problem muss gelöst werden. Adapa wird vor den Thron des Götterkönigs Anu zitiert. Ea warnt Adapa davor, auf dem Weg irgendwelche Speisen anzunehmen, die ihm die Götter

---

[4] Vgl. Macho, Tod und Trauer, 94.
[5] Fischer, Tod und Jenseits, 4.

reichen. Es könnte die Nahrung des Todes sein. Und so verweigert Adapa die angebotenen Speisen. Doch es war nicht die Speise des Todes, sondern die Speise der Unsterblichkeit, die ihm die Götter angeboten hatten. Um den unhaltbaren Zustand zu klären, wollten sie ihn selbst unsterblich, zu einem der Ihren machen. Doch bleibt es, weil sich Adapa verweigert hat, für alle Zeiten bei dieser prekären Verbindung von Wissen und Sterben.   (Babylonischer Mythos von Adapa, dem Sohn des Ea)[6]

Erst dieses Wissen macht den Tod zu einer anthropologischen Größe, zum Existenzial im Sinne Heideggers. Und erst diese Konkretion macht die Allgemeinheit des Todes zu einer anthropologisch relevanten Herausforderung. Doch diese sagt noch nichts darüber aus, wie konkret damit umgegangen wird.

1.1 Vom Umgang mit dem Tod

1.1.1 Das Natürlichste aller Dinge?

Ein zentrales Kennzeichen der traditionellen Todes- und Jenseitsvorstellungen ist der uns heute bisweilen sehr fremd anmutende ›natürliche‹ Umgang mit dem Tod. Das Bewusstsein, dass das Leben einmal ein Ende hat, und die bewusste Beschäftigung mit diesem Gedanken ist ein unverzichtbarer Teil der Lebenserfahrung früherer Jahrhunderte. Bei allen individuellen Unterschieden – die Tragik des plötzlichen Todes in jungen Jahren, der Tod als Ruhe nach einem erfüllten Leben, der Tod als durch Krankheit und Seuchen stets drohende Gefahr – ist die Grundüberzeugung überall dieselbe: Der Tod gehört zum Leben dazu. Vielleicht sind auch deshalb viele Darstellungen auf alten Grabsteinen so unmittelbar ›aus dem Leben gegriffen‹. Das Motiv des Todes als natürliches Ende des Lebens erfährt seine christliche Deutung als ›Ende des irdischen Pilgerstandes‹, der zugleich den Übergang zur eigentlichen himmlischen Heimat bildet. Eine solche Einstellung kennzeichnet das Leben als Unterwegssein, als Zeit der Entscheidungen. Der Tod ist der Gegensatz dazu, bedeutet Angekommensein, Entschiedensein.[7]

---

[6] Zum Text vgl. Assmann, Tod, 11f.
[7] Nocke, Eschatologie, 104.

1 Erste (Er-)Klärungen

So sehr der Tod in früheren Epochen zum Leben gehört, so wenig ist zu spüren, dass er etwa zur ›natürlichsten Sache der Welt‹ bagatellisiert würde. Gegen eine solche Möglichkeit sprechen die häufig bewegend-tragischen Darstellungen des Todes. Sie zeugen von einer ganz anderen Einstellung: Lässt sich ein Leben tatsächlich innerhalb einer bestimmten Zeit zur Vollendung und Erfüllung bringen, oder kommt der Tod nicht immer ›zu früh‹ als gewaltsamer Schnitter des Lebens?[8] Im Motiv des *Danse macabre* – also des Reigens von Lebenden in ständischer Rangordnung mit dem Tod – verbindet sich die traditionelle, ›natürliche‹ (der Tod als das für jedermann unabwendbare Schicksal) mit der akuten Vorstellung vom Tod als Schnitter (der auch Jugend und Schönheit, Reichtum und Macht dahinrafft): Der Tod ist allgegenwärtig; und er ist der Gleichmacher schlechthin. Denn ob reich oder arm, jung oder alt, mit Ehre und Ansehen oder Tagediebe: in seinen Opfern kennt er keinen Unterschied. Darum gilt zugleich: *Memento mori* – ›Gedenke, dass du sterben wirst!‹. Ebenso können die spätmittelalterlich und frühneuzeitlich zuhauf verfassten und weit verbreiteten ›*Anweisungen zum seligen Sterben*‹ als Reflex auf diese Problematik verstanden werden. Sie pflegen die *Ars moriendi*, die Sterbekunst, d. h. die Kunst, wohl vorbereitet und in richtiger Gesinnung dem Tod entgegen zu gehen. Während der Gedanke an den Tod heutzutage eher verdrängt wird und eine *Ars moriendi* völlig unzeitgemäß anmutet, ist wohl die Idee des Todes als ›Schnitter‹ gerade angesichts der heutigen technisch-medizinischen Möglichkeiten eindrucksvoller geworden. Der Tod wird heute vielleicht sogar noch bewusster als das schlechthinnige Ende aller menschlichen Möglichkeiten empfunden. Freilich erlebt auch das Nachdenken über den Tod und auch die Frage der Vorbereitung darauf in den letzten Jahren eine gewisse Renaissance innerhalb der Literatur. Gerade

---

[8] Hierfür ist die klassische Totentanzdarstellung des späten Mittelalters ein deutliches Bild. In dieser Zeit lösen die Darstellungen von Vergänglichkeit und Tod zunehmend andere Inszenierungen der Jenseitsvorstellungen ab und werden zum dominierenden Sujet.

Kinder- und Jugendliteratur scheinen interessanterweise zunehmend zu dem Ort zu werden, an dem die Auseinandersetzung über dieses Thema stattfindet und nach neuen Formen des Ausdrucks dafür gesucht wird.

1.1.2 Den Tod ›feiern‹? Totenliturgien und Totenriten als Quelle von Todesdeutung und Lebenshoffnung

Eine erste Assoziation mit der katholischen Totenliturgie ist für manche Zeitgenossen immer noch das Requiem; d. h. jene Messe für Verstorbene, wie sie das sogenannte Tridentinische Messbuch von 1570 als Messliturgie vorgesehen hat. Im dramatischen Mittelpunkt steht zumeist die – in liturgischer Hinsicht eher marginale – Sequenz ›*Dies irae*‹. Das entspricht durchaus der Grundstimmung des klassischen Requiems: nicht die Jenseitshoffnung, die Gewissheit der Erlösung, sondern das Gericht steht im Vordergrund. Daher nimmt auch die Fürbitte für die Verstorbenen einen breiten Raum ein.

Die nach dem Zweiten Vatikanischen Konzil erneuerte Totenliturgie kennt solche Elemente kaum noch[9]. Das Spektrum der liturgischen Lesetexte konzentriert sich alt- wie neutestamentlich auf die biblischen Hoffnungsbilder. Weltuntergangsszenarien sind ebenso verabschiedet wie Unterwelts- und Höllenvorstellungen. Der ›österliche Sinn des christlichen Todes‹ und damit das Paschamysterium Christi sollen im Mittelpunkt stehen (vgl. SC 81). Die genutzten Gemeindegesänge laufen eher unter der Rubrik: ›Tod und Vollendung‹. Von den wenigen beibehaltenen traditionellen Motiven kann die Wegmetapher hervorgehoben werden, die wohl eine über die Epochen hinweg bleibende Grunderfahrung des Sterbens als Weg und des Todes als Heimkehr zum Ausdruck bringt und damit die Metaphorik des Übergangs, des Transitus, betont. Die traditionell eher angstbesetzten Motive sind zwar zugunsten einer zuversichtlichen Auferstehungshoffnung aufgegeben, doch scheint es noch nicht gelungen, entsprechende Identifikationsmomente wirklich zu integrieren und so die Liturgie auch lebensweltlich zu verorten. Ein deutli-

---

[9] Vgl. dazu bes. Bärsch, Begräbnisliturgie.

1 Erste (Er-)Klärungen

cher Hinweis ist hier die Unzufriedenheit jener, die eine Totenliturgie feiern wollen, die ›für den Verstorbenen passt‹. Dieser in der liturgischen Praxis spürbaren Tendenz zur Pluralisierung der Gottesdienst- und Ritualgestaltung entspricht in unserem Kulturkreis auch die zunehmende Individualisierung und Personalisierung der Beerdigungsriten selbst, von der anonymen Urnenbeisetzung bis zum Friedwald.[10] Ein erster Hinweis auf solche veränderten Bedürfnisse auch innerhalb der christlichen Beerdigungsriten, die zunehmend auch mit neuen Inhalten gefüllt werden, ist eine wachsende Bedeutung der Befreiungs- und Heilungsmetaphorik, die auf einen heute zentralen Punkt der Totenliturgie aufmerksam macht: Die Erfahrung der Gebrochenheit menschlicher Existenz angesichts der Grenzerfahrung des Todes[11]. Damit stehen aber zugleich die Biographie des Verstorbenen und ihre Deutung im Horizont des christlichen Paschamysteriums im Mittelpunkt. Das freilich ist ein Zugang, der eher eine tastend-suchende Sprache als eine streng konfessorische nahelegt.[12] Zugleich entspricht dies der zunehmenden Erfahrungsbezogenheit der Rituale. Da sie zugleich als Abschiedsrituale zu inszenieren sind, kann ihre Erfahrungsbezogenheit indes vom Eventcharakter bis zur betont personalisierten Emotionalität reichen. Das trägt nun wiederum zur Pluralisierung und Differenzierung der Begräbnisriten bei.

Eine eher kulturwissenschaftliche orientierte Analyse von Bestattungs- und Totenriten macht einmal mehr die eingangs skizzierte Sperrigkeit des Phänomens ›Tod‹ deutlich. »Der Tod selbst kann nicht mental repräsentiert werden. Jede Vorstellung des Todes […] scheitert an dem logisch elementaren Problem, dass kein System sein eigenes Ende widerspruchsfrei konzipieren kann. Wenn aber der Tod opak und unvorstellbar ist, so lässt er sich nur schwer definieren.«[13] Damit wirft sich aber auch die prinzi-

---

[10] Zur ›Nachfrage- und Bedürfnisorientierung‹ vgl. Sörries, Bestattungs- und Friedhofskultur.
[11] Vgl. Gerhards, Vorstellungen, 157.
[12] Vgl. dazu bes. Quartier – Scheer – van der Ven, Bestattungsriten, bes. 199f; Richter, Begräbnisliturgie, bes. 312f.
[13] Macho, Tod und Trauer, 91f.

pielle Frage einer Vergleichbarkeit von Bestattungs- und Totenriten auf. Obgleich der Tod in allen Kulturen präsent ist, wird er eben auf verschiedenste Weise konnotiert. Rekurriert man daher auf die materiellen ›Essentials‹ bleibt am Ende der Leichnam, der selbst nicht von Dauer ist, sondern der Verwesung unterliegt.[14] Mit diesem ›materiellen Faktum‹ der Erfahrung des Todes muss irgendwie ›umgegangen‹ werden, in dem es entweder einfach hingenommen oder praktisch beeinflusst wird. Man kann das Sterben selbst bereits kulturell begleiten oder erst die Veränderungsprozesse des Leichnams symbolisch inszenieren. Orientierungspunkt der symbolischen Begleitung und Deutung der Veränderungsprozesse können die Hinterbliebenen (Trauerriten) oder kann der Leichnam selbst (Totenriten) sein. Zu letzterem gehören gerade auch jene Rituale, die den paradoxen Status des Toten als ›Anwesenheit eines Abwesenden‹ zu erfassen suchen und dabei eine Vielgestaltigkeit an Repräsentationstechniken entwickeln. Sie reichen von der Bearbeitung der Materialität des einzelnen Leichnams (Konservierung; Balsamierung; Mumifizierung u. v. a. m.) bis zur bleibenden kulturellen Repräsentation des Verstorbenen, sei es in der monumentalen Konkretheit von Grabdenkmälern oder im kulturellen Gedächtnis einer mündlichen und schriftlichen Überlieferung sowie ihrer Mythen schaffenden Kraft.

1.1.3 Der Tod als Kulturgenerator

Jan Assmann, einer der bekanntesten Ägyptologen und Kulturwissenschaftler unserer Zeit, versucht für unsere heutige Zeit den produktiven Gehalt der eingangs skizzierten Mythen, die das chimärenhafte Sein und Bewusstsein des Menschen und damit dessen Los beschreiben und interpretieren, näher zu bestimmen. »Der Mensch, der durch sein Zuviel an Wissen aus den Ordnungen der Natur heraus gefallen ist, muss sich eine künstliche Welt erschaffen, in der er leben kann. Das ist die Kultur. Die Kultur entspringt dem Wissen um den Tod und die Sterblichkeit. [...] Ohne Fantasmen der Unsterblichkeit oder doch

---

[14] Vgl. dazu und zum Folgenden ebd. 98ff.

zumindest einer gewissen Fortdauer über den allzu engen Horizont unseres Erdendaseins hinaus kann der Mensch nicht leben. […] Der Tod oder, besser, das Wissen um unsere Sterblichkeit ist ein Kultur-Generator ersten Ranges. Ein wichtiger Teil unseres Handelns, und gerade der kulturell relevante Teil, Kunst, Wissenschaft, Philosophie, Wohltätigkeit, entspringt dem Unsterblichkeitstrieb, dem Trieb, die Grenzen des Ich und der Lebenszeit zu transzendieren.«[15] Dabei ist noch nichts über die Form und Gestalt ausgesagt, in der sich dieser Unsterblichkeitstrieb ausdrückt. Denn alle Kulturen lösen dieses Urproblem der menschlichen Existenz auf ihre Weise, und diese Lösungen können mitunter auch Gestalten annehmen, die gar nichts mit Jenseits und Unsterblichkeit der Seele o.ä. zu tun haben. Dabei wird deutlich: Der Umgang mit dem Tod ist sowohl ein Spiegel der sozialen wie der politischen Verhältnisse, wie sich darin zugleich die religiöse Deutung des Verhältnisses des Göttlichen zum Menschlichen zeigt. Gerade die je unterschiedlichen Antworten auf die Erfahrung des Todes machen hier auf die sich zueinander durchaus spannungsvoll verhaltenden Übersetzungsmöglichkeiten auf diesen ›Unsterblichkeitstrieb‹ aufmerksam.[16] Die einen schaffen eine monumentale Kultur des Todes und des Glaubens an Unsterblichkeit, die das Göttliche und den Tod in so unmittelbare Nähe zueinander rückt, dass der ›Unsterblichkeitstrieb‹ geradezu materiell greifbar und damit in einem ›heiligen Raum der Dauer‹ real inszeniert werden kann. Eine solche Omnipräsenz des Todes, wie sie z. B. die Hochkultur Ägyptens darstellt, bringt eine ganz eigene Gestalt des kulturellen Gedächtnisses zustande, die eine Erfahrung des Bruches, ja der Distanzierung zur Vergangenheit weder zulässt noch überhaupt wahrnehmen kann. Andere Kulturen – und Assmann benennt hier konkret die altisraelitische[17] – setzen aus der Erfahrung der permanenten Gebrochenheit und Krise, ja des Fremdseins in der Welt heraus eine bewusste Distanz zwi-

---

[15] Assmann, Tod, 13–15.
[16] Vgl. dazu und zu Folgenden ebd. 18ff; 80ff.
[17] Ebd., 18.

schen Tod und Lebenssphäre des Göttlichen, so dass sie die reale Geschichte an die Stelle von Jenseits und Unsterblichkeit setzen und eine historica sacra in Gestalt eines die Generationen übergreifenden, anamnetisch-kulturellen Erinnerungshorizontes entwickeln, die nun ihrerseits das Sinnbedürfnis des Unsterblichkeitstriebs befriedigt.

1.2 Hoffnung jenseits der Projektion

»Einen Menschen lieben, heißt sagen: ›Du aber wirst nicht sterben‹. [...] Dem Tod eines Menschen zustimmen, heißt, in gewisser Weise ihn dem Tod ausliefern. Was ich zeigen möchte, ist das Verbot, das der Geist der Wahrheit uns vor dieser Kapitulation, diesem Verrat auferlegt.« (Gabriel Marcel, Wert und Unsterblichkeit, 79.)

Karl Marx hatte Religion als ›Opium des Volkes‹ verstanden, die durch ihre Jenseitsvertröstung nur von der hier und jetzt zu verändernden Wirklichkeit ablenkt. Darin mag man heute vielleicht nicht mehr den entscheidenden Widerspruch zur christlichen Hoffnung auf ein ›ewiges Leben‹ sehen, aber hinter diesem Vorwurf von Marx steckt ein Körnchen ›Wahrheit‹, das auch heute noch trifft. Fragen wir im Rahmen der Eschatologie nach dem *Ziel* unsrer Hoffnung, die unser christlicher Glaube als seine Konsequenz behauptet, so bekennt sich unser Glaube zur Hoffnung auf eine ewige Zukunft, zur Hoffnung auf ein individuelles Leben nach dem Tod. Woher aber und vor allem wie begründen wir diese Hoffnung? Ein nahe liegender und in der Geschichte der Religionskritik vorgebrachter Einwand gegen diese Hoffnung auf ein individuelles Leben nach dem Tod ist der auf *Ludwig Feuerbach* zurückgehende Einwand, eine solche Hoffnung sei nichts als eine Projektion, die ihren eigentlichen Grund in einem egoistischen Sich-nicht-abfinden-wollen mit dem Ende der eigenen Existenz habe. Diese Kritik kreidet nicht nur das ›Unwesen‹ aller Religion als ›Vertröstung‹ an, sondern stellt gerade ein lange Zeit bestimmend gewordenes christliches Selbstverständnis aufs Äußerste in Frage: Jeder Ausblick auf einen Lohn im ewigen Leben muss vor der Macht des Gedankens verblassen, dass der Mensch nur dann zum Innersten seines Menschseins vordringt, wenn er sich hier und jetzt restlos und

1 Erste (Er-)Klärungen

vorbehaltlos an andere vergibt. So ist es kein Wunder, dass die Politische Theologie und die Befreiungstheologie unserer Tage gerade dieses Feuerbach-Blochsche Element wiederentdeckt haben: Weg von den Projektionen eines Heilsegoismus (der ›persönliche Himmel‹), der uns für die Erde und das, was hier zu tun ist, blind macht, hin zur Alternative eines aus christlicher Nächstenliebe begründeten Heroismus der Weltgestaltung und -veränderung, der im Einsatz für andere sein Glück und darin auch seine Vollendung sucht und findet.

Doch geht diese Kritik an einem entscheidenden Punkt christlicher Hoffnung vorbei: Es geht bei der christlichen Hoffnung auf ein ›ewiges Leben‹ zwar immer auch um die Frage der Endlichkeit und Begrenztheit der eigenen Existenz; aber dennoch ist diese Erfahrung keine nur nach innen gewandte, sondern eine ex-zentrische: Denn die ursprüngliche Todeserfahrung ist nie die des eigenen Todes, sondern es ist der Tod des anderen, der sich häufig schmerzvoll als Trennung von dem, den wir lieben, ins Bewusstsein bringt.[18] Gerade im Angesicht des Todes des anderen bringt daher der französische Religionsphilosoph *Gabriel Marcel* eine ganz andere Begründung einer ›Theologie der Hoffnung‹ in Anschlag. Er möchte eine Philosophie entfalten, die das Ziel hat, die Forderung nach Sein und Sinn, die sich in Liebe und Hoffnung realisiert, zu stärken.

Worum es bei diesem unauflöslichen Ineinander von Liebe und Hoffnung geht, macht Marcel durch folgenden Gedankengang deutlich: Wenn ein Mensch angesichts des Todes eines anderen Menschen, mit dem er verbunden war, annimmt, es sei nun mit diesem schlechthin aus, so begeht er einen Verrat. In die Nähe dieses Verrates geraten wir eigentlich schon dann, wenn wir uns nicht ganz entscheiden können oder wollen, darauf zu hoffen, dass der andere jenseits der Todesgrenze als

---

[18] Vgl. auch den entsprechenden Perspektivenwechsel vom eigenen Tod auf die ethische Herausforderung durch den Tod des anderen im Spätwerk Levinas‹. Levinas weigert sich indes in der Konsequenz des Philosophen, aus der ethischen Herausforderung durch den Tod des anderen irgendwelche Aussagen über eine postmortale Existenz zu treffen.

diese einmalige Person weiter besteht. Deshalb betont Marcel, dass »aufs ausdrücklichste festgestellt werden [muss], dass die Trauer diese Unbestimmtheit nicht mitmacht: Dort, wo sie von innen heraus durch die Liebe am Leben erhalten wird, scheint sie von folgender in der zweiten Person gesprochener Beteuerung begleitet zu sein: ›Du kannst nicht einfach verschwunden sein wie eine Wolke, die verfliegt; das anzunehmen wäre Verrat‹«. Die Annahme, ein Mensch sei im Tod dem Nichts verfallen, beraubt die Liebe ihres eigenen Sinns. Denn der Liebende erfährt den anderen als einen Menschen, der ein Recht hat zu sein, ein Recht, das durch nichts in Frage gestellt werden darf. Doch der Tod erscheint als die radikalste Infragestellung überhaupt. Daher stellt Marcel die Frage, ob es der Liebe, solange sie sie selber bleibt, überhaupt möglich ist, dem Gedanken zuzustimmen, der geliebte andere Mensch falle in seinem Tod der Vernichtung anheim. Liebe, so betont Marcel, schließt ein ›Ewigkeitsversprechen‹ ein.

Marcel legt damit den Finger auf den entscheidenden Punkt. Es ist ein in der Liebe selbst sich bergendes Motiv, das die Hoffnung auf ein Leben nach dem Tod begründet. Anzunehmen, der geliebte Mensch fiele nach dem Tod ins Nichts, würde die in der Liebe behauptete Zuwendung wieder rückgängig machen. Kein wirklich liebender Mensch kann sich mit dem Gedanken abfinden, dass derjenige, den er liebt, nach einem kurzen, zufälligen Dasein der absoluten Dunkelheit, dem Nichts anheimfällt. Der Liebe selbst ist diese Hoffnung über die Todesgrenze hinaus eigen. Liebe ist die Bedingung der Möglichkeit von Hoffnung und zugleich nur in dieser Hoffnung wirklich zu vollziehen. Der Geist der Liebe verlangt von uns die Weigerung, den Tod als letztes Schicksal anzunehmen, wenn sich Liebe nicht zu einem bloß ›strategischen‹ Mittel zum Zweck degradieren will. Liebe ich wirklich, so entwerfe ich für diesen geliebten Menschen notwendig einen Horizont, in dem der Tod eben nicht das letzte Wort hat. Angesichts der Aussage ›ich liebe dich‹ stellt sich unmittelbar die Frage: »Welche Wahrheit hat die unbedingte Intention menschlicher Liebe? [Und:] Was heißt Anerkennung des ande-

1 Erste (Er-)Klärungen

ren angesichts seines Todes?«[19] D. h. das ›Ich liebe dich‹ stellt mich vor die Frage, ob ich einen Hoffnungshorizont entwickeln will oder kann, für den das Phänomen der ›liebenden Erinnerung an den anderen‹ allenfalls nur ein Hinweis, ein Ausdruck, sein kann, nicht aber das, was wirklich sein ›Weiter-Leben‹ garantiert! Denn Liebe kann nicht sein ohne die absolute Zuversicht, dass mit dem Tod nicht alles aus ist. Liebe, die nicht die Unsterblichkeit des anderen will, verliert ihre eigene, wesentliche Würde.

Hier zeigt sich eine ganz andere Ebene als jene, sehr schnell und zu Recht dem ›Projektionsverdacht‹ zu unterwerfende Hoffnung auf den ›eigenen‹ Himmel. Das ›Du, gerade Du, sollst sein‹ eröffnet mir einen Horizont der Hoffnung, der gerade keine Projektion meiner eigenen Selbstbehauptung darstellt. Dieser Zuspruch entreißt mich der Sorge um meine eigene Existenz und gibt mir den Anstoß und die Kraft, auch anderen diesen Hoffnungshorizont zu eröffnen. Ja, ich kann diesen Anstoß zur Hoffnung nie weitergeben, ohne mich selbst davon getroffen zu wissen. Es prägt sich mir selbst durchaus dieses Grundgefühl des ›Du sollst sein‹ ein, wenn ich dadurch zur Weitergabe dieser Hoffnung motiviert und angespornt werden soll. Freilich bleibt es schwierig, über dieses ›Grundgefühl‹ der Zusage ›für mich selbst‹ hinaus etwas zu sagen, ohne dass ich mich hier dann wieder zu Recht fragen lassen müsste, was davon dem egoistischen Projektionsverdacht zu unterwerfen sein müsste und was nicht.

Angesichts der ›Pest‹, die die Frage nach dem unschuldigen Leiden in letzter und äußerster Konsequenz stellt, weiß *Albert Camus* (im Spiegel seiner Romanfiguren), dass ein Entwurf, wie ihn Feuerbach vorlegt, nicht aufgehen kann, ja, nicht aufgehen darf. Camus kann keinen Trost darin finden, dass vielleicht eine ›spätere Generation‹ von meinem ›mich Aufopfern‹ zehrt. Warum? Weil eben gerade das Leben des hier und jetzt Geliebten, für den ich mich ja eigentlich aufopfern wollte, genauso von dieser Pest, vom gleichen, unsinnigen Tod bedroht

---

[19] Vgl. Pröpper, Erlösungsglaube, 217.

ist wie mein eigenes Leben. Jeder vielleicht mögliche ›Sieg‹ über die eigene Todesangst kann nie und nimmer jene Absurdität übertönen, die in der Todesverfallenheit des geliebten *anderen* liegt. Die Ungeheuerlichkeit des dem Menschen zugefügten Leidens verblasst nicht einfach vor meiner Liebe zum anderen, sondern wird gerade durch diesen Blick auf den Geliebten zu einer durch nichts – auch durch keinen ›Himmel‹ (!) – wiedergutzumachenden Qual. Diese Qual ist nicht mehr in den Kategorien eines persönlichen Egoismus oder der ›Hingabe an andere‹ aufzulösen: Sie springt von mir, der ich hilflos zusehen muss, unmittelbar auf den zurück, der sich vielleicht noch mit dem eigenen Schmerz zu versöhnen mag, nicht aber damit, dass gerade sein Schmerz den liebenden Blick des anderen und damit diesen selbst im Leid zu zerreißen droht. Aber unbeirrt zu dem ›Du sollst sein‹ zu stehen, bedeutet, einen Horizont von Hoffnung, von Sein, zu postulieren, in dem der alte Glaube an Gott und Unsterblichkeit neuen Sinn und Gültigkeit erhält. Denn, wenn menschliche Liebe wirklich geschieht, hat gerade sie, weil sie liebt, »den Abgrund menschlicher Möglichkeiten berührt und Endgültigkeit antizipiert. Dann lebt sie von einem Vertrauen, das – erstaunlich genug – mit ihr selbst da ist.«[20] Die Notwendigkeit der Forderung eines wirklichen Seins nach dem Tod als Hoffnung für den anderen begründet sich aus dem Phänomen menschlicher Liebe selbst; d. h. Liebe befindet sich durch sich von vornherein in grundsätzlichem Widerspruch zum Tod. Damit erweist sich aber theologisch letztlich die Hoffnung auf einen Gott, der aus dem Tod rettet und alles neu macht, als wirklich zumutbarer und vor allem gegen jeden Projektionsverdacht auch verantwortbarer Gedanke.

---

[20] Pröpper, Erlösungsglaube, 193.

2. Die Zeit, die bleibt – zur Eigenart des christlichen Zeitverständnisses

2.1 Befristung der Zeit wider die kulturelle Amnesie

Die These von der Unvereinbarkeit biblisch-christlicher Jenseitshoffnung und Moderne prägt seit *Hans Blumenbergs* ›Legitimität der Neuzeit‹ und *Karl Löwiths* ›Weltgeschichte und Heilsgeschehen‹ die Debatte: Die ziel- und fristlose Zeitbewegtheit, die alles Gewesene in die gnadenlose Gleichgültigkeit des Vergangenen auflöst und letztlich in die Geschichtsmüdigkeit der späten Moderne mündet, erscheint daher nicht nur *Johann Baptist Metz* als atmosphärische Signatur jener ›kulturellen Amnesie‹, die das heutige Lebensgefühl so treffend beschreibt. »Die Utopien sind mausetot« – so bringt Thomas Assheuer in der ›Zeit‹ das Lebensgefühl der späten Moderne auf den Punkt. Das einzige, was den Sieg der Erlösungsreligion ›Kapitalismus‹ noch stören könnte, wäre das geistige Gift des Christentums, mit seiner Idee des Wartens auf bessere Zeiten[21]. So ist – mit Metz – mit Hilfe des Leitgedankens einer Befristung der Zeit das Christentum aus den Fesseln einer bürgerlich beruhigten und damit banal werdenden Religion zu lösen, und wieder zu jener Religion der Unterbrechung und des Ärgernisses zu machen, die es eigentlich von Anfang an war. Dazu hätte eine gedächtnisorientierte und leidsensible, christliche Theologie ihre Funktion als dialektische Krisen- und Unterbrechungshermeneutik neu zur Geltung zu bringen. Metz beruft sich hier auf *Jacob Taubes* als Gewährsmann. Der geradezu metaphysische Gegensatz von dieser Welt und jener ganz anderen Welt des Reiches Gottes dient Taubes dazu, die uneinholbare Alterität jener ganz anderen Welt und damit die bleibende Nicht-Weltlichkeit Gottes als Grundsignatur biblischer Gottesrede einzuschärfen. Ohne diese Grenzziehung »sind wir ausgeliefert an Throne und Gewalten, die in einem monistischen Kosmos kein Jenseits

---

[21] Assheuer, Siehe, ich bin dein Star, 40 Sp. 2.

mehr kennen«.²² Für Taubes wird gerade der apokalyptische Stachel der biblischen Offenbarungsgeschichte zu deren entscheidendem Schlüssel. »Das Leben ist der Welt fremd, die Heimat des Lebens ist jenseits der Welt. Das Jenseits ist jenseits von aller Welt [...]. Immer strenger unterscheidet sich die Welt Gottes von der Welt des Hier, immer mehr tritt die Welt Gottes in Gegensatz zu dieser Welt.«²³ Ist damit aber wirklich der innere Glutkern einer biblisch-christlichen Strukturierung von Gott, Zeit und Welt und die Tauglichkeit als Antithese zur kulturellen Amnesie der Spätmoderne angemessen beschrieben?

2.2 Apokalyptik oder: Die Entdeckung der Geschichte

Die altorientalischen Weltbilder und ihre alten Weltkampf- und Weltentstehungs- oder besser: Welterhaltungsmythen kennen nur einen Kosmos, der zwar immerfort vom Chaos bedroht wird, doch stets weiter besteht, und zwar unverändert. Sie sind deswegen »im Wesentlichen konservativ.«²⁴ Konservativ, auch weil sie letztlich dazu dienen, bestehende Herrschaftsstrukturen zu legitimierten und zu festigen. Es ist die wohl zutreffende Beobachtung *Norman Cohns*, dass tatsächlich erst die Bewegung der Apokalyptik diesem Ideal eines statischen Weltverständnisses und eines zyklischen Zeit- und Geschichtsbegriffs ein Ende setzt. Die nach Cohn mit der Religion Zoroasters explizit in den Pool der Weltdeutungen eintretende Apokalyptik entwickelt eine neue, geradezu revolutionäre Sicht der Dinge: Die Zeit selbst gerät in Bewegung, weil nun zwischen der unbegrenzten Zeit, der Ewigkeit, und der begrenzten Zeit dieser Welt unterschieden wird. Alles, was ist, läuft auf ein endgültiges Ende zu, das den Anfang der Ewigkeit

---

²² Taubes, Ad Carl Schmitt, 22.
²³ Taubes, Abendländische Eschatologie, 26f.
²⁴ Cohn, Erwartung der Endzeit, 181; vgl. auch Lang/Mc Dannell, Himmel, 29–32. Den Hinweis auf N. Cohn verdanke ich meinem wissenschaftlichen Mitarbeiter Erik Müller-Zähringer.

voller Glückseligkeit bedeutet.[25] Zeit und Welt sind nun geprägt durch eine innere Dynamik, die durch diese Befristung in Gang gesetzt wird.

Freilich handelt sich die Idee der Befristung, wie sich an der zoroastrischen Religion zeigen lässt, zusammen mit dieser Dynamisierung und damit der Entdeckung von Geschichte zugleich einen immanenten Dualismus ein. Denn Anfang, Befristung und Ende entspringen dem ewigen Kampf des Guten, das das Leben in einer geordneten Welt bewahren und fördern will, mit dem Bösen, das das Leben vernichten und die Welt ins Chaos stürzen will.[26] Dieser Dualismus hält sich bis in die endzeitliche Unterscheidung des Schicksals von Gut und Böse am Ende der befristeten Zeit durch. Der die altorientalischen Kosmogonien prägende Weltkampfmythos hat sich in die dualistische Vorstellungswelt einer apokalyptischen Endzeiterwartung verwandelt, die am Ende der Welt selbst nichts mehr zutraut und den sie prägenden Dualismus geradezu ontologisiert.

Wer also die Wiederbelebung der apokalyptischen Grundsignatur des Christentums zur zentralen Aufgabenstellung für die Theologie erklärt, sollte sich dieser immanenten Denknotwendigkeiten bewusst sein. Und er sollte sich bewusst sein, wie sehr er damit heutzutage auch jene geistige Tiefenströmung bedient, die Franz Gruber als die im ›seelischen und kulturellen Bodensatz unserer Gesellschaft« lauernden »apokalyptischen Ängste und Energien« treffend beschrieben hat.[27] Was macht die bunt ausgemalte Apokalypse aber so bleibend attraktiv?

2.3 Apocalypse now: Gegenwart kontrafaktisch

Der prägende Denk- und Erfahrungshorizont des Apokalyptischen kann etwa so umschrieben werden: Die Hörenden und Lesenden haben keine Hoffnung mehr für ihre Welt, ihre Geschichte, ihre Zeit. Die Gegenwart strebt unaufhaltsam einer

---

[25] Vgl. ebd. 133.
[26] Vgl. ebd. 167.
[27] Vgl. Gruber, Diskurs, 27f.

ganz anderen, besseren Zukunft zu. Alles ist bereits vorherbestimmt und wird, ja muss notwendig so kommen. Darin spiegelt sich eine Hoffnungsgestalt, die deutlich von der übrigen biblischen Überlieferung abweicht. Sie entspringt einer neuen Welterfahrung, die eine epochal neue Denkweise hervorbringt. Solchermaßen auf Gericht, Untergang und Katastrophen konzentrierte Literatur war ursprünglich ›Trostliteratur‹. Apokalyptische Literatur ist daher Krisenliteratur, besser noch Krisen-Bewältigungs-Literatur und in diesem Sinne sind apokalyptische Schreckensszenarien immer auch Hoffnungsszenarien. Dem Weltpessimismus entspricht ein Zukunftsoptimismus. So irritierend es sich anhört: Apokalypsen leben von der Fiktion des ›happy end‹. Freilich nicht für alle – was wiederum ihre theologische Ambivalenz ausmacht. Entscheidend ist dabei die besondere Bedeutung des Jetzt. Jetzt ist die Zeit, in der das Ende nahe ist; es hat schon begonnen; die Zeichen des Endes sind schon da. Nichts kann das Ende mehr aufhalten. Warum ist diese Zeitperspektive so dominant? Weil alles, was kommt, allein dem Handeln Gottes entspricht. Die Zukunft ist alleinige Domäne Gottes und dort wird er nach seinen Maßstäben, seinem Recht, seine Gerechtigkeit durchsetzen. Alle menschlichen Mächte und Gewalten werden ein Ende haben: Darin begründet sich das grundlegend ideologiekritische Potenzial apokalyptischen Denkens. Die Befristung der Zeit ist dabei ein zentrales Motiv. Die Apokalyptik lebt förmlich von diesem Befristungsmotiv. Es ist das Regulativ, d. h. die kritisch-kontrafaktische Instanz gegenüber aller realen gegenwärtigen Lebenserfahrung.

Drei Kernpunkte drängen sich dabei in den Mittelpunkt: 1. Die Zukunft ist und bleibt die Domäne Gottes. 2. Jetzt ist die Zeit der Entscheidung. 3. Es dauert nicht mehr lange. Wir haben es hier also mit einer theologischen, einer anthropologischen und einer explizit eschatologischen Dimension zu tun. Ihre Grundorientierung ist (ideologie-)kritisch und zugleich kontra-faktisch, weil Gott als der zukünftig Handelnde eben der Kontra-Faktische ist. Auch die Apokalyptik lebt von dieser theologischen Mitte. Gott ist der Herr der Zeit in all ihren Phasen, auch in den schlechten, abgründigen. Er ist und bleibt der geschichtsmächtig Handelnde, auf dem der Glaubende sich allein verlassen kann, auf den er seine Hoffnung setzt. Diese theologische Grundsignatur trägt die gesamte biblische Überlieferung. Aber die Apokalyptik zieht ihre Konsequenzen unter veränderten Vorzeichen. Diese sind durch grundlegende Dualismen geprägt. Eine apokalyptisch inspirierte Endzeithoffnung ist durch diesen dualistischen Blickwinkel entscheidend gebunden. Die Idee eines umfassenden, d. h. wirklich alle betreffenden und alles, d. h. auch diese Welt hier und jetzt, umfassenden Heils wird angesichts der realen Welterfahrung aufgegeben. Auffallend an der apokalyptischen Literatur ist daher das negative Weltbild, die absolute Hoffnungslosigkeit für diese Welt und damit deren Abwertung. Dabei entwickelt sich die Zukunft nicht mehr, sie ist schon da; braucht sich nur aus dem Jenseits ins Diesseits herabsenken; freilich erst nach der Destruktion des Diesseits. Die hiesige Geschichte läuft ins Leere; es ist ein vollkommen böser Äon, der nur noch der Vernichtung anheim gegeben wird. Das ist ein, wenn man die alttestamentliche Theologie als Ganze betrachtet, sehr ungewöhnlicher Gedanke. Auf dieses Auseinanderdriften der Hoffnungsstrategien ist nun ein kritischer Blick zu werfen.

So eindrucksvoll der Apokalyptiker auch die Gottesherrschaft in ihren farbigsten Bilder auszugestalten weiß, ernst nimmt er sie dennoch nicht, denn er traut ihr *keinen Einfluss* auf das Jetzt zu. So radikal neu er die Gottesherrschaft auch denken mag, so denkt er ihre Ausdehnung so, dass sie nicht ans Jetzt herankommt. Das Denken der Apokalyptik bleibt auch hier grundsätzlich dualistisch. Gerade dieses erweist sich aber als entscheidend: Denn in der Apokalyptik hat der neue Äon keine andere Beziehung zur Gegenwart, als dass er dieser ein Ende setzen wird. In weiten Teilen des Alten wie des Neuen Testaments dagegen kommt alles gerade darauf an, dass durch die neue Ausdehnung der Herrschaft Gottes diese in ihrer Beziehungsfähigkeit zur und in ihrer Wirksamkeit auf die Gegenwart erkannt wird. Im Blick auf die Art und Weise dieser Wirksamkeit tritt verstärkt die Frage nach dem ›Wie‹ der Ausdehnung in den Vordergrund: Es ist das Bekenntnis zur Geschichtsmächtigkeit Gottes, das im Neuen Testament dann – christologisch zugespitzt – den Anbruch der Gottesherrschaft im fragmentarischen Handeln Jesu verortet. Auch das steht in Spannung zum apokalyptischen Bild des machtvollen und gewaltigen Handelns Gottes, das ›die Mächtigen in die Knie zwingt‹ und ›dem Sünder zum Gericht‹ wird. Die Macht der Gottesherrschaft geschieht im Fragment, ihre Wirkung ist eine befreiende, keine vernichtende – auch darin wird ein grundlegender Kategorienwechsel spürbar. Der fragmentarische Beginn ist freilich nie nur leeres Symbol oder gar nur Verheißung des Noch-Kommenden. Auch hier wird die Perspektive der Apokalyptik bewusst aufgebrochen, denn es geht um die Bedeutung der Gegenwart *als Gegenwart*: Während sie in der Apokalyptik zum Zeichen für die wahre Zukunft verblasst, wird sie in der prophetischen Tradition wie im Neuen Testament zu jenem Punkt, an dem die wahre Zeit Gottes real und wirksam aufblitzt. Damit steht die Heilshoffnung der Apokalyptik durchaus spannungsvoll zur jener Heilshoffnung, die einen ganz anderen Tiefenstrom biblisch-christlicher Zukunftshoffnung prägt und dabei auf die verändernde Nähe Gottes setzt, die der Erde treu bleibt. Diese Spannung kann weder innerhalb der biblischen Überlieferung noch deren systematischer Reflexion wirklich aufgelöst werden.

Die Wiederbelebung der apokalyptischen Strömungen im säkularen Gewand bedarf daher einer kritischen Reflexion. Gerade *Norman Cohn* hat u. a. in ›The Pursuit of Millenium‹ (dt. ›Das neue irdische Paradies‹) auf diese säkulare Dynamik apokalyptischer Denkstrukturen aufmerksam gemacht, die auch ohne supranaturalen Überbau ihre eigene politisch-revolutionäre Kraft zu entwickeln wissen und als Tiefenströmung über die Jahrhunderte hinweg gerade in der Aktivierung und Funktionalisierung des zugrunde liegenden Dualismus und der Dämonisierung gerade auch der politischen Gegner Einfluss auf Geschichte und Politik genommen haben. Ihrer metaphysischen Legitimation und damit aber auch ihrer theologischen ›Zivilisierung‹ (d. h. Gott ist es, der Gericht hält und nicht die Menschen) beraubt, feiert die destruktive Dynamik der Apokalyptik im säkularen Gewand fröhliche Urständ und ermöglicht überraschende Einblicke in die ideologischen Parallelen von Kommunismus und Nationalsozialismus. Sie bricht immer dort hervor, wo die Zeitumstände ihr die Möglichkeit bieten, wirksam zu werden. Apokalyptische Bildwelt und Sprache ist politisch produktiv und omnipräsent.

Sicher, Untergangspropheten und Endzeitvisionäre haben die Welt immer schon begleitet. Und schicksalsschwangeres Dunkelsehen und Angstlust kehren geradezu zyklisch wieder. Aber gerade in unsicheren Zeiten haben die pessimistischen ›Zeichen an der Wand‹-Seher und -Deuter Hochkonjunktur. Nur sei vor ihren »kulturellen Schablonen« samt deren autoritären, mitunter antidemokratischen Allüren und ihrem elitären ›Obskurantismus‹ gewarnt, so nochmals *Thomas Assheuer*[28]. Daher scheint es heute so, als ob das apokalyptische Metaphernfeld, wie *Jacob Taubes* noch vorausgesetzt hatte, sich nicht mehr der politischen Vereinnahmung verwehrt, sondern von bestimmten Strömungen geradezu zur Leitideologie des politischen Handelns instrumentalisiert wird. Apokalyptische Sprache bestimmt nicht mehr nur die Semantik politischer Rede sondern auch ihre Pragmatik.[29] Theologische Aufklärung tut daher Not in einer Zeit, in der versucht wird, durch die offene oder verdeckte Beanspruchung des in apokalyptischen Kategorien enthaltenen religiösen Gewaltpotentials politisch Kapital zu schlagen.

2.4 Apocalypse no!

Weder im Alten noch im Neuen Testament ist die Idee einer Befristung der Zeit der entscheidende Schlüssel zum Zeit- und Geschichtsverständnis. Vielmehr ist es die Idee der *erfüllten* Zeit; d. h. einer qualitativ in ein neues, nicht mehr hintergehbares Stadium gekommenen Zeit. Ihr Ende ist absehbar, aber ihre

---

[28] Assheuer, Die Dunkelseher, in: Die Zeit Nr. 36 vom 30. August 2007, 47 Sp. 4.
[29] Schipper/Plasger, Apokalyptik, 9.

Die Zeit, die bleibt – zur Eigenart des christlichen Zeitverständnisses

Qualität erhält sie eben nicht durch die Tatsache ihrer Befristung, sondern durch die Tatsache ihrer Erfülltheit.

Das ideologie- wie herrschaftskritische Potential dieser theologischen Grundüberzeugung ist nicht zu unterschätzen; darauf macht gerade die prophetische Literatur aufmerksam. Die unmittelbare Nähe zu den Kulten der umgebenden monarchisch geprägten Herrscher-Kulturen samt deren zyklischem Weltbild und statischem Geschichtsverständnis ist innerhalb des biblischen Welt- und Zeitverständnisses zunächst unverkennbar.[30] Dennoch ist diese Nähe weder spannungsfrei noch bruchlos. Gerade die prophetische Tradition positioniert sich schon vor dem Exil, insbesondere zu Zeiten einer überbordenden Königsideologie, explizit herrschaftskritisch und antiusurpatorisch.[31] Und sie hält durch ihren sozialethischen wie inkarnatorischen Impuls die Idee einer an die konkrete Geschichte der Menschen gebundenen Heilsgeschichte Gottes fest. Die damit verbundene Zeitstruktur ist ebenso signifikant.

Weder die ewige Wiederkehr des Gleichen noch ein radikalkatastrophales Ende taugen hier als Leitmetapher; wichtig ist die Zeit, die bleibt[32]. Die Vorstellung der Zeit als chronos wird in die Idee des kairos aufgehoben; wobei der kairos der profanen Zeit des chronos nicht äußerlich bleibt, sondern sie wie ein Sauerteig durchdringt. Diese neue Qualität der Zeit wird nun anamnetisch begründet. Gott hat gehandelt und deshalb wird er wieder handeln. Zwei Dinge sind dabei wichtig. Zum einen hat dieses Handeln eine besondere Qualität: Es ist Gottes befreiendes Handeln aus Freiheit heraus. Diese theologische Signatur macht die Zeit auch für den Menschen zu einer aktiven Zeit, zu einer Zeit des Handelnkönnens und Handeln-

---
[30] Cohn, Erwartung der Endzeit, 202–215; 217–247.
[31] Die daran anknüpfende exilisch-nachexilische Tradition bewältigt aber nicht nur die theologische Herausforderung des Exils, in dem auch die fremden Mächte dem Handeln Gottes unterworfen werden, sondern sie entwirft eine neue Weise, über die Verbindung von Gott und Welt nachzudenken.
[32] Der Ausdruck ist dem Titel des Buchs von Giorgio Agamben (Die Zeit die bleibt. Ein Kommentar zum Römerbrief, Frankfurt a. M. 2006) entlehnt, das auch die folgenden Überlegungen angeregt hat.

1 Erste (Er-)Klärungen

sollens; es ist eine ›operative Zeit‹ *(Giorgio Agamben[33]).* Zum anderen unterscheidet sich die anamnetische Zeitperspektive von einem museal-konservierenden Festhalten der Vergangenheit durch ein bleibendes Differenzbewusstsein. Sie bricht gerade aus der Erfahrung von Brüchen und Krisen auf, steht quasi auf den Trümmern einer vergangenen Zeit (Jan Assmann[34]) und birgt so trotz des Ideals der positiven Rückbesinnung die Erfahrung konkreter Gebrochenheit, ja der Möglichkeit des Scheiternkönnens bereits in sich.

Diese ›anamnetische Grundstruktur‹ des biblischen Geschichts- und Zeitverständnisses wird nun paradoxerweise nicht durch die Erzählung des Endes, sondern durch die Erzählung des Anfangs auf ihre kosmologisch-universale Dimension hin geöffnet. Von der Erfahrung des Exodus her wird Schöpfung interpretiert: Der befreiende Gott des Exodus schafft eine freie Schöpfung und den Menschen als freies Geschöpf, das zur Mitgestaltung der Welt beauftragt und gesegnet wird. Die alle klassischen Kosmogonien bewegende Frage danach, wer oder was den Bestand der Schöpfung garantiert, wird auf neue Weise beantwortet: Nicht die beständige Wiederkehr des Gleichen und ihre mimetisch-kultisch-rituelle Rekapitulation bändigen die Gefahr des Rückfalls ins Chaos, sondern die freie Bestandszusage des seiner Schöpfung treu bleibenden Gottes. Das ist freilich eine Zusage, die – so legt dies gerade auch der Kontext der Sintfluterzählung nahe – den Stachel der Theodizee bleibend in sich trägt. Sie hält als Widerhaken einer allzu harmonischen Sicht der Weltgeschichte als Heilsgeschichte die Frage nach dem Bösen präsent und nimmt hier Gott und die Welt gleichermaßen in die Pflicht. Die Idee der Geschichtsdynamik als vergegenwärtigende Erinnerung entwickelt nachexilisch nicht nur diese geschichtstheologische, sondern auch eine universale Dimension und sie lässt auch die endgültige Zukunft neu denken. Das Motiv des Heilshandelns Gottes bleibt nicht auf Israel begrenzt, sondern wird, wie u. a. das Völkerwallfahrtsmotiv

---

[33] Vgl. ebd. 78–82.
[34] Vgl. Assmann, Das kulturelle Gedächtnis, 83–86.

zeigt, nicht nur ethnisch, sondern auch eschatologisch entgrenzt. In dieser universalen Perspektive haben Zeit und Geschichte, ja die Welt als Ganze ein Ziel, das die Welt, die ist, mit jenem Bild der Welt, wie sie sein könnte, in eine dialektische Spannung versetzt und so kritisch in den Blick nehmen kann.

Das Neue Testament übernimmt nun sowohl Grunddynamik als auch Grundstruktur dieses Geschichts- und Zeitverständnisses und füllt sie christologisch, freilich ohne damit ihre Vorzeichen zu verändern. Weder die Gottesreichbotschaft Jesu noch die christologischen Entwürfe der neutestamentlichen Schriftsteller (ob nun inkarnatorisch oder staurozentrisch orientiert) interessieren sich für die Zeit, die endet, sondern sie bewegt die Zeit, die angebrochen ist. Sie ist dadurch gekennzeichnet, dass sie eine ›erfüllte Zeit‹ ist. Gerade die Zeit des Messias ist der kairos im chronos. Es ist jede Sekunde dieser Weltzeit, in der der Messias kommen kann.[35] Die messianische Zeit bleibt notwendig auf diese Welt und ihre Zeit bezogen, weil sie die Welt und ihre Zeit vollendet und gewinnt gerade dadurch ein kritisches Potential. Sie unterscheidet sich vom strikten Dualismus der Apokalyptik dadurch, dass sie in der Welt als bereits angebrochen, gegenwärtig verstanden wird. Sie ist dabei auch und gerade als kritisches Korrektiv gegenüber dieser Welt gegenwärtig. Weil sie, indem sie die Möglichkeiten dieser Welt im Angesicht der Gottesherrschaft offenlegt, zugleich deren Ist-Zustand kritisch in den Blick nimmt. Die Botschaft von der Gottesherrschaft proklamiert ebenso eine weltliche Anwesenheit Gottes im Entzug, weil ihre personale Mitte, Jesus Christus, eine bestreitbare, und auch bestrittene Mitte darstellt. Dort, wo die theologischen Entwürfe der neutestamentlichen Schriftsteller die heiße Phase der Naherwartung hinter sich lassen, verstehen auch sie die Zeit, die ist, vom Geschehen, dem ergangenen Heil her als qualitativ neue Zeit.

Diese ›messianische Zeit‹ ist mit *Giorgio Agamben* strikt zu unterscheiden von jeder Eschatologie, von jeder Apokalyptik,

---

[35] Vgl. Agamben, Zeit, 84f.

1 Erste (Er-)Klärungen

von all jenen christlichen Vorstellungen, die die Zeit mehr oder weniger schnell auf ihr Ende zurasen sehen. Die messianische Zeit ist nicht die Zeit des Endes, sondern sie ist die unverfügbare Gabe der ›Zeit, die bleibt‹ als messianische Situation par excellence[36], eine Zeit, die herausfordert: »Sie ist [...] die operative Zeit, die in der chronologischen Zeit drängt, die diese im Inneren bearbeitet und verwandelt, die Zeit die wir benötigen, um die Zeit zu beenden – in diesem Sinne: die *Zeit, die uns bleibt*.«[37] Die messianische Zeit ist auch keine supplementäre Zeit; sondern eine erfüllte Zeit. Parousia ist keine zweite Wiederkunft im Sinne einer Wiederholung, sondern ein sich immer mehr verstärkendes Durchsetzen der Anwesenheit, die das Ganze ›rekapituliert‹ – freilich nicht im Sinne einfacher ›Wiederholung‹, sondern im Sinne der Verwendung des Begriffs bei den Kirchenvätern, insbesondere Irenäus: verstanden als Vollendung, als Heimholung und somit als ein ›unter ein Haupt, ein Ziel bringen‹.[38] Erlösung ist nicht als Untergang der einen und Heil für die anderen zu verstehen, sondern als bergende Erinnerung und Wiedereinholung alles Vergangenen. Walter Benjamins Engel der Geschichte ist eben nicht identisch mit den martialischen Posaunespielern der Apokalypse, sondern es ist derjenige, der auf die Trümmern der Geschichte zurückblickt, und die Hoffnung auf Heil selbst dort nicht aufgibt, wo sie aus Respekt vor den Opfern der Geschichte verboten scheint. In dieser Perspektive haben Zeit und Geschichte, ja die Welt als Ganze ein Ziel, das weder harmonistisch noch dualistisch aufgelöst wird. Diese Grundstruktur der messianischen Zeit hebt die Frage nach dem ›wie lange noch‹ nicht auf, aber sie stellt sie auf beunruhigende Weise neu, weil sie dieser Zeit zutraut, sich zu verändern und ihr daher ›Zeit‹ gibt, sich zu vollenden.[39] Und sie desavouiert damit auf ihre Weise jene apokalyptische Enge der Zeit, die auch die Wurzel

---

[36] Ebd. 16.
[37] Ebd. 81.
[38] Vgl. ebd. 91.
[39] Vgl. ebd. 75–78.

des Bösen sein kann, denn gerade ›der Teufel weiß, dass er wenig Zeit hat‹[40].

Nicht das Ende der Zeit sondern die Zeit des Endes, der Erfüllung, kurz: die Zeit, die bleibt, müsste sich daher als entscheidende Zeitsignatur des Christentums erweisen. Und das wäre eine gute Basis, nicht nur politischen Unheilspropheten, die die Welt in Verlorene und Gerettete aufteilen und Geschichte nur von ihrer Vernichtung her denken können, mit einer ganz anderen Vorstellung von Zukunft entgegen zu treten – und zwar einer Vorstellung, die nicht auf die Logik der Vergeltung sondern auf die Logik einer universalen Hoffnung setzt und die diese Welt nicht aufgibt.

3. ›Weil wir in dieser Welt nicht zuhause sind ...‹

»Wo immer der Mensch gegen die tödliche Mauer anrennt und sie zu überspringen versucht, braucht er Räume für seine Klage und Horizonte für seine Hoffnung. Die Religionen öffnen sie, weil sie am stärksten den Tod transzendieren. Was sie als Jenseits offenbaren, sind religionsphilosophisch gesehen die kraftvollsten Raumbilder und Gegenwelten, die sich gegen den Tod und seine Macht stemmen, [...] Hoffnungsbilder gegen die Macht der stärksten Nicht-Utopie: den Tod.«
(Alexander A. Fischer, Tod und Jenseits, 5f.)

Um dem Begriff der Hoffnung, wie er wohl die christliche Vorstellung von Zukunft am besten umschreibt, für unsere heutige Zeit angemessen zu erfassen, ist ein kurzer, geschichtlich orien-

---

[40] Vgl. Blumenberg, Lebenszeit und Weltzeit, 71. In der Gestalt des Teufels personifiziert sich für Blumenberg das menschliche Wissen um die Kürze der Lebenszeit und deren Nichtidentität mit der Weltzeit samt der daraus folgenden Konsequenz, wenn nötig auch mit Gewalt »Zeit zu gewinnen, um mehr von der Welt zu haben« (ebd. 73). Zeitgewinn ist das »Radikal aller Wünsche auf Erweiterung und Zugewinn an Lebensrealität« (ebd. 74). Die apokalyptische Zeitverkürzung ist daher auch menschlich attraktiv, weil sie »in der Befriedigung des kaum genuin biblischen Wunsches besteht, bei eigener Hinfälligkeit und Endlichkeit solle gefälligst auch alles andere hinfällig und endlich sein – abstrakter ausgedrückt: Lebenszeit und Weltzeit sollten koinzidieren« (ebd. 79).

1 Erste (Er-)Klärungen

tierter Gang durch die Kulturgeschichte tragender Hoffnungsbilder notwendig. Deren Grunddimensionen sind wie folgt zu benennen: Da ist zum einen jene Hoffnungsperspektive, die Hoffnung als göttliche Tugend in den Mittelpunkt gestellt hat. Es ist eine Tugend, die weniger mit der diesseitigen Lebensperspektive oder der politischen Zukunft zu tun hat als mit der Frage, was nach diesem Leben und nach dem Ende der Welt käme. Und es ist eine Tugend, die dieses Leben insbesondere unter der Perspektive der moralischen Bewährung in den Blick nahm, die dann im Endgericht Ausschlag gebend sein sollte. Da ist aber auch jene Zukunftsperspektive, mit der das Politische auch in den Kernbereich der Theologie hereinschwappte und so deutlich machte, dass auch Theologie und Religion keine zeit- und gesellschaftslosen Phänomene sind. Das Kommen des Reiches Gottes hier und jetzt in diese Welt hinein war die Grundsignatur und das Leitwort dieser Bewegung, die auch die theologische Hoffnung als etwas zu verstehen lernte, das geerdet und sozial orientiert war. Insbesondere die katholische Theologie und Kirche waren einem allzu optimistischen Fortschritts- und Modernitätsdenken gegenüber immer etwas skeptisch eingestellt. Freilich, die Hoffnung, dass alles sich zum Besseren wenden, dass es aufwärts gehen sollte und könnte, war gerade in den Aufbruchzeiten nach dem II. Weltkrieg und – sozial und gesellschaftlich sensibilisiert – auch nach 1968 prägend. Wenngleich die Nachkriegsgeneration durchaus auch die Zweischneidigkeit dessen, was der Mensch tun kann und auch tut, deutlich genug erlebt hatte und dies auch eine gewisse Zukunfts- und Fortschrittsskepsis bewirkte, sind die späten 50er und beginnenden 60er Jahre doch von einem ausgeprägten Fortschrittsoptimismus geprägt (Boomzeit; Wirtschaftswunder etc.). Davon setzt sich die Nach-68er-Generation bewusst ab. Denn nicht der wirtschaftlich orientierte Fortschrittsoptimismus dominiert, sondern die Idee, durch Protest und politisches Handeln Veränderungen herbeiführen zu können. Der ›Traum‹ von einer neuen – gerechteren, sozialeren, freieren etc. – Welt ist erfüllbar. ›Befreiung‹ ist das zentrale Schlagwort für diese Idee von Zukunft, die politisch wie theologisch nun prägend wird. Doch auch diese Option wird durch veränderte und verändernde Realitäten in ihre Schranken gewiesen: Wirtschaftskrise, Grenzen des Wachstums, Ölkrise, Ökokrise samt der Mahnung des ›Club of Rome‹, dass unsere Ressourcen beschränkt sind, wecken eine neue Zukunftsskepsis, die bis hin zu apokalyptischen Untergangsszenarien prägend wird. Das Thema ›Krise und Untergang‹ hat noch einmal durch den 11. September 2001 eine neue Dimension erreicht. Zugleich wird diese systematisierte Unsicherheit und Ungesichertheit durch eine ganz andere Gegenreaktion unterlaufen: Carpe diem – Ergreife den Tag! Lebe hier und jetzt, nicht später! The Taste of now! Diese Gegenreaktion lässt das große Thema ›Hoffnung‹ allenfalls noch in kleinen Portionen Sehnsucht zu. All dies kann aber zugleich als jenes grundlegende Fraglichwerden aller auf Verbesserung zielenden zukünftigen Entwicklung verstanden werden, die so prägnant unter dem Titel ›Ende der Geschichte‹ firmieren und am inneren Kern christlicher Weltdeutung, ja des Christentums selbst nagen.

3.1 Fortschritt – wohin?

Die Idee des Fortschritts hat seit dem 19. Jh. Gesellschaftsentwürfe ebenso wie wissenschaftliche oder politische Zukunftsvorstellungen inspiriert. Die aufstrebenden Naturwissenschaften, die industrielle Revolution, der technische Fortschritt in sehr vielen Bereichen des Alltagslebens – all das sind so etwas wie mentale Identitätsmarker dieser Epoche. Dieser Denkform entsprechen ebenso auf politischer Ebene neue Gesellschaftsbilder und politische Modelle, so das Ideal der klassenlosen Gesellschaft und ihres Weges des evolutiv-revolutionären Kampfes, wie es Karl Marx entwickelt; ebenso aber auch im Bereich der Biologie[41]. Der Lauf der Geschichte ist konkret als ein Aufstieg zum Besseren zu bewerten; die kommende Weltzeit ist eine Zeit des Ideals (ethisch, moralisch etc.); die Technik wird diese

---

[41] Auch Darwins Evolutionstheorie erweist sich hier als ein typisches ›Kind‹ seiner Zeit!

Entwicklung beschleunigen. Diese Vorstellung mit all ihren Dimensionen kann für das 19. Jh. tatsächlich als epochemachend verstanden werden. Die Geistesströmung des Futurismus, die die bildende Kunst, aber auch die Philosophie bis zu Beginn des 20. Jh. beeinflusst, ist wohl der prägnanteste Kristallisationspunkt dieser Mentalität. Der Glaube an die Zukunft erhält hier fest den Status eines religiösen Bekenntnisses.[42] Der nüchterne Blick in die Geschichte zeigt aber, dass all diese Euphorie, ja das wahnhafte Vertrauen auf Fortschritt und Technik letztlich in den Schützengräben des I. Weltkriegs in der offensichtlichen Aporie endet. Dort wird für jeden offensichtlich, was eine höher entwickelte Technik des Menschen tatsächlich vermag, wenn sie zur Vernichtung statt zum Wohle der Menschen eingesetzt wird bzw. welche Vorstellung von machbarer Zukunft sich am Ende durchsetzt, wenn nicht der Gedanke an die eine Menschheit, sondern radikaler, menschenverachtenden Nationalismus herrscht. Der Absturz ist jäh und tief.

Die Theologie begleitet nun die Höhen und Tiefen dieser gesellschaftlichen Entwicklungen auf ihre eigene Weise. Da ist zum einen in der römisch-katholischen Kirche die konservative Strömung des Ultramontanismus, die seit Beginn des 19. Jh. Demokratie, Emanzipation, Freiheit etc. als Erfindungen eines traditionslosen, theologie- und kirchenfeindlichen, neuzeitlichen Fortschrittskultes in Bausch und Bogen verurteilt. Eine ganz andere Option repräsentiert im Bereich der evangelischen Theologie die Liberale Theologie der Jahrhundertwende, die die Offenheit, ja Anschlussfähigkeit der Theologie für Kultur und Fortschritt bis hin zu einer distanzlosen Vereinnahmbarkeit treibt, die am Ende nicht nur den I. Weltkrieg theologisch legitimiert, sondern auch noch die freiwillige Teilnahme als über das Vaterländische hinausreichende religiöse Pflicht einschärft.

Realistisch betrachtet konnten aber weder die Erfahrungen des I. noch die des II. Weltkrieg diesem Fortschrittsgedanken wirklich den Garaus machen können, obgleich sich die warnen-

---

[42] Vgl. Nocke, Was können wir hoffen, 40.

den Stimmen vermehren. Doch zeugt die bleibende Faszination des marxistischen Fortschrittsglaubens in den 60er und 70er Jahren des 20. Jh. und die Nichts-ist-unmöglich-Technik-Euphorie der späten 60er und frühen 70er Jahre von der Langlebigkeit dieses Grundgedankens. Selbst die katholische Kirche scheint im Zweiten Vatikanischen Konzil von diesem Fortschrittsoptimismus angesteckt; die Pastoralkonstitution ›Gaudium et spes‹ ist manchem Kritiker das beredte Zeugnis für jenes ›Schleifen der Bastionen‹ hin zu einer allzu fortschrittsgläubigen Moderne:

»Zwar werden wir gemahnt, dass es dem Menschen nichts nützt, wenn er die ganze Welt gewinnt, sich selbst jedoch ins Verderben bringt; dennoch darf die Erwartung der neuen Erde die Sorge für die Gestaltung dieser Erde nicht abschwächen, auf der uns der wachsende Leib der neuen Menschenfamilie eine umrisshafte Vorstellung von der künftigen Welt geben kann, sondern muss sie im Gegenteil ermutigen. Obschon der irdische Fortschritt eindeutig vom Wachstum des Reiches Christi zu unterscheiden ist, so hat er doch große Bedeutung für das Reich Gottes, insofern er zu einer besseren Ordnung der menschlichen Gesellschaft beitragen kann. [...] Unbefangen schätzt zudem die katholische Kirche all das hoch, was zur Erfüllung derselben Aufgabe die anderen christlichen Kirchen und kirchlichen Gemeinschaften in Zusammenarbeit beigetragen haben und noch beitragen. Zugleich ist sie der festen Überzeugung, dass sie selbst von der Welt, sei es von einzelnen Menschen, sei es von der menschlichen Gesellschaft, durch deren Möglichkeiten und Bemühungen viele und mannigfache Hilfe zur Wegbereitung für das Evangelium erfahren kann.«
(Pastoralkonstitution Gaudium et spes Nr. 39f.)

Die katholische Kirche rezipiert hier den Fortschrittsgedanken auf eine *positive* Weise; sie gewinnt damit – im Gegensatz zur zuvor praktizierten Methode der Abschottung – die Möglichkeit, geschichtliche Veränderungen positiv bewerten zu können und ihnen nicht einfach nur mit Ausgrenzung und Verurteilung begegnen zu müssen, wenngleich ihr die bleibende Differenz von weltlichem Fortschritt und der Zukunft Gottes zentral und daher auch eine notwendige innere Distanz gewahrt bleibt – eine Distanz, die angesichts der in den 70er Jahren nun vermehrt einsetzenden Kritik an einem allzu optimistischen Fortschrittsdenken, zwar nicht wieder zu einer grundlegenden Ablehnung, aber zu einem kritischen Blick auf den Fortschritts-

1 Erste (Er-)Klärungen

gedanken führt. Der Text ›Unsere Hoffnung‹ der Würzburger Synode ist wiederum ein Beleg für diesen Wechsel:

»War unser öffentliches Bewusstsein nicht zu lange von einem naiven Entwicklungsoptimismus durchstimmt? Von der Bereitschaft, sich widerstandslos einem vermeintlichen Stufengang im Fortschritt von Aufklärung und technologischer Zivilisation zu überlassen und darin auch unsere Hoffnungen zu verbrauchen? Heute scheint der Traum von einer schrankenlosen Herrschaft über die Natur im Interesse einer ebenso unbegrenzt vermehrbaren Bedürfnisfindung wie Bedürfnisbefriedigung langsam ausgeträumt. Zugleich spüren wir deutlicher die Fragwürdigkeit und geheime Verheißungslosigkeit, die in einer rein technokratisch geplanten und gesteuerten Zukunft der Menschheit steckt. Schafft sie wirklich einen »neuen Menschen«? Oder nur den völlig angepassten Menschen? Den Menschen mit vorfabrizierten Lebensmustern, mit nivellierten Träumen, eingemauert in eine überraschungsfreie Computergesellschaft, erfolgreich eingefügt in die anonymen Zwänge und Mechanismen einer von fühlloser Rationalität konstruierten Welt – rückgezüchtet schließlich auf ein anpassungsschlaues Tier? Und zeigt sich nicht auch immer deutlicher im Schicksal der einzelnen, daß diese »neue Welt« innere Leere, Angst und Flucht erzeugt? Müssen nicht Sexualisierung, Alkoholismus, Drogenkonsum als Signale verstanden werden? Deuten sie nicht eine Sehnsucht nach Zuwendung, ja einen Hunger nach Liebe an, die eben nicht durch Verheißungen der Technik und der Ökonomie gestillt werden können? Diese Fragen wenden sich keineswegs gegen Wissenschaft und Technik und wollen deren besondere Bedeutung für die Gestaltung einer menschenwürdigen Lebenswelt nicht antasten. Sie richten sich nur gegen einen Verheißungsglauben an Wissenschaft und Technik, der viele (die Wissenschaftler selbst oft noch am wenigsten) unterschwellig bestimmt, ihr Bewusstsein gefangenhält und es so erblinden lässt für die ursprüngliche Verheißungskraft unserer Hoffnung und für die Leuchtkraft der Bilder und Gleichnisse vom Reiche Gottes und von der neuen Menschheit in ihm.«

(Unsere Hoffnung, I.6, 96)

Die Welt und ihre Zukunft ist zur Frage geworden, die auch die Kirche bewegt und auf die sie keine einfache Antwort hat. Nicht mehr belehrend-verurteilend, sondern suchend, fragend, zeitnah, aber auch zeitkritisch positioniert sich die Kirche in der Welt von heute. Es ist Abschied von einem unreflektierten Fortschrittsoptimismus genommen, ohne zugleich das ›Prinzip Hoffnung‹ und damit die Verantwortung für die Zukunft aufzugeben. Wie ist von einem so zugespitzten Begriff von Hoffnung aus dann der Fortschrittsgedanke zu beurteilen? Mit *Franz Josef Nocke* sind für eine angemessene Rezeption des

Fortschrittsgedankens innerhalb einer christlichen Eschatologie folgende Punkte von besonderer Relevanz[43]:

- Ein sicherer, kontinuierlicher Aufstieg der Menschheitsgeschichte lässt sich, sowohl von der Erfahrung des letzten Jahrhunderts als auch vom christlichen Glauben her, nicht behaupten. Die Signale der Geschichte sind – im Guten wie im Bösen – nicht eindeutig.
- Dennoch setzt christlicher Glaube auf die Idee eines guten Endes. Dazu sind aber verschiedene Denkmodelle vorstellbar: Ein Aufstiegsmodell, das immer wieder von Rückschlägen durchbrochen wird; ein Auf und Ab; ein apokalyptischer Abbruch. Keines der Modelle kann exklusiv Geltung beanspruchen.
- Eine christliche Rede vom Fortschritt muss auch von den Opfern der Geschichte sprechen.
- Nach biblischem Verständnis gibt es einen unaufhebbaren Zusammenhang von innerweltlicher Geschichte und Heilsgeschichte.
- Christliche Hoffnung ist nicht einfach nur eine optimistische Sicht der Geschichte, sondern sie verbindet sich immer mit einer bestimmten Handlungsoption, die nach Schritten zur Verbesserung sucht.
- Solche Schritte können als Vorzeichen der verheißenen Welt wahrgenommen werden; sie können auch als Mitarbeit an der Verheißung verstanden werden.
- Der Begriff ›Fortschritt‹ kann nicht unkritisch und undifferenziert einfach in die christlichen Zukunftsvorstellungen hinein übernommen werden; er muss als qualitativ (ethisch, moralisch, theologisch) zu füllender Begriff verstanden werden; damit gibt es auch ethische Kriterien für einen richtigen oder einen falschen Fortschritt.

---

[43] Vgl. Nocke, Was können wir hoffen?, 63ff.

3.2 Traum – Utopie – Vision

Nicht nur Utopien scheinen ›mausetot‹; es gibt keine Visionen mehr, weder in Politik, noch Gesellschaft, noch Kirche, von der Wirtschaft gar nicht zu reden. Die voraus weisenden Konzepte scheinen flächendeckend abhanden gekommen.[44] An die Stelle von Visionen und Utopien, die ein Handlungspotential beschreiben und daher Zukunft gestalten wollen, sind heutzutage eher Angst machende Untergangsszenarien getreten. Statt mit Gegenbildern zur Gegenwart eine neue Zukunft gestalten zu wollen, in dem man Ideen entwickelt wie diese Gegenwart zu verändern wäre, hat so etwas wie die Flucht in ein ›wir können doch nichts mehr tun‹ eingesetzt. Demgegenüber betonen Visionen, Utopien wie Träume das mögliche Veränderungspotential auf Zukunft hin. In diesem Kontext stehen alle drei Begriffe – die historisch zwar unterschiedlich gefüllt sind, heutzutage aber allenfalls auf verschiedene Sprechsituationen oder verschiedene Sprechmilieus hinweisen, aber inhaltlich kaum mehr unterschieden werden – für eine Handlungs- und auch Weltbezogenheit gerade auch christlicher Zukunftsvorstellungen, die sogar als deren Grundsignatur bezeichnet werden können. Denn christliche Zukunftsentwürfe zeichnen sich gerade auch durch ihren visionär-utopischen Charakter aus.

Man kann christliche Zukunftserwartungen und Utopie zwar unterscheiden, aber nicht absolut trennen. Christliche Zukunftserwartungen sind immer auch konkrete ›Handlungsanweisungen‹ in dieser Welt und für diese Welt. Sie leben zwar aus der Überzeugung heraus, nicht alles selbst machen zu kön-

---

[44] Allenfalls ein US-amerikanischer Präsidentschaftswahlkampf, der geschickt zwei Dinge miteinander verbunden hat, die sich in den Vokabel wie ›hope‹ und ›change‹ prägnant umschreiben lassen, scheint hier die Ausnahme von der Regel zu bilden. Indes darf die religiöse Imprägnierung der verwandten Begriffe und auch deren bewusst ›metaphysischer‹ Einsatz innerhalb des Wahlkampfes nicht übersehen werden. Die Politik des ›alten Europa‹ mag sich gegenüber solchen Versuchen eher bieder ausnehmen, das persönliche Charisma des Kandidaten und späteren Präsidenten Obama blieb indes auch hier nicht ohne Wirkung.

nen und machen zu müssen, denn es ist ja Gottes Zukunft, auf die es ankommt; zugleich aber halten sie die Verbindung fest zwischen dieser absoluten Zukunft Gottes und der ›machbaren‹ innerweltlichen Zukunft. Bei allen konkreten, innerweltlichen (und notwendig fragmentarisch bleibenden) Zukunftsentwürfen ist die absolute Zukunft Gottes der innere Motor. Daher haben christliche Zukunftsentwürfe immer eine doppelte Ausrichtung: Sie arbeiten zum einen an der Zukunft selbst mit und entwickeln konkrete Konzepte für diese Mitarbeit und halten zum anderen dennoch an der Überzeugung fest, dass das, was kommt, eine offene, geschenkte, nicht einfach machbare Zukunft ist. Daher ist innerhalb der christlichen Zukunftsentwürfe immer die Balance zu halten zwischen drei möglichen Verhältnisbestimmungen:

Die erste geht davon aus, dass die Zukunft Gottes sowieso eine unvergleichliche ist; die Veränderungen in dieser Welt und unser Engagement dafür mögen zwar zu Verbesserungen führen, doch Gottes Zukunft wird eine ganz andere sein und allein auf sie kommt es an. Christliche Eschatologie hat über Jahrhunderte hinweg diese absolute Diskrepanz von Diesseits und Jenseits so sehr eingeschärft, dass die Religionskritik zu Recht die absolute Jenseitsbezogenheit als billigen Trost und weltliche Nutzlosigkeit, ja als Opium verurteilen konnte. Neben dieser zu Recht formulierten Kritik von außen muss die Einstellung der absoluten Jenseitsbezogenheit auch von der biblischen Überlieferung selbst her relativiert werden. Die biblische Art und Weise Heil und Erlösung zu denken, kann sich Heil nie anders vorstellen, als ein weltlich und geschichtlich wirksames und spürbares Heil, als Heil der Welt und in der Welt. Gott ist keine ›hinterweltliche‹ Größe.

Das zweite Denkmodell setzt geradezu gegenteilig an: Alle Utopien sind hier und jetzt zu verwirklichen; es gibt einen bruchlosen Übergang von dieser Welt zum Reich Gottes. Die altkirchliche Kaiserideologie und das mittelalterliche Bild des Papstes und der katholischen Kirche als der Herrschaft Christi auf Erden, wie auch die der Reformation entsprungene Idee eines Täuferrreichs in Münster sind beredte Beispiele für die

1 Erste (Er-)Klärungen

Verbreitung dieses Modells in vielen Jahrhunderten. Sie kehrt heutzutage im säkularen Gewand der Ideologien wieder. Aus der Geschichte dieses Denkmodells lässt sich gut die Gefahr der Vereinnahmung christlicher Zukunftsentwürfe, aber auch die Usurpation und damit Verwechslung der Zukunft Gottes durch die Realidentifikation mit einem politischen Gesellschaftsentwurf erkennen.

Ein drittes Denkmodell macht die Idee einer theologischen Grundperspektive innerweltlicher Zukunftsentwürfe stark. Innerweltliche Utopien und transzendente Vollendung sind nicht miteinander zu identifizieren, aber sie sind bleibend aufeinander bezogen. Dabei kann und darf kein innerweltliches Ziel verabsolutiert werden; denn kein konkret beschreibbares Zukunftsbild kann das Verheißene voll ausschöpfen. Wenngleich die kleinen Utopien hier und jetzt immer auch ein Vorgeschmack sind auf die große Utopie Gottes. Ohne die Sprache der Visionen, der Utopien, der Träume bleibt auch Gottes Zukunft stumm, sprachlos, farblos, un-wirk-lich. Beide bedürfen sich gegenseitig und so stehen christliche Zukunftsentwürfe immer mit den Füßen auf der Erde und mit dem Kopf im Himmel. Freilich stehen sie nicht einfach, sondern sie sind eigentlich immer in Bewegung. Denn christliche Zukunftsentwürfe sind gerade dadurch ausgezeichnet, dass sie eben kein statisches, sondern ein dynamisches Bild von Zukunft entwickeln; Gottes Zukunft wächst und verändert sich mit denen, die daran mitarbeiten. Sie lebt von einer Hoffnung, die im Fluss ist.

3.3 Endstation Sehnsucht?

Das Wort ›Sehnsucht‹ hat unverkennbar Hochkonjunktur von Werbeprospekten über Politikslogans bis mitten hinein in die Religionspädagogik unserer Zeit: Alle wollen sie Sehnsüchte wecken. Seit Jahren ist weniger von Utopie und mehr von Sehnsucht die Rede – so die Beobachtung von *Franz Josef Nocke*.[45] Manchem ist das schon der Hinweis auf einen entscheidenden

---

[45] Vgl. Nocke, Was können wir hoffen?, 97.

Epochewechsel: vom rationalen Denken der Aufklärung, zum Fühlen, zur Emotion, eben zur Romantik. Kann ›Sehnsucht‹ tatsächlich so etwas wie eine Hoffnungschiffre unserer Zeit sein? Wenn ja, was bedeutet das?

Als erstes fällt auf, dass Sehnen im Gegensatz zu Planen oder Hoffen nicht einfach von seinem Objekt her zu bestimmen ist; es ist ein deutlich subjektiver gefärbtes Tun. Im Gegensatz zur Utopie, die eher von sich weg auf anderes blickt, die tätiges Handeln motivieren möchte, ist die Sehnsucht ichkonzentriert, selbstbezogen; spricht von ›Selbsterfahrung‹. Daneben ist sie – z. B. im Gegensatz zur Hoffnung – weniger freudvoll als leidvoll konnotiert; Sehnsucht ist ja – etymologisch betrachtet – die ›Krankheit des schmerzlichen Verlangens‹; ja noch dem Grimmschen Wörterbuch zeichnet die Sehnsucht aus, dass sie ein geradezu hoffnungsloses Unterfangen ist, nämlich ohne Hoffnung das Ersehnte zu erlangen. Zugleich ist Sehnen weniger ein aktives Tun als eine Befindlichkeit, die sich in ihrer Erfüllung dialektisch ausfalten kann: als Freude oder als Enttäuschung; manchmal vermisst man sogar die Sehnsucht, das Gefühl des Erwartens, selbst. Und manchmal gerät das Motiv der Sehnsucht zur schlichten Gefühlsduselei, die allzu gerne und allzu gut manipuliert und damit missbraucht werden kann. Bleibt also noch etwas übrig davon, das dazu taugen würde, das Motiv der Sehnsucht als Sprachgestalt einer Hoffnung wahrzunehmen, die für die Frage christlicher Zukunftsentwürfe wirklich von Bedeutung sein könnte? Kurz: Könnte die Sehnsucht tatsächlich eine Spur Gottes und seiner Zukunft sein?

Der Blick in die biblischen Quellen ergibt etwas zunächst Erstaunliches: Die biblischen Schriftsteller scheuen nicht davor zurück, Emotionen wie Hunger, Durst, Heimweh, Liebesschmerz, ja eben das sehnsüchtige Warten auf den Geliebten als authentische Gotteserfahrungen bzw. Erfahrungen des Vermissens Gottes zu bewerten. Sie gelten ihnen als ›Realsymbole‹, d. h. realisierende Darstellungen der Hoffnung auf Gott. Es gibt – so zeigt auch der Blick in die Theologiegeschichte – so etwas wie eine Gotteserfahrung in der Unruhe des eigenen

Herzens; ein Warten und Hoffen, das manchmal unerfüllt bleibt.[46]

In unserer modernen Zeit gewinnt dieses Motiv eine veränderte Dynamik. Sehnsucht wird heute durch ein Gefühl flankiert, was man mit manchem Soziologen am besten als ›Versäumnisangst‹ bezeichnen könnte und erwächst aus der Einstellung, dass allein das Leben hier und jetzt die letzte Gelegenheit ist – carpe diem. Die Sehnsucht danach, dass es doch irgendwie ›mehr als alles hier‹ geben muss, führt unter dieser Perspektive aber zu dem Gefühl, nie genug zu bekommen, permanent zu kurz zu kommen, am Leben vorbei zu leben. Es ist eine Sehnsucht nach dem vollen Leben, die dazu führt, dass das Leben gar nicht mehr stattfindet; sie wird zur ewigen Fata morgana. Diese Vorstellung der Sehnsucht steht in Spannung dazu, wie die biblische Überlieferung und die theologiegeschichtliche Entwicklung die christliche Zukunftshoffnung auch als Sehnsucht verstehen wollen. Dies kann vielleicht als Zeichen des Transzendenzverlustes gewertet werden. Denn indem eine so gefasste ›Sehnsucht‹, die Antwort auf die Suche nach Identität ständig auf Zukunft hin verschiebt, kann die Frage nach dem ›Wer bin ich?‹ nicht mehr beantwortet und damit auch die Annahme der eigenen Endlichkeit verhindert bzw. verschleiert werden. Demgegenüber würde christliche Hoffnung auf eine Sehnsucht setzen, die sie auf dem Weg der kleinen Schritte in der partiellen Realisierung der Zukunft als dynamische Antriebskraft begleitet; die als die Sehnsucht nach ›noch mehr‹ die Hoffnung auf das noch größere Geheimnis wach hält und verhindert, sich mit dem Vorläufigen zufrieden zu geben.

---

[46] Vgl. ebd. 113f.

Kapitel 2: Die ›Lehre von den letzten Dingen‹? – Zur Hermeneutik eschatologischer Aussagen

»Wir Christen hoffen auf den neuen Menschen, den neuen Himmel und die neue Erde in der Vollendung des Reiches Gottes. Wir können von diesem Reich Gottes nur in Bildern und Gleichnissen sprechen, so wie sie im Alten und Neuen Testament [...], vor allem von Jesus selbst, erzählt und bezeugt sind. Diese Bilder und Gleichnisse vom großen Frieden der Menschen und der Natur im Angesichte Gottes, von der einen Mahlgemeinschaft der Liebe, von der Heimat und vom Vater, vom Reich der Freiheit, der Versöhnung und der Gerechtigkeit, von den abgewischten Tränen und vom Lachen der Kinder Gottes – sie alle sind genau und unersetzbar. Wir können sie nicht einfach ›übersetzen‹, wir können sie eigentlich nur schützen, ihnen treu bleiben und ihrer Auflösung in die geheimnisleere Sprache unserer Begriffe und Argumentationen widerstehen, die wohl zu unseren Bedürfnissen und von unseren Plänen, nicht aber zu unserer Sehnsucht und von unseren Hoffnungen spricht.« (›Unsere Hoffnung‹, I.6)

Was kann ich wissen, was soll ich tun und was soll ich hoffen? Was ist der Mensch? Von den drei großen Grundfragen Immanuel Kants, die letztlich in die letzte ›Was ist der Mensch?‹ einmünden, ist für Kant die Zukunfts- d. h. die Hoffnungsperspektive von zentraler Bedeutung, weil sie die Vorentscheidung für die anderen beiden Grundfragen mit trifft. Für uns Christinnen und Christen lautet daher die Grundfrage: Was darf ich als Christ hoffen? Gibt es einen angemessenen Grund meiner Hoffnung?

In der theologiegeschichtlichen Entwicklung kann man drei Hauptepochen zur Beantwortung dieser Fragen unterscheiden. Eine biblisch-nachbiblische, die sozusagen das Bild- und Motivrepertoire bereitstellt, von dem jede weitere Epoche lebt und die Grundlagen der Eschatologie und die Themen bereits vordenkt. Aber die biblische Sicht macht noch lange kein theologisches System der Enderwartung daraus, dafür ist das Mittelalter zuständig. Für manch theologisches Thema ist das Mittelalter geradezu eine Blütezeit der Entwicklung. Das geschieht nicht im-

2 Zur Hermeneutik eschatologischer Aussagen

mer zum Vorteil der damit verbundenen Inhalte. Die Neuzeit ist – nach dem Versuch des Barocks, die mittelalterliche Theologie trotz veränderter Umstände einfach fortzuschreiben – spätestens mit dem 19. Jahrhundert von zwei Grundströmungen geprägt. Auf der einen Seite findet sich eine aufklärerische Infragestellung der eschatologischen Bilder und Stereotypen, insbesondere der apokalyptischen Bilderwelt, aber auch des eschatologischen Systems als Ganzen. Auf der anderen Seite werden eine Rückwendung zum biblischen Ursprung des eschatologischen Denkens und eine kritische Analyse desselben prägend.

Für die erste Bewegung steht insbesondere die kleine Schrift Immanuel Kants ›Das Ende aller Dinge‹ (1794).[1] In ihr nimmt er nicht nur die aporetisch anmutende Zeitstruktur christlicher Eschatologie – Ende der Zeit und doch die Idee einer ›Fortdauer‹ im Sinne von Ewigkeit – kritisch in den Blick. Insbesondere bewegt ihn die Frage, worin der Grund einer Hoffnung auf das Ende liegen könnte, und findet die Antwort in der Idee, dass der Gedanke an eine innere Zweckbestimmung menschlichen Lebens der Idee einer ›leeren Unendlichkeit‹ entgegenstehe. Die apokalyptischen Schreckensvisionen kann Kant aber allenfalls in ihrer ethischen Dimension ernst nehmen. Ein theoretisches Wissen über diese Dinge ist unmöglich, nicht aber deren ethische Übersetzung. So erweist sich die eschatologische Praxis als das entscheidende Kriterium christlicher Hoffnung.

Als exemplarisch für die zweite Bewegung kann die an die historisch-kritischen Leben-Jesu-Forschung und ihre Aporien anknüpfende These Albert Schweizers gelten, der die Botschaft Jesu konsequent eschatologisch verortet. Indes bleibt Schweizer in den von Kant gelegten Spuren. Weil die konsequente Naherwartung der Reich-Gottes-Botschaft Jesu nur dann nicht hinfällig wird, wenn sie ethisch interpretiert wird, ist diese ›radikale Ethisierung‹ die einzig mögliche Konsequenz einer notwendigen Entmythologisierung der Eschatologie. Nicht um die ›Dogmatik‹ des Eschatologischen hat es daher zu gehen, sondern um seine ›Ethik‹.

---

[1] Vgl. auch Wohlmuth, Mysterium, 104–111

Beide Bewegungen werden dann im 20. Jahrhundert mit einem neuen Blick auf die anthropologischen Dimensionen der Eschatologie und auf den Hintergrund des biblischen Fundamentes übernommen. Das 20. Jahrhundert ergänzt eine Reflexion über die Deutung der biblischen Bilder und über die Hermeneutik dogmatischer Aussagen. So ist es gerade umso erstaunlicher, dass am Ende des 20. Jahrhunderts, das man als ›Jahrhundert der Eschatologie‹ bezeichnet hat, die Frage nach einer angemessenen Verstehensbasis eschatologischer Aussagen immer noch von zentraler Bedeutung ist. Trifft indes die Beobachtung zu, dass die Eschatologie der ›Wetterwinkel‹ der Theologie *(Hans Urs von Balthasar)* sei, so dürfte dies wohl daran liegen, dass sich in der Frage der Auslegung eschatologischer Aussagen nicht nur die ›letzten Dinge‹, sondern eben Grundlegendes für die Theologie als Ganze entscheidet. Wie aber dieser eigentliche Horizont der Theologie bestimmt werden muss, ist kontrovers.[2]

---

[2] Mit F. Gruber können daher innerhalb der Theologiegeschichte der letzten 100 Jahre idealtypisch sechs Auslegungsparadigmen unterschieden werden:
(1) A. Schweitzers *konsequente Eschatologie* (A. Schweitzer, Geschichte der Leben-Jesu-Forschung, Tübingen ^{9}1984);
(2) K. Barths *radikale Eschatologie* (vgl. K. Barth, Der Römerbrief, Zürich ^{13}1984 (^{2}1922);
(3) R. Bultmanns *existenzielle Eschatologie* (vgl. R. Bultmann, Geschichte und Eschatologie (^{1}1957), Tübingen ^{2}1964);
(4) W. Pannenbergs *heilsgeschichtlicher Ansatz* (vgl. W. Pannenberg, Heilsgeschehen und Geschichte, in: Grundfragen systematischer Theologie I, Göttingen ^{3}1979, 22–78);
(5) K. Rahners *transzendentaltheologische Eschatologie* (vgl. K. Rahner, Theologische Prinzipien der Hermeneutik eschatologischer Aussagen, in: Schriften zur Theologie IV, Einsiedeln-Köln-Zürich 1960, 401–428) (SW 12, 489–510);
(6) das *politisch-praktische* Paradigma von J. Moltmann, J.B. Metz und der lateinamerikanischen Befreiungstheologie (vgl. J. Moltmann, Theologie der Hoffnung (1964), München ^{11}1980; J.B. Metz, Glaube in Geschichte und Gesellschaft, Mainz 1977; ders., Zum Begriff der neuen Politischen Theologie 1967–1997, Mainz 1997; ders., Memoria passionis. Ein provozierendes Gedächtnis in pluralistischer Gesellschaft, Freiburg-Basel-Wien 2006; G. Gutiérrez, Theologie der Befreiung. Mit einem Vorwort von Johann Bap-

1. Zu Sprache und Hermeneutik eschatologischer Aussagen

Worum geht es nun in der ›Eschatologie‹? Es geht in ihr um die Frage: Was kommt nach dem Ende? Daher bedeutet Eschatologie zunächst einmal die Rede von den letzten Dingen/Vorgängen – den ›eschata‹. In der Regel ist im Aufbau der Dogmatik die Eschatologie der letzte Traktat. Denn diese Regel orientiert sich am Aufbau des Credo, des Symbolum, und dort ist die Rede von der kommenden Welt immer die Schlussperspektive, freilich die entscheidende Schlussperspektive.

Traditionell hat man die Frage der Hoffnung im Rahmen des eschatologischen Traktats nur als Beschreibung des Tag X ausgestaltet, an dem das diesseitige Jetzt in das jenseitige Dann übergeht und so das Ende von Welt, Mensch und Geschichte bringt. Der künftige Tag X und seine Dramatik, sein innerer Ablauf, gaben den Rahmen dessen ab, was es über die Zukunft zu erzählen galt.[3] In diesem Rahmen versuchte man eine Antwort auf die Frage nach der Hoffnung zu geben, erhielt aber nur eine Antwort, die unter der grundlegend eingeschränkten Perspektive litt: Das Thema ›Eschatologie‹ wurde verkürzt zu

---

tist Metz, München-Mainz [6]1983; I. Ellacuria/J. Sobrino (Hg.), Mysterium Liberationis. Grundbegriffe der Theologie der Befreiung, 2 Bde., Luzern 1995f); vgl. bes.: Gruber, Diskurs, bes. 20–23.

[3] Dabei werden z. B. in Anlehnung an die Offb die endzeitlichen Horrorszenarien chronologisiert. Vgl. aber auch die Chronologie bestimmter teils natürlicher, teils übernatürlicher Ereignisse wie etwa in der klassischen, seit dem 8. Jh. kanonisierten und in der mittelalterlichen Legenda aurea (1263/1288 verf. von Jacob von Varazze) zum Allgemeingut gewordenen Reihenfolge der Vorzeichen des Endes: 1. Das Meer erhebt sich über die Berge; 2. das Meer verschwindet wieder in der Tiefe der Erde; 3. Meeresungeheuer erscheinen; 4. Meer und Flüsse brennen; 5. Bäume und Pflanzen schwitzen Blut; 6. alle Gebäude stürzen ein; 7. die Felsen zerbrechen; 8. die Erde bebt und öffnet sich; 9. die Berge werden eben; 10. die Menschen verlassen voller entsetzen ihre Unterschlüpfe; 11. die Erde spuckt die Toten aus; 12. die Sterne fallen vom Himmel; 13. alles Lebendige stirbt; 14. Himmel und Erde brennen; 15. die Toten stehen auf. Solche Zeichensammlungen können drohenden Charakter aber auch tröstenden Charakter haben: Denn wer die Zeichen sieht und versteht, den wird das Ende nicht unvorbereitet treffen.

einer Information über das ausstehende Ende in Zuschauerperspektive. Das theologische System der Neuscholastik machte daraus gar eine detailreiche Physik der letzten Dinge, die aber am Ende ohne jeden konkreten Lebensbezug auskam. Die gegebene Antwort war jenseitsbezogen und hatte mit der Geschichte, wie sie hier und jetzt erlebt wurde, wenig zu tun; ja diese Welt wurde reduziert zu einem Bewährungsort für das Jenseits. Eine solche Perspektive ist von einem tiefen Diesseits-Jenseits-Dualismus geprägt, der eine innere Finalität des Diesseits ausschließt, ja alles ausklammert, was irgendwie mit einer innergeschichtlichen Hoffnung zu tun hat. Christliche Hoffnung wird immer weltloser und unkonkreter. Eine eigentlich christliche Pointe, die gar etwas mit dem Zentrum unseres Glaubens, Jesus Christus, zu tun hatte, kommt nicht in den Blick.

Demgegenüber muss heute ein entscheidender Perspektivenwechsel benannt werden: Gegenstand der Eschatologie ist das Ende, im Sinne von Vollendung, nämlich die Vollendung von Welt, Mensch und Geschichte. Wir haben es also nicht mit irgendwelchen Zukunftsprognosen oder gar Wahrsagereien zu tun, sondern es geht um etwas anderes, es geht um den Sinn, das Ziel des Ganzen. Die Schöpfungstheologie handelt von der Herkunft der Welt, dem ins dasein-Kommen des Menschen und dem Beginn von Geschichte. Die Eschatologie blickt auf das Ganze und seinen Sinn und diese Sinnfrage ist das, was den Blick auf das Ganze strukturiert. Die Zukunfts- d. h. die Hoffnungsperspektive war bereits für Kant die wichtigste, weil sie einen angemessenen Grund meiner Hoffnung geben soll. Doch was soll eigentlich begründet werden?

1.1 Eschatologische Bilder geraten in Verruf

Geradezu gegenläufig zu einer ›säkularen Karriere‹ zahlreicher traditionell eschatologischer Bilder sind die damit verbundenen konkreten Vorstellungen und Bilder innerhalb des religiösen Bereichs und des Glaubens in Verruf geraten. Das zentrale Kernproblem der Eschatologie scheint das mangelnde Verständnis ihrer Inhalte, ihres Motiv- und Bildrepertoires zu sein.

2 Zur Hermeneutik eschatologischer Aussagen

Der eschatologischen Bildwelt ist eine grundlegende Sensibilität für ihr angemessenes Verständnis abhanden gekommen oder hat prinzipiell an Glaubwürdigkeit verloren. Die zeitgenössischen Bewertungen schwanken zwischen einem ›Rest einer veralteten, mythologischen Denkform‹ oder einer als lächerlich bewerteten ›naiven Form von Wahrsagerei‹.[4] Woran liegt das?

Für den religiösen Sprachgebrauch im Rahmen der Eschatologie ist die Differenz zwischen Bildern und Erlebtem/zu erlebendem Inhalt nicht einfach zu bestimmen. Die christlichen Aussagen sind vom biblischen Befund inspiriert und malen zugleich daran weiter. Freilich bei jeder neuen Aneignung oder Ausmalung dieser biblischen Aussage handelt es sich im Prinzip um einen Übersetzungsvorgang, der über die Bedeutung hinaus geht und das Ganze in einen neuen Verstehenshorizont, in das eigene Weltbild übersetzt. Das gilt für jede Epoche unserer Glaubensgeschichte. Was ist nun aber an diesen Vorgaben für die religiösen Vorstellungen von Himmel und Hölle bildhafter, d. h. zeitbedingter Ausdruck und was ist wirklicher verbindlicher Inhalt? Eine nächste Frage, wie übersetzt man diese Bilder, wenn man sie auch heute noch angemessen verstehen will?

Dabei stellt der Wandel des Weltbildes von der Antike zu Neuzeit und Moderne zweifellos ein zentrales Problem gerade eschatologischer Aussagen dar. Denn er löst die Frage aus, wie sich denn die in der Bibel vorgestellten Aussagen über Zukunft und Schicksal des Menschen mit Anschauungen und Meinungen verträgt, die der Mensch heute hinsichtlich seiner Person, hinsichtlich der Welt und hinsichtlich der Zukunft hat. Zugleich lebt jeder Verstehensversuch von einer bestimmten Tradition, stehen die Bilder in ihrer je eigenen Wirkungsgeschichte. Diese Wirkungsgeschichte ist keine neutrale oder objektive. In der Geschichte des Christentums hat die Botschaft von dem, was den Menschen nach dem Tod erwartet, den Charakter einer Drohbotschaft angenommen. Die Rede von den ›letzten Dingen‹ war und ist bis heute für viele angstbesetzt. Gerade eschatologische Bilder standen und stehen in dieser Gefahr des kirchen- und

---

[4] Vgl. u. a. Pemsel-Maier, Himmel – Hölle – Fegefeuer.

machtpolitischen Missbrauchs.[5] Die Frage der Instrumentalisierung und des Missbrauchs innerhalb der Eschatologie ist daher offen an bestimmte Epochen der Kirchengeschichte zu stellen. Es sind interessanterweise auch immer jene Epochen die in der Theologiegeschichte insbesondere durch die Dominanz eschatologischer Themen geprägt sind. Indes ist die ebenfalls anzutreffende ›Gegenlösung‹ keine überzeugende Lösung: Die unbequeme Lehre von Gericht und Hölle wird dadurch ›entschärft‹, dass man sie eliminiert. Damit drohen aber die Frage nach einer letzten Gerechtigkeit und so auch die Ernsthaftigkeit christlicher Jenseitshoffnung abhanden zu kommen.

1.2 Aufgaben einer angemessenen Hermeneutik eschatologischer Aussagen

Man kann eschatologische Aussagen nicht einfach wörtlich nehmen, sondern es bedarf bestimmter Auslegungs- und Verstehensregeln. Das hebt nicht ihre Bedeutung auf, sondern bringt diese erst in einer angemessenen Weise zur Geltung. Auf die Notwendigkeit eines angemessenen Verständnisses und die sich daraus ergebende Pflicht der Theologie macht z. B. die römische Glaubenskongregation schon 1979 aufmerksam:

»Wenn man über das Geschick des Menschen nach dem Tode spricht, so muß man sich besonders vor Darstellungsweisen hüten, die sich ausschließlich auf willkürliche Phantasievorstellungen stützen: Übertreibungen in dieser Hinsicht sind nämlich ein nicht geringer Grund für die Schwierigkeiten, denen der christliche Glaube häufig begegnet. Jene Bilder hingegen, welche wir in der Heiligen Schrift verwandt finden, verdienen eine besondere Ehrfurcht. Man muß ihren tieferen Sinn verstehen und die Gefahr vermeiden, sie allzu sehr abzuschwächen, weil das oft die Wirklichkeit selbst verflüchtigt, die in diesen Bildern angedeutet wird.«

Daraus ergeben sich also drei große Aufgabenbereiche:

- Eine angemessene Hermeneutik eschatologischer Aussagen sucht nach Möglichkeiten, diese traditionellen Aussagen heute zu verstehen, d. h., sie mit heutigen Erfahrungen zu

---

[5] Vgl. Köhler, Wider den Missbrauch.

2 Zur Hermeneutik eschatologischer Aussagen

vermitteln. Aus dem Verstehen ergeben sich auch praktikable Regeln im Umgang mit den verwendeten Bildern.
- Eine angemessene Auslegung eschatologischer Aussagen muss sich darum kümmern, dass nun Verstandene in eine neue Sprachgestalt zu übersetzen, um es den Glaubenden wie den Nichtglaubenden mitteilbar zu machen. Die systematische Theologie kann es dabei nicht bewenden lassen, die Bilder, Begriffe etc. in ihrer Vielfalt einfach zu wiederholen. Bei dieser Aufgabe steht die Suche nach neuen Ausdrucksformen und Verstehenshilfen des Glaubensgutes im Vordergrund.
- Bei der Frage einer angemessenen Auslegung müssen wir uns stets auch offen mit dem Vorwurf konfrontieren, dass bestimmte eschatologische Inhalte auch funktionalisiert oder ›missbraucht‹ wurden. Dogmenhermeneutische und theologiegeschichtliche Fragestellungen stehen hier im Zentrum.

Wie sehen nun die konkreten Anforderungen an ein solches Übersetzungskonzept aus? Sie haben eine doppelte Zielrichtung:

1. Ein Übersetzungskonzept muss unseren modernen Verstehenshorizont im Blick haben: Was fangen wir hier und heute damit an? Wie geht das zusammen mit unserem Leben und unserem Weltbild hier und jetzt?

2. Zugleich bleiben die traditionellen, gerade auch die biblischen Bilder immer die verbindliche Vorgabe, denn wir können und müssen das Rad nicht einfach neu erfinden. An diesen Vorgaben müssen wir uns abarbeiten, um ihre Interpretation und Analyse werden wir uns kümmern müssen, wenn wir sie überhaupt angemessen verstehen wollen. Alle nachfolgenden Auslegungen und die Glaubenstradition als Ganze haben schließlich immer den Anspruch gehabt, nichts anderes als angemessene Übersetzung dieser biblischen Überlieferung, des biblischen Urgehaltes zu sein. Daran schließt sich aber unmittelbar die Frage an: Was ist der unaufgebbare Kern, die wirkliche Botschaft christlicher Eschatologie, christlicher Jenseitsvorstellungen? Worauf kommt es im Kern unseres Glaubens

an, wenn von einer Zukunft, von einem Leben nach dem Tod, von Gericht und eben von Himmel und Hölle die Rede ist? Was ist denn der unaufgebbare Inhalt des christlichen Glaubens, der ihn als christlichen Glauben kennzeichnet und so auch von anderen religiösen Sinnangeboten unterscheidet? Was gehört zu diesem christlichen Kern und was ist eher zeitbedingte Beimischung?

Bei näherem Hinsehen wird freilich schnell klar: Die korrekte Unterscheidung von beiden Fragestellungen und Zielen ist nicht einfach und die Antworten auf die verschiedenen, darin verbundenen Fragen sind es erst recht nicht. Wir können nicht einfach die Bilder von der Sache abheben und sozusagen den erhabenen reinen Gedanken heraus destillieren. Der Übergang von beidem, von Bild und Inhalt, ist fließend. Gerade in der Eschatologie kommen wir an einer Bildersprache nicht vorbei. Wie aber sollen wir sonst etwas zu beschreiben versuchen, was doch noch keiner von uns gesehen und noch keiner erfahren hat?

1.3 Hermeneutische Vorüberlegungen

1.3.1 Aktuelle Herausforderungen[6]

Die Frage nach einer angemessenen Hermeneutik eschatologischer Aussagen sieht sich heute zentralen Grundfragen ausgesetzt. Da ist zum einen das naturwissenschaftlich dominierte Bild einer evolutiven Weltsicht, der die Idee eines Ziels und Endes von Entwicklung und Geschichte des Ganzen vollständig abhanden gekommen scheint. Konsequenz ist zunächst eine Konzentration eschatologischer Fragen beinahe ausschließlich auf das individuelle Ende personalen Lebens als Hoffnung auf ein Leben nach dem Tod. Damit verbindet sich die Beobachtung einer Vernachlässigung der gesellschaftlich-ethischen Dimension eschatologischer Aussagen. Der eingangs bereits erwähnte Verlust der Utopien[7] lässt auch die Hoffnungsgestalt christlicher

---

[6] Vgl. auch Gruber, Diskurs, 24–29.
[7] Vgl. auch Kap. 1/3.2.

Eschatologie zunehmend verblassen.»Auch die Theologie scheint mir heute das Handlungspotenzial ihrer eschatologischen Symbole mittels dekonstruktivistischer Konzepte umzuschreiben, insofern die eschatologische Heterochronie von ›schon‹ und ›noch nicht‹ auf die Semantik des Heterotopischen, der Andersorte von ›hier‹ und ›andernorts‹ transformiert wird.«[8] In geradezu kontradiktorischer Spannung dazu ist zugleich die bleibende Präsenz apokalyptischen Gedankenguts samt der damit verbundenen Szenarien von Bedrohung und Angst unverkennbar. In diesem Geviert von Individualisierung, Subjektivierung, Verlust der Hoffnungsdimension einerseits und bleibender Plausibilität bzw. auch Instrumentalisierung der apokalyptisch imprägnierten Drohkulisse haben sich im weiteren alle Überlegungen zu einer angemessenen Hermeneutik eschatologischer Aussagen zu bewegen.

1.3.2 Zur Sprachgestalt eschatologischer Aussagen

Eschatologische Aussagen sind keine informativen Aussagen, sondern sie haben primär performativen Charakter. Es sind Ankündigungen, die »etwas zur Sprache [bringen] und etwas mit Worten in die Welt [setzen], das zunächst nur in der Welt der Worte präsent ist. [...] Es sind Worte, die Wirkung zeigen. Ein solches wirkendes Wort ist das Versprechen. Eschatologische Aussagen kommen der Sprechhandlung des Versprechens am nächsten.«[9] Sie sind gerade durch jene, wie *Franz Gruber* zu Recht festhält, *kontrafaktische Performativität* gekennzeichnet[10], die wir mit *Gabriel Marcel* als die Grundstruktur christlicher Hoffnung gekennzeichnet haben. Sie wagt eine Hoffnung auszusprechen, für die sie selbst nicht einzustehen vermag. Christliche Hoffnung provoziert daher vor allem mit der Zusage, dass sich die Lücke zwischen dem, was ist, und dem, was als Erhofftes sein könnte, nicht durch unser Zutun, sondern durch das eines ganz Anderen schließen wird. Nehmen wir dabei das

---

[8] Gruber, Diskurs, 25.
[9] Höhn, Versprechen, 61.
[10] Gruber, Diskurs, 29.

zur besonderen Zeitstruktur christlicher Hoffnung Gesagte mit hinein in unsere sprachpragmatischen Überlegungen, dann wird deutlich: Das eschatologische Versprechen gründet nicht zuerst in dem, was als Kommendes verheißen wird, sondern in dem, was als unvordenkliches schöpferisches und heilsgeschichtliches Geschehenes erinnert wird und damit im ›Schon‹ des bereits erfahrenen Heils, und in dieser Erinnerung das Zukünftige neu – als verheißenes ›Noch-Nicht‹ – erhoffen kann und darf. Der Verheißungscharakter (promissio) gründet auf dem Bekenntnis zur unaufhebbaren, weil bereits sichtbar gewordenen ›Treue‹ Gottes. Das macht die Hoffnungsgestalt ebenso konkret wie kontextuell gebunden und ermöglicht zugleich die Erfahrbarkeit einer ›realsymbolischen Repräsentanz‹ der Wirklichkeit des Versprechens Gottes. Das bindet christliche Hoffnung auch und gerade an Geschichte als ihren eigentlichen ›Bewährungsort‹.

Christinnen und Christen bekennen daher als geschichtlichen Ort dieser unaufhebbaren Zusage Gottes an den Menschen die Lebensgeschichte eines Menschen, Jesus von Nazaret, und begründen darin jenen ›Sieg der Gnade‹, den *Karl Rahner* ins Zentrum christlicher Hoffnung stellt. Sie allein vermag jene von den Opfern der Geschichte zu Recht eingeklagte und erhoffte ›Gerechtigkeit‹ heraufzuführen. Die christologische Dimension konkretisiert daher die eschatologische Verheißung Gottes. Die Zuwendung Gottes als Anerkennung des Anderen wird zum einen in einem menschlichen Dasein selbst erfahrbar. Es ist ein Akt göttlicher Solidarität, der sich genau dort vollzieht, wo der Mensch in seinem Menschsein und seiner Würde bedroht ist bzw. diese ihm durch die Macht des Bösen endgültig verweigert erscheint. Die Konkretisierung aber besteht gerade darin, dass dort, wo Gottes Lebenszusage an den Menschen auf die Scheinfreiheit menschlicher Selbstbehauptung trifft, diesem die befreite Existenz des Nicht-mehr-zuerst-zugreifen-und-machen-Müssens geschenkt wird. Die inkarnatorisch begründete Hoffnungsstruktur christlicher Eschatologie beruht auf der Wahrheit, dass sich das Göttliche im Menschlichen zeigt, dass dieses Leben hier und jetzt eine göttliche Würde hat. Das

2 Zur Hermeneutik eschatologischer Aussagen

geschieht, ohne dabei die Täter hinter dem Rücken der Opfer zu versöhnen oder die Narben des Bösen einfach wegzuwischen. Aber diese haben eben nicht das letzte Wort, sondern bergen in sich selbst die Möglichkeit eines geschenkten Neuanfangs. Gott selbst wird zum Urbild wie zur Hebamme wahren menschlichen Lebens. Sich betend-bittend, d. h. glaubend diesem Gott anzuvertrauen, ist schon der Beginn des Verheißenen. Die eigentliche Herausforderung christlicher Hoffnungsdimension besteht im Ernstnehmen jenes unaufhebbaren ›Zwischen‹ – Zwischen dem ergangenen Versprechen und seiner endgültigen Einlösung. In diesem ›Zwischen‹ spielt sich die ganze Dramatik von Geschichte, von Heil und Unheil, von Gut und Böse ab. Sie ist zugleich voll von Zeichen der Geltung dieses Versprechens, wie sie offen ist für Zeichen seiner möglichen Außerkraftsetzung bzw. seiner Infragestellung. Das macht ihre innere Dynamik und Unabgeschlossenheit, aber auch ihren herausfordernden Charakter deutlich.

1.3.3 Das Problem der Systematisierung eschatologischer Aussagen

Eschatologische Aussagen lassen sich nicht zu einem geschlossenen System zusammenfügen. Sie entstammen verschiedenen Kulturkreisen mit unterschiedlicher Vorstellungswelt und unterschiedlichen theologischen Schwerpunkten, sind über einen längeren Zeitraum hinweg entstanden und versuchen dabei auf unterschiedliche Fragen und Interessen einzugehen. Es sind keine Proklamationen überzeitlicher Gesetzlichkeiten, sondern Akklamationen, die eben in eine konkrete geschichtliche Situation hinein sprechen. Sie sind zwar nicht auf diesen ›Sitz im Leben‹ zu reduzieren, aber ohne ihn auch nicht zu verstehen. Der im Lauf der Geschichte von Verkündigung und Theologie manchmal unternommene Versuch, aus den biblischen Befunden ein einheitliches eschatologisches System in Form einer Chronologie zu entwerfen, muss daher notwendig scheitern. Eine pauschale Systematisierung eschatologischer Aussagen raubt der notwendigen Vielfalt und damit der grundlegenden Pluriformität und Vielsprachigkeit der Eschatologie ihre innere Dynamik. Ebenso illegitim erscheint es für ein zentrales Thema der systematischen

Theologie, einfach an einer Vielzahl disparater Aussagen festzuhalten, die zugleich aber keine allgemeine Information bieten können, weil sie immer nur spezielle Aussagen machen. Daher bleibt die Frage von zentraler hermeneutischer Bedeutung, was denn die Einheit der Aussagen ausmacht, wenn diese überhaupt sinnvoll sein sollen. Die Antwort auf diese zentrale Frage ist im Bereich der Intention und damit der Performativität, und nicht im Bereich der Information zu suchen. Diese Einsicht gilt für biblische wie für die in der Theologiegeschichte entwickelten Bilder. Die ganze eschatologische Bilderwelt hat gegenüber der Heilswahrheit zwar nur eine Hilfsfunktion, aber eine entscheidende Hilfsfunktion, da zugleich gilt: Ohne die Bilder ist die Wahrheit nicht zu haben. Eine ›metaphorische Beliebigkeit‹ wäre hier ebenso eine falsche Alternative[11] wie die stereotype Wiederholung der Bilder.

1.3.4 Abgrenzungen

Wenn schon keine einfache Systematik eschatologischer Aussagen möglich ist, gibt es dann wenigstens eine Einheitsperspektive, unter der die eschatologischen Aussagen strukturiert werden können? Wenn ja, welches ist die Grundperspektive, auf die es in der christlichen Eschatologie ankommt? Versuchen wir es mit einer negativen Annäherung. Was wollen eschatologische Aussagen sein, und was wollen sie nicht sein?[12]

1. Es sind keine Prognosen, die auf der Basis bestimmter innerzeitlicher Beobachtungen einfach in die nächste oder ferne Zukunft hinein verlängert werden. Solche Zukunftsprognosen bleiben notwendig innerzeitlich, sagen also nichts über das aus, was das eigentliche Anliegen der Eschatologie ist: die mögliche end-gültige Vollendung der Zeit

2. Es sind auch keine Ergebnisse von Weissagungen oder irgendwelchen geheimen Sonderoffenbarungen, die über zukünftige Ereignisse oder Zustände der Endzeit informieren und damit allenfalls die menschliche Neugier befriedigen.

---

[11] Vgl. Wohlmuth, Mysterium, 44.
[12] Vgl. Kehl, Was kommt, bes. 22–25.

3. Christliche Aussagen über das Ende sind daher auch nicht zu verwechseln mit bloßen Projektionen menschlicher Sehnsucht, des erhofften ›kleinen Glücks‹, das eher der Jenseitsvertröstung und damit dem projektiven Erträglichmachen der Erfahrung des Elends der Gegenwart dient, um dieses überhaupt aushalten zu können. Christliche Hoffnung bleibt zwar erdverbunden und geschichtlich konkret, zugleich erwartet sie aber auch das ›überraschend Andere‹ *(Gottfried Bachl)*: das, was kein Auge gesehen und kein Ohr gehört hat, was keinem Menschen in den Sinn gekommen ist. Christliche Hoffnung geht an unseren Sehnsüchten nach gelingendem Leben etc. nicht vorbei, sondern sie nimmt sie auf, um sie zugleich zu erfüllen und zu überbieten.

2. Regeln für eine angemessen Hermeneutik eschatologischer Aussagen

2.1 Alles nur ›Projektion‹?

Große Teile dessen, was zum Standardrepertoire der üblichen Himmel- und Hölle-Vorstellungen samt ihrer Gerichts- und Strafmotive gehört, entstammt der Verlängerung menschlicher Grundbedürfnisse, hat – so die Grunderkenntnis Ludwig Feuerbachs – also Projektionscharakter. Dennoch haben solche Projektionen auch wirklichkeitsprägenden und -haltigen Charakter. Menschen denken sich Bilder für das Jenseits nicht ohne Grund aus. Mit dem Versuch einer vollständigen Verabschiedung der Bilder würden wir uns auch der Konkretheit unseres Glaubens berauben, den ja gerade die Dynamik einer weltlichen Erfahrbarkeit und darum auch welthaft-menschlichen Aussprechbarkeit auszeichnet. Die Theologie hat dabei aber immer zuzugestehen, dass solche Bilder »nicht nur Gottes Wirklichkeit widerspiegeln, sondern ebenso sehr, wenn nicht noch mehr die Wirklichkeit des Menschen, die konkrete gesellschaftlich-politische Situation, seelische oder gesellschaftliche Konflikte, handfeste Interessen und erschütternde Umbrüche,

Aufbrüche und die Verarbeitung von Enttäuschungen.«[13] Welches sind nun aber die Interessen, die solche Bilder, mögen sie nun einen biblischen Hintergrund haben oder nicht, in die Welt setzen und wirksam werden lassen?

Es gibt Zeiten in unserer Glaubensgeschichte, in der drastische, negative Bilder des Jenseits geradezu überlebensnotwendig waren, um in dieser Welt zurecht zu kommen: das Zeitalter der Apokalyptik, das späte Mittelalter. Solche Krisenzeiten des Glaubens bringen Bilder hervor, die abschreckend und – erstaunlich – tröstend zugleich sein sollen. Die Verfolgungszeiten der Gerechten hier und jetzt werden mit Bildern des Jenseits kompensiert. Diese Bilder schaffen Gerechtigkeit, die Guten werden belohnt und die Bösen werden bestraft. Die Unsicherheiten hier und jetzt werden mit den jenseitigen Gewissheiten kompensiert. Dahinter steckt nicht notwendigerweise eine Lust an der Qual der anderen, sondern viel eher ein permanent herausgefordertes Ringen um ein konsistentes und vor allem zutreffendes Gottesbild. So manch biblischer Autor, aber auch die Theologen der späteren Zeit bis heute, haben ihre liebe Not, beide Seiten, nämlich Gerechtigkeit und Barmherzigkeit Gottes, wirklich zusammen zu denken. Insbesondere fällt es dort schwer, wo die Not der Zeit, die erlebt wird, zu dualistischem Denken zwingt. In der Theologiegeschichte gibt es immer wieder Zeiten, in denen das Pendel zur einen oder zur anderen Seite ausschlägt. Systematisch interessant ist dabei die Frage, wie und wann sich im Laufe der Kirchengeschichte die eine oder die andere Seite in unsere Tradition durchsetzt.

2.2 Zur anthropologischen Grunddimension eschatologischer Aussagen

Wenn christliche Eschatologie keine wie immer geartete Vorschau auf spätere Ereignisse ist, was ist sie dann? Hier erweist sich ein Ansatz als weiterführend, der bereits in den 1960er Jahren von *Karl Rahner* entwickelt worden ist.

---

[13] Werbick, Spur, 5.

2 Zur Hermeneutik eschatologischer Aussagen

Christliche Eschatologie ist der Vorblick/Ausblick des Menschen aus seiner jetzigen Situation heraus auf seine endgültige Vollendung. »Das Wissen um das Zukünftige wird das Wissen um die Zukünftigkeit der Gegenwart sein, das eschatologische Wissen ist das Wissen um die eschatologische Gegenwart. Die eschatologische Aussage ist nicht eine additiv zusätzliche Aussage, die zur Aussage über die Gegenwart und die Vergangenheit eines Menschen noch hinzugefügt wird, sondern ein inneres Moment an diesem Selbstverständnis des Menschen.«[14] Das bedeutet aber, »daß der Mensch von dieser ausständigen Zukunft das und nur das, auch durch Offenbarung, weiß, was davon prospektiv und an seiner heilsgeschichtlichen Erfahrung in seiner Gegenwart ablesbar ist.« (SW 12, 499). Diese heilsgeschichtliche Situation aber ist grundlegend christologisch bestimmt: »Christliche Anthropologie und christliche Eschatologie sind letztlich Christologie in der Einheit der verschiedenen und doch nur in einem möglichen und greifbaren Phasen des Anfangs, der Gegenwart und des vollendeten Endes.« (SW 12, 500). Und damit gründet das eschatologische Wissen und die eschatologische Hoffnung, in der »Erfahrung von dem Heilshandeln Gottes an uns selbst in Christus.« (SW 12, 501). Christus selbst ist *das* hermeneutische Grundprinzip aller eschatologischen Aussagen (vgl. SW 12, 507). Christlicher Glaube beschreibt seine Hoffnung aus der durch das Christusereignis bestimmten Situation heraus, die er hier und jetzt als grundlegend für seine Existenz sieht. Welche Konsequenzen muss ich für mich, für mein zukünftiges Schicksal ziehen, wenn ich mich hier und jetzt in meinem Glauben als von Gott in Christus zum Heil, zum Glück berufener Mensch verstehe? Wie ist von den Voraussetzungen des Glaubens an die Gottesoffenbarung in Jesus Christus heraus in futurisch-eschatologischer Hinsicht angemessen zu sprechen?

Damit interpretiert Rahner die Grundstruktur eschatologischer Aussagen konsequent präsentisch-christologisch. Ist da-

---

[14] Rahner, Theologische Prinzipien, (SW 12, 497); die Seitenangaben im Text beziehen sich auf diesen Beitrag.

mit aber dem Unterbrechungscharakter christlicher Zukunftshoffnung *(Johann Baptist Metz)*, d. h. auch jener These des ganz Anderen der Zukunft Gottes, dem notwendigen ›extra nos‹ der messianischen Zukunft zu unserer Geschichte *(Walter Benjamin)* angemessen Rechnung getragen?[15] Ein Gegensatz zwischen beiden Dimensionen würde sich nur dort auftun, wo die christologische Grunddimension aufgrund einer herrlichkeitschristologischen Perspektive schon alle Fragen beantwortet zu haben glaubt. Demgegenüber wird eine kreuzestheologische Perspektive hier aber den fragend-erhoffenden wie den existentiell herausfordernden und damit auch die Praxis des eigenen Handelns als Bewährungsort der Hoffnung einfordernden Charakter christlicher Eschatologie offen halten.

2.3 Konsequenzen

2.3.1 Eschatologie als der ›Blick aufs Ganze‹

Eschatologie erweist sich als eine durchgehende Grundstruktur und nicht ein isoliertes Einzelthema der Dogmatik. Eschatologie ist immer der Blick auf das Letzte und damit auf das Ganze. Eschatologie ist nicht einfach der Abschluss irgendwie und irgendwann, sondern die innere Konsequenz, um nicht zu sagen, die innere Mitte von allem. Eigentlich laufen in der Eschatologie sämtliche in anderen Bereichen, also Schöpfungstheologie, Gotteslehre, Christologie, Erlösungslehre etc. etc. etc. entwickelten Fäden zusammen und werden zu einem Ganzen verwoben. Es wird so etwas wie die Essenz aus allem gewonnen, also ein Konzentrat aller Glaubensinhalte. Im Prinzip wird jede Religion, jeder Glaube im Letzten daran gemessen, welche Zukunft er verspricht. Vielleicht lässt sich genau daraus auch die mangelhafte moderne Plausibilität des Christentums erklären, nämlich dass es zunehmend schwerfällt, das konkret zu beschreiben, was das Christentum für die Zukunft des Einzelnen wie aller zusammen

---

[15] Zur Kritik an Rahner vgl. auch Wohlmuth, Mysterium, 118f; und die Ergänzung der bei Rahner dominierenden eschato-logischen Perspektive durch die der Eschato-Praxis vgl. ebd. 122ff.

der ganzen Welt verheißt bzw. dass Zukunftsverheißungen wie ewiges Leben und Jenseits heute in unseren Breitengraden nicht mehr die Dinge sind, die man sich erhofft. Damit haben wir es aber mit einem dogmatischen Problem erster Güte zu tun: Dort, wo wir keine Rechenschaft darüber ablegen können, welche Hoffnung uns in unserem Glauben bewegt, antreibt, erfüllt, da kann auch kein noch so schön ausgemalter Glaubensinhalt mehr überzeugen. Dort, wo das, was christlicher Glaube als Zukunftshoffnung festhält, auf keinen Resonanzboden mehr trifft, da wird dieser Glaube selbst zum leeren Geschwätz und er wird nach außen hin nicht mehr oder nur schwer vertretbar bzw. nachvollziehbar, ja im letzten sogar unglaubwürdig.

2.3.2 Grundregeln zur Auslegung eschatologischer Aussagen

Aus allen bisher genannten Vorüberlegungen ergeben sich einige *Grundregeln zur Auslegung (Hermeneutik) eschatologischer Aussagen*:

- Eschatologische Bilder sind sinnvoll, weil sie Ausdruck der menschlichen Gottesbeziehung sind. Glaube braucht Bilder um sich auszudrücken. Das gilt auch für die Zukunftshoffnung.
- Jegliches Bild muss aber als Bild erkannt und durchschaut werden. Dabei ist es notwendig, gerade auf eine allzu menschliche Missbrauchsgeschichte solcher Bilder zu achten und jedes Bild zu überprüfen. Das gilt besonders für eschatologische Bilder.
- Eschatologische Bilder, wie zum Beispiel Himmel und Hölle, sind also Abbild menschlicher Gottesbeziehung hier und jetzt. Das heißt sie stellen dar, wie sich der Mensch im Angesicht der Wahrheit Gottes versteht: Als von Gott geliebter, behüteter oder als von Gott getrennter Mensch. Eschatologische Bilder von Himmel und Hölle sind also keine Zukunftsvisionen, sondern ein inneres Moment des menschlichen Selbstverständnisses hier und jetzt.
- Daher gilt: Positive wie negative Bilder sind Provokationen, die zur Klärung der eigenen Gottesbeziehung herausfordern.

Die Bilder der Eschatologie sind letztlich bildhafter Ausdruck für die menschliche Gottesbeziehung, für die heilvolle und für die durch Sünde und Schuld zerstörte. Sie bilden sozusagen die menschliche Gottesbeziehung ab. Sie sind Bilder für das menschliche Selbstverständnis im Angesicht der Wahrheit Gottes.

- Eschatologische Bilder nehmen den Modus von objektivierten Inszenierungen dessen an, wie ein Mensch sich selbst gegenüber Gott, seiner Wahrheit, Liebe, Gerechtigkeit, Barmherzigkeit etc. versteht.
- Eschatologische Aussagen haben eine bestimmte Sprachform. Sie sind mit der Form des Versprechens vergleichbar und haben daher performativen Charakter.
- Sie sind keine Aussagen an und für sich, sondern haben immer auch Handlungscharakter, d. h. sie beziehen sich auf Positionen und Haltungen.

Eine Theologie der letzten Dinge, d. h. Eschatologie hat ihre Bildersprache ernst zu nehmen, indem sie:
a. die zukünftigen Ereignisse nicht als Projektionen oder als Aussagen von der Gegenwart des Gottesverhältnisses auf Zukunft hin versteht und
b. die objektivierten Bilder auf deren menschliches Selbst und das Gottesverständnis hin interpretiert;
c. den Versprechenscharakter als theologischen Deutungsschlüssel wahrnimmt.

Diese Beschreibung der Aufgabe der Eschatologie beruht letztlich auf der theologischen Einsicht, dass die Eschatologie keine Zusatzinformation zu sonstigen theologischen oder anthropologischen Aussagen christlicher Dogmatik ist, sondern die Übersetzung dessen, was theologisch, anthropologisch und christologisch ›Sache‹ ist, in den Modus der Vollendung hinein. Was jetzt gilt, wird unter der Perspektive der Vollendung, des Gesamtziels, des Sinns des Ganzen beschrieben.

2.4 Zu den Themen der Eschatologie

Im Laufe der Tradition wurde die Eschatologie in zwei große Hauptteile aufgeteilt:

1. Das Ende des Individuums mit Themen wie: Tod, Unsterblichkeit der Seele, selige Anschauung Gottes, Gericht, Zwischenzustand, Fegefeuer.

2. Das Ende der ganzen Welt, der Geschichte mit den Themen: Der Jüngste Tag, die Wiederkunft Christi, Weltuntergang und all die damit verbundenen kosmologischen Motive.

Die traditionelle Denkrichtung der Eschatologie richtete sich strikt auf das Danach und hatte mit der Geschichte hier und jetzt nichts zu tun. Diese innere Beziehungslosigkeit steht aber nun spannungsvoll zu der Vorstellung einer Relevanz unseres irdischen Lebens hier und jetzt für das Jenseits. Ebenso steht sie in Spannung zur Idee der Vollendung, des Sinns des Ganzen, die die Eschatologie ja bestimmen soll. Angesichts der veränderten Beschreibung der Aufgabe der Eschatologie können wir es also nicht dabei belassen, die Glaubenserfahrung hier und jetzt und das in Zukunft Erhoffte strikt zu trennen. Beide sind letztlich zwei Seiten ein und derselben Sache. Dies gilt es angesichts des traditionellen Jenseitsblicks der Eschatologie wieder ins Bewusstsein zu rücken. Dies gilt für die individuelle wie die kosmologische Perspektive. Dabei geht es um die Frage der prinzipiellen Relevanz von Geschichte, von Welt, von Beziehung, von Ich-Perspektive etc. für die eschatologischen Themen. Die Perspektive des Hier und Jetzt wird daher auch in den eschatologischen Einzelthemen in den Vordergrund gerückt werden müssen.

Kapitel 3: Vollendung und Geschichte

1. Eschatologie als Geschichtstheologie

Stehen in der Frage nach der Entstehung des Glaubens an ein Leben nach dem Tod eher Themen der individuellen Eschatologie im Mittelpunkt, so seien jetzt zunächst – sozusagen in einem ersten beschreibenden Durchgang – die kosmologischen, das heißt geschichtstheologischen Dimensionen näher ins Auge gefasst. Dabei stehen freilich keinesfalls Spekulationen im Zentrum des Interesses, die als Konkurrenzunternehmung zu naturwissenschaftlich orientierten Überlegungen z. B. der Astrophysik o. ä. zu verstehen sind. Das Interesse der Theologie liegt auf einer anderen Ebene. Wenn die Eschatologie die Frage nach Vollendung im Sinn von Sinn und Ziel der ›Welt‹ stellt, dann hat sie damit zunächst nicht die naturwissenschaftlich relevante Größe ›Welt‹ oder ›Kosmos‹ im Blick, sondern die ›hominisierte Welt‹, die auf den Menschen als das Subjekt des Denkens und Nachdenkens bezogene Welt. D. h. der Anspruch der Theologie ist gegenüber dem des naturwissenschaftlichen Nachdenkens über den Kosmos und seine Zukunft deutlich begrenzt.

Nach dem Sinn von Geschichte zu fragen, eröffnet zunächst eine doppelte Perspektive: Die Frage ist zum einen zielgerichtet, zum anderen kann sie aber auch am Zweck/Vollzug orientiert sein. Der Sinn der Geschichte unserer Welt liegt nur nicht einfach in ihrem Vollzug/Zweck hier und jetzt, sondern er ist prinzipiell Ziel, das heißt zukunftsorientiert. Schon wer von der Endzeit anstelle des Jenseits spricht, hat z. B. das Ideal einer auf ein Ziel zulaufenden Geschichte im Sinn. Geschichte wird als teleologisch finaler Prozess aufgefasst. Eine solch linear-finale Deutung von Geschichte lässt sich als eine der Leitstrukturen in der biblischen Überlieferung aufdecken; das Ziel von Geschichte liegt in ihrem Ende begründet. Dabei mag es Sinn- und

Vollendungserfahrungen hier und jetzt geben, aber davon unterscheidet sich der Sinngehalt des Ganzen. Sein Ziel liegt außerhalb seiner selbst. Daher kann man letztlich von einer wirklichen ›Vollendung‹ von Geschichte wohl nur im Sinne einer Transzendenz von Geschichte, einer raum- und zeitenthobenen Sinngestalt sprechen. Die Eschatologie versucht eine Antwort auf die Frage zu geben, ob die Geschichte dieser Welt einen Sinn hat, indem sie die zu erwartende Zukunft in Verbindung zur erfahrenen Gegenwart sieht. Sie fragt nicht nur nach einem Wohin, sondern auch nach einem Wozu und nennt als entscheidendes Stichwort dafür Vollendung bzw. konkreter: Versöhnung. Darin ist ein entscheidender Perspektivenwechsel der Eschatologie angedeutet: Die Zukunft nicht als Abbruch, sondern als Vollendung steht im Mittelpunkt dieser Frage nach dem Sinn von Geschichte und damit die Frage: Wie verhält sich unsere Gegenwart und Zukunft zur Zukunft Gottes?

1.1 Zum Geschichtsverständnis Israels

1.1.1 Vom Mythos zur Geschichte

Israel entwickelt die ihm eigene Perspektive in Abgrenzung, Konfrontation bzw. zumindest in einer ganz eigenen Zuspitzung gegenüber den es umgebenden Hochkulturen. Die agrarisch strukturierten Kulturen des alten Orients sind durch ein zyklisches Geschichts- und Weltbild geprägt. Hier wird der jahreszeitliche Wechsel als zyklisch-periodische Wiederkehr, als Kreislauf verstanden. Theologisch wird dies als sich wiederholende Inszenierung eines überzeitlichen, mythischen Urgeschehens gedeutet. Diese Bindung von geschichtlichem Geschehen an den Mythos garantiert ein festes Fundament all dessen, was geschieht. Diese Bindung garantiert Sicherheit, kennt aber keinen Wandel. Alles Neue ist ein immer schon Dagewesenes. Der Mythos ist eine Flucht ins Überzeitliche; aber diese Flucht ist rückwärts gewandt und nicht auf Zukunft hin orientiert. Das zyklisch mythische Weltbild kennt keine wirkliche Zukunft, weil es nichts Neues kennt. Gegenüber einem solchen Weltbild wirkt die Überzeugung Israels geradezu revolutionär.

Das lässt sich unter anderem daran ablesen wie Israel mit dem Schöpfungsgedanken umgeht.

Israel entmythologisiert die Schöpfungsmythen der umgebenden Völker. Eigentliches Ziel dieser Entmythologisierung ist die theologische Dimension des die Welt garantierenden Wortes Gottes. Darin und dadurch gibt Gott die Schöpfung und den Menschen frei und damit eröffnet er so etwas wie Geschichte als Freiheitsgeschichte (mit all den damit verbundenen Risiken). Israels Glaubensüberzeugung definiert das zyklisch mythische Weltbild um, so dass nun Geschichte als Geschichte des Heils (aber auch des Unheils) darin Platz hat. Wichtigste Grundüberzeugung ist dabei: Israel erfährt seinen Gott in Geschichte. Es kann nicht aus der Geschichte fliehen, weil diese Geschichte der Ort der Gotteserfahrung ist. Es ist die heilsame Gotteserfahrung in Geschichte (Exodus), die den mythischen Kreislauf der Wiederkehr desgleichen in ein lineares Verständnis verwandelt, das einen Ursprung und ein Ziel kennt. Das prägt die ganze Theologie Israels; sie trägt so etwas wie eine Exodusstruktur. Geschichte wird zu Erfahrung von Zeit, als gefüllter Zeit, als Zeit der Gottesbegegnung auf ein Ziel hin. Die Geschichte als erfahrenes Leben wird auch und gerade im Horizont der Heilsgeschichte also der Geschichte Gottes mit den Menschen gedeutet. Die ursprünglich am zyklischen Kreislauf des Werdens und Vergehens der Natur orientierten Feste werden zu Erinnerungsfesten an die Heilstaten Gottes, in denen sie vergegenwärtigt, d. h., auch als die Gegenwart beeinflussende, in der Gegenwart wirksame Erfahrungen gefeiert werden. Erinnerung ist nichts Vergangenes, sondern etwas, das hier und jetzt wirksam ist und das auf Zukunft hin offen ist. Blickt Israel zurück, dann um seiner Gegenwart und seiner Zukunft willen! Israel besitzt also nicht einfach ein lineares Zeitverständnis (als Gegenpol zu einem zyklischen); sondern es ist geprägt von der Idee einer qualitativ bestimmten, einer ge- bzw. erfüllten Zeit.

Aus der Überzeugung heraus, dass die Geschichte der Ort der Offenbarung Gottes ist, ergibt sich für Israel eine bestimmte Hoffnungsstruktur. So lange die Geschichte nicht zu Ende ist, ist auch das Heilshandeln Gottes, seine Offenbarung an kein

Ende gekommen. Zukunft ist nichts Ungewisses, bange zu Erwartendes; sondern ist für Israel eine sich in der Geschichte begründende gewisse Erwartung; Hoffnung ist Verheißung. Geschichte ist nicht etwas, das man hinter sich lassen kann; man kann nicht aus der Geschichte ausbrechen, bzw. sie für irrelevant erklären. Geschichte ist etwas, was ausgehalten werden muss, das miterlebt und mitgestaltet werden will. Auf Gott zu vertrauen bedeutet auf sein Heilshandeln in Geschichte zu vertrauen, Zukunft zu wagen, weil Gott die Vergangenheit und auch die Gegenwart trägt. Israel und mit ihm das Christentum nehmen die Geschichte ernst, weil sie der Ort der Gottesbegegnung und damit Heilsgeschichte ist. Darum ist auch das für die Zukunft erhoffte Heil von dieser Welt und von dieser Geschichte nicht abtrennbar, sondern bleibt daran gebunden.

1.1.2 Zur dialogischen Struktur von Geschichte

Geschichte ist daher, obgleich sie der Ort der Offenbarung Gottes ist, nicht einfach nur eine Bühne eines von Gott allein inszenierten göttlichen Schauspiels. Wir hatten ja schon bei der kurzen Analyse der Schöpfungsgeschichte festgehalten: Gott gibt Welt, Mensch, Geschichte frei. Der Mensch, so lehrt es bereits die Schöpfungserzählung, ist nicht die Marionette Gottes, sondern frei gewollter Partner, Mitarbeiter an der Schöpfung. Damit wird aber deutlich: Der letzte theologische Sinn von Zeit und Geschichte aus alttestamentlicher Sicht ist, dass der Mensch an der Gabe des Heiles mitarbeiten soll und darf. Geschichte im biblischen Sinne hat daher dialogische Struktur. Darum ist Gottes Handeln in Geschichte auch kein Konkurrenzunternehmen zur menschlichen Geschichte, sondern es liegt dieser menschlichen Geschichte eher zugrunde wie ihr innerer Sinn, ihre Grundsignatur. Sie ist so etwas wie eine Grundherausforderung. Man kann sie vielleicht am besten als Dialog der Freiheit zwischen Gott und Mensch beschreiben. Gott ›handelt‹ indem er unser Handeln herausfordert, indem er unsere Freiheit auffordert, das zu tun, was sie tun soll, als befreite Freiheit selbst befreien; die Signatur des befreienden Handelns Gottes in ihren eigenen Taten sichtbar machen. Es ist ein ständiges

›Werben‹ um das Mittun des Menschen. Er ist nicht einfach ›Objekt‹ des Handelns Gottes, sondern sein gesuchter Partner. Partner im Sinne eines Kommunikationsgeschehens, eines menschlichen Sich-Einlassens auf den befreienden Willen Gottes, das diesen dann Wirklichkeit werden lässt. Worin liegt nun aber der befreiende Wille Gottes? *Jürgen Werbick* hat hier den Vorschlag gemacht, ihn und seine Wirksamkeit darin zu erkennen, dass Freiheit ermöglicht, Möglichkeiten eröffnet werden, dass eine wirkliche Entscheidung möglich ist, und der Mensch nicht der Alternativlosigkeit von natürlichen oder quasi-natürlichen Zwangsläufigkeiten ausgeliefert ist.[1] Auch anders zu können, ja wieder neu anfangen zu können, das scheint die eigentliche Grundlage jeder Freiheit zu sein; und Gottes heiliger Wille besteht darin, diese neue Lebensmöglichkeit zu eröffnen und die Entscheidung des Menschen dazu zu umwerben.

An manchen Knotenpunkten der menschlichen Geschichte schimmert diese Grundausrichtung durch, wird Gottes Heilswille in dem, was in der menschlichen Geschichte geschieht, sichtbar (zumeist im Nachhinein); manchmal ist diese Grundsignatur aber auch verdeckt, muss mühsam vom Schutt menschlicher Verfehlungen, von den Abwegen menschlicher Irrwege etc. befreit werden, damit Gottes heiliger Wille wieder sichtbar wird. Sichtbar werden kann er letztlich aber nur dort, wo sich Menschen auf ihn einlassen, seiner werbenden Liebe folgen, wo sie sich von ihm in Dienst nehmen lassen und so Gott wirksam werden lassen in ihrer Geschichte.

Dass dieses Handeln Gottes in Geschichte ein Heilshandeln ist, bedeutet letztlich, dass der Mensch dort, wo er den Willen Gottes wirksam werden lässt, nicht von sich entfremdet wird, nicht etwas tun muss, was ihm gar nicht entspricht, sondern dass er gerade in diesem Tun zu sich selbst, zu seinem Ganzwerden, eben zu seinem Heil kommt. Gottes Handeln in der Welt ist keine Zwangsveranstaltung, sondern sie ist eine freie, auf Antwort und Zustimmung und vor allem auf die eigene Initiative des Menschen warten könnende und wollende Haltung.

---

[1] Vgl. Werbick, Von Gott sprechen, 110.

Dieser personalen Sicht widerspricht nun nicht, dass das Handeln Gottes durchaus konkrete Züge annehmen kann; sich konkreter Medien bedient. In ihnen und durch sie vermittelt sich das Handeln Gottes, eben nicht als Zweit-Ursache, sondern als Instrumental-Ursache. Hier gilt: »Geschöpfliches, an sich schon transparent für den Schöpfer, wird dienstbar gemacht, um Ausdruck des sich in personaler Freiheit erschließenden Gottes zu werden.«[2] Es ist ein vermitteltes Wirken Gottes als Kommunikationsgeschehen.

1.1.3 Der Engel der Geschichte

Gott ist – das ist von der eben skizzierten Grundstruktur der Gotteserfahrung her sofort einsichtig – als ›Herr der Geschichte‹ zum einen nicht Herr des faktischen Geschichtsverlaufs mit all seinem himmelschreienden Unrecht. Sein Herrsein über die Geschichte muss so gedacht werden, dass es nicht mit der Geschichte der Sieger identifiziert wird. Er gleicht vielmehr jenem, von Paul Klees ›Angelus Novus‹ inspirierten ›Engel der Geschichte‹ Walter Benjamins, der die verheißene Zukunft als ausrichtend-rettenden Blick in die Vergangenheit zu begreifen lehrt.[3] Er wendet sich nicht von der Geschichte ab, sondern versucht das Zerschlagene wieder zusammenzufügen, auch wenn die menschliche Freiheit und ihre Missbrauchsgeschichte ihm stets dabei einen Strich durch die Rechnung machen. Sein ›Handeln‹ ist leidsensibel. Hier wird ein zweites deutlich: Gott ist nicht einfach der omnipotente ›Macher‹ von Geschichte, er braucht und gebraucht seine menschlichen Helfer, die er beruft, um seinen heiligen Willen in der Geschichte Wirklichkeit werden zu lassen und so ›Geschichte‹ zu machen. Gottes Handeln in Geschichte ist biblisch gesehen kein Konkurrenzunternehmen zum Handeln des Menschen; Gott ›handelt‹, wo sein Wille geschieht; und der geschieht nur mit dem Menschen, nicht über ihn hinweg. Angesichts des Leids in der Welt bedeutet die Rede von Gottes Handeln daher auch so etwas wie eine

---

[2] Faber, Du, 62
[3] Vgl. Benjamin, Begriff.

Wahrnehmungsschule für das Leiden in der Welt, die zugleich zum Protest gegen das Leiden und zu entsprechendem Handeln befähigt.

Zugleich ist es *Gottes* heiliger Wille, der geschieht. D. h. kein menschliches Wesen kann von sich behaupten, in seinem alleinigen Tun den Willen Gottes gepachtet zu haben, ihn ohne Einschränkung zu repräsentieren. Gottes heiliger Wille entzieht sich jeder Vereinnahmung durch die Menschen. Er bedient sich ihrer, ohne sich zu ihrem Diener zu machen. Er ruft sie, beruft sie, ohne sich von ihren Wünschen abhängig zu machen, sich von ihnen vereinnahmen zu lassen. Doch sind die Menschen dabei nie Gottes Marionetten, sondern sie sind und bleiben freie Mitsubjekte seines Handelns und sie sind daher auch *notwendige* Mitsubjekte seines Handelns. D. h. über die Freiheit seiner Mitsubjekte kann auch Gott nicht hinweg gehen. Gegen die Freiheit des von ihm befreiten Subjekts ›Mensch‹ kann Gott nichts tun! Warum ist das so? Weil er diese Freiheit gewollt hat; sie als unwiderrufliche Gabe geschenkt hat und sich daher in gewisser Hinsicht davon abhängig gemacht hat. Er kann nur um sie werben; sie aber nicht be-zwingen.

1.1.4 Heil in Geschichte

Aufgrund dieser Geschichtsbezogenheit kann die alttestamentliche Überlieferung auch den Inhalt ihrer Zukunftsverheißungen und Hoffnungen ganz konkret bestimmen: Schalom als die umfassende, jede Lebenswirklichkeit beeinflussende Herrschaft Gottes, die auch an ganz konkreten innerweltlichen Kriterien ablesbar ist. Die Zukunftshoffnung Israels ist diesseits bezogen, geschichtsgebunden und konkret. Im Rahmen dieser geschichtstheologischen Analyse wird noch einmal deutlich, wie sehr die apokalyptische Zukunftsdeutung von der alttestamentlichen Überlieferung abweicht und neue, ganz andere Akzente setzt. Diese neuen Akzente können freilich nur dort positiv gewertet werden, wo sie auf eine Linie zurückgreifen, die auch innerhalb anderer theologischer Stränge auffindbar ist. Zukunft als Vollendung hat sicher auch etwas mit einem Neubeginn, einer neuen Schöpfung, eines ganz Anderswerden zu tun. Gerade auch die prophetische Literatur betont, dass die endgültige Zukunft alleinige Tat Gottes ist und daher etwas ganz Neues, einen völligen Umbruch darstellt. Der Tag des Herrn wird zu einem alle menschliche Vorstellungen sprengenden Ereignis. Dennoch ist offensichtlich, dass gegenüber solchen Vorstellungen die Apokalyptik ganz neue Akzente setzt. Der apokalyptische Entwurf der Geschichts- und Weltdeutung bleibt also spannungsvoll zur übrigen Tradition des Alten Testaments. Diese Spannung ist auszuhalten. Dabei ist aber darauf zu achten, dass die wesentlichen Elemente beider Sichtweisen bewusst bleiben. Je nach Zeit tritt dabei die eine oder andere Sichtweise in den Vordergrund und bedarf dabei stets einer gewissen Relativierung, weil man nicht eine einseitige Geschichts- und Weltdeutung dogmatisieren darf.

2. Inkarnation und Geschichtstheologie

2.1 Die Menschwerdung Gottes als Konsequenz der Offenbarung in Geschichte

Auch das Neue Testament kennt die beiden genannten Grundweisen der Geschichtsdeutung, setzt aber zusätzlich eigene Akzente, die als kritische Sichtung, Aufnahme, aber auch Relativierung apokalyptischer Elemente gedeutet werden können. Die Botschaft von der angebrochenen Gottesherrschaft steht sozusagen quer zu allen traditionell apokalyptischen Elementen. Die Christozentrik sämtlicher eschatologischer Versuche des Neuen Testaments relativieren zugleich die apokalyptische Dimension. Als Ergebnis ist festzuhalten: Im Neuen Testament haben wir eine deutliche Mischung beider Geschichts- und Weltdeutungen, wobei das Bekenntnis zur Inkarnation, das heißt zur Menschwerdung Gottes, die entscheidenden Vorgaben setzt. Wir hatten das schon bei der Relativierung der apokalyptischen Bilder, Motive und Sprache durch die Christologie beobachtet. Die Zeitdimension der Apokalyptik kommt nur noch in gebrochener, das heißt aber auch grundlegend veränderter Weise zum Zuge. Zugleich sagt das Bekenntnis zur Inkarnation Grundlegendes zur Wertigkeit von Welt und Geschichte aus. Sie widerspricht jeder impliziten oder expliziten Abwertung von Welt und Geschichte. Das Bekenntnis zur Inkarnation weckt die Weltlichkeit der Welt ebenso auf, wie ihr Potential, zum Ort der Offenbarung Gottes werden zu können. Das heißt die Inkarnation betont sowohl die Würde der Welt ebenso wie ihre Abgründigkeit. Welt und Geschichte als Ort der personalen Selbstoffenbarung Gottes werden zugleich aufgewertet und in der inneren Abhängigkeit ihrer Würde von Gott offengelegt. Wenn Gott sich in dieser Welt zeigt, so offenbart sich darin, was die Welt sein könnte, und dabei wird zugleich deutlich wie und was sie in Wirklichkeit ist.

Die besondere Bedeutung des Christusereignisses für die Eschatologie wird dadurch untermauert, dass nun alle eschatologische Themen christologisiert und damit personalisiert werden. Und sie werden in ihrer Zeitdimension vergegenwärtigt. Das Eigentliche geschieht nicht einfach später, sondern hier und jetzt, bzw. es ist bereits geschehen. Das noch ausstehende Leben mit Gott wird in Wirklichkeit und Wirksamkeit Jesu erfahrbar. Jesus ist die personale Präsenz der erhofften Zukunft. Er ist – so der griechische Kirchenvater Origenes – die Gottesherrschaft in Person, die Autobasileia. Das Entscheidende ist bereits geschehen, das Gottesreich ist da in der Person Christi. Diese Umwertung der zeitlichen Perspektive kann nicht ohne Folgen bleiben. Die Zukunft ist nicht mehr das, wovon alles erwartet werden muss. Die Zukunft hat hier und jetzt bereits begonnen; ein Unterpfand dessen, was noch kommt, ist schon da. Die Zukunft reicht in die Gegenwart hinein. Die Perspektive verschiebt sich vom absolut Jenseitigen, Neuen, ganz Anderen, zum Gegenwärtigen, Begonnenen, dessen Vollendung noch aussteht. Aber der Anfang ist nicht nur punktuell da, sondern wirksam für alle sichtbar und greifbar. Diese bleibende Verschränkung von eschatologischer Zukunft und christologisch gefüllter Gegenwart ist für das Neue Testament und alle späteren Anknüpfungsversuche des Christentums prägend. Um diesen Brennpunkt herum entfalten sich sämtliche eschatologischen Entwürfe des Neuen Testaments. Allem gemeinsam ist die Relativierung der Zukunftsperspektive in doppelter Hinsicht: Das Eigentliche ist bereits geschehen, die Zukunft ist nicht mehr das, worauf es absolut ankommt, und Zukunft und Gegenwart sind unlösbar miteinander verbunden, der Blick in die Zukunft und die Aufmerksamkeit für die jetzige konkrete Situation des Lebens sind nicht mehr voneinander trennbar. Diese Konzentration auf die Gegenwart vertieft noch einmal die Bedeutung von Geschichte und Welt, wie sie das Alte Testament zu denken vorgegeben hat. Ganz im Stile des Alten Testaments ist das hier und jetzt von Gott Erfahrbare das Entscheidende. Die erfüllte Heilserfahrung öffnet den Blick auf die verheißende Zukunft. Gerade die inkarnatorische, das heißt christologische Dimension betont noch einmal die Wertigkeit von Welt und Geschichte hier und jetzt.

2.2 Theologie des Neubeginns

Diese Art Heil und Erlösung zu denken, hat nicht nur die breite Tradition der alttestamentlichen Überlieferung hinter sich, die sich Heil nie anders vorstellen kann, als ein weltlich und geschichtlich wirksames und spürbares Heil, als Heil der Welt und in der Welt. Auch das Christentum war nie eine Jenseitsreligion (obgleich es in manchen Epochen darauf verkürzt wurde). Daher muss die sich hier andeutende Idee einer Erlösung mitten im Leben und mitten ins Leben hinein zum Nachdenken zwingen. Der neutestamentliche Kernsatz hierfür ist: Gott ist Mensch geworden: »Christen bekennen von ihrem Gott, dass er sich nicht zu gut war, einer der Menschen, einer unter unendlich vielen zu werden, er, der einzige und einmalige schlechthin. [...] Genau dieser Gottesgedanke ist es, was den christlichen Glauben einzigartig macht: Er macht feinfühlig dafür, dass etwas so Unbedeutendes, Kleines, Überflüssiges, Zerbrechliches, wie es der Mensch seiner Natur nach ist, zugleich einmalig sein kann.«[4]

---

[4] Müller/Stubenrauch, Geglaubt, 162

Gott kommt dem Menschen in einer Weise nahe, wie sie zuvor undenkbar war; ja aller Erfahrung widerspricht. Erlösung und Heil von der Menschwerdung her zu denken bedeutet, den Gedanken des Ankommens Gottes im Menschen, in Geschichte und Welt in den Mittelpunkt zu rücken. Gott ist keine ›hinterweltliche‹ Größe, sondern seine Ankunft in der Welt würdigt unsere Existenz, indem sie versucht, den Menschen von seiner ›besten Seite‹ zu zeigen. Eine Theologie der Menschwerdung beruht auf der Wahrheit, dass sich das Göttliche im Menschlichen zeigt, dass dieses Leben hier und jetzt eine göttliche Würde hat. Weihnachten bedeutet Freude am Daseindürfen, am Menschseindürfen. Vielleicht noch stärker als von der schöpfungstheologischen Begründung her steht hier die Würde des Menschen im Mittelpunkt. Das geschieht, ohne dabei die vorhandenen Runzeln und Makel einfach wegzuwischen. Aber diese haben eben nicht das letzte Wort, sondern bergen die Möglichkeit eines geschenkten Neuanfangs. Gott selbst wird zum Vorbild wie zur Hebamme wahren menschlichen Lebens. So hat man allen Grund, gerade Weihnachten als Fest der Erlösung zu feiern, weil Erlösung eben auch das Erlöstwerden von den eigenen Unzulänglichkeiten ist. Denn diese Ankunft Gottes lässt den Menschen nicht unverändert.

Ein solches Modell von Erlösung traut dem Menschen etwas zu. Es zeigt den Menschen als Lebewesen, »das um seinen Anfang weiß. Um die Kunst des Anfangens weiß. Der immer wieder neu anfängt. Der Möglichkeiten hat. Der umkehren und von neuem beginnen kann.«[5] »Das Wunder«, so formuliert *Hannah Arendt*, »besteht darin, dass überhaupt Menschen geboren werden, und mit ihnen der Neuanfang, den sie handelnd verwirklichen können kraft ihres Geborenseins.«[6] Seine Geburtlichkeit konstituiert den Menschen als das Wesen der Freiheit, das beginnen, handeln, eingreifen, verändern, das Verantwortung tragen kann. Eine so ansetzende Vorstellung von Erlösung hat allen Grund, gerade Weihnachten als ihr Fest zu

---

[5] Morgenroth, Heiligabendreligion 64.
[6] Arendt, Vita activa, 317.

feiern, denn: »Dass man in der Welt Vertrauen haben kann und dass man für die Welt hoffen darf, ist vielleicht nirgends knapper und schöner ausgedrückt als in den Worten, mit denen die Weihnachtsoratorien ›die frohe Botschaft‹ verkünden: ›Uns ist ein Kind geboren‹.«[7]

Das ist dort zu leisten, wo die im Inkarnationsbekenntnis gründende Sehnsucht nach Vollendung in einer noch unvollendeten Welt offengelegt wird. Wo die Hoffnung auf Frieden in einer friedlosen Zeit und den Glauben an Gerechtigkeit auch angesichts erfahrener Ungerechtigkeit als die Orte benannt werden, an denen sich für heutige Menschen die Frage nach Heil und Erlösung artikuliert. Sie ist es, wenn sie diese Hoffnung als die Orte benennt, wo für heutige Menschen Gott, seine Transzendenz, erfahrbar werden kann. Sie ist es, wo sie solche Suchbewegungen als Orte identifiziert, an denen der Mensch heute noch die Sehnsucht nach Heil spürt, weil er die eigene Heillosigkeit wie die Geschundenheit der Welt als eine Herausforderung erfährt, auf die er alleine keine Antwort weiß, bzw. sie sich nicht (mehr) zutraut. Genau hier erweist sich der Mensch nämlich als erlösungsbedürftig und vollendungsfähig zugleich. Damit lässt sich ein neuer, positiver Blick auf die Idee von Heil und Erlösung gewinnen.

2.3 Systematische Kernthesen einer Theologie der Geschichte

1. Das biblische Geschichtsverständnis ist ein dialogisches. Vorbild dieses Dialogs von Mensch und Gott ist der Bund. Gott sucht die Gemeinschaft mit den Menschen und setzt ihn durch seine Heilstaten und die damit verbundenen Verheißungen auf den Weg in eine heilvolle Zukunft. Der Mensch ist aber nicht einfach Objekt dieses Geschehens; er ist auch von Gott befreites Subjekt und so zum Mitgestalten seiner Zukunft aufgefordert.
2. Die Zukunft selbst ist offen; zielt letztlich auf das durch Gott geschenkte allumfassende Heil.
3. Die Bibel ist durch eine spannungsvolle Zweiheit von Zu-

---
[7] Ebd.

kunftsszenarien geprägt, vorapokalyptisch – apokalyptisch. Die Spannung zwischen beiden Traditionen ist nicht auflösbar. Die Dialektik beider muss erhalten bleiben: Gott ist zugleich in der Geschichte, mit dem Menschen und zugleich über der Geschichte und ihr voraus – jenseitig.

4. Das Neue Testament kennzeichnet die Offenbarung Gottes in Jesus Christus als endgültige Konsequenz des alttestamentlichen Prinzips der Offenbarung Gottes in Geschichte. In Jesus Christus beginnt die alttestamentlich verheißene Gottesherrschaft. Er ist der personale Anbruch dieser Zukunftshoffnung und damit das eschatologische Ereignis.

5. Die nach dem Offenbarungsereignis in Jesus Christus weiterlaufende Geschichte hat den Sinn, das in Jesus Christus Geschehene für alle Welt offenbar werden zu lassen (vgl. Paulus: Evangelium für die Heiden; Mission; universales Heil; oder Johannes: universales Heil als bereits geschehenes Heil; Nachfolge; zeichenhaftes Bleiben in Christus als Zeichen für die ganze Welt).

6. Auch die neutestamentlichen Schriftsteller benutzen sowohl apokalyptische wie nicht-apokalyptische Bilder und Motive, um die noch ausstehende letzte Vollendung zu veranschaulichen, um die Gegenwart als Zeit der Entscheidung in den Mittelpunkt zu stellen.

7. Neutestamentlich zentral ist die christologische Grunddimension aller eschatologischen Bilder und Aussagen und damit auch aller geschichtstheologischen Dimensionen.

3. Geschichtstheologische Entwürfe

3.1 Das apokalyptische Erbe des Christentums

Im Prinzip pendeln die nachbiblisch entwickelten, christlichen Geschichtstheologien um zwei extreme Entwürfe, die mit dem Namens zweier Theologen zu verbinden sind: *Augustinus* und *Joachim von Fiore*. Der eine ist der wohl bedeutendste Kirchenvater des Westens, der andere ein im Mittelalter als häretisch verurteilter Mystiker, dessen geschichtstheologischer Entwurf

3 Vollendung und Geschichte

aber nichtsdestotrotz epochemachend geblieben ist. Was ist nun der eigentliche Auslöser für geschichtstheologische Spekulationen innerhalb des Christentums? Letztlich ist es die Spannung zwischen dem schon und noch nicht, das heißt zwischen Erwartung und noch nicht eingetretener Erfüllung. Wir hatten gesehen: Alle neutestamentlichen Schriften sind von dieser Grundspannung geprägt. In typisch apokalyptischer Manier bearbeitet sie indes nur eine Schrift des Neuen Testaments, die Apokalypse oder ›Geheime Offenbarung des Johannes‹ selbst. Gerade die in diesem Text angesprochene Zeit des Ausharrens, des Wartens, des Durchhaltens etc. ist der Impuls zu geschichtstheologischen Spekulationen. Dabei bedient man sich einer Art ›Institutionalisierung‹ der in der Apokalypse ausgemalten Motive. Als *Locus classicus* dient Apk 20,1–7; eine Textstelle, die die Gedankenwelt eines Zwischenreiches, eines Tausendjährigen Reiches zwischen ›schon‹ und ›noch nicht‹ entwickelt. Daher bezeichnet man die Gesamtheit der sich daran anknüpfenden geschichtstheologischen Spekulationen auch als Milleniarismus oder Chiliasmus. In die Vorstellungswelt dieses Reiches wird aber nicht nur das Bildrepertoire der Apk aufgenommen, sondern sie speist sich ebenso aus Motiven aus den zwischentestamentlichen Apokalypsen, wie das vierte Buch Esra (4Esr 7,28–33) und die Baruch-Apokalypse (syrBar 24–32), wie der hellenistisch-römischen Vorstellung eines ›goldenen Zeitalters‹ vor Vollendung der Zeit. Zwei traditionelle Endzeiterwartungen werden verbunden: Die Idee des immanenten Friedensreichs des Messias und die des apokalyptischen Endes und Beginns des neuen Äons. Der kommenden Vollendung des Reiches Gottes geht ein messianisches Reich, eine zeitlich begrenzte Heilszeit voraus. Es gibt so etwas wie einen Überlappungsraum zwischen apokalyptischem Zu-Endegehen des Alten und Beginn des Neuen. Am Aufkommen des Neuen kann nun auch mitgestaltet und gearbeitet werden. Diese Idee verbindet die beiden eigentlich gegensätzlichen Geschichtsbilder der Apokalyptik und der prophetischen Zukunftsvision und macht die eigentliche Attraktivität dieser christlichen Hoffnungsvorstellung für bestimmte Situationen aus.

Die Vorstellungen sind insbesondere in der Theologie des Westens prägend. Schon *Papias* († ca. 130) und *Justin* († ca. 165) kennen die Idee des Tausendjährigen Zwischenreiches. Prägend wird die Idee bei *Irenäus* († 200) aber auch bei *Tertullian* († 220) und dem frühen Augustinus. Freilich sind diese Strömungen bei weitem nicht so prägend für die Geschichte des Christentums, wie man allgemein durch die Dominanz apokalyptischer Motive in bestimmten Auslegungs- und Interpretationstraditionen des Christentums annehmen könnte. Indes sind es immer besondere gesellschaftliche oder theologische Konstellationen, die dieses Gedankengut aktivieren.

Irenäus versucht mit seiner geschichtstheologischen Konzeption gegen den Dualismus der Häretiker insbesondere des Markion und der Gnosis anzugehen. Einer dualistischen Aufteilung der Geschichte, die zugleich eine leib- und weltfeindliche Spiritualität präferiert, begegnet Irenäus durch die Idee einer Heilsgeschichte, die mit der Schöpfung des einen guten Gottes beginnt und auf die Vollendung und Erlösung durch ihn und bei ihm zulaufen wird. Mitte und Höhepunkt dieser Heilsgeschichte ist Jesus Christus. Er ist das Ziel der ganzen Schöpfung und damit der ganzen Menschheit. In ihm wird die ganze Welt vollendet (Wiedereinholung des Alls in Jesus Christus). Prägendes Bild bei Irenäus ist die Rekapitulation, das ›wieder unter ein Haupt‹ bringen, nämlich die Vereinigung der Welt in Christus. Diese Recapitulatio hat eine zeitliche Dimension. Hier übernimmt dann Irenäus die einzelnen Elemente einer chiliastischen Spekulation. Sie geben ihm die Möglichkeit, die Idee einer erziehenden Pädagogik Gottes und eines Heranreifens der Vollendung auch in ihren zeitlichen Dimensionen theologisch plausibel zu machen. Erst in einem langsamen Wachstumsprozess vollendet sich die Welt. Irenäus traut dabei dieser Welt und ihren Fähigkeiten etwas zu, wenngleich ihre Vollendung die Tat Gottes allein ist.

Bei Irenäus sind also besonders gut die Auslöser für chiliastische Ideen abzulesen. Es sind innerchristliche Streitigkeiten, häretische Infragestellungen, die zu einer eigenen strukturierten Antwort nötigen. So ist es also kein Wunder, dass chiliastische

3 Vollendung und Geschichte

Ideen besonders dann wirksam werden, wenn sie aufgrund besonderer Zeitumstände gefragt sind. Chiliasmus und chiliastische Geschichtsspekulation sind so etwas wie Krisenbewältigungsstrategien. So gibt es immer wieder Knotenpunkte der Kirchengeschichte, die chiliastisch ›sensibel‹ sind. So lebt auch der geschichtstheologische Entwurf Joachim von Fiores von den mentalitätsgeschichtlichen Bedingungen dieses Auflebens chiliastischer Grundideen.

3.2 Modelle

3.2.1 Joachim von Fiore († 1202): Chiliasmus als Kirchenkritik

Die Zeit chiliastischer ›Ruhe‹ ist spätestens um das Jahr 1000 zu Ende. Nicht nur die durch die Jahrtausendwende geschürten apokalyptischen Ängste tragen dazu bei, sondern wiederum konkrete gesellschaftlich-politische Umstände. Erklärbar ist die Endzeitstimmung zur Zeit Joachims durch politische Unruhen, aber auch durch die angespannte geistliche Lage; einen radikalen Wandel der gesellschaftlichen Strukturen, wie die eskalierenden politischen Auseinandersetzungen zwischen Kirche und Kaiser. Hier zeigt sich nun auch das kritische Potenzial des Chiliasmus. Lebt man in einer eher apokalyptisch gespannten Zeit, erhält man einen kritischen Blick gegenüber einer allzu etablierten Existenz in dieser Welt und in dieser Gesellschaft. Kein Wunder also, dass ein Mönch wie Joachim die kirchliche wie gesellschaftliche Existenz sehr kritisch beurteilt.

In Analogie zu den sieben Schöpfungstagen unterteilt er die Heilsgeschichte in sieben Zeitalter, von denen jedes tausend Jahre währt. Sechs Zeitalter mit sieben Generationen gehen Christus voraus; im siebten Zeitalter kommt Christus. Seine Zeit wird analog in sieben Teile unterteilt, je sechs Zeiten zu je sieben Generationen á 30 Jahre. Daraus ergibt sich für Joachim von Fiore, dass der Neue Bund im Jahre 1260 enden wird und damit die 3. Epoche, die des Geistes beginnt bzw. schon begonnen hat. Joachim wähnt sich im 2. Zeitalter der 3. Epoche. Diese Welt ist der Ort an dem sich das Reich Gottes im Heiligen Geist vollenden wird. Daher mahnt Joachim die anstehende tätige Erneuerung durch das Wirken des Heiligen Geistes an. Er fordert zur einer radikalen Vergeistigung des kirchlichen gesellschaftlichen Lebens auf, das der neuen Epoche des Geistes entspricht. Sein Traum ist eine erneuerte Ecclesia spiritualis. Seine Anhänger und spätere Nachfolger (z. B. die Franziskanerspiritualen) sind hier weniger spirituell zurückhaltend; sie wollen die Welt und die Kirche radikal umgestalten, revolutionieren. Das utopische Potenzial des Geschichtsentwurfs Joachims wendet sich nun explizit gegen eine ›Institution Kirche‹, die nicht mehr als Heilsanstalt, sondern als Inkarnation des Bösen verstanden wird. Sie gilt es zu zerstören, um die neue, die ›wahre‹ Gestalt von Kirche heraufzuführen.

Diese Tendenz zur Revolution aber auch die Idee, dass nach dem entscheidenden Ereignis Jesus Christus in der Epoche des Heiligen Geistes noch einmal eine theologische Wende und Erneuerung kommen muss, bilden die Hauptkritikpunkte am Entwurf Joachims. Veränderungen – so seine Kritiker – können christlich nicht als völliger Umbruch geschehen, sondern nur in den Bahnen des bereits Geschehenen, als Rückkehr zum Ursprung. Damit entschärfen Theologen wie *Thomas von Aquin* und *Bonaventura* das kritische Potenzial des Entwurfs Joachims an entscheidender Stelle. Ihre Theologie ist eher konservativ, nicht revolutionär. Dagegen hat Joachim das entscheidende Potential an Veränderung, wie es bereits im Hochmittelalter spürbar war, theologisch angemessener erfasst, konnte sich aber damit nicht wirksam durchsetzen. Unterschwellig bleibt aber sein Kritikpotential erhalten und bricht sich im Zeitalter der Reformation auf ganz andere Weise Bahn. Geistesgeschichtlich noch weitreichender ist indes sein revolutionäres Potential. So kann man Motive aus Joachims Entwurf in neuzeitlich politischen Bewegungen, sei es im christlichen oder im säkularen Bereich wiederentdecken. Dass im Weiteren die innerkirchlichen Reformbewegungen – mit Ausnahme einiger extremer Gruppierungen des radikalen Flügels der Reformation, wie Thomas Müntzer oder die Täufer, ohne chiliastische Motive auskommen, kann auch als Wirkungsgeschichte des nun im Folgenden zu skizzierenden ›Anti-Entwurf‹ des Augustinus verstanden werden. Dass damit aber das politische Potenzial des christlichen Chiliasmus noch nicht ausgeschöpft ist, dürfte ebenso deutlich geworden sein.

3.2.2 Augustinus› ›De civitate Dei‹ – Modell eines theologisch gebändigten Milleniarismus

Es ist kaum erstaunlich, dass gerade die Völkerwanderung mit ihrer Zerstörung der bisher gewohnten Ordnung auch zu theologischen Irritationen führt. Die alle Lebensbereiche prägende ›Untergangsstimmung‹ bildet einen besonderen Auslöser für chiliastische und milleniaristische Entwürfe. Die chiliastischen Spekulationen hatten mit der Konstantinischen Wende einen gewissen Höhepunkt erreicht, kommen dabei aber auch an ein Ende: Man sieht die Weltgeschichte in die Geschichte der Kirche einmünden; denn nun gibt es einen römischen Kaiser, der im Namen Gottes regiert. Freilich, das messianische Friedensreich ist auch unter Konstantin nicht angebrochen; die theologischen Streitigkeiten sind an kein Ende gekommen und die Welt ist so, wie sie immer ist. Die nun mit der Völkerwanderung einbrechende Situation einer grundlegenden Verunsicherung bringt aber nicht nur einer Blüte apokalyptischer Modelle hervor, sondern sie nötigt einen Theologen zu einem radikalen Gegenentwurf, der zugleich die vorläufige Bändigung des christlichen Millenarismus darstellt: Augustinus und seine Idee von der Civitas Dei.

In seiner geschichtstheologischen Zentralschrift ›De civitate Dei‹ weist Augustinus zunächst die aufgrund des erfahrenen Zerfalls aufkommenden Vorwürfe des Heidentums gegen das Christentum zurück. Zugleich verwehrt er sich aber auch gegen die traditionellen Geschichtsentwürfe z. B. den eines Eusebius, die die Idee einer bruchlosen Kontinuität zwischen christlicher Zukunftsvorstellung und einem nun christlich gewordenen Reich unter der Führung eines christlichen Kaisers prägt. Gegen eine solche Idee setzt Augustinus die Idee des ›Gottesstaates‹. D. h. er trennt strikt, das heißt dualistisch, zwischen Welt und Reich Gottes. Es gibt von Anfang an zwei Reiche: Das Reich Gottes ist das notwendig absolut Jenseitige, das nichts mit der

Welt zu tun hat. Die Welt, das ist die Civitas terrena, ja Diaboli, weil immer dort, wo der Mensch das Sagen hat, er doch nur sich selbst zum Maßstab nimmt und die Welt als den in Egoismus, Selbstgenuss und Machtstreben manipulierten letzten Wert annimmt und so zum Ort der Sünde, des Bösen, des Teufels macht. Demgegenüber ist die Civitas Dei geprägt durch die wahre Gottesliebe; vollendet ist sie nur im Himmel; Einzelne versuchen sie schon hier und jetzt zu leben, aber sie sind bleibend Fremde in dieser Welt, weil sie ihr Wirkerecht in der Civitas Dei haben, leibhaftig aber noch in der Civitas terrena leben. Die Geschichte der Civitas Dei und der Civitas terrena/Diaboli läuft parallel, aber zu einem antithetischen Ziel. Die Civitas Dei strebt auf die Vollendung in Gott, in Christus zu, wo Christus alles in allem wird; die Civitas Diaboli aber endet in der Nichtigkeit. Die Kirche und ihre Glieder leben als Fremdlinge in der Civitas Diaboli und streben dem himmlischen Reich entgegen. Man kann hier einen dreifachen Lauf der Geschichte rekonstruieren. Die Civitas Dei ist zwar als Welt der Kirche in der Welt, aber nicht von dieser Welt, sondern sie steht in einem dualistischen Gegensatz zu dieser Welt. Indes ist die sichtbare Kirche aber auch nicht einfach identisch mit der Civitas Dei. Die wahre Kirche und damit die wahre Civitas Dei bleiben hier und jetzt verborgen. Die wahre Civitas Dei ist zugleich enger (nicht alle Getauften gehören zu ihr) und zugleich weiter (nicht nur die Getauften gehören zu ihr, sondern im Prinzip alle Gerechten zu aller Zeit – die Ecclesia ab Abel – getauft oder nicht getauft). Mit dieser Idee ist bei Augustinus auch ein strikter Heilspartikularismus verbunden: Wenige sind zum Heil und zur Vollendung auserwählt; die meisten aber sind zur Verdammnis vorherbestimmt. Ziel der Pilgerschaft ist die ewige Glückseligkeit des Menschen, ewiges Heil und ewige Freude bei Gott. Erreicht werden kann dieses Ziel indes nur durch das Gericht. Es beginnt bereits in der irdischen Pilgerschaft und endet im Jüngsten Gericht. Entscheidend für das Zum-Heil-Kommen ist die innere Umkehr, die Augustinus als seelische, innere Auferstehung bezeichnen kann. Diese innere Wiedergeburt wird am Ende durch die Auferstehung am Jüngsten Tag vollendet.

Augustinus interpretiert im Folgenden die Elemente des Chiliasmus symbolisch. Die Auferweckung der Gerechten in der Apokalypse ist der Ruf zur inneren Umkehr, das Tausendjährige Reich Christi die bleibende Gegenwart Christi in seiner Kirche. Der Teufel ist bereits besiegt, daher gibt es keinen wesentlichen Unterschied mehr zwischen der ersten und der zweiten Ankunft Christi – wenngleich die Vollendung als Ziel der zweiten Ankunft Christi noch aussteht. Damit hat Augustinus die chiliastischen Spannungen relativiert, und symbolisch sakramental entschärft, indem er sie verinnerlicht. Diese Position wird sich als die kirchliche Position durchsetzen.

3.3 Systematische Konsequenzen

Es ist eine erste theologische Komponente, dass christliche Geschichtstheologie Zukunft nicht als gemachte oder sich entwickelnde, sondern als eine geschenkte versteht. Zukunft ist Geschenk Gottes, übergeschichtlicher transzendenter Adventus: Ankommen Gottes. Freilich, dieses Kommende setzt irgendwie eine immanente Kompatibilität mit dem jetzt schon Daseienden voraus, wenn es keine völlig jenseitige, fremde und damit übergestülpte Zukunft sein soll. Wie verhält sich beides zueinander? Wie verhält sich transzendente Zukunft Gottes und immanente Zukunft des Menschen? Hier gilt es, das dialogische Prinzip des biblischen Geschichtsverständnisses fruchtbar zu machen. Dabei ist weder in das Extrem zu Augustinus noch in das Extrem des Joachims zu verfallen. Das heißt weder ist eine Civitas Dei dualistisch gegen eine Civitas terrena abzusetzen, noch ist die Civitas Dei als hier und jetzt in dieser Welt revolutionär durchzusetzende Herrschaft Gottes zu konzipieren. Dagegen ist davon auszugehen, dass Gottes Zukunft und die Zukunft des Menschen dialogisch verwoben sind. Gott kommt, aber der Mensch muss ihm entgegen gehen. Das heißt aber auch alles ihm als Möglichkeit bereits Geschenkte wirklich selbst tun. Das bedeutet aber auch, Gottes Kommen geschieht nicht einfach in einer jenseitigen Zukunft, sondern es geschieht permanent, in jedem Schritt, den er dem Menschen ermöglicht.

Dieser Gedanke huldigt aber keinem falschen immanenten Fortschrittsglauben. Denn eine solche Zuversicht, dass das Kommen Gottes auf das Entgegengehen des Menschen angewiesen ist, weiß auch um die Möglichkeit des falschen Weges des Menschen, der Sünde, der Verfehlung. Es bleibt aber die Hoffnung, dass das Kommen Gottes auch aus jeder menschlichen Sackgasse heraus einen Ausweg weiß.

Wie geht aber das Kommen Gottes, die Vollendung von Geschichte mit diesen menschlichen Sackgassen um? Christliche Geschichtstheologie geht darum auch davon aus, dass die Fehlschläge und Widersprüche der Weltgeschichte am Ende versöhnt werden können, ohne dass die Erfahrung von menschlichem Leid etc. einfach weggewischt, aufgehoben oder für nichtig erklärt wird. Es wird erlöst, das heißt aber nicht für irrelevant erklärt werden. Denn Vollendung hat – so ein vierter Punkt – etwas mit der Vollendung der Freiheit des Menschen zu tun. Seine individuelle Lebens- und Freiheitsgeschichte kommt an ein Ende in Fülle, keine einzige Lebens- und Freiheitsgeschichte wird, ja darf dabei verloren gehen. Vollendet werden kann so ein fünfter Punkt aber letztlich nur das, was mit einer individuellen menschlichen Freiheitsgeschichte zu tun hat. Es wird jenes reale Stück Welt und Geschichte vollendet werden, das jeder Einzelne mitbringt. Ob man darüber hinaus von einer Vollendung der Materie sprechen kann, muss eine offene Frage bleiben. Ein sechster und letzter Punkt: Die göttliche Vollendung der menschlichen Freiheitsgeschichte steht nicht einfach quer zu dem weltlich in Geschichte Erlebten, sondern eine solche Vollendung nimmt das weltlich in Geschichte Erlebte auf, greift darauf zurück. Das heißt aber auch: Die Geschichte hier und jetzt trägt bereits Zeichen, Vorzeichen der zukünftigen Vollendung an sich. Es sind kleine Hoffnungszeichen als Realsymbole der in ihrer Vollendung noch ausstehenden großen Hoffnung; es sind Zeichen des Heils hier und jetzt. Sie können eine doppelte Funktion haben: Es sind Verweiszeichen auf das, was noch ausstehend ist, und es sind Orientierungszeichen und damit auch Kritikpunkte des hier und jetzt. Sie zeigen, was sein wird und sie zeigen auch dadurch auf, was Hier und Jetzt eben nicht sein soll. So ist die

Zukunft Gottes eine Aufhebung der Zukunft des Menschen in mehrfachem Sinn. Sie vollendet sie und sie beendet sie.

4. Herausforderungen außerchristlicher Geschichtsentwürfe und Gesellschaftsutopien

4.1 Die Neuzeit als Blütezeit des Milleniarismus

4.1.1 Geschichtsphilosophien als Erbe der Aufklärung?

Die Neuzeit kann als Blütezeit des Milleniarismus bezeichnet werden. Dabei ist die Verhältnisbestimmung beider Komponenten – säkularisierende Neuzeit und christliche Geschichtstheologie – durchaus umstritten. Aus guten Gründen kann man die Skepsis M. Mühlings[8] teilen, im neuzeitlichen Aufblühen des milleniaristischen Gedankenguts eine säkularisierte Variante des christlichen Chiliasmus und damit eine säkulare Fortführung d. h. Entchristlichung eines ursprünglich christlichen Gedankenguts zu entdecken. Eher scheint der umgekehrte Denkweg plausibel, im neuzeitlichen Aufblühen eines christlichen Milleniarismus, insbesondere in den USA, eine christliche Aufnahme neuzeitlichen, d. h. spezifisch aufklärerischen Gedankenguts zu vermuten. Christlicher Chiliasmus der Neuzeit stellt so etwas wie die Bearbeitung des geistesgeschichtlich-ethischen Potenzials der Aufklärung im Medium christlicher Geschichtsspekulation dar. Dabei können, je nach Bewertung des aktuellen Geschichtsverlaufs, eine positive und eine negative Gestalt der Anknüpfung unterschieden werden.[9] In ihrer positiven Variante könnte man fast von einer direkten Wechselwirkung zwischen der kantschen Ethisierung der Eschatologie bzw. der Lessingschen Pädagogisierung

---

[8] Mühling, Eschatologie, 201ff.
[9] Mühling unterscheidet – in Aufnahme der immanenten Chronologie des chiliastischen Denkmodells – zwischen einem Postmilleniarismus, der den aktuellen Geschichtsverlauf positiv und optimistisch beurteilt und mit dem Fortschrittsgedanken direkt verbindet und einem Prämilleniarismus, der den aktuellen Geschichtsverlauf negativ als Verfallsgeschichte deutet (vgl. ebd. 202f).

des Offenbarungsglaubens und dem Aufkommen dieser positiven, milleniaristischer Geschichtsutopien sprechen. Gerade das Lessingsche Denkmodell, Offenbarungsglaube als ›Erziehung des Menschengeschlechts‹ verstehen zu wollen, lässt die Übergänge von theologischer Geschichtsdeutung und säkular-ethischem Fortschrittsgedanken fließend werden. Diese innere Anknüpfungsfähigkeit prägt besonders jenen Teil der protestantischen Theologie, der sich als Erbe dieser Bewegung der Aufklärung versteht. Das gilt für die liberale Variante des Kulturprotestantismus und der Vermittlungstheologie ebenso wie in analoger Weise für die ›Theologie der Hoffnung‹ Jürgen Moltmanns. Die negative Variante prägt in ihrer christlichen Erscheinungsform wohl eher gewisse sektiererische Gruppierungen im angloamerikanischen Raum. Interessant sind hier die eher säkularen Varianten, die u. a. als Movens des eingangs skizzierten[10], als Kulturphänomen immer noch wirksamen Erbes apokalyptischer Denkart samt seiner politischen Konnotationen identifiziert werden können.[11]

4.1.2 Säkularisierung und Politisierung von Geschichtsutopien

In Neuzeit und Moderne sind milleniaristische oder chiliastische Ideen sowohl im politischen Bereich wie auf dem weiten Feld religiöser Sekten verbreitet, bis hin zur Idee der USA als redeemer nation für die Welt. Dabei zeigen sich verschiedenste Polaritäten: Von einer angespannten Naherwartung bis hin zu einem bereits als Leben im Paradies verstandenen Exklusivismus einzelner Gruppen; von einer eher spirituell geistlich verstandenen epochalen Wende bis hin zu einem radikalen Umbruch, der als selbst gemachte Revolutionen umgesetzt werden muss. Die bleibende Attraktivität chiliastischen Gedankenguts liegt sicher in der systematischen Deutungsmöglichkeit als chaotisch empfundener Gegenwarterfahrung. Diese Deutungs-

---

[10] Vgl. Kap. 1/2.
[11] Mühling schlägt hier den Bogen von Spenglers Thesen zum ›Untergang des Abendlandes‹ über Huntingtons Rede vom ›Clash of Civilizations‹ zu Derridas ›apokalyptischen Ton in der Philosophie‹ (vgl. ders., Eschatologie, bes. 198ff).

möglichkeit entlastet, weil sie das Handeln auf Christus bzw. Gott verschiebt, und nährt zugleich die Hoffnung auf ein geordnetes Ende, und damit die Aufhebung des empfundenen Chaos. Gerade das nichtreligiöse Weiterleben chiliastischer Traditionen weist auf ihre bleibende Attraktivität hin. Freilich finden sie sich losgelöst von ihrem apokalyptischen Gesamthorizont wieder; in zivilreligiös-pazifiziertem Gewand – vom ›Pursuit of Happiness‹ der US-amerikanischen Verfassung; über das ›Ordem e Progresso‹ der brasilianischen Nationalflagge bis zu Fukuyamas These vom ›Ende der Geschichte‹ in ihrer spätmodern bequem stillgelegten Variante. An die Stelle christlicher Geschichtstheologie treten mehr oder minder politisch engagierte Geschichtsphilosophien und säkulare Fortschrittstheorien von Hegel über Feuerbach und Marx bis hin zur ›Philosophie der Hoffnung‹ Ernst Blochs; abgeschlossen werden all diese Bewegungen durch den Gegenentwurf Friedrich Nietzsches.

4.2 Säkulare Geschichtsphilosophien der Neuzeit

Während *Hegels* Geschichtsphilosophie das christliche Erbe noch zu retten versucht, treten seine Nachfolger als explizit antichristliche Gegenbewegung auf. *Karl Marx'* Theorie der klassenlosen Gesellschaft ist dabei weder als säkularisierte Variante jüdisch-christlicher Zukunftserwartungen noch gar als ›verkleidetes Christentum‹ zu interpretieren. Die Kritik der Religion ist für ihn vielmehr die Voraussetzung der weltlichen Kritik: »Die Kritik des Himmels verwandelt sich damit in die Kritik der Erde, die Kritik der Religion in die Kritik des Rechts, die Kritik der Theologie in die Kritik der Politik«.

Ging es *Ludwig Feuerbach* darum, den Pantheismus Hegels als Atheismus zu entlarven, so will Marx, dass aus dem Philosophisch-werden der Welt bei Hegel nun ein Weltlich-werden der Philosophie wird: Die Philosophen haben die Welt nur verschieden interpretiert, »es kömmt drauf an, sie zu verändern«. Es gilt alle Verhältnisse umzuwerfen, in denen der Mensch ein erniedrigtes, ein geknechtetes, ein verlassenes, ein verächtliches Wesen ist. Der Materialismus von Marx ist deshalb zugleich ein

Humanismus, gemäß dem der Mensch für den Menschen das höchste Wesen und daher nicht irgendein Gott, die Vorsehung oder der ›absolute Geist‹, sondern allein der Mensch und zwar der konkrete Mensch in den ökonomischen Verhältnissen das handelnde Subjekt der Geschichte ist. Dieses praktisch-politische Verständnis des Menschen verändert nun auch die von Feuerbach zunächst übernommene Religionskritik, d. h. sie erweitert sie politisch, ökonomisch und praktisch. Die klassische Stelle findet sich in der frühen Schrift ›Kritik der Hegelschen Rechtsphilosophie‹ (1843/44). Religion ist nicht nur verkehrtes Selbstbewusstsein, sondern ein verkehrtes Weltbewusstsein. Verkehrt weil Ausdruck einer verkehrten Welt ist: »Das religiöse Elend ist in einem Ausdruck des wirklichen Elends und in einem Protestation gegen das wirkliche Elend. Die Religion ist der Seufzer der bedrängten Kreatur, das Gemüt einer herzlosen Welt, wie sie der Geist geistloser Zustände ist. Sie ist das Opium des Volks«. Religion steht in einer unlösbaren Verbindung zu den bestehenden materiellen Verhältnissen. Erst vor diesem Hintergrund ist die Religion als Projektion richtig verstanden. Aus der Entfremdung entsteht die Projektion eines Himmels, in dem alles besser sein wird. Ändert man aber die Verhältnisse, wird Religion von selbst aufhören und verschwinden, denn dann wird es kein Bedürfnis mehr für Religion geben.

Dennoch bewertet Marx die Religion auch nicht nur negativ. Er erkennt in ihr gerade nicht nur eine die Verhältnisse sanktionierende und legitimierende Funktion, sondern durchaus auch einen Protest und ein Aufseufzen der bedrängten Kreatur. Daher ist die religiöse Illusion nicht einfach das Werk der herrschenden Klasse bzw. der das Volk verdummenden Priesterkaste, weshalb später Lenin ›aufklärerisch‹ dann ›Religion zum Opium für das Volk‹ erklärt. Religion ist kein Betrug sondern Trost-, aber eigentlich auch Protestmittel; diese Pointe macht später erst wieder Ernst Bloch stark. Marx selbst hält zwar viel vom Protestpotential der Religion, aber nichts von ihren Konsequenzen; sie wirken sich zu wenig praktisch-konkret aus. Darum handelt es sich bei der Religion um die Verheißung eines illusorischen Glücks, um »imaginäre Blumen an der Kette«. Diese Illusion muss beseitigt werden, damit der Mensch seine Geschichte selbst in die Hand nimmt, »damit er denke, handle, seine Wirklichkeit gestalte«. Die Religionskritik ist deshalb Voraussetzung der weltlichen, politischen Kritik. In diesem Zusammenhang werden Religion und Theologie (auch ihre sozial engagierten ›Flügel‹) als Bastionen der konservativen und beharrenden gesellschaftlichen Kräfte abgelehnt, denn nur die Verschlimmerung des Elends beschleunigt die Revolution als endgültige Befreiung, deren Ziel die klassenlose Gesellschaft ist.

Ernst Blochs Prinzip Hoffnung kann demgegenüber als ein charakteristisches Beispiel für das Fortleben ursprünglich theologischer Motive in säkularem Gewand einer politischen Utopie gelten. Zugleich sind die immanenten Verschiebungen aber nicht zu vernachlässigen. Säkulare Geschichtsphilosophien gehen von einem Ziel der Geschichte aus, das sie freilich in der Geschichte postulieren, nicht in einem Darüberhinaus. Die Leitidee ist dabei die im Zeitalter des Idealismus im Gefolge der Aufklärung entwickelte Idee des Fortschritts. Geschichte wird zu einem zielgerichteten Prozess der Verwirklichung. Säkular kann der Entwicklungs- und Fortschrittsgedanke verschiedene Optionen beinhalten: Das Ideal der vollkommenen und gerechten Gesellschaft und der Freiheit und Glückseligkeit aller, die in ihr leben. Je nach politischer Couleur dominiert entweder das Kollektiv oder der individualistische Pol. Gemeinsam ist ihnen aber der Versuch, das je ›neue‹ des zukünftigen, versöhnten, erhofften Lebens aus den eigenen Möglichkeiten des Alten abzuleiten bzw. auch daraufhin zu begrenzen. Ein Darüberhinaus ist weder denkbar noch erwünscht. Daraus erwächst nicht nur ein permanenter eschatologischer Leistungsdruck samt einem gnadenlosen Zwang zur Selbsterlösung. Indes mögen zwar am Ende des 20. Jahrhunderts die säkularen Eschatologien und Geschichtsphilosophien ihre Faszination verloren haben, weil ihre realpolitische Umsetzung als gescheitert betrachtet werden muss und sie so die in sie gesetzte Hoffnung enttäuschten; indes bleiben ihre Automatismen immer noch wirksam.

Freilich kommen sie nicht mehr als steile politische Programme daher, sondern in Gestalt individualisierter Heils- und

Erlösungsvorstellungen. Sucht man heute nach Orten solcher Frömmigkeitsformen, so findet man sie weniger in kirchlich vorgeprägten Räumen, sondern viel eher in jenen, mitunter seltsam anmutenden spirituellen Sinnangeboten im Kleinanzeigenteil von Stadtmagazinen. Ob Jakobspilgerweg oder Anleitungen zur östlichen Meditation – das reiche Angebot in diesem Supermarkt der Spiritualität richtet sich gerade an den mainstream der Sinnsuchenden unserer Zeit, die da kommen und glauben (wollen), auch wenn sie nicht so genau wissen, was. Spannend ist dabei die typisch westlich-ökonomisierte Variante der Aneignung der östlichen Spiritualität, bei der die ›Prinzipien von Leistung und Selbstsorge‹ dominieren *(Magnus Striet)* und so die Gesetze des Marktes auch noch das geistige Leben bestimmen: Jeder ist seines Glückes und seiner Erlösung Schmied! Darum muss alles und jedes, und im Letzten der Mensch sich selbst legitimieren, rechtfertigen. So sollte sich niemand darüber wundern, dass die Regale der Buchhandlungen überquellen an Ratgeberliteratur zur Selbstoptimierung. Das ›Wer immer strebend sich bemüht, den können wir erlösen‹ *(Johann Wolfgang von Goethe)* in Gestalt des ›Du musst dein Leben ändern‹ *(Peter Sloterdijk)* wird zum permanenten Imperativ der ›Ego-Veredlung‹ *(Patrick Schwarz)* – und damit zur Mausefalle menschlichen Lebens, der keiner entrinnen kann. Dabei scheint das Gedankengut eines ganz anderen philosophischen Zukunftsentwurfs prägend, nämlich das Friedrich Nietzsches.

Friedrich Nietzsche teilt nun nicht einfach den naiven Optimismus seiner atheistischen Vordenker; er erkennt bereits die radikal abgründigen Konsequenzen des ›Todes Gottes‹. Wenn nämlich solchermaßen Gott verabschiedet ist, dann muss sich der Mensch selbst organisieren. Er ist auf sich selbst gestellt mit all den Konsequenzen die es hat: Freiheit und Gefährdung. Aber ist der Mensch auch bereit dazu? Gerade Nietzsche erkennt hier also deutlich die Zweischneidigkeit dieser neuen Möglichkeiten des Menschen. Der Mensch ist zu allem fähig, aber er kann nichts garantieren. Freilich entwickelt Nietzsche diesen kritischen Gedanken zur Anthropologie nicht von einem Ideal des Menschen her – wie dies noch Feuerbach und Marx und die ihnen folgenden Theorieentwürfe getan hatten –, sondern er denkt von der praktischen, der realen und damit abgründigen Situation des Menschen her: Der Mensch bleibt – egal was er tut, was er denkt – an seine Bedingtheit, seine Geschichtlichkeit, ja konkret seine Leiblichkeit gebunden. Der Atheismus hat als letzte, unaufhaltsame, ja epochale Konsequenz den Nihilismus. Nietzsches Grundidee zielt daher nicht nur auf eine Kritik von Religion und Glaube. Sie ist zugleich die Kritik jeglicher Anthropologie, die noch irgendein Element der Gesichertheit und des menschlichen Daseins annimmt. Sie ist Anti-Anthropologie als eine radikalisierende Infragestellung aller Anthropologie. Sie mündet letztendlich in einen, von ihm noch genealogisch interpretierten Naturalismus, der alles für möglich und nichts für wirklich hält.

Nietzsches Anti-Anthropologie hebt alle Gewissheiten über den Menschen auf. Er ist doch nur das Produkt seiner Herkunft, seiner Geschichte, seiner Genealogie. Er wird zum ›Macher‹ seiner selbst. Die kulturellen Bedingtheiten/Ketten – ebenso genealogisch zu erklären, wie alles andere – sind dem Menschen angelegt, damit er das Tierische in sich verlerne. Sie gilt es aber im Letzten zu überwinden, sich davon zu befreien. Erst dann ist die Verwandlung, die Entstehung des Menschen zum wirklichen Menschen erreicht: »Erst wenn auch die Ketten-Krankheit überwunden ist, ist auch das erste große Ziel ganz erreicht: die Abtrennung des Menschen von den Thieren« (Menschliches, Allzumenschliches II:2, 350). Das Verwandlungsthema ist Hauptthema der ›Fröhlichen Wissenschaft‹; aber auch die ›Genealogie der Moral‹ bietet einschlägige Hinweise. Und ›Zarathustra‹ schreitet den Weg zur Entwicklung des Menschen hin zum Ideal ab. Erst dann ist das Ideal des Menschen, nämlich der Übermensch, entstanden. Der Übermensch stellt die Vollendung und die Überwindung des Menschen dar; ist aber zugleich nicht das Ziel der Entwicklung, sondern der Platzhalter für eine prinzipielle Offenheit, Nichtfestlegbarkeit. Es ist ›Menschsein‹ in der Schwebe; der Mensch muss sich selbst zum Menschen machen. Anthropologie ist nur noch als eine naturalistische und genealogische Anthropogenese möglich, zu der sich der Mensch entschließen muss, das ist der ›Wille zur Macht‹. Zu Vollendung kommt dieser

›Wille‹ aber erst dann, wenn er Vergangenes und Notwendiges als eine ›ewige Wiederkehr des Gleichen‹ zu erkennen und zu akzeptieren lernt und daher in der ›Lust‹ des Augenblicks die Erfüllung, die ›Ewigkeit‹ findet.

Nietzsche konfrontiert uns nicht nur mit der Frage einer theistischen oder atheistischen Interpretation von Geschichte und Zukunft. Schon gar nicht kritisiert er nur sentimentale und moralisierende Zerrformen des Christentums. Nietzsche erkennt die Folgen der Entgötterung und das heißt auch der Entleerung der Welt. Der Satz, dass Gott tot ist, ist gleichsam die Abbreviatur dieses sehr umfassenden Vorgangs, der am Ende den Menschen selbst in Frage stellt, indem er zum Macher und Manipulator seiner selbst wird. Nietzsche nimmt die Sinnkrise des 20. Jahrhunderts vorweg und sucht sie durch eine neue Sicht der Welt und des Lebens zu überwinden. Bei ihm zerbrechen letztlich alle Geschichtsphilosophien, die noch irgendwie teleologisch ausgerichtet sind oder einen Sinn von Geschichte postulieren. Er legt damit nicht nur bereits das Sinnvakuum und das Orientierungsdefizit der späten Moderne offen, sondern bereitet implizit bereits den Weg für jenen exklusiven Naturalismus der modernen Naturwissenschaften, die mit dem Grundgedanken des ziel- und zwecklosen Spiels der Evolution nicht nur jede Idee von Geschichte unterlaufen, sondern den ›natürlichen‹ Lauf der Dinge durch ihre Allmachtsphantasien, die nichts für unmöglich halten, letztlich nihilistisch zweckfrei bestimmen und fortschreiben: »Was ist Liebe? Was ist Schöpfung? Was ist Sehnsucht? Was ist Stern? – so fragt der letzte Mensch und blinzelt [...] Wir haben das Glück gefunden – sagen die letzten Menschen und blinzeln.« (Zarathustra, Vorrede Nr. 5).

4.3 Die theologische Herausforderungen durch säkulare Geschichtsphilosophien

Die theologische Reaktion ist durch zwei Seiten gekennzeichnet. Zum einen muss sie dem Vorwurf der Weltvergessenheit und Jenseitsvertröstung entgegentreten und deutlich machen, dass christliche Zukunftshoffnung auch und gerade eine weltlich-geschichtliche Dimension hat. Der Traum des Himmels hat im Hier und Jetzt Konsequenzen zu zeitigen, ohne darin aufzugehen oder allein darin seine Vollendung finden zu können. Diese Option ist durch eine innere Spannung von Kontinuität und Diskontinuität gekennzeichnet, die der Text der Würzburger Synode prägnant auf den Punkt bringt:

> »[...] Gewiss ist das christliche Hoffnungsbild vom neuen Menschen im Reiche Gottes tief hineinverwoben in jene Zukunftsbilder, die die politischen und sozialen Freiheits- und Befreiungsgeschichten der Neuzeit bewegt haben und bewegen; es kann und darf von ihnen auch nicht beliebig abgelöst werden. Denn die Verheißungen des Reiches Gottes sind nicht gleichgültig gegen das Grauen und den Terror irdischer Ungerechtigkeit und Unfreiheit, die das Antlitz des Menschen zerstören. Die Hoffnung auf diese Verheißung weckt in uns und fordert von uns eine gesellschaftskritische Freiheit und Verantwortung, die uns vielleicht nur deswegen so blass und unverbindlich, womöglich gar so ›unchristlich‹ vorkommt, weil wir sie in der Geschichte unseres kirchlichen und christlichen Lebens so wenig praktiziert haben. Dennoch sind seine Verheißungen nicht etwa identisch mit dem Inhalt jener sozialen und politischen Utopien, die einen neuen Menschen und eine neue Erde, eine geglückte Vollendung der Menschheit als Resultat gesellschaftlich-geschichtlicher Kämpfe und Prozesse erwarten und anzielen. Unsere Hoffnung erwartet eine Vollendung der Menschheit aus der verwandelnden Macht Gottes, als endzeitliches Ereignis, dessen Zukunft für uns in Jesus Christus bereits unwiderruflich begonnen hat.« (›Unsere Hoffnung‹, I,6)

Diese innere Dialektik von eschatologischer und futurischer Dynamik ist festzuhalten. Dabei gilt es mit *Karl Rahner* aber auch jene innere Wahrheit des Erbes der christlichen Überzeugung von der Auferstehung des ›Fleisches‹ zu bewahren, die jeder allzu starken Abbruchmetaphorik entgegensteht und sich eher an der Idee einer potenziellen Selbsttranszendenz der Geschichte auf Vollendung hin orientiert[12]. Sie hält an der göttlichen Vollendbarkeit auch des menschlichen Zukunftshandelns fest, ohne sich von der Idee der von Gott allein geschenkten, damit offenen und so auch ›dunklen‹ Zukunft zu verabschieden. Gott ist der Garant der Vollendung, aber der Mensch ist nicht einfach nur Zuschauer, weil sein gegenwärtiges Verhalten die kommende Welt mitgestaltet. Seine Freiheit ist herausgefordert.

---

[12] Vgl. SW 15, 557–566.

Dabei liefert die innere Kriteriologie des verheißenen und bereits angebrochen geglaubten Reiches Gottes aber auch Grund und Maßstab der Kritik des gegenwärtigen Zustandes der Welt und der Arbeit an ihr.

Diesem eher sozial-gesellschaftlich-politischen Impuls ist nun aber eine eher individuell-existentielle Seite beizugesellen. Die menschliche Existenz ist eine zeitliche Existenz; sie ist durch einen Anfang und ein Ende bestimmt. Gerade die Erfahrung des Todes wirft die Frage nach der Zukunft auf. Sie fokussiert sich letztlich in der Frage, ob es eine letzte, vollendete, heilvolle Zukunft gibt, und ob diese aus dem eigenen Potenzial von Welt und Mensch entstehen kann. Der Mensch ist aber nie Herr seiner Gegenwart und lebt zugleich aus der Hoffnung auf ein ausstehendes Noch-Nicht. Freilich wird ihm dabei deutlich, dass Zukunft, das, was noch nicht ist, nicht etwas ist, was sich aus dem schon Existierenden einfach evolutionär als steter Fortschritt entwickeln kann. Sehr häufig wird eine solche Idee schnell als allzu marktgerechte Illusion zu entlarven sein. Die Idee des Fortschritts wird durch die Idee des Marktes ersetzt. Anstelle der Utopie tritt die Idee des Glücks durch Konsum und Leistung. Diesem Kreislauf des allein immanent gemachten Glücks entkommt der Mensch aus eigener Kraft nicht mehr. Er ist zu einem qualitativen Sprung aus dieser Zeit heraus selbst nicht mehr fähig. Sie wird durch Surrogate wie die Phantasien einer Selbstoptimierung durch anthropotechnische Selbstgestaltung ersetzt. Es ist wohl kaum erstaunlich, dass gerade in einer Zeit, in der Selbstverwirklichung mitsamt einer bewusst überfordernden Ethik als Religionsersatz zum Fetisch geworden ist, Martin Luthers Grunderkenntnis des ›allein aus Gnade in Jesus Christus gerechtfertigten Sünders‹ immer noch oder erst recht wieder grundlegend befreiend wirkt. So lautet der gegenüber jeglichem Selbstoptimierungszwang entscheidende christliche Grundsatz eben nicht ›Du sollst‹ oder ›Du musst‹, sondern ›Du bist‹! Du musst dir dein Dasein, dein Leben, dein ›du-selbst-sein-dürfen‹ nicht machen, verdienen, rechtfertigen, weder durch moralisches Spitzenverhalten, noch durch das, was du selbst leistest und dir daher ›leisten‹ kannst. Es genügt, dass es

3 Vollendung und Geschichte

dich gibt, weil Gott gesagt hat: ›Sei!‹ und: ›Fürchte dich nicht, denn ich habe dich erlöst, ich habe dich bei deinem Namen gerufen!‹ ›Selbst sein‹ und trotz Schuld wieder ›ein anderer werden‹ zu können und das nicht restlos aus eigener Kraft tun zu müssen, das ist das entscheidende Versprechen des Christentums. Nur im Horizont einer solch grundlegenden, transzendenten Bejahung entkommt der Mensch wirklich jener prinzipiellen ›Angst ums Dasein‹, in die jede auf sich allein gestellte, rein aufs Diesseits konzentrierte Existenz notwendig gerät. Selbst die subtilste Selbstveredelungs- und Selbstrechtfertigungstaktik und -technik schafft es nämlich nicht, das Ärgernis des Todes aus der Welt zu schaffen. Christliche Hoffnung gründet und begründet sich in diesem ›Funken von außen‹, diesem ›Gegenüber‹, das Glaubende ›Gott‹ nennen. Diese Option ins ›Spiel des Lebens‹ einzubringen und sie offenzuhalten, ist die bleibende Aufgabe der christlichen Eschatologie!

Kapitel 4: Entstehung des Glaubens an ein Leben nach dem Tod

Alles christliche Sprechen über Tod, Jenseits etc. hat seinen ersten Ausgangspunkt in den Texten der Bibel. Dort scheint alles auf den ersten Blick einfach. Aussagen über Himmel, Hölle, Fegefeuer, Gericht und das Ende der Welt – in einprägsamen Bildern wird das Jenseits inszeniert, die unsere Assoziationen bis heute inspirieren. Doch auf den zweiten Blick ist auch die biblische Überlieferung keinesfalls so eindeutig wie sie uns zunächst erscheint. Um das differenzierte und vielschichtige Denken der Bibel angemessen zu verstehen, gilt es sich zunächst auf die biblische Ideenwelt einzulassen, auf die Sprache, die sie spricht, auf die Kultur, die Vorstellung ihrer Lebenswelt, die dieses Sprechen beeinflussen. Dazu eine erste grundlegende Beobachtung: Das biblische Reden über Tod, Jenseits, Gericht etc. zeigt eine Geschichte, eine historische Entwicklung. Es gibt verschiedene Stufen, es gibt unterschiedliche Schwerpunkte und eine Veränderung von Ideen und Bildern. Kurz: Es gibt nicht *die* biblische Eschatologie, bei der man alles in einen systematischen Zusammenhang stellen und daraus ein eschatologisches Lehrgebäude aufbauen könnte. Im Gegenteil: Es gibt sehr unterschiedliche Ansätze, dynamische Entwicklungen und in manchen Epochen einander widersprechende Elemente. Daraus ergibt sich eine gewisse Vielfalt und Dynamik der eschatologischen Inhalte. Sie angemessen zu verstehen, bedeutet auch Rechenschaft über ihre Herkunft abzulegen.

Auch die eschatologischen Bilder und Jenseitsvorstellungen der Bibel fallen nicht einfach vom Himmel. Neben den individuellen Bezügen ist die Kultur einer Glaubensgemeinschaft ein wichtiger Faktor für die Ausbildung von Jenseitsvorstellungen. Das heißt wir müssen uns die Frage stellen, welche Vorstellungen zeitgenössisch in den Israel umgebenden Kulturen üblich sind. In verschiedenen Glaubenstraditionen und Kulturkreisen nehmen die Jenseitsvorstellungen massiven Einfluss aufeinander, im positiven wie im negativen Sinne. Israel ist in jeder Phase der Entstehung seiner theologischen Bilder und Sprache von mehr oder minder dominierenden Hochkulturen umgeben. Sowohl die Kulturen des Zweistromlandes Mesopotamien als auch Ägyptens verfügen dabei über ganz eigen strukturierte Formen des Jenseits- und Totenkultes. Das bleibt nicht ohne Einfluss auf das theologische Denken Israels. Der Einfluss des Totenkults Ägyptens für die Frühzeit Israels und die kulturelle Prägung weiter Teile des Alten Testaments ist nicht zu unterschätzen; daher wird er einen großen Anteil an unseren religionsgeschichtlich orientierten Vorüberlegungen nehmen. Freilich ebenso einflussreich sind die Jenseitsvorstellungen des zweiten großen Kulturkreises in der Umgebung Israels: Mesopotamien und auch die Traditionen des Landes selbst, das dann zur ›Heimat‹ Israels wird: Kanaan. In der Spätphase des Alten Testaments kommt ein weiterer Einflussbereich hinzu: der griechisch-hellenistische Kulturbereich. Alle Einflussbereiche sollen nun kurz skizziert werden.

1. Ägypten – das goldene Jenseits

Es gibt wohl keine andere Kultur, in der das Thema Tod das Ganze der Kultur, Diesseits wie Jenseits, Berufsleben, Kult, Gewerbe, ja die individuelle wie die gesellschaftliche Existenz so dominiert wie in Ägypten. Aber auf den zweiten Blick wird deutlich, dass sich das Hauptinteresse der ägyptischen Kultur nicht auf den Tod selbst richtet, sondern eben auf das Leben danach. Die ganze Todes- und Grabeskultur dient nicht dem Tod, sondern dem Leben.[1] Der Tod ist daher kein Abbruch des Lebens, sondern ein Übergang in eine neue, veränderte Seins-

---

[1] »Statte dein Haus der Nekropole gut aus, und richte deinen Platz im Westen wirkkräftig her. Beherzige: Gering gilt uns der Tod, beherzige: Hoch steht uns das Leben – aber das Haus des Todes (das Grab) gilt ja dem Leben« (zitiert nach Fischer, Tod und Jenseits, 23).

weise. Und dieser Übergang muss vorbereitet, gestaltet werden, um zu garantieren, dass er in einem zweiten Leben und nicht in einem zweiten, d. h. endgültigen Tod und damit einem völligen Verlöschen und Vergessen endet. Ziel ist es nach dem Sterben in ein Leben einzugehen, in dem eine dem irdischen Leben überlegene paradiesische Lebensfreude ausgekostet werden kann. Dieses neue Leben nach dem Tod ist ebenso wie das erste Leben ein Geschenk der Götter. Ihre Macht verhilft dazu, dass der Tod nicht das Ende, sondern eine Regeneration zu einem neuen Leben ist. Ihre Macht hält den Tod, den Alterungsprozess, den Verfallsprozess auf, ja sie kehrt ihn um. Um diese Vorstellungen und die damit verbundenen Jenseitsvorstellungen zu konkretisieren, wollen wir uns zunächst ansehen, welche Bilder und Denkmodelle über den Tod die Mythologien Ägyptens – verstanden als religiöse Deutungsmedien – prägen.

1.1 Entwicklungslinien der Jenseitsvorstellungen Ägyptens

Für eine angemessene Einschätzung des ägyptischen Totenkults und eine adäquate Deutung der Riten sind nun drei Dinge wichtig.

1. Der ägyptische Totenkult und seine Riten sind wie die ägyptische Religion als Ganze kein monolithischer Block. Wie in allen Religionen gibt es verschiedene Entwicklungsstufen und Phasen. Fast 3000 Jahre Geschichte spiegeln sich darin wieder. Wir haben es dabei zwar mit durchgehenden Hauptlinien eschatologischer Vorstellungen zu tun, aber auch mit verschiedenen Gegenströmungen und Sonderwegen.

Die Theologiegeschichte Ägyptens zeigt keine lineare Entwicklung. Auch innerhalb der klassischen Jenseitsvorstellungen gibt es immer wieder Brüche und theologische Neuansätze. So scheint es gegenüber der prägenden Grundströmung, die geradezu eine Jenseitseuphorie zeigt, immer wieder epochale Gegenströmungen gegeben zu haben, die dieser Euphorie skeptisch gegenüber stehen und einen tiefen Zweifel an der

4 Entstehung des Glaubens an ein Leben nach dem Tod

Zweckmäßigkeit des Jenseitsglaubens hegen. Zu nennen ist hier die Wende von der zweiten Zwischenzeit (ca. 1600–1500 v. Chr.) zum mittleren Reich (um 1550 v. Chr.). In den Wandmalereien der Gräber dieser Zeit werden unbeschwerte Jagd- und Alltagsszenen verewigt, die einen deutlichen Diesseitsbezug haben. Begleitet sind diese Szenen von den sogenannten *Harfnerliedern*. Während die orthodoxen Varianten dieser Lieder das Leben der Verstorbenen in den buntesten, durchaus am Irdischen orientierten Farben ausmalen, erteilen manche dieser Texte – insbesondere jene, die nicht den Status orthodoxer Texte erhalten haben – einer allzu überzogenen Jenseitsorientierung eine entschiedene Absage. Ihre Grundüberzeugung ist eine ganz andere: Man solle sich lieber auf die Freuden des Diesseits konzentrieren, denn: Wer weiß schon, was wirklich kommt.[2] Erst 1000 Jahre später wird die Bibel diese Art zu denken wieder aufnehmen und sie in der Weisheitsliteratur bearbeiten.

Diese skeptische Grundhaltung, wie sie sich explizit in den Harfnerliedern ausdrückt, bleibt in jeder Epoche Ägyptens zumindest als Unterströmung erhalten. Woher im Einzelnen die

---

[2] »Eine Generation geht, die andere bleibt, seit der Zeit der Vorfahren. Die Götter, die vordem entstanden, ruhen in ihren Pyramiden; die Edlen und Verklärten gleicherweise liegen begraben in ihren Pyramiden. Die da Bauten ausführten – ihre Stätte ist nicht mehr: Was ist mit ihnen geschehen? Ich habe die Worte des Imhotep und des Hordedet gehört, deren Sprüche in aller Munde sind: Wo sind ihre Stätten? Ihre Mauern sind zerfallen, ihre Stätte gibt es nicht, als wären sie nie gewesen. Keiner kommt von dort, dass er erzähle, wie es um sie steht, dass er sage, was sie brauchen, dass er unser Herz beruhige, bis auch wir dahin kommen, wohin sie gegangen sind.
Du aber erfreue dein Herz und denke nicht daran! Gut ist es für dich, deinem Herzen zu folgen, solange du bist. Gib Myrrhen auf dein Haupt, kleide dich in feinstes Linnen, salbe dich mit echtem Öl des Gottesschatzes, vermehre deine Schönheit, lass dein Herz nicht müde werden, folge deinem Herzen in Gemeinschaft deiner Schönen, tu deine Arbeit auf Erden ohne dein Herz zu kränken, bis dass jener Tag der Totenklage zu dir kommt. Der Herzensmüde hört ihre Schreie nicht, und ihr Klagen holen das Herz eines Mannes nicht aus der Unterwelt zurück.
Feiere den schönen Tag, werde dessen nicht müde. Siehe, niemandem ist gegeben, seine Habe mit sich zu nehmen. Siehe, keine, der ging, ist wiedergekommen« (zitiert nach Fischer, Tod und Jenseits, 44).

verschiedenen Anfragen und Umbrüche stammen, ist nicht mehr festzustellen. Sicher steht hier der ägyptische Totenkult auch in enger Beziehung und im engen Austausch mit den umgebenden Kulturen und kann so von dorther beeinflusst sein.

2. Rekonstruieren wir eine antike Religion, können wir nur auf das zurückgreifen, was überliefert ist: Grabmale, Texte etc. Dabei bleibt die Frage offen, wie sich diese überlieferte, quasi dokumentierte Gestalt der Religion zum Volksglauben verhält. Für die Jenseitsvorstellungen Ägyptens ist dabei von besonderer Bedeutung, dass Jenseitsglaube und die Ausgestaltung des Totenkults nicht alle Gesellschaftsschichten gleichermaßen betroffen haben und sich innerhalb der geschichtlichen Entwicklung hier deutliche Verschiebungen entdecken lassen.

3. Auch die überlieferten Materialien stellen kein systematisches Kompendium in Sachen Jenseitsvorstellungen Ägyptens dar. Es sind zumeist rituelle Texte, d. h. auf die Liturgie ausgerichtete Quellen, die nicht den Anspruch haben, alles zu dokumentieren oder gar einen systematischen Überblick über die Theologie als Ganze zu geben. Sie geben nur wieder, wie man bestimmte religiöse Vorstellungen in Riten umgesetzt hat. Freilich gilt auch für Ägypten der theologische Grundsatz: lex orandi – lex credendi; die Liturgie, die Riten spiegeln die innere theologische Einstellung.

Im *Alten Reich* (bis 2150 v. Chr.) kennen wir den ägyptischen Totenkult als einen Kult, der vor allem den Pharaonen vorbehalten ist. Allein der ägyptische König ist Objekt des Kultes und damit auch Subjekt der überlieferten Texte. Daher sind die ältesten Textquellen des Totenkultes die *Pyramidentexte*. Ab ca. 2350 v. Chr. sind sie auch in den Innenseiten der Sargkammern zu finden und ab ca. 2200 v. Chr. werden sie in Königinnengräbern benutzt. Erst am Ende des Alten Reiches finden sie sich dann ebenfalls in Gräbern höherer Staatsbeamte. Aufgrund der Konzentration auf die Pharaonen als Zielgruppe ergibt sich eine bestimmte Struktur der Inhalte. Die Pyramiden-

4 Entstehung des Glaubens an ein Leben nach dem Tod

texte enthalten zum einen Bestandteile des königlichen Begräbnisrituals; zum anderen enthalten sie zumeist magisch verstandene Spruchsammlungen, die dem Pharao Kenntnisse vermitteln über Wege und Orte im Jenseits, sowie über Gefahren, denen er dort ausgesetzt ist. Allerdings ist die Topographie des Jenseits noch recht unbestimmt, wird aber in kontrastiven, ja geradezu euphorischen Bildern ausgemalt: Das Totenreich ist vom Reich der Lebenden durch einen Fluss getrennt. Götter und der Verstorbene fahren in Barken dahin, die Toten sind auf die Dienste eines Fährmanns angewiesen. Das individuelle Fortleben soll durch Bilder an den Wänden des Grabes sichergestellt werden und das Hauptthema ist zu allen Zeiten die Versorgung des Toten mit Lebensmitteln. So zeigt das Bildprogramm häufig Szenen, die die Gewinnung von Lebensmitteln (von der Aussaat bis zur Ernte; bzw. die Viehzucht), aber auch die Bereitung der Speisen und ihre Darreichung zum Thema haben. Eine mehr oder minder lange Liste von Speisen fehlt in keinem der ausgeschmückten Gräber. Die Abbildungen und Speiselisten erfüllen den Zweck, dass durch sie die Versorgung des Toten mit Lebensmitteln auf magische Weise garantiert wird. Ein weiterer Hinweis auf das magische Verständnis der Grabbeigaben bilden die sogenannten Uschebti, die Personifizierung dienstbarer Geister. Gegen Ende der 18. Dynastie entwickelt sich die Idealzahl von 365 Statuetten, d. h. für jeden Tag des Jahres ein anderer Diener. In der 19. Dynastie tritt zu dem Heer der Uschebtis noch ein Aufseher hinzu, der darüber wachen soll, dass jede Figur auch ihrer Pflicht nachkommt.[3]

Im *Neuen Reich und in der Spätzeit* finden sich die entscheidenden Texte des ägyptischen Totenkults auf *Sargdeckeln*. Sprüche verschiedenster Rituale sind hier zu finden. Sie unter-

---

[3] »O ihr Uschebti, wenn ich verpflichtet werde, irgendeine Arbeit zu leisten, die dort im Totenreich geleistet wird – wenn nämlich ein Mann dort zu seiner Arbeitsleistung verurteilt wird, dann verpflichtest du dich zu dem, was dort getan wird, um die Felder zu bestellen und die Ufer zu bewässern, um den ›Sand‹ (Dünger) des Ostens und des Westens überzufahren. ›Ich will es tun, hier bin ich‹, sollst du sagen« (zitiert nach Fischer, Tod und Jenseits, 31).

scheiden sich nach Inhalt und Umfang, und lösen die Pyramidentexte des Alten Reiches ab. Sie begegnen uns überwiegend auf den Särgen königlicher Beamter und ihrer Angehörigen. Hier wird bereits deutlich: Die Exklusivität der Pyramidentexte ist überwunden; der Totenkult ist sozusagen demokratisiert worden. Das hat Einfluss auf Inhalt und Form der Texte. Die Sargtexte sind von ihrem Inhalt her sehr viel breiter gefasst. Neben den traditionellen Elementen (Abwehrzauber, Versorgungsrituale, Verwandlungssprüche) kommen neue Elemente hinzu: die Hoffnung auf ein Wiedersehen mit den Angehörigen im Jenseits; der Kampf gegen das Böse, der letztlich in einer großen Gerichtsszene endet. Daneben wird das Jenseits auch konkreter beschrieben als in den Pyramidentexten. Es tritt das Motiv der Jenseitsreise in den Vordergrund mit verschiedenen konkret ausgemalten Lokalitäten. Man kennt die Bezirke der Seligen ebenso wie die der Verdammten; die allgemeine Euphorie der Pyramidentexte ist einer eher differenzierten, mitunter sogar skeptischen Sicht der Dinge gewichen. Und so wollen auch die Sargtexte eine Art Wegweiser für das Jenseits darstellen, um den Verstorbenen auch sicher an sein Ziel zu bringen.

Von besonderer Bedeutung ist nun, dass uns in dieser Phase zum ersten Mal ausdrücklich jenes Motiv begegnet, das fürderhin für die Jenseitsvorstellungen Ägyptens prägend werden wird: die Idee eines *allgemeinen Totengerichts*. Nicht nur der König, sondern jeder kann nun Osiris anverwandelt werden und damit muss auch jeder sich dem entscheidenden Maßstab zum Bestehen im Gericht, der Gerechtigkeit unterwerfen. Das königliche Privileg des Übergangs ins Jenseits ist durch einen für alle verbindlichen Maßstab für ein Leben nach dem Tod ersetzt.

Die dritte Stufe bildet das so genannte *Totenbuch*. Es ist eine auf Papyrus festgehaltene Sammlung von rituellen Totensprüchen. Diese werden vom *Ende des Neuen Reiches, der dritten Zwischenzeit und der Spätzeit bis hin zur hellenistischen bzw. Römerzeit* verwendet und finden sich in den Gräbern verschiedenster Gesellschaftsschichten wieder. Im Gegensatz zu der gro-

4 Entstehung des Glaubens an ein Leben nach dem Tod

ßen Vielfalt der Sargtexte, die auch sehr individuelle Züge tragen können, reduziert sich der Textbestand des Totenbuches sehr stark. Es entwickelt sich so etwas wie ein Kanon von eher pauschalen Ritualsprüchen. Jenseitsritual und Totenkult wirken standardisiert. Auch hier dient eine Großzahl der Sprüche der Steuerung des korrekten Ablaufs des Beseligungsvorgangs, also der Versorgung und Absicherung der Toten im Jenseits. Ebenso gewinnt die Idee des allgemeinen Totengerichts zentrale Bedeutung. Der Tote bekommt nur Zutritt zur Gemeinschaft der im Jenseits Lebenden, wenn er das Gerichtsverfahren mit dem Wiegen des Herzens als zentralen Ritus übersteht und die Beteuerung, nichts Unrechtes getan zu haben, ausspricht. Für dieses Unschuldsbekenntnis finden sich nun im Totenbuch zahlreiche Textvorlagen. Sie sind nicht einfach als pauschale Unschuldsbeteuerung zu verstehen, sondern sie funktionieren ›realsymbolisch‹ (bzw. als apotropäische Magie): Im Bekennen der Sünde bzw. im Beteuern des Gegenteils soll mögliche Schuld abgetrennt werden von dem, der sie bekennt. Die Rituale im Totenbuch schließen ab mit der Reise des verklärten Verstorbenen auf der Sonnenbarke des Re durch die Unterwelt als symbolische Gestalt des Übergangs zur Unsterblichkeit und des Weges zum Neuerstehen, zur Geburt zur Unsterblichkeit. Ebenso präsent sind die Verklärungswünsche, die als eine Art Kompendium über die vorgesehenen und erhofften Abläufe im Jenseits verstanden werden können

Die Texte des Totenbuches werden interessanterweise bis zur Zeitenwende benutzt. Insbesondere ihr ritueller Gebrauch, d. h. die liturgischen Texte stehen hier im Mittelpunkt. Es ist davon auszugehen, dass gerade in der Spätzeit die ägyptischen Texte Einfluss auf alle sie umgebenen Kulturen genommen haben und wiederum von dorther beeinflusst worden sind. Vermittelt über diese Kulturen haben manche Motive Eingang in die biblische Überlieferung gefunden, auch in die neutestamentliche.

Die Ausmalung der Jenseitsbilder bleibt den zeitgenössisch entstehenden *Unterweltsbüchern* vorbehalten, die aber nicht in das Totenritual des Totenbuches einwandern. Sie entwickeln freilich eine differenzierte Beschreibung des Jenseits. Die Unterweltsbücher (das bekannteste ist wohl *Amduat*, die Schrift des verborgenen Raumes bzw. der Unterwelt) werden in der Zeit des Neuen Reiches geschaffen und sind insbesondere im königlichen Bereich verwendet worden. Im Gegensatz zu den Spruchsammlungen des Totenbuchs geht es hier nicht um praktische Hilfe und magische Unterstützung beim Übergang in die jenseitige Welt, sondern es werden eben ausführliche Beschreibungen dieser Welt bzw. der Reise durch sie geliefert. Die Toten haben Anteil an der nächtlichen Reise des Sonnengottes Re durch den Erdinnenraum und gewinnen dadurch Teilhabe an der lebensspendenden bzw. lebenserneuernden Kraft des mythischen Schicksal des Sonnengottes. Es wird in zwölf Abschnitten (Nachtstunden, aber auch zu durchschreitende Räume) unterteilt, in mythisch überformter und z.T. als Geheimriten geschilderten Gestalt ausführlich dargestellt. So wird eine breite Beschreibung jener Sphäre gegeben, die die Sicherung des Weiterlebens ermöglicht.

In diesem kurzen Überblick über die geschichtliche Entwicklung wird die Differenzierung der Jenseitsvorstellungen deutlich. Gerade das Neue Reich setzt dabei auch neue Akzente, z. B. das Gemeinschaftsmotiv oder das Gerichtsmotiv. Trotz einer einsetzenden Demokratisierung des Totenkults durch die Öffnung der Jenseitsvorstellung und Jenseitshoffnung auf breitere gesellschaftliche Kreise steht indes in jeder Phase das Schicksal des Königs, des Pharao im Mittelpunkt bzw. ist von besonderem Interesse für die gesamte Gemeinschaft. Er unterliegt zwar den gleichen Maßstäben und Riten des Totenkultes wie jeder andere, insbesondere auch dem Gericht, aber er hat eine spezielle Funktion für die Einhaltung der Ordnung der Welt, der Gerechtigkeit (Ma'at), die Grundvoraussetzung für ein Weiterleben nach dem Tod ist.

1.2 Das Bild des Todes in Ägypten

Mit *Jan Assmann* kann man in den Jenseitsvorstellungen Ägyptens und den sie prägenden und tragenden Mythen drei verschiedene Verstehensmodelle für den Tod und damit drei verschiedene Interpretationsmodelle rekonstruieren[4]. Sie inspirieren auf unterschiedliche Weise Totenkult und Totenriten und geben damit auch gewisse Grundstrukturen der Jenseitsvorstellungen vor. Es ist dabei wichtig, sie nicht als alternative Konzepte des Todes (und seiner Bewältigung) zu verstehen, sondern sie als jeweils komplementäre Aspekte ein und derselben Todeskonzeption zu begreifen.

1.2.1 Der Tod als Feind

Der damit verbundene Leitgedanke ist durch den Urmythos der Ägyptischen Götterwelt in Szene gefasst:

Osiris ist ein Gott und König Ägyptens, des Kulturlandes am Strom. Er ist Thronfolger des Erdgottes Geb und herrscht als vierter König der Götterdynastie. Osiris wird von seinem Bruder Seth, dem Herrscher über das umliegende lebensfeindliche, ja tödliche Wüstenland und damit die Personifikation des Todes, ermordet und zerstückelt; die Leichenteile werden ins Wasser geworfen und so über das ganze Land verteilt (positiver Effekt: die Hochwasser des Nils, die das Land mit Wasser und fruchtbarer Erde versorgen). Isis, die Schwester und Gattin des Osiris, findet den Erschlagenen und beweint ihn zusammen mit Nephthys, ihrer Schwester. Sie sucht die zerstreuten Körperteile des Leichnams zusammen und bewahrt den Leichnam vor Verwesung. Sie vermag es sogar, ihm Leben einzuflößen, so dass sie von ihm posthum einen Sohn und Erben empfangen und zur Welt bringen kann: Horus, dessen Handlungen nun dazu dienen, Ehre, Status und Würde des Vaters wiederherzustellen. Osiris wird so aus der Isolation und Einsamkeit des Todes wieder in das Sozialgefüge (hier: Familie) zurückgeführt. Zusammen mit Horus und anderen Gottheiten wie Anubis, Geb und Nut, Schu und Tefnut und vielen anderen kann Isis so dem toten Osiris Bewusstsein und personale Integrität zurückgeben und zwar in solchem Umfang, dass er in der Lage ist, vor Gericht zu erscheinen und seinen Gegner Seth herauszufordern und ihm den Prozess zu machen.

---

[4] Assmann, Tod.

Dem mörderischen Tod selbst wird in Gestalt des Seth der Prozess gemacht und seine Tat, der Mord, als Gewalttat und Unrecht ins Kreuzverhör genommen. Seth unterliegt in diesem Rechtsstreit; der Ermordete, der Tote, Osiris bekommt Recht, wird rehabilitiert und als Herrscher der Unterwelt eingesetzt; sein Sohn Horus erbt seinen Thron auf Erden und verschafft so seinem Vater wieder seinen rechtmäßigen, durch den Tod aber verlorenen sozialen Status und damit Respekt und Ansehen. Zu seinen Sohnespflichten zählt auch die Erhaltung des Grabes, der Schutz des Toten vor Demütigungen, das rühmende Andenken des Toten. Die Ordnung ist wieder hergestellt, das Unrecht des Todes wieder gutgemacht. Zwar steht der Tote nicht wieder auf, sondern er bleibt in der Unterwelt; aber er wird als Toter in die Ordnung des Lebens reintegriert; er erhält seine personale Integrität, seine Ehre und sein Ansehen wieder; und gewinnt einen neuen Status als ›verklärter Geist‹ in der Unterwelt.

Die rituelle Umsetzung dieses Mythos ist an der, zunächst nur für den Pharao reservierten Umgangsweise mit dem Leichnam des Verstorbenen abzulesen. Es handelt sich um eine als Anverwandlung an das mythische Schicksal des Osiris verstandene ›Verwandlung‹ des Toten, und ist Grundlage des Rituals der Einbalsamierung und Mumifizierung, das 70 Tage in Anspruch nimmt. Die Gestalt der dazu notwendigen Vorgänge ist vielfältig und wird mitunter in verschiedenen Jahrhunderten auch von unterschiedlichen Techniken begleitet. Der in der mythischen Gerichtsszene ins Bild gesetzte Prozess verweist auf die Frage nach dem Recht des Verstorbenen auf personale Integrität und ein Leben nach dem Tod; symbolisiert durch die integrative und belebende Kraft der Isis und die repräsentative Funktion von Horus als Stellvertreter des Toten unter den Lebenden. Auch diese beiden Grundüberzeugungen werden im Ritual der Mumifizierung und in den begleitenden Riten in Szene gesetzt.

Daneben entwickelt sich aus dem Modell der Rechtfertigung des Toten durch Restitution und Repräsentation als Prozess gegen Seth, den Tod selbst, über die Jahrhunderte hinweg die ganz andere Idee des allgemeinen Totengerichts. Denn nicht mehr der auf den König zugeschnittene mythologische Ritus steht fortan im Mittelpunkt, sondern, weil sich die Vorstellung des Jenseits sozusagen verbürgerlicht, ›demokratisiert‹ hat, kommt es zu einer Ausweitung des Jenseitsglaubens und zu einer Neuorientierung der Vorstellung vom Totengericht, die fürderhin prägend wird. Die mythische Vorstellungswelt des Gerichts über den Tod ist abgelöst durch ein ethisches Denkmodell. Hier tritt der Tote nicht als Kläger, sondern als Angeklagter auf und muss sich vor dem göttlichen Richter rechtfertigen, indem er eine lange Liste von Verfehlungen vorträgt und beteuert, sie nicht begangen zu haben; die Beweislast ist sozusagen umgekehrt.

Das ordentliche Gerichtsverfahren verwandelt sich zu einem bedrohlichen Prüfungs- und Reinigungsritual: Die Wägung des Herzens. Dabei wird das Herz des Verstorbenen auf die Waage gelegt und gegen das Symbol, der Ma'at, der Wahrheit-Gerechtigkeits-Ordnung, einer Feder, aufgewogen. Mit jeder Lüge würde die Waagschale mit dem Herzen sinken, von der Fresserin, Amenet, einer symbolischen Gestalt aus Krokodil-Nilpferd-Anteilen, verschlungen werden und damit den ›zweiten Tod‹, den endgültigen Tod erleiden. Allein die Schuld des Toten kann hier also der Verwandlung zum ›verklärten Geist‹ noch entgegenstehen. Aber auch hier stehen die Götter bei: Anubis sorgt dafür, dass die Waage im Gleichgewicht bleibt, Thot registriert ein günstiges Ergebnis, und Horus plädiert für den Toten.

Die Idee der allumfassenden Gerechtigkeit ist für den Verlauf des Prozesses von besonderer Bedeutung. Es geht dabei um die Ma'at und ihre Aufrechterhaltung als das entscheidende Maß des Endgerichts. Die mit Ma'at verbundene Vorstellung geht über den deutschen Begriff der Gerechtigkeit hinaus und zielt auf eine umfassende Achtung und Wahrung der Weltordnung, der Güte der Schöpfung, des Erhaltens der guten Lebensgrundlage aller etc. Jeder kann sich ganz individuell gegen sie verfehlen. Die königlichen Beamten durch Bestechlichkeit, die Obrigkeit durch unrechtes Handeln, der Gutsherr durch Missbrauch seiner Macht gegenüber Leibeigenen und Bauern etc. Das Verfahren des Gerichts ist daher individualisiert. Das negative wie das positive Schicksal ist für alle gleich: Entweder man erleidet den zweiten Tod, indem das Herz, das Ich, von Amenet, der großen Fresserin, verschlungen wird, oder man tritt die Reise in das Jenseits auf der Barke des Re an. Für die Ägypter ist die Vorstellung der Ma'at kein abstrakter Begriff, sondern sie denken sie, wie wir an den Texten aus der Gerichtsszene ablesen können, immer ganz konkret. Man philosophiert nicht über Ma'at, man tut sie.

»Die Gerechtigkeit aber wird ewig sein.
Sie steigt an der Hand dessen, der sie übt, ins Totenreich hinab.
Er wird begraben und vereint sich mit der Erde;
sein Name aber wird nicht ausgelöscht werden auf Erden,
sondern man gedenkt seiner wegen der Tugend.«[5]

Hier sehen wir auch, dass Gerechtigkeit und Gedächtnis zusammengehören. »Das wahre Monument eines Menschen ist seine Tugend« – so sagt das ein ägyptisches Sprichwort. Das Gedächtnis von dem hier gesprochen wird, ist das soziale Gedächtnis der Gruppe, der Gemeinschaft, in der der Tote gelebt hat. Der wahre Tod tritt erst dann ein, wenn der Tote vergessen worden ist; diesem Tod gilt es entgegen zu arbeiten, in dem man sich durch die Taten der Tugend unvergesslich macht. Es ist also die Gerechtigkeit, die dem Menschen hilft, den Tod zu überwinden, in dem sie seine Taten der Tugend unvergesslich macht und so seinen Namen in der Gemeinschaft lebendig hält. Die Ma'at knüpft und stärkt das Netz, das dem Menschen Bestand über den Tod hinaus gewährt. Nichts ist schlimmer in dieser Gemeinschaft als der Gedächtnisverlust, der Verlust der Verbindung zur Vergangenheit. Denn er ist gleichbedeutend mit dem Verschwinden von Dankbarkeit, Verantwortung, Solidarität, Gemeinsinn, eben Recht und Gerechtigkeit.

So ist es gerade der Staat, repräsentiert durch den König, der den Bestand der ma'at und damit die Gedächtniskultur wahren soll.

---

[5] Zitiert nach Fischer, Tod und Jenseits, 51.

> »Re hat den König eingesetzt
> auf der Erde der Lebenden
> für immer und ewig
> beim Rechtsprechen der Menschen,
> beim Befriedigen der Götter,
> beim Entstehenlassen der Ma'at
> [...] Er (der König) gibt Gottesopfer den Göttern
> und Totenopfer den Verklärten.«[6]

Der König ist dazu eingesetzt, die Ma'at auf Erden entstehen zu lassen, indem Recht gesprochen wird und den Göttern Opfer gebracht werden. Ma'at ist ein erlösendes und befreiendes Prinzip, das die Gesellschaft im Innersten zusammenhält. So ist auch der König eine rettende Institution, weil er dazu eingesetzt ist, die Ma'at zu verwirklichen. Selbst in Zeiten, in denen die Ägypter den konkreten Niedergang und Zerfall ihrer staatlichen Ordnung erlebt haben, haben sie an dem überzeitlichen Grundprinzip der Gerechtigkeit festgehalten. Die Idee des Totengerichts ist die symbolische Gestalt dieser Überzeugung.

Nach bestandener Prüfung des Herzens erwartet den Toten die Aufnahme in die Unterwelt. Häufig symbolisiert durch die Himmelgöttin Nut auf der Innenseite des Sargdeckels: Der Tote wird aufgenommen in den Schoß der Urmutter, in dem er geborgen ist und durch Verjüngung und Erneuerung der Wiedergeburt entgegengeht. Dieses Motiv des Kreislaufes von Werden und Vergehen steht für das zweite Interpretationsmodell des Phänomens Tod.

1.2.2 Der Tod als Heimkehr

Dieses Motiv ist eine ebenso zentrale, wie in viele Kulturbereiche ausstrahlende Idee der ägyptischen Todeskultur. Das Motiv taucht in verschiedensten Kulturbereichen mit geradezu erstaunlicher Konstanz der Ideen- und Motivgestalten auf. Der Tod als Übergang in den bergenden Mutterschoß als Urmotiv und Urgedanke ist dabei von zentraler Bedeutung. Dahinter steht die Idee des Lebens als ewiger Kreislauf von Geburt und

---

[6] Zitiert nach Fischer, Tod und Jenseits, 61.

Tod. Mythologisch repräsentiert wird dieses Modell im Mythos des Sonnengottes Re. Der Sonnengott geht nach dem Sonnenmythos am Abend in den Leib seiner Mutter, der Himmelsgöttin ein, zeugt sich dabei quasi selbst neu, um am Morgen aus ihrem Leib wiedergeboren zu werden, und begründet so einen ewigen Kreislauf des Werdens und Vergehens, dessen natürliche Evidenz der scheinbare Kreislauf der Sonne um die Erde darstellt. Dieser Mythos deutet den Tod als Rückkehr im Sinne einer Empfängnis, als (Wieder-) Aufnahme in den Urleib der Urmutter und als Geburt zur Unsterblichkeit. Indes gelingt diese Kreisbahn des Lebens nicht automatisch, sondern nur der, der nach den Normen der ma'at, der Wahrheit-Gerechtigkeit-Weisheit-Ordnung, lebt, wird das Totengericht bestehen und so als Gerechter zum Ursprung, in den Schoß der Urmutter, heimkehren und so in den Kreislauf des ewigen Lebens, der Unsterblichkeit, eingehen. Sterben müssen alle, aber nur dem Gerechten wird der Tod zur Wiedergeburt. Vor die Heimkehr und damit den ewigen Kreislauf von Geburt und Tod ist sozusagen der ›Filter‹ des Totengerichts geschaltet. Das ist auch die Schnittstelle beider Interpretationsmodelle.

Trotz innerer Spannungen bilden beide Interpretationsmodelle keine absoluten Gegensätze. Sie beleuchten sich eher gegenseitig. Das eine Bild steht im Zeichen des Osiris und damit für die Rechtfertigung des Toten gegenüber dem Erzfeind Tod selbst, die die Unsterblichkeitssehnsucht mit der bleibenden Identität und der Unversehrtheit der Person beantwortet; das andere steht im Zeichen des Re, imitiert das Schicksal des Sonnengottes und erfüllt so die Unsterblichkeitssehnsucht durch die zyklische Idee unendlicher Erneuerung. Die Ägypter fühlen sich beiden Ideen verpflichtet: dem Normativen, Moralischen (Väterlichen) und dem Kosmischen, Regenerativen (Mütterlichen). Kein Wunder, dass in der Spätzeit beide Gottheiten, Osiris und Re, zu einer Gottheit verschmelzen: Osiris wird zur Gestalt des Re im Reich der Dunkelheit.

1.2.3 Der Tod als Geheimnis

Von Anfang an verstehen die Ägypter das Geschehen des Übergangs und der Heimkehr als Eingehen in den großen Kreislauf der Unsterblichkeit als das Ur-Geheimnis des Lebens. Der Mutterschoß der Urmutter verheißt eben nicht nur Regeneration; er bedeutet auch Verborgenheit, Verhülltheit; Entzogenheit, ebenso wie das Eingehen des Toten in die Unterwelt in der verwandelten Gestalt des Osiris eine geheimnisvolle Veränderung bedeutet. Der Tod wird so zum Inbegriff des Mystisch-Verborgenen, des allem Menschlichen entzogenen Göttlichen und damit auch zur Urgestalt des Heiligen; er ist Ursprung und Ziel alles Lebendigen; die umfassende Realität, in die sich alles Lebendige auflöst, um daraus wiedergeboren zu werden. Mit der lebendigen und belebenden, der verborgenen und neuschaffenden Kraft des Göttlichen kann der Mensch eben nur im Tod und durch den Tod in Kontakt treten, und so die unmittelbare Nähe der göttlichen Kraft erfahren. Diese Idee steht geradezu diametral einem biblischen Verständnis entgegen. Dort steht, wie wir noch sehen werden, der Tod zunächst in einem absoluten Gegensatz zu JHWH, dem Gott des Lebens. Der Mensch muss dem Tod entzogen werden, um in der Nähe des Leben schaffenden und Leben gebenden Gottes ›leben‹ zu können.

2. Zwischen ›Reich der Finsternis‹ und Unsterblichkeit der Seele: Mesopotamien – Kanaan – das hellenistische Zeitalter

2.1 Mesopotamien

Die Kulturen Mesopotamien kennen keine großen, repräsentativen Grabbauten; sie kennen auch keine besonderen Bearbeitungstechniken für ihre Toten; die Begräbnistechniken sind eher schlicht (Erdbestattung des in Rohrmatten eingehüllten Leichnams; Verwesung des Leichnams); drei verschiedene Grabtypen: Erdgrab; Topfgrab; Sarkophaggrab – aber alles nicht sehr aufwändig und aus vergänglichen Medien (Terrakotta). Interessanter erscheinen hier die Begräbnisriten, Grabbeigaben und begleitenden Rituale.

2.1.1 Totenkult als ritualisierter Schutz gegen das Totenreich

Alle Riten des mesopotamischen Totenkultes zielen darauf, dass der Übergang des Toten in das Totenreich, dem Land ohne Wiederkehr, dem Schattenreich, gelingt. Das hat seinen Grund: Ist die Bestattung nicht ordnungsgemäß vollzogen, waren die Grabbeigaben nicht ausreichend, wird die Totenpflege nicht ordentlich durchgeführt, kann es passieren, dass der Tote nicht im Totenreich ankommt bzw. nicht dort bleibt und als böser, umherirrender Totengeist wieder auf der Erde auftaucht, der, weil er nicht mehr ins Leben zurück kann, den Lebenden gegenüber feindlich gesinnt ist (Wiedergänger). Daher kommt alles darauf an, dass der Übergang gelingt, und dass der Tote im Totenreich durch die regelmäßige Totenspeisung gepflegt wird.

> »Dessen Leichnam man in die Steppe warf, sahst du den? –
> Ja ich sah: Sein Geist ist ruhelos auf der Erde. –
> Dessen Geist keinen Pfleger hat, sahst du den? –
> Ja, ich sah: Ausgewischtes aus dem Topf,
> auf die Straße geworfene Bissen muss er essen.«[7]

Die Übergangsriten für den Verstorbenen: Sie können als Übergangsrituale verstanden werden. Der Verstorbene wird für die Bestattung vorbereitet: gereinigt, gepflegt, bekleidet und aufgebahrt. Am dritten Tag wird er kurz vor Sonnenuntergang begraben und sein Grab versiegelt. Er befindet sich nun in einer Übergangsphase zwischen der diesseitigen Welt und der jenseitigen Sphäre, in der er von den Hinterbliebenen sieben Tage betrauert wird; dann hat er sein Reiseziel erreicht; sein endgültiger Eingang ins Totenreich wird im festlichen Leichenschmaus gefeiert.

Die Riten für die Hinterbliebenen: Sie gehören in die Kategorie der Trennungsrituale. Es beginnt mit einer akuten Trauer-

---

[7] Zitiert nach Fischer, Tod und Jenseits, 54.

oder Schockphase, die in eine kontrollierte Trauerphase übergeht: mit exzessivem Klagen, Weinen, Trauerriten wie Ritzen der Haut, Bedecken der Kleider mit Staub. Sie endet nach sieben Tagen mit einem Reinigungsritual (Bad, festliche Kleider, Salben mit Öl), das den Übergang in eine neue soziale Phase kennzeichnet.

Die Grabbeigaben: Sie fallen insbesondere unter die Kategorien Schmuck (Perlen und Ringe), Reiseproviant und Reisegeld (Edelmetalle, Flaschen, Schalen), Luxusbeigaben (Prestigeobjekte wie Rollsiegel, Waffen, Möbel, Statuen). Erstere dienen der Identifizierbarkeit des sozialen Status des Verstorbenen, letztere sind eventuell als Geschenke für die Götter in der Unterwelt gedacht, die Reiseutensilien dienen eher der Versorgung der Toten während der Reise ins Totenreich, als Unterstützung des Übergangs.

Die Totenspeisung: Neben den Grabbeigaben kennt der mesopotamische Totenkult auch noch die regelmäßige Versorgung des Toten, die Totenpflege, mit rituellen Speisen, insbesondere durch die Wasserspende für das staubige Totenreich. Sie kann als Ahnenkult gedeutet werden und hat sicher auch mit der Vorstellung zu tun, durch die regelmäßige Pflege der Toten negative Einflüsse der Totengeister abzuwehren.

2.1.2 Sehnsucht nach dem ewigen Leben

Neben den aus überlieferten Texten rekonstruierten Riten und Ritualen und den aus archäologischen Befunden rekonstruierbaren Vorstellungen kennt die mesopotamische Kultur noch ein zentrales Dokument, das insbesondere auf die Frage nach den Vorstellungen von Tod und Jenseits in dieser Kultur aufmerksam macht: Das *Gilgamesch-Epos.*

> »Gilgamesch, wohin läufst du?
> Das Leben, das du suchst, wirst du sicher nicht finden!
> Als die Götter die Menschheit erschufen,
> Teilten den Tod sie der Menschheit zu,
> Nahmen das Leben für sich in die Hand.
> Du, Gilgamesch – dein Bauch sei voll,
> Ergötzen magst du dich Tag und Nacht!

Feiere täglich ein Freudenfest!
Deine Kleidung sei rein, gewaschen dein Haupt,
Mit Wasser sollst du gebadet sein!
Schau den Kleinen an deiner Hand,
Die Gattin freu sich auf deinem Schoß!
Solcher Art ist das Werk des Menschen.«[8]

Sucht man nach Deutungen des Schicksals des Menschen in diesem Urmythos der Menschheit, gewissermaßen einem frühen Höhepunkt der Menschheitsliteratur, so fallen drei Deutungen des Todes ins Auge. Die erste, die heroische, betrachtet den Tod als unvermeidliches Schicksal. Insbesondere der erste Teil des Epos ist Beleg dieser Einstellung: Es hat keinen Sinn, dass man sich um ihn kümmert, denn im Leben zählt anderes: Erfolg; der Name, den man sich macht; der Ruhm, den man sich erwirbt; nur seine Taten überdauern den Menschen. Freilich, diese Einstellung zerbricht für Gilgamesch, den Helden des Epos, an einer existentiellen Grunderfahrung: dem Tod des Freundes Enlil. Es gibt also einen eindeutigen Unterschied zwischen einer theoretischen Bewältigung des Todes und seiner praktischen, existentiellen Bedeutung. Die zweite Deutung, eine eher hedonistische, setzt voraus, dass mit dem Tod alles aus ist. Ein Leben darüber hinaus gibt es nicht. Darum – so die Mahnung des eingangs zitierten Textes – erfreue dich deines Lebens hier und jetzt. Der Tod als endgültiges Schicksal macht das Leben noch unschätzbarer. Freilich: Gilgamesch folgt diesem Rat nicht, er lässt sich nicht von der Suche nach jener kostbaren Pflanze abbringen, die ewige Jugend verheißt. Die dritte Deutung des Todes im Mythos ist eine resignative. Am Ende gewinnt immer der Tod. Alles Mühen und alles Schaffen sind umsonst. Am Ende bleibt davon nichts übrig. Darum lohnt es sich nicht, sich gegen den Tod aufzulehnen. Stattdessen sollte der Mensch sich mit seinem Dasein bescheiden.

Endet das Epos daher tatsächlich unversöhnt? Bleibt am Ende dem sich abgemüht habenden Helden doch nur bittere Ironie, Spott, Betrug, Ausweglosigkeit oder hat er etwas gelernt

---

[8] Zitiert nach Fischer, Tod und Jenseits, 57.

aus seinem Abenteuer? Es bleibt bei der Erkenntnis: Alle Menschen sind sterblich, das ewige Leben bleibt den Göttern vorbehalten und ist keine menschliche Möglichkeit; und gerade angesichts dieser Erkenntnis und mit diesem Bewusstsein ist das Leben zu bewältigen. Darin ist wohl ein Grundzug der gesamten mesopotamischen Totenkultur aufzuweisen: Das Schicksal des Menschen ist der Tod; die Unterwelt ist kein Ort des Heils oder des gesteigerten Lebens sondern ein trostloser, dunkler Ort, tief unter der Erde. Es gibt kein seliges Weiterleben des Menschen, nur ein unkörperliches Dahinvegetieren; das ewige Leben bleibt den Göttern vorbehalten.

2.2 Syrien und Kanaan (auch Ugarit)

Für diesen Kulturkreis ist es fraglich, ob überhaupt über den Gedanken eines individuellen Jenseitsschicksals nachgedacht wird. Der zentrale Mythos, der Baalszyklus[9], trägt, obgleich er vom Abstieg Baals in die Unterwelt und seiner triumphalen Rückkehr handelt, wohl eher kosmologischen Charakter und will so das Phänomen von Werden und Vergehen in der Natur, nicht aber das Schicksal des einzelnen menschlichen Lebens veranschaulichen. Das Sterben Baals ist der mythische Ausdruck des jahreszeitlichen Wechsels der Natur. Der Mythos zählt daher zu den Kosmogonien und nicht zu den Quellen einer Jenseitsvorstellung oder gar einer individuellen Auferstehungshoffnung. Auffallend ist hier allenfalls die relative Durchlässigkeit von Diesseits und Jenseits, Leben und Totenreich; freilich eigentlich nur für die Götter, zu denen Baal zählt.

Eine weitere Eigenheit, die aufgrund der archäologischen Befunde für diesen Kulturkreis, insbesondere Ugarit, repräsentativ ist, ist die Idee eines ausgeprägten Ahnenkultes. Sie hatte sich in Gestalt der Totenpflege bereits für den Kulturkreis Mesopotamiens angedeutet, in Kanaan und Syrien wird dieses Motiv aber zu einem zentralen, die Grabgestaltung, die Riten und die Texte stark prägenden Motiv. Auffallend sind die zahlrei-

---

[9] Zum Text vgl. ebd. 97.

chen Beschwörungsformeln und -riten, die vom apotropäischen (d. h. schadensabweisenden) Charakter dieses Kultes zeugen. Die darin ablesbare Grundeinstellung gleicht der Mesopotamiens: Man glaubt weder an eine Auferstehung der Toten, noch an ein Leben in einer anderen Welt, noch an eine Rückkehr in dieses Leben. Das Geschick der Toten besteht in einem Abstieg in die Totenwelt und einem trostlosen Dahinvegetieren. Es ist ein Dasein in einer Schattenwelt. Das Totenreich wird negativ konnotiert; der Gedanke an ein glückliches Leben nach dem Tod scheint absurd. Den Kult selbst prägt eine gewisse Furcht vor den Toten, insbesondere vor den vernachlässigten Toten; der Ahnenkult dient daher auch der Befriedung und der Schadensabwehr. In Ugarit freilich dominieren eher Vorstellungen einer positiven Beziehung zu den verstorbenen Ahnen, deren Kult daher mitunter aber auch mit der Bitte um Schutz und Segen für die Familie verbunden ist. Daher wird die Grenze zwischen Totenreich und Leben hier als durchlässig erachtet, man sucht auch bewusst den Kontakt zu den Verstorbenen. Das Ritual der Totenbeschwörung kann insbesondere für Ugarit nachgewiesen werden, und dient der Versicherung einer bleibenden Verbindung mit den Toten, denen auch in der Gemeinschaft der Lebenden ein Ehrenplatz zuteil wird.

2.3 Das hellenistische Zeitalter und die Jenseitsvorstellungen Griechenlands

Für die Spätzeit der biblischen Überlieferung des Alten Testaments, besonders aber für das Neue Testament ist nun die Bedeutung eines ganz anderen Kulturkreises, nämlich des hellenistischen nicht zu unterschätzen. Die Vorstellungen dieses Kulturkreises nehmen ihrerseits Einfluss auf alle anderen Kulturen, die Ägyptens, Roms, des Judentums und später dann des Christentums.

2.3.1 Die Frühphase (mykenische Kultur)

Der Nachweis der Todes- und Jenseitsvorstellungen dieser Phase kann nur über archäologische Befunde, wie Grabgestaltung, Grabbeigaben erfolgen. Die Grabgestaltung verweist hier auf ein ambivalentes Verhältnis der Lebenden zu den Verstorbenen. Zum einen ist der Umgang positiv-respektvoll. Der Tote wird als ›lebender Leichnam‹ verstanden, daher ist auch die Erdbestattung üblich. Der Tote hat einen eigenen Rechtsanspruch auf Wohnung und Besitz. Es wird ihm durch die wohnraumartige Gestaltung der Grabkammern etc. gegeben. Darüber hinaus wird er durch Leichenmähler und Tieropfer versorgt, um ihn wohlgesonnen zu stimmen. Zugleich sind die Grabmale durch abwehrende Maßnahmen gekennzeichnet, die als Schutz vor dem Toten interpretiert werden können (Vermauern; mit Erde verfüllen, Bannkreise etc.). Sie sollen den Toten im Grab festhalten. Hier steht wohl auch das Wiedergängermotiv, das wir bereits in Mesopotamien kennen gelernt haben, im Hintergrund. Dabei fällt auf, dass diese Abwehrmechanismen mit der Grablegung beendet sind. Einen Ahnenkult oder eine Totenpflege kennt man im mykenischen Griechenland nicht.

2.3.2 Die klassische Phase: Homer

Die von *Homer* in die Frühzeit zurück projizierte Form der Feuerbestattung kann wohl als die klassische Gestalt der Bestattung seiner Zeit gelten. Sie bricht mit der vorklassischen Vorstellung, die das Fortleben des Toten mit dem Weiterbestand seines Leichnams verband und kann als Bruch innerhalb der Totenkultur und Jenseitsvorstellungen Griechenlands gedeutet werden. Ilias wie Odyssee beinhalten zahlreiche Hinweise auf die die Zeit Homers prägenden Vorstellungen. Da ist zum einen die Idee des Weiterlebens des Toten als körperloses Schatten- oder Hauchwesen. Psyché – Lebensseele nennt dies Homer, ohne dass man dabei schon den späteren Seelenbegriff bei Platon mitdenken dürfte. Psyché ist das, was vom Menschen übrig bleibt, ohne Tatkraft und Energie (thymos), ohne Emotionen und Leidenschaften, die allein die Lebenden auszeichnet, und ohne Körperlichkeit.

Hier ist die Homer prägende Vorstellung der Existenz der Toten im Totenreich, dem Reich des Hades, deutlich abzulesen:

Körperlos, ein Luftgebilde oder Schattenwesen, ohne reale Empfindung und Besinnung; eine Art bewusstseinsloses Dasein, in fast schlafähnlichem Zustand.

> Aber wohlan, tritt näher, damit wir beide uns umarmend,
> Auch nur kurz, die Herzen des traurigen Grames erleichtern.
> Als er dies geredet, da streckt er verlangend die Hände aus.
> Aber umsonst; denn die Seele, wie dampfender Rauch in der Erde
> Sank sie hinab, hellschwirrend. Bestürzt nun erhob sich Achilleus,
> Schlug die Hände zusammen und sprach mit jammernder Stimme:
> Götter, so ist denn fürwahr auch noch in Hades' Wohnung
> Seel und Schattengebild, allein ihr fehlt die Besinnung!
> (Ilias, XXIII. Gesang Z. 97–105)

Ein besonderes Bild entwirft Homer im 11. Gesang der Odyssee, ein Kapitel, das in der Fachliteratur einen eigenen Titel erhalten hat: die *Nekyia*, das Totenopfer. Das Kapitel erzählt von Odysseus' Gang in die Unterwelt, an dessen Beginn Odysseus den Toten am Eingang des Hades, an der Grenzlinie von Ober- und Unterwelt, Diesseits und Jenseits eine Opfergrube gräbt und den Toten ein Blutopfer bringt. Die Gabe des Blutes lockt die Totengeister an und bringt den Toten wenigstens für einen Augenblick Bewusstsein und Gefühl zurück. Eine Art Totenbegegnung oder -befragung bildet das Zentrum der Szene; trotz anrührender Szenen (Begegnung mit der verstorbenen Mutter; Weissagung der Zukunft) bleibt eine Szene unvergessen und bildet wohl den Höhepunkt der Erzählung: Die Begegnung mit dem Totengeist des Achilleus, den Odysseus als edlen Krieger, als Herrscher über die Geister der Unterwelt anspricht; doch was antwortet Achilleus?

> Preise mir jetzt nicht tröstlich den Tod, ruhmvoller Odysseus.
> Lieber möchte ich fürwahr einem unbegüterten Menschen,
> Der nur kümmerlich lebt, als Tagelöhner das Feld baun,
> Als die ganze Schar vermodernder Toten beherrschen.
> (Odyssee, XI. Gesang Z. 488–491)

Hier kommt die negative Deutung des Totenreichs unverblümt zum Ausdruck: Es ist ein trostloses Vegetieren, aus dem es kein Zurück mehr gibt. Homer hält sich hier an die übliche und weitverbreitete Jenseitsvorstellung: der Himmel gehört den Göttern; das Schicksal des Menschen ist ein besinnungsloses Schattendasein in der Hadesburg. Doch Ausnahmen bestätigen die Regel. Schon bei Homer wird einzig der spartanische König Menelaos in die elysischen Fluren am Ende der Erde versetzt und fristet dort ein seliges und ruhiges Leben (Odyssee, IV. Gesang Z. 561–565). Erst spätere Dichter, z. B. *Hesiod*, kennen dieses Schicksal für viele der klassischen Helden. Platon bedient dann diese Sehnsucht nach einem Leben im Jenseits explizit.

2.3.3 Die Spätphase: Platon und die Idee der Unsterblichkeit der Seele

In der klassischen Spätphase ist der hellenistische Kulturkreis besonders durch seine spekulativ philosophische Orientierung geprägt. Hier setzen die Jenseitsvorstellungen einen philosophischen Theorierahmen voraus, der sich durch ein differenziertes Konzept von Unsterblichkeit auszeichnet, die insbesondere von der platonischen Seelenvorstellung geprägt ist. Sie ist durch einen ausgeprägten Leib-Seele-Dualismus, also eine Dichotomie bzw. einen Antagonismus von Körper und Seele gekennzeichnet. Alles Körperliche, Materielle wird gegenüber dem Geistigen, Spirituellen abgewertet. An ein Überleben des Menschen wird nun auf die Art gedacht, dass die immaterielle unsterbliche Seele an/in ihm überlebt. Die hellenistische Kultur verzichtet daher auch auf einen ausgeprägten Totenkult, der sich Gedanken über die Zukunft des Körpers und der Materie machen würde. Allein interessant ist die Idee wie der Geist überlebt. Die materiellen Bedürfnisse, die zum Beispiel in Ägypten noch eine große Rolle gespielt haben, sind innerhalb des hellenistischen Kulturkreises und seinen Jenseitsvorstellungen völlig irrelevant.

Platon übernimmt die Vorstellung aus orphischem und pythagoräischem Gedankengut und arbeitet sie weiter aus. Die klassische Ausgestaltung der argumentativen Begründung dieses Gedankens findet sich in seinem Dialog *Phaidon*, der vom Tod des Sokrates handelt. Dort führt Sokrates selbst diese Grundidee Platons vor. Ausgangspunkt ist die klassische, Orphik und Pythagoreismus prägende Vorstellung vom Körper als Gefängnis der Seele. Im Tod trennt sich die Seele vom Körper. So ist der Tod eigentlich als Befreiung zu deuten, denn die Seele sucht nach tieferer Einsicht, dabei steht ihr der Körper nur im Wege, denn allein das reine Denken führt zu wahrer Erkenntnis. Darum sollte sich der Philosoph, so Sokrates, nach dem Tode sehnen bzw. schon im Leben nach der Trennung der Seele vom Körper streben (Phaidon 66e–67a).

Verbunden wird die Idee der Unsterblichkeit der Seele nun sehr häufig auch mit Wiedergeburtsgedanken (als Reinigungsprozess verstanden), bzw. der Idee einer präexistenten Seele. Denn nur, so fährt Sokrates im genannten Dialog fort, weil die Seelen schon vor unserer körperlichen Existenz existierten, wissen sie um die wahre Welt der Ideen. Denn in der körperlichen Welt der Sinneseindrücke sind diese Ideen ja nicht erfahrbar. Dass die Seele trotzdem um sie weiß, ist nur als Erinnerung/Anamnese an reinen Ideen denkbar und diese wiederum kann nur aufgrund einer früheren körperlosen und somit reinen Existenz der Seele erklärt werden. Gibt es aber die körperlosen Seelen schon vor der Geburt, so darf man auch nach dem Tod auf ihre Fortexistenz hoffen. So kommt die lebende Seele aus dem Tod und geht wieder ein ins Leben; d. h. sie wird wiedergeboren. »Sie überdauert den Tod ihres früheren Erdenlebens (Postexistenz) und hält sich in einer jenseitigen Seelenregion bereit (Präexistenz), um in ein neues körperliches Dasein einzugehen.«[10] Die Seele bei Platon ist also vollkommen körperlos; sie ist ihrem Wesen nach unsterblich, vernünftig, dem Ewigen und Göttlichen anverwandt (nicht einfach nur schattenhaftes Abbild, wie noch bei Homer). Sie befindet sich nach dem Tod in einem präexistenten Zustand und kann wieder ins irdische Leben zurückkehren, freilich nicht in ihre alte Existenz.

Indes kennt Platon nicht nur die philosophisch-argumentative Annäherung an das Thema; er entwickelt selbst Jenseitsmythen (in der *Gorgias*, im *Phaidon* und in der *Politeia*). Im Schlussmythos der *Politeia* (Buch 10) füllt Platon den Gedanken der Unsterblichkeit der Seele anhand einer Geschichte, die um die Frage kreist: Welchen Nutzen hat Gerechtigkeit? Die

---

[10] Vgl. ebd. 83.

Antwort auf diese Frage hat für Platon sozusagen eschatologische Dimension und damit die Eschatologie wiederum Einfluss auf das Leben dieser Welt. So bringt Platon in der von ihm erzählten Geschichte sowohl den Gedanken eines jenseitigen Strafgerichts als auch die Idee einer Belohnung bzw. Bestrafung der Seelen gemäß ihrer weltlichen Taten ins Bild. Auch Platon kennt also eine Art ›Totengericht‹, samt der damit verbundenen Motive einer Trennung der Guten von den Bösen und der Vergeltung nach den Taten, also dem Lohngedanken. Doch vermeidet er den Gedanken einer endgültigen Konsequenz. Weil die Seelen unsterblich sind, können sie auch keinen endgültigen Tod, keine endgültige Vernichtung erleiden. Das Schicksal der guten und der bösen Seelen ist einfach unterschiedlich. Zugleich drängt sich der Gedanke der Bewährung, Läuterung der Bösen auf. Zugleich darf auch die pädagogische Zielsetzung dieser Schlusserzählung und damit ihr drohend-mahnender Charakter nicht vergessen werden. Dieser wird insbesondere in der Schlusspassage deutlich, in der nun die nach tausendjähriger Belohnung oder Bestrafung geläuterten, zur Wiedergeburt bereiten Seelen ihr zukünftiges Lebensschicksal selbst wählen sollen und damit Freiheit und Verantwortung – die pädagogischen Ziele schlechthin – aber auch die Frage nach Gerechtigkeit selbst und damit einem gelingenden Leben im Diesseits in der Vorstellung des Seelenkreislaufes nicht verloren gehen. So wird zum einen der einzelnen Seele eine personale Identität und Willensfreiheit zugeschrieben, zum anderen aber wird auch der strenge Dualismus von geistiger Existenz und weltlich-leiblichem Lebensvollzug von innen her unterlaufen.[11]

Die Bedeutung des hellenistischen Kulturkreises samt seines philosophischen Gedankenguts kann auf die letzten Jahrhunderte der Entstehung des Alten Testament wie die zwischentestamtliche Zeit beschränkt werden. Insbesondere die Spätschriften des Alten Testaments wie die zwischentestamentliche Literatur, aber auch die Schriften des Neuen Testaments sind

---

[11] Vgl. dazu auch Ratzinger, Eschatologie, 71–73.

insbesondere durch den hellenistischen Kulturkreis beeinflusst. Sein latenter Dualismus wie die Idee einer unsterblichen Seele beeinflussen auch die Jenseitsvorstellungen dieser Literatur. Diese Idee führt zu einem individualisierten Blick auf die Eschatologie, beschäftigt sich also mit dem individuellen Schicksal des Menschen nach seinem Tod, ebenso wie sie das Motiv des Gerichts und der Auferstehung der Toten als Motiv in die Eschatologie des Alten Testaments bzw. der zwischentestamentlichen Literatur und des Neuen Testaments einbringt. Indes bleiben, wie sich zeigen wird, die theologischen bzw. christologischen Motive Erkenntnis leitend bei der Aneignung der Vorstellungen anderer Kulturkreise.

3. Die theologiegeschichtliche Entwicklung in der Hebräischen Bibel

3.1 Grundstationen der theologiegeschichtlichen Entwicklung der Jenseitsvorstellungen

3.1.1 Jenseitsvorstellungen und Kultur

Wie reagiert nun Israel auf diese Ideengeschichte seiner kulturellen Umwelt? Eine wichtige Erkenntnis der Anfangsphase der theologiegeschichtlichen Entwicklung ist die, dass Israel zu Beginn auf die Überfülle der Jenseitskultur sozusagen mit einer eschatologischen Diät antwortet. Die Theologen Israels sind in den Anfängen sehr zurückhaltend, was die Entwicklung eigener Jenseitsvorstellungen angeht. So übernimmt man sehr wohl Weltbild und einzelne Motive, aber eine differenzierte Systematik oder gar eine ausdifferenzierte Totenkultur werden nicht entwickelt. Das hängt natürlich damit zusammen, dass Israel selbst zu Beginn keine fest installierte und sesshafte Hochkultur ist, sondern ein nomadisch umherziehendes Volk; wobei die entscheidende Sozialgröße aber die Familie, der Klan bzw. die Sippe war. Nur eine sesshafte, reiche, arbeitsteilige Hochkultur wie Ägypten, die sich selbst auch als differenziertes Staatswesen mit dem Pharao an seiner Spitze begreift, kann sich den Luxus differenzierter Bestattungszeremonien leisten. Aber Israel grenzt sich bewusst auch aus anderen, theologischen Gründen ab. Wenn die anderen ihren Götterhimmel mit diesem Kult füllen, kann sich gerade die Wahrheit des Gottes Israels auch darin ausdrücken, dass man solche Dinge nicht nötig hat. Bezüglich des Themas Tod und Jenseits konzentriert sich daher Israel am Anfang auf das Notwendigste. Dabei steht weniger das Schicksal der Toten als das der Lebenden im Mittelpunkt. So kennt Israel für eine lange Zeit zwar durchaus Trauerriten für die Hinterbliebenen, aber keinen expliziten Toten- oder gar Begräbniskult.

Die Theologiegeschichte Israels zeigt auch die Möglichkeit einer anderen Reaktionsweise auf. Diese wird praktiziert, sobald Israel in Kanaan eine Kultur der Sesshaftigkeit entwickelt. Gerade weil die anderen umgebenen Kulturen sich so ausgiebig mit dem Tod und dem Jenseits beschäftigen, muss Israel dazu theologisch Stellung nehmen, um die Gleichwertigkeit, ja Überlegenheit der eigenen Theologie zu belegen. Auffallend ist dabei, dass Israel gerade aus diesem Grund die Schöpfungsmythen Mesopotamiens übernimmt und bearbeitet (vgl. Gen 1 und 2), mit dem Totenkult und den Jenseitsvorstellungen des gleichen Kulturbereichs aber reichlich distanziert umgeht (vgl. die Verurteilung der Totenbeschwörung in der Begegnung Sauls mit der Hexe von Endor: 1Sam 28,3–25). Hier ist es mehr an Abgrenzung, denn an positiver Auf- oder Übernahme interessiert. Warum?

3.1.2 Die theologische Grunddimension

Es mag an dem bereits skizzierten kulturellen Status Israels liegen. Es hat aber auch konkrete theologische Gründe. Der eine Gott Israels wird ganz anders erfahren als die Götter Ägyptens oder Mesopotamiens. Die Beziehung zu ihm hat für Israel eine andere Quelle, einen anderen Grund. Deshalb hat diese Beziehung auch andere Konsequenzen; auch andere Konsequenzen für die kultische Praxis. Das scheint der entscheidende Hinweis zu sein für den Umgang mit Totenkult und Jenseitsvorstellungen.

Dieser Gott wird für Israel zunächst durch seine Geschichtsmächtigkeit erfahrbar; er ist der Gott der Befreiung, des Exodus, also derjenige, der Israel aus der Knechtschaft in Ägypten herausgelöst hat, durch Höhen und Tiefen des Lebens begleitet, bei Israel ist, es hegt, pflegt, schützt und letzten Endes in das Gelobte Land, wo Milch und Honig fließen, führt. Israel hat eine sehr persönlich-individuelle, geradezu intime Gottesbeziehung. Gerade weil Gott der ganz andere, der Heilige, der Allmächtige ist, ist er auch der Nahe, der Liebende, der Fürsorgende. Er ist es, weil er sich freiwillig dazu entschieden hat, weil er sich – wenn man es so sagen will – in Israel verliebt hat. Er ist Israel nahe, weil er es erwählt hat. Darum beantwortet Israel die Grundfrage nach jenem tragenden, umfassenden Sinnhorizont des Lebens mit dem Hinweis auf die Heilsgeschichte, auf den sein Volk in der Geschichte begleitenden Gott, wobei »von Unsterblichkeit keine Rede sein [kann], und doch wird das einzelne Leben umfasst von einem gewaltigen Horizont der Erinnerung und Verheißung, die zwar nicht ins Jenseits, dafür aber in die Kette der Generationen ausgreift.«[12]

Das ist eine Gottesbeziehung, die auf den ersten Blick wenig zu tun hat mit einem Götterpantheon, d. h. einer Vielzahl von Göttern, die in der Welt als stets anwesend erfahren werden. Sie können in jedem weltlichen Gegenstand verborgen anwesend sein; sie können gesellschaftliche Strukturen samt König (Pharao) etc. stabilisieren und stützen, ja sie werden durch diese Strukturen selbst repräsentiert. Die Götter sind den Ägyptern viel unmittelbarer nahe als es der Gott Israels ist. Und dennoch bleiben sie dem Menschen dauerhaft fremd. Allein der Ritus, der Kult ist die einzig mögliche und damit wichtigste Weise, wie diesen Göttern begegnet werden kann. Durch Kult und Ritus wird der Kontakt zu den Göttern hergestellt, wird mit ihnen kommuniziert. Der Ritus schafft Verbindung in allen Lebenslagen, auch im Tod. Der Kult, der Ritus ist notwendiges Mittel der Gottesbeziehung. Diese Beziehung kann für die einzelnen Gottheiten, gerade die Lebens- und Totengötter Ägyptens sind ein Beispiel dafür, sehr individuell ausgestaltet sein; aber das Ritual dominiert auch diese Beziehungen.

---

[12] Assmann, Tod, 18.

Eine solche Vorstellung passt nicht zum Gott Israels. Israel kennt zwar auch einen Kult, aber kein ausgeklügeltes Ritualleben. Auch hat der Kult in Israel eine andere Dimension. Daher distanziert sich Israel notwendig von einem allzu rituell besetzten Leben. Es lenkt die rituellen Ressourcen weg von Ahnenkult, nekromantischen Praktiken oder ausgiebigen Bestattungsritualen hin zu einem ganz anderen Verständnis von Kult, wie es insbesondere auch die spätere JHWH-Allein-Bewegung (deuteronomische und deuteronomistische Bewegung) und der damit verbundene Tempelkult repräsentieren. Nicht die Menschen dienen Gott oder den Göttern, sondern Gott selbst handelt im Kult an den Menschen. Freilich kommt man nicht darum herum, sich mit diesen Riten, insbesondere mit den damit verbundenen Jenseitsvorstellungen und Begräbnisriten auseinander zu setzen und vor seinem eigenen theologischen Verständnis zu reflektieren. Das liegt nur zum Teil daran, dass die anderen Kulturen, gerade auch Ägypten, dazu förmlich herausfordern. Viel bedeutsamer ist die nach und nach immer deutlicher werdende Erkenntnis, dass die eigene Gottesvorstellung und die eigene Gottesbeziehung dazu zwingen, über Gott und den Tod, das Verhältnis beider und das Jenseits nachzudenken.

Dabei kann man innerhalb der Theologie Israels eine gewisse Entwicklungslinie nachzeichnen. Das heißt die Jenseitsvorstellungen Israels sind nicht einfach da; sie entwickeln sich schritt- und stufenweise. Insbesondere werden sie als Antwort auf religiöse Auseinandersetzungen verstanden. Israels Jenseitsvorstellungen sind also stark situationsgeprägt, aber sie leben zugleich von einer zentralen theologischen Grunddimension. Die Gotteserfahrung und Gottesbeziehung ist das entscheidende Motiv. Versuchen wir die Entwicklung näher zu beschreiben.

3.1.3 Entwicklungsstufen

In der Frühzeit lautet die Leitfrage: Was hat Gott mit dem Reich der Toten, der Scheol zu tun? Die Antwort: Nichts! Hier ist die eschatologische Diät Israels noch deutlich zu spüren. Es scheint uns heute kaum mehr nachvollziehbar, dass es eine Religion, einen Glauben gibt, der nicht konkreter über ein Leben nach dem Tod nachdenkt. Israel stellt sich aber das Totenreich und das Todsein so sehr im Gegensatz zu seinem als lebendig erfahrenen Gott vor, dass dieser damit nichts zu tun haben kann. Es gibt eine unüberwindliche Kluft zwischen Gott und der Scheol. »Wer das Leben verlässt, verlässt auch den Herrn des Lebens.«[13] Das ist die theologische Begründung dafür, dass Israel in der frühen Phase seiner Geschichte weder einen ritualisierten Toten- oder Bestattungskult, noch Totenbeschwörung (Nekromantie, wie sie in Kanaan bzw. Ugarit praktiziert wurde) kennt. Die Zone des Todes ist so etwas wie eine Tabuzone. Und die Toten? Sie sind vom Raum Gottes, dem Raum des Lebens abgeschnitten; ihr Dasein ist ein Dasein im Schattenreich; ein Dasein im Raum des Vegetierens, unpersonal, unwirklich, eine Art Sein als Nicht-Mehr-Sein. Israel ist zu dieser Zeit mit seinen Vorstellungen ganz auf das Hier und Jetzt orientiert. Gott schenkt hier und jetzt die Fülle des Lebens. Und ein Leben ist dann gelungen und vollendet, wenn ein Mensch lebenssatt und reich an Jahren im Kreise seiner Kinder und Kindeskinder sein Leben vollendet. Das Leben hier und jetzt hat den entscheidenden Stellenwert. Man lebt nicht auf ein anderes Leben hin; man überlebt nicht, weil man irgendwo anders weiterlebt, sondern man überlebt im Raum seiner Sippe, seiner Familie. Daher sind Kinderlosigkeit, sterben ohne Nachkommen, Trennung von der Sippe, von der Familie, ein früher Tod etc., das größte Übel, das einen Menschen passieren kann.

Freilich kommt Israel je länger je mehr ins theologische Nachdenken.[14] Das betrifft insbesondere die Frage nach dem Verhältnis von Gott als dem Gott des Lebens zum Reich des Todes. Der Bereich des Todes kann doch kein gottferner, gottfremder Bereich sein. Gott Jahwe ist doch allein Gott; es gibt keine anderen Götter neben ihm. Der Raum des Todes scheint als Tabuzone theologisch gesehen seltsam un- bzw. unterbesetzt.

---

[13] Lang/McDannell, Himmel, 27.
[14] Vgl. dazu und zum Folgenden: Kittel, Befreit, bes. 20–102; Lang/Mc Dannell, Himmel, 19ff.

4 Entstehung des Glaubens an ein Leben nach dem Tod

Sollte Jahwes Macht nicht dorthin reichen? Es gibt doch auch keinen anderen Gott, keine anderen Götter, die hier zuständig wären. Kurz: Auf Dauer kann die Scheol, das Totenreich, kein Machtbereich außerhalb der Reichweite Jahwes bleiben. Daher lernt Israel in ähnlicher Weise wie in der Schöpfungstheologie, von den Grundzügen seiner Gotteserfahrung aus, über andere Elemente nachzudenken. Wie soll es sich auf Dauer damit abfinden, dass Menschen, die dem Tod anheim fallen, sich von ihrem Gott, von Jahwe verabschieden müssen, dem sie doch ihr ganzes Leben anvertraut haben? Muss Gottes Macht nicht weiter reichen? Muss seine Leben schenkende Macht nicht auch im Totenreich spürbar sein? Muss seine Lebensmacht nicht größer sein als der Tod?

Israel lernt schrittweise – ausgehend von seiner Gotteserfahrung – die zunächst selbst gezogenen Grenzen anzufragen und dann auch zu überwinden. Freilich geschieht das stufenweise, quasi in einem theologischen Entdeckungsprozess. Dabei sind vier Stufen zu unterscheiden.

1. Gott wird gelobt, gepriesen, bekannt als derjenige, der im Leben aus jeder Gefahr für Leib und Leben rettet, hier und jetzt, mitten im Leben. Er ist der Herr des Lebens und seine Macht kann vor dem Tod retten (vgl. Ps 22; 88 und 116). Gott wird als derjenige erhofft, gepriesen, gelobt, der in aller Not nahe ist, der vor Leid vor Krankheit, vor den vielen kleinen ›Toden‹ mitten im Leben rettet. Gott kämpft gegen die Auswirkungen des Todes (Krankheit und Not) im Leben, die das Leben schon zum tödlichen Fluch machen können. Frage: Warum kämpft Gott dann nicht gegen den Tod selbst?

2. Gott ist der treue Gott. Man vertraut ihm und er bleibt denjenigen, die ihm vertrauen, immer nahe. Sollte diese Treue eine Grenze kennen? Die Grenze des Todes?

Spätestens in der Weisheitsliteratur (5. bis 3. Jahrhundert vor Christus) treten diese Fragen in den Mittelpunkt. Die notwendige theologische Denkkonsequenz ist diese: Gott ist da, auch in der Totenwelt. Er verlässt die Seinen nicht, er ist ihnen treu, über den Tod hinaus! Er ist auch in der Scheol da und vermag diese Welt der Finsternis zu verändern. Ein solches verändertes theologisches Denken antwortet auf eine kritische, veränderte Erfahrung der Welt, wie sie die Weisheitsliteratur selbst spiegelt. Im Buch Jiob wird die theologische Frage schlechthin gestellt: Wo ist Gott angesichts des Leidens? Wo ist Gott angesichts der Tatsache dass es den Guten schlecht und den Schlechten gut ergeht? Der Grundsatz des Tun-Ergehens-Zusammenhangs, der bisher die Fragen beantwortet hat, scheint nicht mehr zu gelten. Nicht jedes Tun hat ein gerechtes Ergehen zur Folge. Diese Gewissheit – wer Gutes tut, dem ergeht es auch gut – diese Gewissheit zerbricht aufgrund der realen Erfahrungen, die gemacht werden. Wie bewältigt man nun dieses theologische Grundproblem?

3. Wenn Gott der treue Gott ist und auch in der Totenwelt seine Macht behält, warum kann diese schöpferische Macht, die allein lebendigmachende Kraft Gottes, nicht auch die Totenwelt verändern? In Gotteshand sind die Toten nicht einfach nur geborgen, aufbewahrt, geliebt, sondern an ihnen wird Gottes schöpferische Macht sichtbar. Allein Gott kann in der Welt des Todes neues Leben schaffen. Wie einst in der Schöpfungstheologie deutlich wurde, dass Gott aus dem Nichts Leben und Welt erschafft, so kann Gott auch die Toten zum Leben erwecken. Das heißt der Machtgedanke der Schöpfung wie der Treuegedanke aus der Exoduserfahrung werden zur eigentlichen Quelle des Auferstehungsglaubens im Alten Testament. Wie in der Schöpfung schenkt Gott dem Nichtlebendigen neues Leben. Aber dieses neue Leben ist nicht einfach die Erneuerung des alten, sondern etwas ganz neues, ganz anderes entsteht.

4. Der letzte Schritt innerhalb dieser Entdeckungsgeschichte tritt zum ersten Mal in Jesaja 25,8 auf. Hier wird Gottes Lebensmacht als die Macht beschrieben, die selbst den Tod verschlingt. Denn die Hoffnung auf die erneuernde Macht Gottes schließt ein, »dass auch alles Leid, Geschrei, Schmerz, Tränen, nicht mehr sein werden, alle Schatten und Vorboten des Todes, durch die die Scheol ihre Herrschaft unter den noch Lebenden ausübte, aufhören«.[15] Nicht nur Israel oder der auserwählten

---

[15] Kittel, Befreit, 99.

Restgemeinde wird dies widerfahren, sondern der ganzen Menschheit. Unter der Königsherrschaft Gottes werden alle Völker am Bundes- und Freudenmahl Gottes teilhaben, Gott wischt die Tränen von jedem Angesicht ab. Das ist der End- und Zielpunkt der eschatologischen Vorstellungen im Alten Testament. Diese Vorstellungen denkt die dahintersteckende Theologie konsequent zu Ende. Denn auch hier ist die theologische Perspektive, nicht die anthropologische Perspektive die entscheidende. Es ist die Frage wer Gott ist und wie er ist, die Israel dazu bewegt, über seine Zukunftshoffnungen nachzudenken. Gott ist die entscheidende Zukunftshoffnung für den Menschen. Erst wenn Gott sich alle anderen Mächte unterwirft, ja selbst den Tod besiegt, ist seine Herrschaft vollständig offenbar. Erst wenn der Tod vernichtet wird, ist Gott Jahwe der eine und uneingeschränkte Herrscher.

Versuchen wir das bisher Gesagte systematisch zusammenzufassen: Ausgangspunkt für ein Nachdenken über ein Leben nach dem Tod sind zwei Grundüberlegungen, die in einem Punkt zusammenlaufen: Es geht um das Nachdenken über Gott und in der Folge davon um das Nachdenken über das Verhältnis von Gott und Mensch angesichts des menschlichen Todes. Israels Selbstverständnis ist geprägt von einer grundlegenden Erfahrung, der Erfahrung des nahen, engagierten, treuen Gottes. Das heißt eines Gottes, der am Menschen interessiert ist, der Verbindung mit ihm sucht, der sein Interesse am Menschen spüren lässt. Ein Gott der sich, seine Nähe, seine Liebe konkret erfahren lässt. Diese Erfahrung Gottes ist zunächst kollektiv, das heißt am Gesamt des Volkes Israel orientiert. Freilich schrittweise – insbesondere durch den zeitgeschichtlichen Einschnitt des Exils bedingt – wird diese Gotteserfahrung individualisiert. Gott – so die Texte aus dem Psalter – erweist sich auch als der individuelle Retter, als die individuelle Hoffnungsinstanz. Er sucht und hält die Beziehung zum einzelnen Menschen und letzten Endes über dessen individuellen Tod hinaus. Das heißt keine abstrakte Theorie über den Menschen, keine Philosophie über die Unsterblichkeit der Seele etc. bieten Anlass über das individuelle Schicksal des Menschen nachzudenken,

sondern die Frage, welche Konsequenz man aus der eigenen
Gotteserfahrung zieht. Gott ist es, der den Menschen treu und
nahe sein will; das ist der entscheidende Auslöser für die Jenseitsgedanken in Israel. Dieser Grundgedanke zieht sich durch
alle Traditionsschichten wie die einzelnen Stufen bzw. Schichten der theologischen Entwicklung und erhält dabei eine immer
stärker werdende Intensität. Gottes Treue, diese Grundidee alttestamentlicher Theologie, bleibt auch innerste Mitte alttestamentlicher Eschatologie.

Mit diesen Bemerkungen ist aber noch nicht ein vollständiges Bild der alttestamentlichen Eschatologie entwickelt. Denn
die Wirkungsgeschichte der alttestamentlichen Eschatologie
wird durch ein Phänomen geprägt, das letztlich erst ganz am
Ende der alttestamentlichen Theologiegeschichte sich entwickelt, aber umso deutlicher die Wirkungsgeschichte dieser
Theologie mitprägt.

3.2 Die Apokalyptik

Dieses Phänomen setzt deutlich eigene Akzente, durch die die
ganze alttestamentliche Überlieferung in einem bestimmten
Licht interpretiert wird, nur durch eine bestimmte Perspektive
wahrgenommen wird, die aber nicht ihrer ganzen Fülle gerecht
zu werden vermag. Freilich prägt das Phänomen Apokalyptik
so sehr die Wirkungsgeschichte des Alten Testaments wie der
zwischentestamentlichen Literatur, dass sie auch zu einer prägenden Grundlinie des Neuen Testamentes wird.[16]

3.2.1 Zum historischen Entstehungshorizont der Apokalyptik

Das Phänomen Apokalyptik ist zunächst eines der umstrittensten Gebiete der biblischen Forschung, sodass selbst eine erste
Definition des Begriffs schwerfällt. Man könnte die Apokalyptik als Versuch verstehen, Einblick in eine Zukunft zu gewinnen, die als eine im Jenseits bereit existierende gedacht ist; sie

---

[16] Die klassische Antike (z. B. die Dichter und Philosophen Griechenlands)
kennt demgegenüber keine genuin eigenständige Form der Apokalyptik!

rechnet mit der Einsicht in den Geschichtsverlauf, der noch aussteht und ist geprägt von dem Bewusstsein, diesen verborgenen Geschichtslauf im Voraus zu kennen. Als Beispiele biblischer Schriften sind im Alten Testament das Buch Daniel, das Buch der Weisheit und das zweite Makkabäerbuch, im Neuen Testament dann die Apokalypse selbst, d. h., die ›Geheime Offenbarung des Johannes‹, zu nennen. Der alle Schriften prägende Denk- und Erfahrungshorizont kann etwa so umschrieben werden: »Der Glaubende steht angesichts der Verfolgung vor der Frage, ob er die Gerechtigkeit Jahwes oder sein Leben [...] vollziehen soll. [...] Kein Tun-Ergehens-Zusammenhang hilft hier; gerade der Glaube, die Gerechtigkeit, bewirkt im Gegenteil den vorzeitigen und grausamen Verlust des Lebens. [...] In dieser Lage wird dem Glaubenden durchsichtig, daß Jahwes Gerechtigkeit mehr ist als sein biologisches Vorhandensein und daß der, der in Gottes Recht hineinstirbt, nicht ins Nichts, sondern in die eigentliche Wirklichkeit, ins Leben selbst eingeht. Es wird sichtbar, daß Gerechtigkeit und Wahrheit Gottes nicht nur Ideen oder Ideale sind, sondern ›Wahrheit‹ im Sinn von Wirklichkeit, eigentlicher Wirklichkeit: Wer in sie hineingeht, geht nicht ins Nichts, sondern ins Leben hinein.«[17] Dazu werden auch neue Vorstellungsgehalte übernommen, wie das Gedankenmuster der ›Auferstehung‹ oder der ›Seele in Gottes Hand‹. Aber: das »Eigentliche liegt tiefer: in der Erfahrung, daß Gottesgemeinschaft Leben ist über den Tod hinaus.«[18] Letztlich spiegelt sich darin aber eine Hoffnungsgestalt, die anders ist als die zuvor skizzierte. Sie entspringt einer neuen Welterfahrung, die eine epochal neue Denkweise hervorbringt. Der zeitgeschichtliche Hintergrund ist das ausschlaggebende Element dieser Veränderung.

Die Schreckensherrschaft Antiochus IV. Epiphanes (175–164 v. Chr.), der versucht Israel zu hellenisieren und die blutig verfolgt, die dem alten Glauben treu bleiben wollen, bedeutet für viele gläubige Juden Verfolgung, Folter und Tod. Eine glück-

---

[17] Ratzinger, Eschatologie, 80f.
[18] Ebd. 81.

liche Wende dieser geschichtlichen Situation ist nicht in Sicht. Die alte Verheißungsperspektive droht verloren zu gehen. So bekommt die Hoffnungsvorstellung eine ganz andere Gestalt: »Man setzt darauf, daß auch die offenbar nur noch negativ verlaufende Geschichte von Gott gelenkt wird: Gott läßt sie in den Untergang treiben, um dann die neue, bessere Weltzeit heraufzuführen. [...] Die apokalytische Literatur arbeitet mit einer Fiktion. [...] Der alte Äon, dessen letzte Tage der Leser erlebt, ist gekennzeichnet durch Mühsal, Schmerz, Tod, Ungerechtigkeit, Gottlosigkeit. Von Tag zu Tag wird es schlimmer; die Geschichte rast bergab in die Katastrophe hinein. Dann aber wird der neue Äon beginnen: Die Herrschaft der Gottlosen, überhaupt alle Sünde, wird zu Ende sein; es wird nichts Bedrohliches mehr geben; die Toten werden auferstehen zu neuem Leben; der Tod wird abgeschafft sein; das Paradies wird wiederkehren; Gott wird nahe sein – mitten unter den Seligen. Nicht nur inhaltlich stehen die beiden Äonen in totalem Gegensatz zueinander, sondern auch zeitlich: Der neue Äon bricht erst nach der Vernichtung des alten an; alle Geschichte scheint dann beendet zu sein.«[19] Solchermaßen auf Gericht, Untergang und Katastrophen konzentrierte Literatur war also ursprünglich – so seltsam es klingt – ›Trostliteratur‹. Die Hörenden und Lesenden haben keine Hoffnung mehr für ihre Welt, ihre Geschichte, ihre Zeit; aber die Gegenwart strebt unaufhaltsam einer ganz anderen, besseren Zukunft zu. Alles wird und muss notwendig so kommen. Diese Vorstellungen zeitigen z.T. fatale Folgen, wie eine kurze Gegenüberstellung zeigt.

---

[19] Nocke, Eschatologie, 30f.

3.2.2 Prophetische Tradition vs. Apokalyptik? [20]

Vorapokalyptisch-prophetische Verheißungen	Apokalyptische Verheißungen
Die Welt ist gut, Gottes Schöpfung und Wirkort	Die Welt ist der Ort des Bösen
Hoffnung auf *innergeschichtliche* Zukunft	Hoffnung auf einen neuen Äon *außerhalb* der Geschichte (›Dualismus‹)
Geschichte ist Heilsgeschichte, d. h.: – wirkliche Freiheitsgeschichte, von menschlichen Entscheidungen abhängig – in ihr soll trotz Schuld und Sünde Gottes Segen und Heil verwirklicht werden	Die Geschichte läuft notwendig nach einem bestimmten Plan unaufhaltsam ab, auf den der Mensch keinen Einfluss hat; diese Weltzeit ist rettungslos verloren (›Pessimismus‹)
Gott handelt *in* der Geschichte; die Veränderung geschieht durch Wandel	Gott ist *jenseits* der Geschichte dieses gottlosen Äons; er lässt ihn untergehen, damit der neue Äon beginnen kann; die Veränderung geschieht durch Zerstörung und Untergang
Gottes Erbarmen gibt Israel eine neue Chance	Gottes Erbarmen beschleunigt die Katastrophe (um die endzeitlichen Leiden zu verkürzen)
Im Mittelpunkt steht die Hoffnung für Israel	Im Mittelpunkt steht die Hoffnung für die Gerechten (die jüdischen Frommen); selten ist die Hoffnung auch national entgrenzt, d. h. sie gilt für alle Menschen
Direkter Appell an die Menschen zum gestaltenden Handeln in dieser Welt	Mahnung zum (eher passiven) Aushalten bis zum Ende

Auf dieses Auseinanderdriften der biblisch greifbaren Hoffnungsstrategien ist nun ein kritischer Blick zu werfen.

Zum einen ist sicher festzustellen, dass die einfache These, dass – bis zur Apokalyptik – der Glaube Israels keinerlei individuelle Überlebenshoffnung kennt, wohl zu wenig differenziert erscheint. Auch das alte Israel kennt ein Wirken JHWHs über den Tod hinaus, auch wenn die Vätertraditionen (aufgrund der soziokulturellen Umstände) noch nicht über den ›eigenen Tod‹ nachdenkt. Die Vorstellung der völlig vom Machtbereich JHWHs abgeschlossenen Todeswelt widerspricht der Grundüberzeugung des jüdischen Glaubens. Vielleicht hat –

---

[20] Vgl. ebd. 32; 34.

neben dem offiziellen Verbot des Totenkultes – der Volksglaube immer auch diese ›Idee‹ einer Kommunikation über die Todesgrenzen hinaus gerade aufgrund der Dynamik des JHWH-Glaubens festgehalten. Demgegenüber wird zum anderen fraglich, ob die apokalyptische Ableitung und Fixierung der Auferstehungsvorstellung nicht grundlegenden Prinzipien des JHWH-Glaubens widerspricht. So sehr die Apokalyptik eine zeitbedingte und durchaus verständliche Entwicklung in der Glaubensüberzeugung der Frommen war, so kritisch dürften ihre Abweichungen von der prophetischen Tradition zu bewerten sein. Denn gerade diese verteidigt ja das Grundprinzip der Treue und Zuwendung JHWHs in dieser Welt und für diese Welt zu Recht als das Zentrum des jüdischen Glaubens überhaupt. Angesichts der Verderbtheit dieser Welt verschiebt aber die Apokalyptik die Bewahrheitung der göttlichen Treue im Prinzip auf das Ende der Zeiten. Eng damit verbunden ist die endzeitliche Scheidung zwischen Gerechten und Bösen. Das mangelnde Interesse an dieser Welt, die ja Gottes Schöpfung ist und bleibt, an dieser Zeit, die die Geschichte Gottes mit den Menschen beherbergt, und die Vorherrschaft eines subtilen Lohngedankens innerhalb dieses Glaubens – das sind die unbewältigten Hypotheken dieser Überzeugung. Das sind letztlich aber auch die Vorgaben für die Schriften des Neuen Testaments, die letztlich im ›apokalyptischen Zeitalter‹ entstehen.

Apokalyptik ist also Krisenliteratur, besser noch Krisen-Bewältigungs-Literatur; und in diesem Sinne sind apokalyptische Schreckensszenarien immer auch Hoffnungsszenarien. Dem Weltpessimismus entspricht ein Zukunftsoptimismus. In der Apokalyptik laufen dabei mehrere Entwicklungsstränge zusammen, ich möchte im Folgenden zwei davon hervorheben. Zum einen die individualisierte Sicht der Weisheitsliteratur, bzw. der nachexilischen Prophetie. Wir hatten bereits beschrieben, dass sich in der nachexilischen Literatur die individuelle Perspektive in der Eschatologie in den Vordergrund schiebt. Auch die Antwort der Weisheitsliteratur auf den zerbrechenden Tun-Ergehen-Zusammenhang kann in diese Grundlinie eingeordnet werden. Freilich wird die Antwort auf die sich stellende Frage in der Weisheitsliteratur nicht gegeben. Die Apokalyptik beantwortet die Frage der Weisheitsliteratur mit dem Motiv des Endgerichts. Gottes Gericht wird die Guten belohnen und die Schlechten bestrafen.

Die zweite Entwicklungslinie ist wiederum die der nachexilischen Prophetie. Hier wird insbesondere die Vorstellung vom Tag des Gerichts, dem Tag des Herrn dominierend. Sie prägt auch die messianischen Vorstellungen, die nun in der nachexilischen Prophetie als besonderes Motiv hervortreten. Theologische Antwort der nachexilischen Propheten ist die Idee eines endgültigen, irreversiblen Handelns Gottes zum Heil, zur Vollendung seines Volkes Israel. Die Apokalyptik nimmt dieses Motiv auf und verlagert die Idee eines endgültigen Handelns Gottes vom Diesseits ins Jenseits. Konkreter Auslöser des apokalyptischen Denkens sind die realgeschichtlichen Erfahrungen. Darum ist apokalyptische Literatur immer auch geschichtsdeutende Literatur. Die Erfahrungen der Geschichte können immanent nicht mehr gelöst werden. Auch die traditionell gewohnten theologischen Denkschemata greifen nicht mehr (man denke an die Idee, dass jede negative Entwicklung, jede negative Erfahrung in der Geschichte als Strafe Gottes, Mahnung zur Umkehr und ähnliches interpretiert wurde). Dieses traditionelle Denkmodell greift nicht mehr. Man braucht ein neues Denkmodell. Dazu bietet sich nun das dualistische Denkmodell eines Endgerichtes Gottes an, wobei die Frage offen bleiben darf, ob ein dualistischer Ausgang des Gerichts, also die Gerechten in den Himmel und die Bösen in die Hölle, die grundlegende Frage nach dem Sinn von Leid, von Verfolgung etc. wirklich beantwortet.

3.2.3 Vom ›Sinn‹ apokalyptischer Aussagen[21]

Auffallend an der apokalyptischen Literatur ist das negative Weltbild, die absolute Hoffnungslosigkeit für diese Welt und damit deren Abwertung. Dabei entwickelt sich die Zukunft nicht mehr, sie ist schon da; braucht sich nur aus dem Jenseits

---

[21] Vgl. auch Remenyi, Hermeneutik, 65–68; Rahner, Apokalyptik.

ins Diesseits herabzusenken; freilich erst nach Destruktion des Diesseits. Die hiesige Geschichte läuft ins Leere, es ist ein vollkommen böser Äon, der nur noch der Vernichtung anheim gegeben wird. Das ist ein für die alttestamentliche Theologie als Ganze sehr ungewöhnlicher Gedanke, selbst wenn wir ihn als krisenhafte Verschärfung des biblischen Geschichtsdenkens verstehen wollen, der gerade durch seine kontrafaktische Grunddimension an der theologischen Spitze des Geschichtshandelns Gottes festhalten will. Gott mag – als Ausdruck der unaufgebbaren theo-logischen Grunddimension apokalyptischen Denkens – als der Herr beider Äonen bekannt werden; die offene Frage ist aber die nach dem Verhältnis beider. Das lässt sich am Zeitbegriff der Apokalyptik verdeutlichen.

Entscheidend ist nämlich für alle Apokalypsen die besondere Bedeutung des Jetzt. Jetzt ist die Zeit, in der das Ende nahe ist; es hat schon begonnen; die Zeichen des Endes sind schon da. Nichts kann das Ende mehr aufhalten. Warum ist diese Zeitperspektive so dominant? Weil alles, was kommt, allein dem Handeln Gottes entspricht. Die Zukunft ist alleinige Domäne Gottes, und dort wird er nach seinen Maßstäben, eben nach seinem Recht, seine Gerechtigkeit durchsetzen. Alle menschlichen Mächte und Gewalten werden ein Ende haben. Gerade diese Befristung dieser Zeit ist ein besonderes Motiv der Apokalyptik und ihrer Gottesvorstellung. Die Apokalyptik lebt förmlich von diesem Befristungsmotiv. Dieses Motiv ist das Regulativ, d. h. die kritische Instanz gegenüber allen realen gegenwärtigen Lebenserfahrungen. Die befristete Zeit ist die theologische Grundsignatur der Geschichtsbewertung und der Weltbewertung der Apokalyptik. Doch wie stark wird die darin sich verbergende Bruchmetapher bedient?

Erwartet wird das ›Ende‹. Dieser Begriff ist freilich sehr vielschichtig und wird mit sehr unterschiedlichen Motiven verbunden. Und damit lassen sich auch die dem apokalyptischen Denken nahe liegenden Dualismen relativieren. Man kann drei Motivgruppen unterscheiden: Da sind zunächst Motive, die den völligen Umbruch bzw. Abbruch voraussetzen. Es sind explizit revolutionäre Zukunftserwartungen, die hier im Mittelpunkt stehen.²² Dabei dominieren Motive wie das des Endkampfes, der Vernichtung des Kosmos, das allgemeine Weltgericht, die allgemeine Totenerweckung. Allen Motiven gemeinsam ist, dass die bisherigen Verhältnisse an ein Ende kommen; eine explizite Zäsur wird sichtbar; ein neuer Äon beginnt. Daneben finden sich auch andere Motive. Grundbewegung dieser Motive ist die Idee, dass das Entscheidende bereits geschehen ist; es muss nur noch offenbar werden. Es handelt sich also um eher revelatorische Zukunftserwartungen; die Zukunft, in die der apokalyptische Seher bereits Einblick hat, muss nur noch enthüllt werden. Motive sind hier die angebrochene, sich noch vollendende Gottesherrschaft, das neue Kreatur-, neue Schöpfungswerden der Welt. Eine dritte und letzte Motivgruppe denkt weniger antithetisch sondern eher stufen- oder schrittweise, hat also eher evolutive Zukunftserwartungen zum Ziel.²³ Hier dominiert dann auch ein etwas anderes Geschichtsbild. Zu nennen sind hier die Ideen, dass die endzeitliche Fülle sich langsam entwickelnd wächst oder die weitere Entwicklung durch einen expliziten eschatologischen Fortschrittsgedanken geprägt ist. Hier wird deutlich: Wer also von Apokalyptik und der bleibenden Notwendigkeit apokalyptischen Denkens spricht, sollte konkretisieren, welche der Spielarten er damit meint.

Die apokalyptische Antwort auf die eschatologischen Fragestellungen hat ihren konkreten Anlass, ihren konkreten Sinn, und damit auch ihre konkrete Wahrheit, aber sie ist nicht die eschatologische Wahrheit schlechthin. Sie ist nicht alles, was das Alte Testament und mit ihm das Neue hinsichtlich der Jenseitshoffnung sagen kann. Sie verschiebt die Perspektive vom Gegenwärtigen weg auf das Kommende und setzt damit einen Schwerpunkt, der der jüdischen wie später auch der christlichen Hoffnungsbegründung kontrastreich entgegensteht: Denn

---

²² Dazu kann man sicher auch das traditionelle Bild der Eschata im theologischen System der Neuscholastik zählen.
²³ Von explizit gesellschaftspolitisch inspirierten Ansätzen der Politischen Theologie und der Befreiungstheologie bis hin zum explizit evolutiv-kosmologischen Entwurf Pierre Teilhard de Chardins!

ein spezifisch *jüdisch-christliches* Verständnis von Hoffnung ist nicht das einer Hoffnung, die sich in der Vorstellung einer Zeit mit Finale, sondern in der Vorstellung einer Zeit mit Ouvertüre begründet.[24] Gegen die apokalyptische Perspektivenverengung, oder besser in Spannung zu ihr muss die Fülle der eschatologischen Gedanken des Alten Testaments wieder entdeckt werden. Damit relativiert sich auch der Status der apokalyptischen Denkweise und mit ihr zusammen auch der Status von typisch apokalyptischen Motiven, wie die Gerichtsmotivik mit einem zweifachen Ausgang und die Konzentration auf eine jenseitige Auferstehung der Toten. Gottes Gerechtigkeit ist eine zentrale Eigenschaft der biblischen Gottesvorstellung. Freilich gibt es in der Bibel eine zweite, ebenso starke Seite: die Treue, die sich in Barmherzigkeit und Gnade ausdrückt. Manch biblischer Autor wie auch die Theologen der späteren Zeit bis heute, haben ihre liebe Not diese Logik der Hoffnung festzuhalten und damit beides, Gerechtigkeit und Barmherzigkeit zusammen zu denken. Insbesondere fällt es den biblischen Autoren schwer, die die Not der Zeit, in der sie leben, zu dualistischen Denken zwingt. In der Theologiegeschichte gibt es immer wieder Zeiten, in denen das Pendel zur einen oder zur anderen Seite ausschlägt. Die biblische Überlieferung selbst kennt beide Seiten. Theologisch interessant ist daher die Frage, wie und wann sich im Laufe der Kirchengeschichte die eine oder die andere Seite in unsere Tradition durchsetzt.

4. Die neutestamentliche Überlieferung

4.1 Jesus von Nazaret und die Verkündigung des nahegekommenen Gottesreichs

Die Wirkung der Apokalyptik auf das Neue Testament ist nicht ungebrochen, sondern das Neue Testament entwickelt eine ganz eigene Weise, mit dem apokalyptischen Erbe umzugehen. Diese

---

[24] Vgl. Moltmann, Anfang.

ganz eigene Aufnahme scheint angesichts der sehr eindrücklichen Bilderwelt der Apokalyptik manchmal fast verloren zu gehen. Dennoch setzt das Neue Testament einen deutlichen Kontrapunkt zur Apokalyptik. Die neutestamentliche Eschatologie ist sozusagen eingespannt zwischen diesem Neuansatz und der bleibenden Prägung durch das apokalyptische Erbe.

4.1.1 Übernahme und Abgrenzung

Zunächst ein Beispiel für die Übernahme apokalyptischer Motive. Ein Grundkennzeichen neutestamentlicher Eschatologie ist zunächst einmal die freilich differenzierte und deutlich veränderte Übernahme der alt- und zwischentestamentlichen Apokalyptik. Das wird besonders an der synoptischen ›Apokalypse‹ Mk 13parr deutlich: Die Vorstellung, man könnte den Zeitpunkt des Endes errechnen oder aus Zeichen konkret ableiten, wird zurückgewiesen (vgl. Mk 13,32). Das Ziel der Verkündigung ist nicht der starke passive Blick in die Zukunft, sondern die Wachsamkeit hier und jetzt (vgl. Mk 13,33 u. 37). Die Endzeiterwartung wird entschärft, vor aller falschen Schwärmerei gewarnt (vgl. Mk 13,5f. 21f). Anstelle der Fixierung auf die Endzeit steht das Tun in der Geschichte: Die Verkündigung des Evangeliums mit der Verheißung des Beistands durch den Heiligen Geist (vgl. Mk 13,10f). Das zentrale Motiv bleibt das Handeln Gottes in und nicht jenseits der Geschichte; der neue Äon hat schon begonnen und zwar im Alten. Jesus von Nazaret selbst ist der Garant dafür, das Kontinuität stiftende Element zwischen Altem und Neuen. Alle apokalyptischen Passagen des Neuen Testaments legen Wert auf diese Aussage, dass das Endgericht, die letzten Tage, etc. ohne Jesus Christus nicht mehr vorstellbar sind.

4.1.2 Die Gottes-Reich-Botschaft

Kommen wir nun zu einem Kontrapunkt zur apokalyptischen Motivik. Am deutlichsten wird das am Zentrum der neutestamentlichen Überlieferung: der jesuanischen Botschaft vom Anbruch der Gottesherrschaft. Eigentlich ist die Rede von der kommenden Gottesherrschaft eine durch und durch apokalyptische Rede. Aber im Munde Jesu verändert sie sich.

Die zentrale Botschaft Jesu ist die *Ansage des angebrochenen Gottesreiches*. Es hat eine neue Ausdehnung, es reicht aus dem Jenseits ins Diesseits, aus der Zukunft ins Jetzt. Nicht ›nur zeichenhaft‹ ist sie da, sondern die Gottesherrschaft *selbst* erreicht die Gegenwart. Während die apokalyptische Frage, wann denn die Gottesherrschaft kommt, das Hier und Jetzt letztlich nur negativ betrifft, weil sie eben nach dem Ende der Jetztzeit fragt, bestimmt die These der neuen Ausdehnung der Gottesherrschaft das Jetzt *positiv*. Es ist die Frage, in *welchem* Tun Jesu die Gottesherrschaft ins Jetzt hineinkommt. Die Frage ist nicht mehr, wann die Gottesherrschaft dem Jetzt ein Ende machen wird, sondern die Frage ist, *wo* und *wie* sie im Jetzt aufblitzt.

Darin zeigt sich die erste grundlegende Differenz des Verstehenshorizontes Jesu und der Apokalyptik[25]: So eindrucksvoll der Apokalyptiker auch die Gottesherrschaft in ihren farbigsten Bilder auszugestalten weiß, ernst nimmt er sie dennoch nicht, denn er traut ihr *keinen Einfluss* auf das Jetzt zu. So radikal neu er die Gottesherrschaft auch denken mag, so denkt er ihre Ausdehnung so, dass sie nicht ans Jetzt herankommt. Das apokalyptische Denken steht damit letztlich in offener Spannung zur Botschaft Jesu, denn in der Apokalyptik hat der neue Äon keine andere Beziehung zur Gegenwart, als dass er dieser ein Ende setzen wird; in Jesu Botschaft kommt dagegen alles gerade darauf an, dass durch die neue Ausdehnung der Gottesherrschaft diese in ihrer Beziehungsfähigkeit zur und in ihrer Wirksamkeit auf die Gegenwart erkannt wird.

Im Blick auf die Art und Weise dieser Wirksamkeit tritt verstärkt die Frage nach dem ›Wie‹ der Ausdehnung in den Vordergrund: Die Gottesherrschaft geschieht im fragmentarischen Handeln Jesu. Auch das steht in Spannung zum apokalyptischen Bild des machtvollen und gewaltigen Handelns Gottes, das ›die Mächtigen in die Knie zwingt‹ und ›dem Sünder zum Gericht‹ wird. Die Macht der Gottesherrschaft geschieht im Fragment, ihre Wirkung ist eine befreiende, keine vernichtende – auch darin wird ein grundlegender Kategorienwechsel

---

[25] Für das Folgende vgl. bes. Weder, Gegenwart.

spürbar. Der fragmentarische Beginn ist freilich nie nur leeres Symbol oder gar nur Verheißung des Noch-Kommenden. Auch hier wird die Perspektive der Apokalyptik bewusst aufgebrochen, denn es geht um die Bedeutung der Gegenwart *als Gegenwart*: Während sie in der Apokalyptik zum Zeichen für die wahre Zukunft verblasst, wird sie bei Jesus zum Ort, wo die wahre Zeit wahrhaft, real und wirklich aufblitzt. Die Gottesherrschaft ist so ›als Ereignis‹ und nicht ›als Zeichen‹ da – und zwar als Ereignis im Erfahrungsbereich des Menschen selbst, weil das Geschehen das Gottesreich durch das Verhalten und die Verkündigung Jesu an den Betroffenen selbst Wirklichkeit werden lässt.

Das gilt für Jesu Taten ebenso wie für seine Gleichnisrede: Auch die Gleichnisse Jesu sind höchst *wirksam*. Jesus erzählt nicht nur einfach nette Geschichten, sondern er erzählt sie, weil und damit sie in den Hörenden wirksam werden können. Die Gleichnisse sprechen geradezu fleischlich-weltlich von der Gegenwart Gottes im Leben der Menschen. Und sie können dies tun, weil der, der sie erzählt, nämlich Jesus v. Nazaret, diese Gegenwart Gottes in seinem Leben und Handeln greifbar macht. Die Gleichnisse Jesu sind letztlich ein sprachliches Bild dessen, was in Jesus selbst geschieht. Seine Person selbst zeigt, was seine Gleichnisse aussprechen, was seine Botschaft verkündet, indem er selbst an der Einstellung der Menschen zur Gottesherrschaft ›arbeitet‹ und so die ›Wende‹ des menschlichen Lebens ›zum Guten‹ bewirkt.

Damit erhält die Gegenwart ihr eigenes Gewicht zurück, gewinnt ihre eigene Wahrheit, weil *in* ihr das ganz andere geschieht. Es ist aber nicht die ideale, die ›heile‹ Gegenwart, in der dies geschieht, sondern die durch und durch ›weltliche‹ Welt, in der überhaupt nichts beschönigt wird. Dass gerade die heillose Welt zum metaphorischen Prädikat Gottes wird, spiegelt die entscheidende Dynamik der Gleichnisse Jesu: Weil die Gottesherrschaft in Jesu befreiendem Tun bis in die Gegenwart hineinreicht, wird Gott selbst im ›schöpferischen Fragment des Alltags‹ wahrnehmbar und dadurch drängt sich ein neues Menschen- und Weltverständnis geradezu auf.

Damit ist gerade die zukünftige Hoffnung auf die Gottesherrschaft eine zutiefst *diesseitig* zu bestimmende Größe, die daraus lebt, dass sie ihre Hoffnung auf ein Ereignis der Offenbarung Gottes *in* unserer Zeit und *in* unserer Geschichte gründet und gerade deshalb für die alles verändernde Zukunft offen ist. Die weltliche Welt selbst wird in ihren ›todbringenden Lebensstrukturen‹ entlarvt und zugleich werden ihre neuen, göttlichen Möglichkeiten aufgezeigt. Die Gottesherrschaft hat damit durchaus ›leibhaftigen‹ Charakter, steht nicht einfach jenseits unserer eigenen Erfahrungs- und Lebenswelt. Sie zeigt Veränderungen in dieser Welt, weil darin die anwesende Nähe Gottes in dieser Welt zu spüren ist. Seine liebende Herrschaft ist nicht jenseitig, sondern die entscheidende Wirklichkeit *in* der erfahrenen Veränderung. Seine Herrschaft bewirkt diese Veränderung, geht aber nicht in ihr auf, denn Gott führt ja in *seine* Zukunft.

Eine letzte Konsequenz ist zu benennen: Unsere Hoffnung gewinnt den sie tragenden Grund in der bereits offenbar gewordenen Liebe Gottes zu uns und nimmt daraus auch die Zuversicht, dass wir aus dieser Liebe Gottes nicht mehr herauszufallen vermögen. Das Johannesevangelium beschreibt diesen ›Zustand‹ mit dem Begriff des ›Leben-Habens‹, dessen Überfülle die Grenzen unserer Lebenswelt überschreitet. Gott ist uns in einer fast unbegreiflichen Weise nahe gekommen, ist sichtbar geworden, hat sich uns in Jesu Leben und Sterben, in seiner sich hingebenden Liebe ausgeliefert. Für alle, die wahrgenommen haben, was in diesem Leben und Sterben geschehen ist, ist klar geworden, dass ein solches Leben nicht im Tod bleiben konnte, weil Gott eben so ist, wie er sich gezeigt hat: ein treuer, sich zuwendender, liebender Gott. Es ist dieselbe Erfahrung von Treue und Liebe, durch die wir sagen können, dass Jesus sein Leben in Gott vollendet hat, und die gerade darin auch begründet, dass sich unser Leben in Gott vollenden wird.

Deshalb hat es christliche Eschatologie als Zukunftshoffnung nicht mit irgendwelchen apokalyptischen Ereignissen oder Zuständen zu tun, sondern spricht von Erfahrungen, die glaubende Menschen mit Jesus Christus gemacht haben, von einer Wirklichkeit, die heute, mitten unter uns, wirksam ist und zugleich die Hoffnung auf eine größere Zukunft wachruft. So ist christliche Zukunftshoffnung keine ›Warteschleife‹ für den kommenden Äon, sondern das überzeugte und begründete Tätigwerden auf Zukunft hin. Dass die absolute Erfüllung noch aussteht, zeigt, dass die Hoffnung sich nicht zufrieden gibt mit nur partieller Erfüllung. Sie lässt sich nicht zurückschneiden auf das Maß des heute gerade Erreichbaren. Sie setzt auf einen Gott, der das endgültige und totale Heil für die ganze Menschheit schaffen wird. Damit verschiebt sich der apokalyptische Vorstellungshorizont grundlegend.

4.2 Apokalyptische Motive und ihre christologische Deutung

Die Sprache des Neuen Testaments ist deutlich durch seinen alttestamentlich-apokalyptischen Hintergrund geprägt: die Hoffnung auf den ›Tag JHWHs‹, auf ›jenen Tag‹, an dem Gott kommen, sichtbar in die Geschichte eingreifen, die Welt richten, vor allem aber: sie total umwandeln, einen neuen Himmel und eine neue Erde schaffen, dauernde und intensive Gemeinschaft zwischen Gott und den Menschen herstellen wird. Freilich sind dabei deutliche Verschiebungen zu erkennen: Die Hoffnung auf Vollendung wird personalisiert; sie wird christologisch gefasst.

4.2.1 Parusie und Naherwartung

Für die neutestamentlichen Christen wird der Tag Jahwes zum Tag Christi. Die Parusie Gottes ereignet sich in der Parusie Jesu Christi. Spricht man von der ›*Parusie*‹ Christi, so wird zunächst ein *dreifaches* damit ausgedrückt. Zum ersten die einfache Bedeutung ›*Wiederkunft*‹: damit stellt man seinem ersten Kommen (in Geburt und irdischem Leben) und seinem Weggang (in Tod und ›Himmelfahrt‹) sein erneutes Kommen ›am Ende der Zeit‹ gegenüber. Freilich ist Christi Wiederkunft nicht eine einfache Wiederholung, sondern eine Steigerung, der endgültige Durchbruch der schon jetzt gegebenen Gegenwart Christi. Also deutete sich hier schon die zweite Ebene des Begriffs an: Das Kommen ›*in Herrlichkeit*‹. Das drückt auch das dritte Element aus: das Kommen Christi, durch das die Welt *endgültig* verwandelt wird.

Die Anfangszeit des Christentums ist – bedingt durch das Bekenntnis zur Auferweckung Jesu als ›Zeichen des Weltenwandels‹ – durch eine ›gespannte‹ *Naherwartung* gekennzeichnet. Die Gottesherrschaft ragt bereits in die Gegenwart hinein, das ist der entscheidende Ansatz. Doch bereits das Neue Testament selbst entwickelt diese Vorstellung weiter. Deutlichster Beleg für dieses Moment ist der 1. Thessalonicherbrief. Das dort von Paulus diskutierte Problem – Was geschieht mit jenen Christen, die vor der Wiederkunft des Herrn gestorben sind? – endet mit einer ›doppelten‹ Lösung. Die Antwort des Paulus ist eindeutig: Auch diese Christen haben Anteil an der Parusie. Zugleich wandelt sich aber damit der Begriff der ›Parusie‹ von einer Erfahrung des angespannten, erwartungsvollen Jetzt zu einer Zusage über den Tod hinaus.

Das Neue Testament liefert aber noch weitere ›Umdeutungsversuche‹: Für Lukas wird die Gemeinde im Mahlhalten und Brotbrechen zum sakramental-realsymbolisch erfahrbaren ›Ort‹ der ›Wiederkunft‹ Christi. In analoger Weise verändert Johannes die gängige Parusiehoffnung, indem er die Glaubensentscheidung des Einzelnen hier und jetzt zum Ort der endgültigen Scheidung zwischen Wahrheit und Lüge, Licht und Finsternis, Leben und Tod bezeichnet. Die Glaubensentscheidung wird zu einem Scheidepunkt, der im Hier und Jetzt die Konsequenzen aller ›zukünftigen‹ Elemente bereits in sich trägt (präsentische Eschatologie). D. h. im Neuen Testament bleibt zwar der Begriff der ›Wiederkunft‹ ein Zentralbegriff der christlichen Zukunftshoffnung, aber er wird gedeutet, von seiner apokalyptischen Einengung befreit und damit aufgebrochen: Die Parusie-Hoffnung ist damit nichts anderes als die ins Personale übersetzte Reich-Gottes-Botschaft. Wie kann ein solches ›personales‹ Neuverstehen der Parusie-Hoffnung aussehen?

Der Glaube an die Parusie als christliche Zukunftshoffnung trägt sicher notwendig zwei Elemente in sich – das der Zukunft und das der Gegenwart. *Gegenwart* d. h. die Parusie ist die Auferstehung, die die Geschichte berührt, die Geschichte aller

Menschen und aller Zeiten. Sie ereignet sich andauernd. Sie durchdringt die Geschichte und bringt sie zu ihrer Fülle, ihrer Vollendung. Dieses Endziel ist jedem Menschen ganz nah. Denn der Herr kommt ständig. Diese an jedem Tag unseres Daseins geschehende Parusie des Herrn wird in unserem Tod besonders deutlich. Was wir aufgrund vieler Begegnungen mit dem Herrn im Gebet, in Gottesdiensten, in geschwisterlicher Liebe endgültig geworden sind, wird in die Herrlichkeit der Erscheinung des Herrn der Herrlichkeit aufgenommen. Und die *Zukunft*? Jedem von uns erscheint der Herr, indem er uns enthüllt, wer wir sind, vor allem aber indem er seine ewige Liebe zu uns enthüllt und uns in die Ewigkeit seines Lebens hinein nimmt. Die persönliche, subjektive Geschichte eines jeden, eingeflochten in das Gewebe interpersonaler und sozialer Beziehungen, steht am Ende vor dem Herrn. Der Augenblick des Todes in seiner persönlichen und sozialen Dimension wird damit zu jenem Augenblick, da ein Mensch ein für allemal des unverschleierten Geheimnisses Christi in seiner ganzen Transparenz gewärtig wird. In dem Augenblick, da ein jeder stirbt, steht das Geheimnis Christi als Endziel, Fülle, letzter Sieg über die Geschichte der Menschen da.

4.2.2 Gericht

Das Kommen des Herrn ist zugleich die *Offenbarung seiner Gerechtigkeit*, die Vollendung dessen, was Liebe, Schenken, Gerechtigkeit, Kampf um das Gute gewesen ist. Es ist aber zugleich *Gericht* über alles, was Nicht-Leben, Ausbeutung, Herrschaft, Ungerechtigkeit bedeutet. Das Alte wie das Neue Testament malen diese Dimension in dramatischen Farben aus. Freilich ist auch hier die gewählte (apokalyptische) Bildersprache von dem zu trennen, was eigentlich damit ausgesagt werden soll. Das Wesentliche der neutestamentlichen Überlieferung ist nun, dass der kommende Richter niemand anderes ist als Jesus Christus. Er gibt der Deutung der Bilder die entscheidende Richtung. Das Gericht wird *im Sinne Jesu* entschieden werden; es trägt die Signatur der personal-begegnenden und neu ausrichtenden Erfahrung, mit der jene, die ihm konkret begegnet sind, bereits konfrontiert wurden. Er ist daher der entscheidende Maßstab des Gerichts. Das hat konkret-ethische aber auch interpersonale Dimension und ist von der Glaubensentscheidung für oder gegen diesen Jesus von Nazaret als dem Christus nicht zu trennen. So betont der Gerichtsgedanke nochmals die personale Relevanz des Lebens, der Lebens-Entscheidung hier und jetzt, den christologischen Maßstab des eigenen Handelns. All das wird mahnend in Erinnerung gerufen. Zudem stellt die christologische Dimensionierung des Gerichtsgedankens das ganze Motivfeld unter den Hoffnungs- und Versöhnungsgedanken.

4.2.3 Systematische Konsequenzen

Als Ergebnis ist festzuhalten: Nicht nur die grundlegende Zeitdimension der Apokalyptik wird uminterpretiert. Vor der christologischen Mitte, dem christologischen Ereignis aus findet eine Neuinterpretation der gegenwärtigen Zeit statt. Diese Neuinterpretation hat gleichzeitig Einfluss darauf, wie Zukunft vorgestellt wird. Die Zukunft beginnt schon hier und jetzt in diesem Menschen Jesus von Nazaret und der mit ihm verbundenen Gotteserfahrung. Könnten wir es dabei belassen, wäre die Frage, wodurch denn neutestamentlich die eschatologischen Aussagen bestimmt sind, einfach zu beantworten: Durch eine eher an die prophetische Tradition anknüpfende Theologie der Treue/Nähe, der Gegenwart Gottes in dieser Welt hier und jetzt zum Heil dieser Welt. Sie wird konkret in einer Person: Jesus von Nazaret. Freilich steht dieser Sicht der Dinge ein dicker Brocken im Wege, näherhin sogar das Zentrum der neutestamentlichen Eschatologie: das Bekenntnis zu Tod und Auferstehung Jesu. Hier deutet sich eine perspektivische Verschiebung neutestamentlicher Eschatologie an.

4.3 Die eschatologische Dynamik des Bekenntnisses zur Auferweckung Jesu von den Toten

4.3.1 Tod und Auferstehung Jesu – mitten in oder jenseits der Motivwelt der Apokalyptik?

Nach Paulus ist der Tod und die Auferstehung Jesu das Zentrum des christlichen Glaubens schlechthin, das Maß aller Dinge, das Maß der Verheißung dessen, was uns allen bevorsteht. Man kann das sogar so formulieren: Christliche Eschatologie beruht auf dem Glauben an Jesus als dem auferstandenen Herrn. Die Rede von der Auferstehung ist aber nun eine durch und durch apokalyptische Rede. Das hat Einfluss auf die neutestamentlichen Vorstellungen von Eschatologie. Sehen wir uns aber dieses Zentrum einmal näher an und stellen uns die Frage: Was ist damit gemeint und was nicht und welche Konsequenzen hat es für die Vorstellung von der Auferstehung Jesu, das hier in apokalyptischer Motivik ausgedrückt ist? Es ist so etwas wie die Frage danach, ob das, was mit der Auferstehung Jesu gemeint ist, nur in apokalyptischer Sprache ausgedrückt werden kann, nur mit apokalyptischen Bildern anschaulich gemacht werden kann. Versuchen wir zunächst einmal das Christusereignis ohne Rekurs auf die apokalyptische Bild- und Sprachwelt zu beschreiben.

In Jesus von Nazaret zeigt sich der Heils- und Lebenswille Gottes in unüberbietbarer und konkreter Weise. Er ist der Lebensbringer schlechthin, indem er überall das aufbricht, was Leben schon im Leben zum Tod macht. Durch ihn und in ihm berühren sich Himmel und Erde in eindrücklicher Weise. So geschieht in ihm Heilung und Heil; d. h. in ihm und durch ihn wird menschliches Leben als wirkliches, als Gott gewolltes und von ihm geschenktes Leben Wirklichkeit. Er bringt für jeden Menschen, der ihm begegnet, ein Leben ans Licht, wie Gott es für diesen Menschen gewollt hat. Dies geschieht, weil Gott selbst in Jesus die Unheil hervorbringenden Strukturen der Welt aufbricht und dem Menschen einen Neuanfang jenseits aller festgefahrenen Strukturen ermöglicht. Der Ursprung des Redens der neutestamentlichen Schriftsteller ist also nicht irgendeine religiöse Spekulation oder gar eine archetypische Gestimmtheit. Es ist die Begegnung mit diesem konkreten Menschen Jesus selbst. Er verkörpert die göttliche Zuwendung; die Hinwendung des Schöpfers zu seinen Geschöpfen. Kurz: Von dem, in dessen Person dieses Gottesreich zum Greifen nahe ist, gilt es nun zu berichten. Die Zeugen sprechen über den, der vor allen Augen ist, und haben dennoch Dinge zu sagen, die nicht allen Augen sichtbar sind.

Sie reden in Bildern, weil sie Jesus nur in seiner Beziehung zu Gott verstehen können. »Weil er Gott zur Welt kommen ließ, wurde er selbst als der kommende Gott, als Christus verstanden. Und mit der Zeit begann man umgekehrt, Gott ganz von diesem Christus her zu verstehen. Und man lernte begreifen, dass Gott eben jene Liebe ist, die der Christus in der Welt verkörperte.«[26] Das ist übrigens die Grundbotschaft jeder erzählten Episode im Leben Jesu und das zeigt sich in Anstoß erregender Weise gerade an dem Ort, der Himmel und Erde schon optisch zusammenbringt: im Kreuz Jesu. Jede religiöse Phantasie, jedes verwendete mythische Bild hat sich an der Realität des Gekreuzigten zu bewähren.

4.3.2 Der Tod

Jesus ist das Bild des Leben und Heil schaffenden Gottes auch und gerade an dieser Stelle, an der die Macht des Bösen, das Leid, die Gewalt und der Tod doch so offensichtlich das letzte Wort zu haben scheinen. In diesem absurdesten aller Tode, dem Mord an dem *einen* Gerechten, lässt Gott die absurde Mächtigkeit der Welt, die Macht von Gewalt, Sünde und Tod ins Leere laufen, weil er ihr noch einmal in den Armen des Gekreuzigten seine Liebe und seinen Leben schaffenden Heilswillen entgegenhält. Hier überbietet nicht Gottes allmächtige Liebe die Macht der Welt und die Gewalt der Sünde, indem sie ihre Widersacher in die Knie zwingt, sondern hier unterläuft seine ohnmächtige Liebe die Grundstrukturen dieser Macht und legt dadurch ihre Nichtigkeit offen. Hier tobt sich die Gewalt der Sünde umsonst

---

[26] Weder, Mythisches Reden, 7.

aus, weil sie als Antwort doch immer nur die Liebe erfährt und damit eben nicht das letzte Wort behält und so zu ihrem Ziel kommt. Das meint die heute so befremdlich wirkende Rede vom Tod Jesu ›um unserer Sünden willen‹. Eine solche Liebe kann auch nicht durch den Tod zum Verstummen gebracht werden. Die menschliche Sünde läuft ins Leere, weil Gott auf sie mit seiner sich selbst aufs Spiel setzenden Liebe antwortet. »›Mein Gott, mein Gott, warum hast du mich verlassen‹ – So fängt der Psalm 22 an, ein Gebet, das die bittere Not einer Seele herausschreit, aber zugleich das Hörenkönnen, also die Erreichbarkeit und Gegenwart, das Da-Sein dessen voraussetzt, dessen Abwesenheit es beklagt.«[27] Ein Gebetsschrei, der genau das Wirklichkeit werden lässt, was er ausspricht: Gottes paradoxe Anwesenheit in seiner Abwesenheit. Hier wird deutlich: Gottes Liebe gibt auch an dieser Stelle nichts und niemanden preis, weil sie hält, was sie verspricht. Deshalb bleibt sie Siegerin über den Tod. Nicht nur im Tod Jesu, sondern überall, wo es um Leben und Tod des Menschen geht, steht Gott sozusagen an vorderster Front, in dem er selbst auf sein Leben verzichtet, damit wir das Leben haben. So besiegt seine Liebe den letzten Feind, den Tod, und ich darf daher darauf vertrauen, dass Gott mir seine größte Gabe nicht vorenthalten wird: das Leben auch angesichts des Todes.

4.3.3 Die Auferstehung

Das ist im Übrigen genau das, was das Bekenntnis zur Auferstehung Jesu beinhaltet, denn all das, was uns die Evangelien nach der Passion erzählen, sämtliche Ostergeschichten sind Ausfaltungen dessen, was im Kreuz aufleuchtet: In Leben und Sterben Jesu zeigt sich Gott so, wie er ist: Gott liebt bedingungslos. Er will, dass die Menschen das Leben haben und er schenkt es ihnen. Ein solches Leben, wie es Jesus dahingibt, offenbart noch im Sterben Gott in dieser Abgründigkeit seiner liebenden Zuwendung. Und deswegen ist ein solches Leben auch und gerade angesichts dieses Todes nie getrennt von Gott – ›gotteswidrig‹ –

---

[27] Müller/Stubenrauch, Bedacht, 45.

vorstellbar, sondern als ein Leben in und aus Gott erkennbar und bekennbar. Denn die in ihm sichtbar gewordene Wahrheit kann durch den Tod nicht beendet werden. Das Ringen darum, das am Kreuz Erfahrene wenigstens ansatzweise zum Ausdruck zu bringen, spiegelt sich im Osterbekenntnis wie in den Ostererzählungen. »Wir sagen ›Ostern‹ dafür und meinen damit: Die Liebe trügt nicht.«[28]

›Das leere Grab‹ – so lautet ein Gedicht von Kurt Marti, das das Gesagte vielleicht noch besser zum Ausdruck bringen kann:

ein grab greift
tiefer
als die gräber
gruben

denn ungeheuer
ist der vorsprung tod

am tiefsten
greift
das grab das selbst
den tod begrub

denn ungeheurer
ist der vorsprung leben

Zum Bekenntnis dieser Wahrheit werden heute wie damals vorgeprägte Sprachbilder benutzt, inklusive der mitunter auch mythologischen Bilderwelt, die man traditionell damit verbindet – nämlich ›Gott hat sich zu ihm bekannt‹, ›Gott hat ihn auferweckt – am dritten Tag‹, ›das Grab ist leer‹, der Gekreuzigte ›erscheint‹ den Jüngerinnen und Jüngern als der Lebendige, der Auferstandene. In der Vielfalt der gewählten Bilder, den unterschiedlichen, z. T. widersprüchlichen Pointierungen der Ostererzählungen (die entsetzten Frauen am Ostermorgen, die herzensträgen Emmaus-Jünger, die suchende Maria von Magdala, der – zu Recht! – nachfragende Thomas), aber auch in der geradezu ekstatischen Emphase eines Paulus in 1 Kor 15 wird deutlich, wie schwer die Suche nach dem wirklich angemessenen

---

[28] Ebd. 84

Ausdruck ist und wie individuell die jeweils gegebene ›Antwort‹ der biblischen Schriftsteller ausfällt.

4.3.4 Apokalyptische Metaphorik und theologischer Gehalt

Freilich muss der metaphorische Charakter gerade solcher apokalyptisch geprägter Sprachbilder erst aufgedeckt werden. Ostergeschichten und -bekenntnisse benutzen eine geläufige Sprache, um etwas auszudrücken, das alles andere als »geläufig« ist. Im Gegenteil: Die apokalyptische Sprache soll zum Ausdruck bringen, was eigentlich nicht auszudrücken ist. Die Sprache, in der Ostergeschichten, ja das Osterbekenntnis sich ›zur Sprache‹ bringen, hat erschließende Funktionen. D. h., sie beschreibt, definiert aber nicht. Sie verweist, legt aber nicht fest. Sie verweist auf Realitäten, die wir eben nur gleichnishaft zur Sprache bringen können. Sie wird dabei aber nicht zur uneigentlichen Sprache, also einer Rede, die gar nicht halten würde, was sie verspricht, sondern es ist eine Rede, die die Zuhörenden zum nachdenken bringen soll: Was bedeutet das eigentlich? Damit ist die Sprache der Ostergeschichten und des Osterbekenntnisses eine dynamische Sprache. Das gilt bereits für die einfachen Bekenntnissätze – zum Beispiel Gott hat ihn auferweckt; Jesus Christus ist auferstanden; er ist der auferstandene Herr; er ist auferstanden am dritten Tag etc. Und es gilt noch mehr für die narrativ ausgestalteten Ostererzählungen, seien es die Grabeserzählungen oder seien es die Erscheinungserzählungen.

Die Grabeserzählung verweist auf den endgültigen Bruch der Macht des Todes; das Totenreich ist eben nicht der von Gott abgeschlossene Tabu-Bereich, sondern seine Leben schaffende Kraft hat die Riegel der Scheol, die Pforten der Hölle, aufgebrochen, gesprengt. Diese Macht Gottes, wie sie in Jesu Leben, Handeln, Wirken etc. spür- und erfassbar war, endet nicht im Nichts, läuft nicht ins Leere, sondern kommt an ihr Ziel. Das kann nur bedeuten: Der letzte Feind des Lebens, der Tod, wird überwunden. Der Streit, ob das Grab nun leer war oder nicht, geht an dieser tieferen Bedeutung der Grabeserzählung völlig vorbei. Denn einen theologischen Beweischarakter hat auch ein leeres Grab nicht (vgl. Mt 27: Motiv des Grabraubes). Die theologische Frage, die die Grabesgeschichte inszeniert, ist die, ob Jesu Übergang in das Leben Gottes mit dem faktischen Verschwinden seines Leichnams verbunden sein muss. Sie beantwortet die Frage auf ihre Weise: Dieses Leben, das Gott und seine Liebe anschaulich und greifbar gemacht hat, endet nicht im Nichts, wird durch den Mord am Kreuz nicht in Frage gestellt, sondern dieses Leben ist personal und in all seinen Bezügen durch Gottes Beziehung zu ihm in ein neues Leben hinein gerettet und dort ewig aufgehoben. Der Tod ist überwunden. Das zeigt sich im Leben Jesu, im Sterben Jesu und im Bekenntnis zu seiner Auferstehung: Was sucht ihr den Lebenden bei den Toten? Dazu werden Geschichten erzählt. Auch die anderen Ostergeschichten deuten auf diese Intention hin, die Überwindung des Todes ausdrücklich anschaulich zu machen.

4.3.5 Was ›Ostern‹ bedeutet

Es ist das Bekenntnis zu einem stets gegenwärtigen, das menschliche Leben wollenden und schenkenden Gott. Und das ist nicht nur die entscheidende Vorgabe für die neutestamentliche Auferstehungsbotschaft, sondern das ist eigentlich der Dreh- und Angelpunkt der ganzen neutestamentlichen Überlieferung des Lebens und Sterbens Jesu von Nazarets, das ist der zentrale Punkt der Botschaft von der in Jesus selbst zu den Menschen gekommenen Gottesherrschaft, der unmittelbaren und unüberbietbaren Nähe Gottes. Diese Nähe Gottes ist kein von allem anderen absetzbares Einzelereignis, sondern eine bleibende Wirklichkeit. Demgegenüber erscheint das auf die apokalyptische Bildwelt zurückgreifenden Sprechen von der Auferstehung als Zeichen der Nähe und des machtvollen, einmaligen, außerordentlichen Eingreifens Gottes eher als ein Rückschritt. Als Bild kann es freilich die umstürzende Wirklichkeit dieser Nähe Gottes veranschaulichen, sollte aber die Sache selbst nicht ersetzen. Grundlegend für die Sache bleibt das Bekenntnis zur bleibenden Nähe und Treue Gottes; sie wird im Leben und Sterben Jesu in unüberbietbarer Konkretheit deutlich. Und das ist der eigentliche Grund des neutestamentlichen Bekenntnisses zur Auferstehung Jesu. Indes kommen wir an einer Feststellung nicht vorbei: das Sprach- und Bildmaterial all dieser Erzählungen entstammt der Apokalyptik. Und das hat Konsequenzen für ihre Deutung. Denn damit ist die Beschreibung dessen, was mit der Auferstehung Jesu gemeint ist, von Anfang an mit den Einschränkungen und der Perspektive der Apokalyptik aufs Engste verbunden. Dadurch findet die Konzentration auf das Motiv der Wiederbelebung eines Toten, der Leibhaftigkeit seiner Auferstehung etc. statt. Diese Konzentration ist aber eine Verengung der gesamten Botschaft. Doch sollte man die Bilder nicht mit der Sache verwechseln, denn Gottes Sieg über den Tod ist, was das Gros biblischer Überlieferung angeht, weit subtiler als es die zumeist verwandten apokalyptischen Bilder auf den ersten Blick nahelegen. Als ausdeutendes Medium wird die Bildwelt der Apokalyptik benutzt, die von dieser den Tod überwindenden Liebe und Treue Gottes in den Bildern außerordentlicher Ereignisse spricht. Starke Bilder erscheinen hier als eine allzu naheliegende, vielleicht auch allzu menschliche Schwäche, weil sie auf den ersten Blick mehr bieten als theologisch subtilere, gar selbstkritische Aussagen. Darum ist es bis heute so schwer, das Osterbekenntnis auch anders zu verkündigen. Vielleicht liegt auch ein Teil der modernen Anstößigkeit des Osterbekenntnisses genau an dieser Verwechslung. Ein Kategorien- und Sprachwechsel wäre hier um der Sache selbst willen also dringend vonnöten.

Was bedeutet nun Ostern? Was bedeutet das Bekenntnis zur Auferweckung? Das Neue Testament ist hier eindeutig: Was uns die Evangelien nach der Passion erzählen, also sämtliche Ostergeschichten, sind Ausfaltung dessen, was uns am Kreuz bereits aufgehen konnte: Das Kreuz Jesu aber macht deutlich, worum es eigentlich bei dieser »Sache Ostern« geht: Es geht um uns; es ist ein Ereignis, das uns angeht, das um unseretwillen geschieht; ein soteriologisches Ereignis. Ostern ist kein Ereignis an sich, sondern für uns. Es ist die Vorgabe, die Begründung einer hoffnungsvollen Zukunft für uns. Die Treue Gottes, die das Alte Testament in den Mittelpunkt seiner Jenseitsvorstellungen stellt, hat nun einen konkreten Namen: Jesus Christus. Er ist der Grund auch unserer Zukunftshoffnung. Daher ist es nun auch kein Wunder, dass das Neue Testament, wenn es zum Beispiel in apokalyptischer Manier die Bilder vom Jenseits ausmalt, immer einen Mittelpunkt dabei benennt: Jesus Christus. Alle apokalyptischen Motive, alle Einzelelemente der Jenseitsvorstellung erhalten eine christologische Mitte. Diese christologische Mitte bricht zugleich die eschatologischen Bilder auf, indem sie ihre Perspektive verändert. Was aus der Zukunft erwartet wird, hat seinen eigentlichen Grund im hier und jetzt bereits Erfahrbaren. Was erhofft, erbeten, ersehnt wird, hat hier und jetzt schon begonnen, ist bereits wirksam gegenwärtig.

4.4 Die christologische Grunddimension aller Eschatologie

In Jesus Christus ist die Zukunft Gottes bereits personal präsent; sie realisiert sich, wird erfahrbar, ohne aber vollendet da zu sein. Das wiederum entschärft die Zukunftshoffnung nicht, sondern gibt eher erst den entscheidenden Impuls. Dabei ist aber zu beachten, dass trotz der apokalyptischen Bildwelt, die als Sprachform der Zukunftshoffnung benutzt wird, sich die entscheidende Perspektive gegenüber der Apokalyptik verändert hat. Das geschieht nicht einfach nur weil sämtliche Motive nun christologisch gefüllt werden (der Tag des Gerichts wird zum Tag der Wiederkunft Christi etc.), sondern weil ihre Grundlegung eine andere geworden ist. Die Welt hat sich bereits gewandelt; die Zeit der Vollendung ist bereits angebrochen. Und angesichts dieser Erfahrung wächst die Hoffnung auf die Zukunft. Wir sind noch nicht vollkommen erlöst, aber wir werden es sein. Die Zukunft wird nicht mehr reduktiv verstanden, als Vernichtung, Untergang, Verfall in den Tod; sondern die Zukunft heißt nun: das wahre Leben erreichen, vollendet, erfüllt, ganz zu werden; in der Wahrheit Gottes leben, in der ganzen Fülle der dem Menschen möglichen Existenz. Die eigentliche Herausforderung liegt nun aber darin, angesichts dieser Zukunftserwartung die Gegenwart nicht zu vergessen. Die eigentlichen Gefährdungen liegen zum einen in einem radikalen weg-von-dieser-Welt, für das nur das Jenseits zählt, wie es die Gnosis als die klassische Häresie in den Anfängen des Christentums auf ihre Fahnen schreibt oder zum anderen in einem enttäuschten Abschied von der Welt und von der Geschichte, wie es eine extrem apokalyptische Sicht immer wieder vorführt.

Diese beiden Gedanken – besser Grundversuchungen – christlicher Eschatologie bleiben stets virulent. Daher ist die ganze christliche Überlieferung geprägt von der Frage, auf welche Weise denn das Heil ›schon‹ da ist, und wie es sich verhält mit der Vermittlung von relativer, weltimmanenter Zukunft und absoluter, welttranszendenter Zukunft; eben zwischen ›schon‹ und ›noch nicht‹. Das Heil ist gegeben, aber nicht verfügbar; es ist praktisch gegenwärtig, aber dennoch als Zukünftiges zu erhoffen. Die neutestamentliche Eschatologie ist also von zwei Brennpunkten bestimmt: Dem christologisch fundierten ›schon‹ und dem anthropologisch orientierten ›noch nicht‹. Diese innere Spannung ist nicht auflösbar, sondern entwickelt die eigentliche Dynamik christlicher Eschatologie. Von Anfang an sehen sich Christinnen und Christen in einem alles entscheidenden Zeitalter. Die eschatologische Zukunft – so zeigt der Blick auf Leben, Sterben und Auferstehung Christi – hat bereits begonnen. Freilich dürfen wir uns nicht darüber hinwegtäuschen, wie sehr die apokalyptische Sprachform des Osterbekenntnisses als Zentrum urchristlicher Eschatologie die Bahnen des eschatologisch Denkbaren bestimmt. Hätte man das entscheidende Ereignis, das, was mit Jesus von Nazaret geschehen ist, ohne apokalyptisches Vokabular ausgedrückt, was wäre aus der urchristlichen Eschatologie geworden? Die Frage ist sicher müßig. Aber sie macht auf eines aufmerksam: Urchristliche Eschatologie darf nicht auf das Äußere, auf ihre apokalyptische Sprachform ausgelegt werden, oder gar darauf reduziert werden. Was wäre indes ein eschatologischer Kern jenseits der apokalyptischen Sprachform?

Zum Ersten: Der Grund der Hoffnung.

Der unüberbietbare Charakter der Eschatologie ist Ausgangs- und Zielpunkt christlicher Eschatologie. Das zeigt sich an der damit verbundenen Personalisierung der Zukunftshoffnung, der Betonung welche Konsequenzen die Entscheidung für oder gegen Jesus Christus eschatologisch hat; die christologische Orientierung des Handelns; und die Überzeugung, dass die Zeit des Heils jetzt schon angebrochen ist.

Zum Zweiten: Der Inhalt der Hoffnung.

Das ist nun der Punkt, an dem auch die neutestamentliche Überlieferung aus der Eigendynamik der apokalyptischen Bilder nicht heraus kommt. Freilich sind sie nicht eigenständig, sondern mit dem unter Punkt 1 Analysierten aufs Engste verbunden: Christliche Hoffnung beinhaltet eine Deutung und Bewältigung des Lebens aufgrund des Handelns Gottes in Jesus Christus. Das mit dem Bekenntnis zu Jesu Tod und Auferweckung Ausgesagte begründet auch unsere Zukunftshoffnung. Das liefert zugleich eine Kriteriologie für diese Hoffnung. Es ist eine situationsbezogene Hoffnung, die auf das diesseitige Leben der Christinnen und Christen verweist, wo die Hoffnung sich bewähren muss, wo sie greifbar werden soll. Die Verkündigung der Zukunft Gottes will jetzt im menschlichen Leben spürbar werden, will jetzt menschliches Leben sinnvoll gestalten, um dieser Zukunft zu dienen und sie glaubwürdig zu machen.

Um beide Kerndimensionen gruppieren sich alle neutestamentlichen Überlegungen zur Eschatologie. Jeder neutestamentliche Schriftsteller entwickelt dabei sein eigenes Denkmodell für die Verbindung beider Kernthesen. Wir haben es – ähnlich wie im Alten Testament – also nicht mit *der* neutestamentlichen Eschatologie zu tun. Da die Schriften des Neuen Testaments aber im Vergleich zum Alten Testament in einem sehr kurzen Zeitraum von ca. 150–200 Jahre entstanden sind, sind auch keine allzu ausgeprägten Entwicklungslinien zu entdecken (mit einer Ausnahme: der Naherwartung). Wir haben daher innerhalb des Neuen Testaments verschiedene Entwürfe zur Eschatologie, von denen aber keiner den Anspruch erhebt, eine systematische Erarbeitung des Themas darzustellen. Hier sind es verschiedene Einzelaspekte, die um ein Zentrum kreisen: die eschatologische Bedeutung der Offenbarung Gottes in Jesus von Nazaret.

4 Entstehung des Glaubens an ein Leben nach dem Tod

4.5 Neutestamentliche Eschatologien

Der älteste Theologe des Neuen Testamentes – Paulus – ist ganz von der endzeitlichen Dynamik dieses Heilsereignisses geprägt. Die heilsgeschichtliche Bedeutung des Lebens und vor allem des Sterbens Jesu steht bei ihm im Zentrum seiner Überlegungen. Alle Dimensionen des menschlichen Lebens werden ›sub specie mortis Christi‹ analysiert. Der Tod Jesu am Kreuz ist ihm der stimmige Ausdruck, die Essenz, das unüberbietbare Ziel, die Vollendung des Heilshandelns Gottes. Gott offenbart sich und seinen Heilswillen in paradoxer Weise, in der abgründigen Ohnmacht des Kreuzes. Daraus erwächst allen Menschen das Heil. Sich auf diese Gabe des Heils einzulassen, bedeutet schon neues Leben zu haben, eine neue Schöpfung zu sein, neues Sein in Christus. Freilich kennt und betont Paulus hier sowohl das schon geschehene Heil als auch die noch ausstehende Vollendung. Die dynamische Spannung zwischen schon und noch nicht ist gerade bei Paulus nicht auflösbar. Schwer tut er sich freilich in den traditionellen Bildern für die noch ausstehende Vollendung. Gerade 1 Kor 15 ist dafür ein beredtes Beispiel. Hier wird deutlich, dass Paulus die traditionelle Sprache der Apokalyptik für eine adäquate Beschreibung des Christusgeschehens nicht ausreicht. So wird dort die endzeitliche Totenauferweckung christologisch zentriert; die Auferstehung Christi wird zum Vor- und Urbild von Auferstehung überhaupt. Noch auffälliger ist bei Paulus die Christozentrierung des Gerichtsmotivs. Nicht endzeitlich noch ausstehend, sondern in Jesu Tod und Auferstehung bereits geschehen ist dieses Gericht Gottes. Deswegen hat die Endzeit schon begonnen. Unverkennbar ist Paulus daher von einer expliziten Naherwartung geprägt, wie sie auch den frühchristlichen Enthusiasmus kennzeichnete. Freilich: Ein Großteil der Motive (Gericht, Neuschöpfung, Ende der Leiden etc.) werden konsequent christologisch und anthropologisch uminterpretiert; und damit das in Christus schon angebrochene, sich in Zukunft vollendende Heil gut alttestamentlich an die erlebte und zu erlebende Geschichte zurückgebunden.

Die Deuteropaulinen (Eph, Kol, 2 Thess) gehen noch einen Schritt weiter und interpretieren sogar das kosmologische Motivrepertoire der Apokalyptik konsequent christologisch um. Ähnlich wie bei Paulus dominiert das in Christus bereits geschehene Heil, also die präsentische Perspektive. Der gesamten paulinischen Tradition und ihrer Wirkungsgeschichte ist daher zu Eigen, dass die revolutionären Aspekte als bereits christologisch erfüllt betrachtet werden. Alles, was noch kommt, hat daher eher revelatorisch-evolutionistischen Charakter: Das Entscheidende hat schon begonnen, während die Fülle/die Vollendung noch aussteht. Aber die Welt wächst dieser Fülle entgegen.

Die Schreiber der Evangelien positionieren sich in sehr unterschiedlicher Weise. Allen gemeinsam ist unverkennbar die christologische Mitte. Die Nähe zur Apokalyptik und ihre Sprache und Denkweise ist aber sehr unterschiedlich, wenngleich eine gewisse spannungsvolle Skepsis allen vier Evangelisten gemeinsam ist. Diese Skepsis wird aber je unterschiedlich begründet.

Bei Markus sind das wohl die konkrete Bindung an und daher die Dominanz der jesuanischen Gottesreichbotschaft, die die apokalyptische Perspektive zurückdrängt. Bei Matthäus ist die apokalyptische Zurückhaltung durch seine ekklesiologische Grunddimension, also die Dominanz der Größe ›Gemeinde‹ begründet. Lukas ist von seinem Zeitschema der Heilsgeschichte geprägt; ihr Höhepunkt ist im Christusereignis erreicht. Die Zeit der Kirche (Apostelgeschichte) ist die Zeit der Vollendung, die durch die endzeitliche Gabe des Heiligen Geistes grundlegend qualifiziert ist. Das Denkschema der Apokalyptik bleibt Lukas daher fremd. Am deutlichsten verabschiedet sich der vierte Evangelist von der apokalyptischen Perspektive und Sprache. Seine auf das Heilsereignis Jesus Christus konzentrierte präsentische Eschatologie scheint fast jede Zukunftsdimension vermissen zu lassen. In der Entscheidung für oder gegen Jesus Christus hier und jetzt ist das Entscheidende bereits geschehen; ja selbst der Übergang von Leben zum Tod, der auch durch den leiblichen Tod nicht mehr beeinflusst werden kann (Lazaruserweckung). Der vierte Evangelist kennt zwar eine Zukunftsdimension, sie bringt aber nichts ›Neues‹, bestätigt nur die bereits hier und jetzt angesichts des Christusereignisses geschehene Entscheidung. Alle traditionell apokalyptischen Motive werden daher konsequent in das Diesseits verlegt und christologisch dimensioniert (Gericht, Entscheidung, Leben – Tod, Auferweckung etc.).

Die große Ausnahme innerhalb der neutestamentlichen Schriften bildet nun die Apokalypse, die ›geheime Offenbarung des Johannes‹. Diese durchgehend apokalyptisch geprägte Schrift steht reichlich monolithisch im Gesamt der neutestamentlichen Schriften. In ihr findet sich das Standardrepertoire apokalyptischer Literatur, so dass man manchmal nur mit Mühe die christologische Tiefenschicht entdecken kann. In der Folge ist es daher so, dass sämtliche apokalyptisch interessierten Zeiten des Christentums auf dieses Repertoire, die Bildwelt, die Motive zurückgreifen, die in der Offenbarung des Johannes zu finden sind. Anderes findet sich im Neuen Testament eben nicht. Erklärbar ist diese Dominanz der apokalyptischen Motive – besser: die Dominanz der Gattung Apokalypse – durch den zeitgeschichtlichen Hintergrund. Aber angesichts der Fülle der anders orientierten Überlieferungen des Neuen Testaments wird deutlich, dass die apokalyptische Dimension innerhalb der neutestamentlichen Überlieferung deutlich zurück gedrängt ist.

So gilt es festzuhalten: Die apokalyptische Sprache prägt zwar das Neue Testament und seine eschatologische Vorstellungswelt. Ja, das Zentrum des neutestamentlichen Denkens, das Christusereignis selbst, wird an zentraler Stelle durch die apokalyptischen Sprachbilder beschrieben und in seiner eschatologischen Bedeutung interpretiert. Dennoch setzt eine geradezu umgekehrte Bewegung ein: Das Christusereignis verändert das Repertoire, das Bildmaterial, die Einzelmotive, ebenso wie die Grundperspektive der Eschatologie: weg von der Apokalyptik hin zu einer eher präsentischen Orientierung, die die christozentrische Gegenwart des Heils in den Mittelpunkt stellt. Die sich daraus ergebende Spannung zwischen dem christologischen ›schon‹ und dem eschatologischen ›noch nicht‹ bleibt im Neuen Testament unaufgelöst; ja sie prägt die theologische Dynamik des Neuen Testamentes grundlegend: »Nichts kann uns mehr scheiden von der Liebe Christi« (Röm 8,35). Dieser christologische Spitzensatz beeinflusst alle eschatologischen Dimensionen.

Fassen wir das Ganze in einigen abschließenden Thesen zusammen:

1. Die Sprache der neutestamentlichen Eschatologie ist zwar apokalyptisch, nicht aber das Denken. Das bedeutet: Für das Neue Testament gilt verstärkt das zur Hermeneutik eschatologischer Aussagen Anzumerkende: *Unterscheidung von Sprache und Sache*! Bei der angemessenen Auslegung neutestamentlicher Eschatologie ist gerade auf die innere Deutungs- und Bedeutungsverschiebung besonderes Augenmerk zu richten.

2. Die Kriteriologie der eschatologischen Aussagen ergibt sich aus ihrer christologischen Zentrierung, das heißt: Die neutestamentliche Eschatologie hat eine *christologische Mitte*. Jesus Christus ist sozusagen der ›Inbegriff‹ der letzten Dinge *(Hans Urs von Balthasar)*.

Daraus folgt: Die theologisch zentrierte Mitte alttestamentlicher Jenseitshoffnung wird christologisch vertieft. Der treue Gott handelt in Jesus Christus und darin begründet sich unsere Hoffnung. Das bedingt eine Rückbindung aller eschatologischen Hoffnung an Leben und Sterben Jesu (Gottesreichbotschaft; Sterben für uns) und die Idee, dass das endzeitlich erwartete Heil *schon* angebrochen, aber *noch nicht* vollendet da ist.

3. Aus der christologischen Mitte ergibt sich eine innere Kriteriologie eschatologischer Aussagen.

 a. Maßstab der Treue Gottes wird die liebende Zuwendung Gottes in Jesus Christus.

 b. Jesu Verhalten hat Vorbildcharakter.

 c. Sein Leben und Sterben wird zum Punkt, an dem sich unser Leben und Sterben entscheidet (Glaube!).

4. Es ergibt sich eine *Asymmetrie von Heil und Gericht*.

5. Es ergibt sich eine *christologische Dimensionierung aller eschatologischen Motive* (Parusie; Gericht; Himmel; Hölle). Problem: Ein neuer Inhalt in altem (apokalyptischen) Gewand.

6. Eine *christologische Relativierung des apokalyptischen Horizontes*. Das hat zur Folge:

a. Ende der Naherwartung

b. Neudimensionierung des Ausgangs: Wachsamkeit, Trost und Mahnung, Hoffnung.

7. Die Dimensionierung im ›schon‹ und ›noch nicht‹ setzt Hoffnung auf ein gutes Ende für alle an die Stelle der Furcht vor dem Kommenden.[29]

---

[29] Vgl. dazu auch Vorgrimler, Hoffnung, 68–70.

Teil II: Einzelthemen

Kapitel 1: Tod und Auferstehung

1. Der Preis der Sünde?

Die eingangs bereits skizzierten Implikationen zum Phänomen des Todes als Existenzial des Menschen sind an dieser Stelle nun um spezifisch theologische Deutungen des Todes zu erweitern, die ihrerseits das in der biblischen Entwicklung der Rede von Tod und Auferstehung Skizzierte systematisch zusammenfassen. Die Idee einer individuellen Auferstehungshoffnung ist ein spätes Erbe des Alten Testament, das aber zugleich in der Konsequenz seiner Gottesvorstellung steht und damit die entsprechende Konzentration des Neuen Testamentes auf diese Thematik wie ihre christologische Fundierung grundlegend bestimmt. Mit der inneren Christozentrik dieser Vorstellung wird das christliche Todesverständnis neu dimensioniert: Der Tod als letzter Feind des Menschen ist durch den Tod Jesu Christi besiegt; die Beziehungslosigkeit des Todes selbst ist durch die in Christus sichtbar gewordene Gottesnähe überwunden. Indes gewinnt gerade durch den unaufgebbaren Christusbezug eine spezifische Deutung des menschlichen Todes zentrale Bedeutung: Die allgemeine Sterblichkeit des Menschen wird in engster Verbindung zur allgemeinen Sündigkeit des Menschen gestellt. Der Tod ist Straffolge der Sünde. Diese traditionelle, auf Paulus (Röm 5f.) rekurrierende Formel hält fest, dass der Tod nicht einfach nur als naturales Phänomen interpretiert werden kann, sondern als theologische Größe wahrgenommen werden muss. In welcher Beziehung steht das Existenzial des Todes und damit die Wahrnehmung des Todes als natürliches Phänomen zu dessen theologischer Deutung? Die neueren ›Theologien des Todes‹ wollen dies näher umschreiben.

1 Tod und Auferstehung

1.1 Neuere ›Theologien des Todes‹

1.1.1 Karl Rahner: Der Tod als Existenzial und als Tat des Menschen

In seiner ›Theologie des Todes‹ setzt sich *Karl Rahner* insbesondere mit der Frage der Verhältnisbestimmung von Tod als naturalem Phänomen und als theologischer Größe auseinander. Der Tod ist Folge der Paradiesessünde, hat aber zugleich eine natürliche Dimension, und doch ist es so, dass in der Ordnung der Gnade der Mensch auf das übernatürliche Ziel seines Lebens, der visio beatifica, ausgerichtet und damit durch ein Existential geprägt ist, das dem Tod widerspricht.[1] Der Tod erhält damit eine eigenartige Doppeldeutigkeit, indem er sowohl natürliches Ende des irdischen Lebens wie ›Sold der Sünde‹, aber ebenso Heil oder Unheil, Tat des Glaubens oder Sündenstrafe sein kann (SW 9, 368). Der Mensch kann – so Rahner – den Tod Christi oder den Tod Adams sterben (SW 9, 369). Der Tod Christi als Gehorsamstat des Sohnes aber ist die Tat der Gnade Gottes, und ist so zu einer real-ontologischen Neubestimmung der ganzen Welt geworden (SW 9, 381f.). Für den Begnadeten wird der eigene Tod durch Tod und Auferstehung Christi zum Heilsereignis, das als Vollendungsgeschehen des ganzen Lebens gedeutet werden kann (SW 9, 385). Denn durch den Tod Christi wird der Tod selbst verwandelt: »Das schreckliche Fallen in die Hände Gottes, das der Tod als Inerscheinungtreten der Sünde zu bleiben scheint, ist in Wirklichkeit das ›in Deine Hände empfehle ich meinen Geist‹« (SW 9, 387). Auf dieser christologischen Basis kann Rahner – in Aufnahme der Heideggerschen Rede vom ›Sein zum Tode‹ als dem Existenzial des Menschen – den Tod des Menschen daher auch als Tat des Menschen, als Vollendung seiner Freiheitsgeschichte verstehen[2]. Diese Deutung des Todes als ›aktive Tat‹ des Menschen wird aber zugleich durch die christologische Spitze als zu erleidende Erfahrung des Menschen relativiert.

---

[1] Vgl. SW 9, 366. Die Zahlen im Text beziehen sich auf diesen Beitrag.
[2] Vgl. SW 22/2, 249f.

1.1.2 Eberhard Jüngel: Ganz-Tod-Hypothese

Die Theologie des Todes von *Eberhard Jüngel* ist unter dem Stichwort der ›Ganz-Tod-Hypothese‹ bekannt geworden. Der Mensch ist weder monistisch noch dualistisch konstituiert, sondern er ist ein Wesen in Beziehung und von dort her grundlegend bestimmt, insbesondere durch seine Beziehung zu Gott. Die Sünde wird nun von Jüngel als Drang des Sich-Lösen-Wollens des Menschen interpretiert, der zum Abbruch aller Beziehungen des Menschen führt und in der absoluten Beziehungslosigkeit, dem Tod, endet. Tritt der Tod »faktisch ein, dann wird das Leben vollends verhältnislos. Der tote Mensch ist seinem Gott immer entfremdet. Und ohne Gott wird alles verhältnislos.«[3] Der Tod ist als absolute Verhältnislosigkeit aber mit der vollkommenen Vernichtung des Menschen identisch. Freilich hört Gott nicht auf, mit dem Menschen in Beziehung zu stehen. Auch bei Jüngel stellt daher der Tod Jesu Christi den entscheidenden Perspektivenwechsel dar: »Wenn aber Gott auch im Tod nicht aufhört, sich zu uns zu verhalten, ja wenn er sich mit dem toten Jesus identifiziert, um sich durch den Gekreuzigten allen Menschen gnädig zu erweisen, dann erwächst mitten aus der Verhältnislosigkeit des Todes ein neues Verhältnis Gottes zum Menschen. Wohlgemerkt: das neue Verhältnis Gottes zum Menschen besteht darin, dass Gott die von ihm entfremdete Verhältnislosigkeit des Todes selber erträgt.« (139). Erlösung vom Tod bedeutet die von Gott allein geleistete ›Befreiung zu einem neuen Gottesverhältnis‹ (vgl. 161). Auferstehung kann in dieser Perspektive nur als absolute ›Neuschöpfung‹ des Menschen durch Gott verstanden werden, weil er allein aus der Verhältnislosigkeit ein neues Verhältnis schafft. Die Ganztod-These Jüngels hat daher in zweifacher Hinsicht Nachfragen ausgelöst. Zum einen scheint die absolute ›Vernichtung‹ des Menschen im Tod sowohl dem Theologumenon der Treue Gottes zu widersprechen, und stellt die Frage nach der bleibenden Identität der menschlichen Person, die doch auch durch ihre Beziehungen konstituiert ist. Auch der Gedanke an

---

[3] Jüngel, Tod, 100. Die Zahlen im Text beziehen sich auf diesen Beitrag.

1 Tod und Auferstehung

eine völlige ›Neuschöpfung‹ durch Gott kann hier nicht zufrieden stellen, da nichts anderes die Identität über die Grenze des Todes hinweg zu erweisen vermag, als der Wille Gottes. Daher spricht Jüngel hier auch von der ›Verewigung in Gottes Gedächtnis‹. Damit tritt aber die Problematik der Verhältnisbestimmung von aktiver Beziehungsmöglichkeit und passiver Bezogenheit des Menschen in ihrer Identität stiftenden Funktion in den Vordergrund und erweist sich – neben einem latenten Monismus – als eigentliche Kernproblematik der Ganz-Tod-Hypothese.

1.1.3 Joseph Ratzinger: Dialogische Unsterblichkeit

Eine christliche Theologie des Todes ist nach *Joseph Ratzinger* mit der Erkenntnis verbunden, dass der Tod nicht einfach nur der Schlusspunkt unseres biologischen Daseins ist. Das mit dem ›Tod‹ Gemeinte ist bereits in vielfältiger Weise mitten im Leben selbst gegenwärtig: Das Phänomen Tod stellt sich »in drei sehr verschiedenen Dimensionen« dar: »1. Tod ist anwesend als die Nichtigkeit einer leeren Existenz, die auf ein Scheinleben hinausläuft. 2. Tod ist anwesend als der physische Prozeß der Auflösung, der das Leben durchzieht, in Krankheit spürbar wird und im physischen Sterben zum Abschluß kommt. 3. Tod begegnet im Wagnis der Liebe, die sich selbst zurücklässt und an den anderen weggibt; er begegnet in der Preisgabe des eigenen Vorteils zugunsten von Wahrheit und Gerechtigkeit«[4]. Auch hier ereignet sich in Christi Tod die entscheidende Wende, weil in ihm für den Menschen sichtbar wird: »Die unverfügbare Macht, die allenthalben sein Leben begrenzt, ist nicht eine blinde Naturgesetzlichkeit, sondern eine Liebe, die sich ihm selbst so zur Verfügung gegeben hat, dass sie für ihn und mit ihm gestorben ist« (85), denn »Christus stirbt nicht in der noblen Gelassenheit des Philosophen; er stirbt schreiend, nachdem er die ganze Angst des Alleingelassenen verkostet hat. Der Hybris des Gott-gleichen-Wollens steht die Annahme des Menschseins bis ins Letzte hinab

---

[4] Ratzinger, Eschatologie, 84. Die Zahlen im Text beziehen sich auf dieses Buch.

gegenüber (Phil 2,6–11)« (89). Es ist gerade die Weise dieses Sterbens, die den entscheidenden Perspektivenwechsel ermöglicht. Denn der Tod wird dann genau dort besiegt, »wo der Mensch dem Raubzug des Todes mit der Gesinnung der vertrauenden Liebe entgegentritt und so den Raub umwandelt in ein Mehr an Leben. Der Tod als Tod ist besiegt in Christus, in dem dies aus der Vollmacht unbegrenzter Liebe geschah; er wird besiegt, wo mit Christus und in Christus hineingestorben wird« (85). D. h., wo nicht der Mensch sich seine ›kleine Unsterblichkeit‹ baut, »sich selbst so viel vom Leben nehmen [will], dass es genügt« (86), sondern wo er sich Anteil geben lässt, an jenem »Sterben, das Glaube und Liebe als Annehmen und Annehmenlassen meines Lebens durch Gott ist« (87), erlangt er ›Unsterblichkeit‹. So ist ›Unsterblichkeit‹ »nicht Leistung und, obwohl Schöpfungsgabe, nicht einfach natürliche Vorfindlichkeit [...]. Sie beruht auf einer Beziehung, die uns zuteil wird, aber gerade so nimmt sie uns auch selber in Anspruch. Sie verweist auf eine Praxis des Empfangens, auf das Modell des Abstiegs Jesu (Phil 2,5–11!) gegen das ›Eritis sicut Deus‹, gegen die totale Emanzipation als vergeblichen Weg des Heils. [...] Das christliche Unsterblichkeitsverständnis geht entscheidend vom Gottesbegriff aus und hat deshalb dialogischen Charakter« (129). Der Gedanke der ›Unsterblichkeit‹ und die schöpfungstheologische Grundlegung der Anthropologie sind durch ihre gemeinsame dialogische Grundstruktur, das ›kommunikative Angesprochensein durch Gott‹[5] gekennzeichnet und erweisen sich innerhalb des christlichen Todesverständnisses auch als Konsequenz seiner christologischen Zentrierung als unaufhebbar miteinander verwoben.

1.2 Preis der Liebe?

Wird der Mensch unter eschatologischer Perspektive von seinem Verhältnis zu diesem Tod her definiert, so ist er wohl zunächst als derjenige zu bezeichnen, der durch sein Handeln, sein Tun, sein schöpferisches Gestalten, Zeichen gegen diesen

---

[5] Vgl. Mühling, Eschatologie, 175.

1 Tod und Auferstehung

Tod zu setzen versucht. Dieses Handeln gegen den Tod setzt eine Dynamik in Kraft, bis zur Idee, dass Krankheit und Tod als etwas verstanden werden, das irgendwann einmal nicht mehr existieren, abgeschafft sein soll. Der Mensch wird in dieser Perspektive aber auch als derjenige erkennbar, der an dieser Überforderung scheitert. Unter schöpfungstheologischer Perspektive werden indes ganz andere Vorzeichen einer christlichen ›Theologie des Todes‹ wichtig. Das zeigt insbesondere die Fortsetzung der Schöpfungserzählungen (Gen 1 und 2) in der sogenannten Sündenfallgeschichte (Gen 3). Vieles, was an Leid, Tod, Not, Krankheit erfahren wird, ist – so die Erzählung vom ›Fall Adams‹ (Gen 3) – kein unabwendbares Schicksal oder gar naturale ›Ausstattung‹ des Menschen, sondern es ist ›vom Menschen selbst gemacht‹; es liegt letztlich in der Verantwortung des Menschen selbst, weil es Folge der Übertretung von Gottes Gebot, und damit ›der Sünde Sold‹ ist.

Freilich die sogenannte Sündenfallgeschichte gräbt noch etwas tiefer. Nicht die Abwesenheit von Leid und Tod, also das ewige Leben, wird zunächst als das benannt, was den Menschen zum Menschen macht, sondern ›Erkenntnis‹ haben zu wollen, um die Unterscheidung von gut und böse zu wissen. Über das Bewusstsein, ja den Willen zu verfügen, frei handeln zu können, ein Leben führen zu können, das Konsequenzen hat, sich seiner selbst mächtig zu wissen, wirklich über sich verfügen zu können – all das ist das, was den Menschen als Menschen ausmacht. Freilich das, was ihn solchermaßen auszeichnet, macht ihn auch verantwortlich. Im Erzählduktus von Gen 2f sind Geburt und Tod solange unproblematisch, wie sie von einer Welt- und einer Gottesbeziehung getragen sind, die im Einklang, in Harmonie steht. Sie werden erst dort zum Problem, wo dieser Einklang gestört ist. An seiner Endlichkeit leiden, kann indes nur einer, der um die Ewigkeit und die Sehnsucht danach weiß bzw. sie gespürt hat. Wer darum weiß, weiß auch um die letzte Realität alles Irdischen. Das gegenwärtige Leben des Menschen ist von der Erfahrung des Sterbenmüssens geprägt und dies ist eine schmerzliche Erfahrung. Erkenntnis von gut und böse zu erlangen, bedeutet letztlich, dass der

Mensch sich seiner Endlichkeit, seiner Begrenztheit, Vergänglichkeit in aller Offenheit und brutaler Deutlichkeit bewusst wird. Die Erfahrung des Todes wird zum Grauen; denn der Mensch will leben, nicht sterben; d. h. er möchte ›ewig leben‹, nämlich nicht Sterben ›müssen‹. Das Grauen des Todes besteht zunächst darin jene unhintergehbare Erfahrung erleiden zu müssen, die Emmanuel Levinas als Inbegriff der Andersheit, als Erfahrung des ›nicht mehr können Könnens‹, also der absoluten Passivität, des Ausgeliefertsein umschreibt. Es ist der ›Zwang‹, die Passivität des Sterbens erleben zu müssen, dem Tod ausgeliefert zu sein. Doch das Leiden am Tod bzw. an der durch ihn erzwungenen Passivität reicht tiefer.

In seiner Deutung der so genannten Sündenfallerzählung versucht Walter Simonis[6] anhand des Motivs der Erfahrung eines feindlich bösen Todes, wie sie am Ende der Geschichte erzählt wird, einen weiteren Aspekt zu verdeutlichen. Warum wird das Sterbenmüssen zur Qual des Menschen? Die verblüffende Antwort Simonis' lautet: Weil der Mensch liebt. Weil der Mensch erfahren hat, was Liebe bedeutet. Denn nur dort, wo ein Mensch einen anderen wirklich liebt, ihn wirklich ›erkennt‹, wie es die Bibel formuliert, wird der Tod zum Problem, wird der Tod zum Preis, den der Liebende angesichts des Todes des Geliebten zahlen muss. Wir wollen das ›Essen vom Baum der Erkenntnis‹ eben nicht nur als bloße Vollendung des Schöpfungsaktes (was der redaktionellen Strukturierung von Gen 2 und 3 und der Interpretation zahlreicher Kirchenväter durchaus entspräche) verstehen. Noch ist es nur als Erzählung zu deuten, wie durch die Ursünde Adams das Böse in die Welt kam (wie es die christliche Tradition seit Augustinus bevorzugt tut). Die Geschichte erzählt vom Versuch des Menschen, lieben zu wollen wie Gott und daran zu scheitern. Vor diesem Hintergrund erscheint nun aber die Idee des ›feindlichen‹, ›bösen‹ Todes als Tatfolge des ›Essens vom Baum der Erkenntnis‹ mit einem Mal als ein stimmiger Gedanke, ohne den Tod allein als von Gott verhängte ›Strafe‹ der Übertretung verstehen zu müssen. Denn

---

[6] Vgl. Simonis, Über Gott und die Welt.

1 Tod und Auferstehung

hier wird ein Sachzusammenhang artikuliert, der anthropologisch unabweisbar ist: der Zusammenhang von Liebe und dem als feindlich erfahrenen Tod. Wir haben diese Verbindung zu Beginn anhand der Philosophie der Unsterblichkeit mit Gabriel Marcel bereits näher umschrieben. Der Satz vom ›Tod als der Sünde Sold‹ ist daher auch so formulierbar: Im ›Erkennen von Gut und Böse‹, im Schritt zum Selbständig- und Erwachsenseinwollen des Menschen, insofern es sich nun in der menschlichsten und zugleich unbedingten Weise als Liebe zum Anderen verwirklichen will, wird jenes furchtbare ›Geheimnis‹ des Todes offensichtlich. Dass nämlich der das Leben des Geliebten wollende, liebende Mensch doch nicht sehen kann, wie das in der Liebe ausgesprochene ›Du darfst nicht sterben‹ als solches möglich sein soll. Denn so sehr er es auch wollen mag, er selbst kann dieses Versprechen nicht einlösen. Der Preis, den der Mensch diesem seinem eigenen Wollen zahlen muss, ist die Erfahrung des ›Unvorstellbaren‹, dass der Geliebte nicht mehr da ist. Dies ist exakt die schmerzende Wunde im Liebenden selbst: Seinem ›Du sollst leben‹ widerspricht das Nicht-mehr-Dasein des Geliebten.

Zur ›Erkenntnis von gut und böse‹ und damit zur Vollendung der Gottesebenbildlichkeit gehört die Erkenntnis des Todes als Konsequenz hinzu; und zwar in dem Sinne, dass der Tod als Leid am Tod des Geliebten und damit als absolute Passivität erfahren werden muss, die Konsequenz seiner Freiheit ist. Das betont zum einen noch einmal die Grunddimension der Gottesebenbildlichkeit des Menschen als Freiheit und als das Geöffnetsein, das Ausgestrecktsein auf anderes hin. Aber es führt uns zum anderen auch auf die Spur einer ganz eigenen immanent theologischen Qualität dieser Erzählung hinsichtlich einer ›Theologie des Todes‹ und der Begründung menschlicher Unsterblichkeit. Die Tat der Freiheit mit der Bewusstwerdung eines Ausgeliefertseins, angesichts von lieben Wollen und die Endlichkeit des Geliebten erleiden Müssens führt für den Menschen zu einer von ihm nicht mehr überbrückbaren Entfremdungserfahrung Gott gegenüber, die in den Abgrund der gewollten Perversion der Beziehung, d. h. in die Sünde führt. Die

Beziehungslosigkeit von Gott und Mensch wird in der Konsequenz zur realen Möglichkeit des Menschen.

Gott selbst erfährt diesen ›Sprung‹ des Menschen in die Freiheit als Schmerz seiner eigenen Liebe zum Menschen; als Erfahrung der Entfremdung des Menschen von ihm aufgrund der ihm geschenkten Freiheit. Gibt er sein Geschöpf wirklich frei, so muss Gott aber das Risiko einer in Liebe und aus Liebe frei zu gebenden Antwort des Menschen eingehen. Dort aber, wo der Mensch die Freiheit ergreift, kann Gott ihn auch ›verlieren‹, indem menschliches Handeln sich von ihm abwendet, Beziehung verweigert. Diese Dialektik menschlicher Freiheit eröffnet sich bereits am Ende der Paradieseserzählung und sie wird im weiteren Erzählverlauf fortgesetzt. Sie wird in der Folge keine menschliche Lieblosigkeit auslassen, so dass in ihr nur noch das Böse, die absolute Verweigerung jeglicher Beziehung schlechthin, zu dominieren scheint.

Die innere Dynamik des Motivs der Fürsorge Gottes für den Menschen am Ende der Erzählung von Gen 3 sollte bei der Deutung des Todes nicht ausgeblendet werden. Sie unterstreicht die bleibende Zuwendung Gottes auch angesichts des durch die Erkenntnis von Gut und Böse sich für den Menschen öffnenden Abgrunds seiner Freiheit. Ist der Verlust von Kleidung im vorderen Orient gleichbedeutend mit dem Verlust von Personalität und Würde (Rechtlose und Arme sind ›nackt‹; vgl. Hiob 24,6–10; vgl. auch die Verpflichtung zur Bekleidung der Armen!), so bedeutet das Bewusstwerden der Nacktheit die Erkenntnis des völligen Ausgeliefertseins, des Abhängigseins vom Wohlwollen anderer. Im Bild des Bekleidens des Menschen mit Schürzen wird deutlich, dass Gottes bleibende Zuwendung den Menschen nicht im Stich lässt; er bleibt dem Menschen nahe wie eine ›zweite Haut‹. Diese ›zweite Haut‹ der Fürsorge Gottes kann den Menschen vor den Realitäten des Lebens und seinem Ausgeliefertsein an den Tod zwar nicht bewahren, aber sie ist gleichbedeutend mit der eschatologischen Heilsverheißung. Sie steht als bleibende Zusage am Beginn der Geschichte der sich verfehlenden Freiheit des Menschen.

Ihre Pointe ist eine leidenschaftliche Liebesgeschichte Gottes zum Menschen, die aber auch den Abgrund der eigenen Selbstbegrenzung als Preis für die Freiheit des Menschen und die Verletzlichkeit, ja das sich und seine Liebe aufs Spiel setzen nicht scheut, um die erste Liebeszusage im Schöpfungsakt über alle Untiefen der menschlichen Freiheitsgeschichte hinweg zu bewahren. Um der Freiheit des Menschen Willen ist Gott in Jesus Christus selbst bereit die Sünde, ja das Leiden der Liebe und damit den Tod als der Sünde Sold zu ertragen. Gott wagt alles bis hin zur in sich selbst ertragenen Ohnmachtserfahrung der Liebe – als Entfremdungserfahrung des Todes – in Gestalt der Erfahrung der Gottesverlassenheit des Sohnes, um den Menschen unter Respektierung seiner Freiheit zu dem Heil zu bringen, das er ihm am Anfang verheißen hat. Gott gibt den Menschen nie verloren. ›Unsterblichkeit‹ erweist sich hier als die in Christus Gestalt gewordene, bleibende, dialogische Gabe der Liebe Gottes. Unter schöpfungstheologischer Perspektive wird sie aber als absolute Liebestat Gottes und als Vollendbarkeit der abgründigen Freiheit des Menschen zugleich sichtbar.

2. ›So bleiben, wie ich bin ...‹? – Auferstehung mit Leib und Seele

2.1 Die Leib-Seele-Existenz des Menschen

2.1.1 Grundzüge einer biblischen Anthropologie

Alle Begriffe, mit denen die Hebräische Bibel wie das Neue Testament die Existenz des Menschen umschreiben, sind als *Beziehungs- und Relationsbegriffe* zu verstehen. Wobei die Qualität der Relation, die sich in allen vier Begriffen zeigt, je unterschiedlich akzentuiert wird. Ist der Mensch als nefesch/psyché Lebendigkeit im Modus der Lebensbedürftigkeit, ist von basar/sarx bzw. soma her seine leibliche Existenz hinsichtlich ihrer Hinfälligkeit und Sündenanfälligkeit, hinsichtlich ihrer fundamentalen Un-Selbständigkeit ausgesprochen. Ist er als leb/kardia vernehmende und als solche sich äußernde Rationalität, strahlt er, mit dem kabod/doxa Gottes angetan, im wohlgefälligen Blick des Anderen auf. Ist er schließlich als ruach/pneuma von Gott belebtes Selbst und als solchermaßen lebendiges Selbst in die Perspektive seiner Vollendung gestellt, so wird in alledem sichtbar, dass die anthropologische Beschreibung des Menschen nicht ohne die theologische Perspektive und nicht in Konkurrenz zu ihr möglich ist, sondern nur kraft ihrer. Nur in Bezug auf Gott kann vom Menschen gesprochen werden, denn nur in Bezug auf ihn existiert er. Wird diese Gottesrelation von den verschiedenen Begriffen jeweils unterschiedlich akzentuiert, so ist zugleich jedes Mal der ganze Mensch an- und ausgesprochen. Seine Lebensperspektive ist die Gottesperspektive, nämlich hinsichtlich seines Gegründetseins, hinsichtlich seines Selbstvollzugs und Selbstbezugs, hinsichtlich der Erfüllung seines Selbst.

So kann man sicher die Grunddimension aller Begriffe an dem festmachen, was der Begriff ruach/pneuma am deutlichsten umschreibt. Die Lebensperspektive des Menschen aus der Gottesperspektive heraus. Das heißt: Die in allen vier Begriffen zum Ausdruck kommende Gottesbezogenheit ist im Prinzip die gleiche, wie wir sie mit dem Begriff der Gottesebenbildlichkeit des Menschen beschreiben. Diese besondere Auszeichnung und Würde des Menschen findet sich also auch in den Relationsbegriffen wieder, die die biblische Anthropologie aus der Grunddimension der Leiblichkeit des Menschen heraus ableitet. Dabei ist folgende Grunddynamik von besonderer Bedeutung. Das, was die Würde des Menschen ausmacht, die ihn auszeichnet Kraft des Selbst-Standes, der Selbst-Überschreitung, des Selbst-tätigwerdens, der Freiheit, der Autonomie etc., wird in der Sprache, die die Leiblichkeit des Menschen ins Zentrum stellt, immer so dargestellt, dass dieser Selbststand immer als Gabe eines anderen, als getragen durch einen anderen, verstanden wird. Des Menschen Selbststand ist ein herkünftiger Selbststand, seine Freiheit ist eine geschenkte Freiheit. Diese Herkünftigkeit prägt all seine Vollzüge. Das macht die Bibel insbesondere anhand seiner Leiblichkeit und Leibhaftigkeit deutlich.

1 Tod und Auferstehung

Die den Menschen auszeichnende Würde liegt daher nicht in einer als absolute Unabhängigkeit zu denkenden Selbstständigkeit, nicht in einem absolut Über-sich-verfügen-Können. Sie zeigt sich als Gabe, freilich als eine Gabe, die selbständig und frei vollzogen werden kann, ja soll, damit sie als Gabe sich auch erfüllt. Die Würde des Menschen zeigt sich also gerade in der Ausfüllung, der Erfüllung dieser Gabe. Erfüllt und ausgefüllt wird diese Gabe eben in der leib- und welthaften Existenz in all ihren Dimensionen, wie sie die vier Grundbegriffe der menschlichen Leiblichkeit umschreiben. Es ist eine von Gott geschenkte Autonomie, die als Richtmaß für alles Denken und Handeln des Menschen dient. Im Ursprung seiner selbst findet der Mensch das Andere seiner Selbst, sein Verlebendigtsein von Gott her. Bei-sich-sein heißt von Gott-her-sein. Und genau das rufen alle Grundelemente der Leiblichkeit des Menschen nachhaltig ins Gedächtnis.

In der Sprache, mit der die Hebräische Bibel den Leib umschreibt, wird der Mensch zur Sprache gebracht als ein nicht der Ursprung seiner selbst seiendes Wesen. Der Mensch ist ein durch anderes vermitteltes Selbst, ein Wesen, das nicht nur durch seine Selbstentschlossenheit, sondern eben durch sein Sein vom anderen, seine Vermitteltheit her geprägt ist. Sein Selbstvollzug ist biblisch gesehen stets herausgefordert durch den Anruf und den Anspruch Gottes. Sein Dasein ist Angesprochensein, Herausgefordertsein. In einer solchen Existenz kann man sich nicht einfach ausruhen, man hat sich nicht einfach selbst. Sondern man ist immer dazu herausgefordert und man muss dieses Selbstsein als Aufgabe stets neu bewähren. Eine systematische Anthropologie, die sich an dieser Leiblichkeit orientiert, wird daher die ständige Aufgabe, die sich aus dieser Gabe ergibt, in den Mittelpunkt stellen. Aber sie wird auch das ständige Ausgerichtetsein auf anderes, das ständige Bedürftigsein der Existenz des Menschen nicht aus dem Blick verlieren. Eine Anthropologie, die sich an dieser Leiblichkeit orientiert, ist immer eine Anthropologie der Vermitteltheit menschlicher Existenz. Der Mensch existiert von Gott her, vor Gott, auf ihn hin. Eine Anthropologie, die an den Grunddimensionen des biblischen Menschenbildes

Maß nimmt, wird aber auch keinen Dualismus von leibhaftiger und geistig-geistlicher Existenz des Menschen zulassen. Der aus dem Staub gebildete Mensch ist von Gottes Atem inspiriert und das macht seine Geistigkeit aus.[7] Der biblische Seelenbegriff ist daher ein Beziehungsbegriff; er ist ohne die Vergänglichkeit der Leiblichkeit des Menschen nicht verstehbar. Das steht in gewisser Spannung zur Idee einer ›unsterblichen Seele‹ in der griechischen Philosophie. Insofern ist die Beobachtung *Joseph Ratzingers* zutreffend, dass der »*Begriff Seele, wie ihn Liturgie und Theologie bis zum 2. Vatikanum verwendet haben, [...] mit der Antike so wenig zu tun [hat] wie der Auferstehungsgedanke. Er ist ein streng christlicher Begriff.*«[8]

Die biblische Vorstellung und Hoffnung eines Lebens nach dem Tod hat nichts mit einem formalen ›Weiterleben‹ zu tun, und ›Unsterblichkeit‹ bzw. ›Auferstehung‹ ist biblisch besser als ›Leben‹ bei/in Gott zu beschreiben, also als schöpferisches Handeln Gottes am Menschen, das auch an der Schwelle des Todes die Beziehung zwischen Gott und Mensch nicht abbrechen lässt. Auch ›das Leben nach dem Tod‹ ist ein Beziehungsgeschehen; nicht aber die schlichte ›Weiterexistenz‹ einer irgendwie als unsterblich zu denkenden ›Seelen-Substanz‹ im Menschen und damit Konsequenz eines Dualismus von Leib und Seele. Solche Vorstellungen sind eher geprägt vom Erbe einer einseitigen Rezeption dualistischer (konkreter: gnostischer) Denkweisen, mit denen sich die christliche Theologie in ihren Anfängen auseinanderzusetzen hat.

2.1.2 Theologiegeschichtliche Entwicklungslinien

Die Idee der Unsterblichkeit der Seele (also die Vorstellung einer Trennung von Leib und Seele im individuellen Tod, verbunden mit der Idee der leiblichen Auferstehung am Ende der Zeiten als Wiedervereinigung von Leib und Seele) ist zunächst kein dominierender Grundbestand der christlichen Theologie; ebenso wie erst die späte, hellenistische Phase in der Hebräi-

---

[7] Vgl. Dirscherl, Grundriß theologische Anthropologie, 73.
[8] Ratzinger, Eschatologie, 124.

schen Bibel an eine Polarität von Leib und Seele denkt. Denn dieses Modell steht in einer gewissen Spannung zur übrigen biblischen Wahrnehmung des Menschen. Dort wird der Mensch ja als ganzheitliches Wesen vorgestellt; als Sinnen- und Leibwesen. Er ist hinfälliges Fleisch, aber auch Seele, d. h. von Gott bei seinem Namen gerufenes Wesen, gerufener Geist. Diese biblische Unterscheidung ist aber keine dualistische Trennung des Wahrnehmens des Menschen. Die Bibel legt in keiner Phase ihrer Entwicklung das Verständnis einer vom Leib zu trennenden oder getrennten Seele nahe. Dem gegenüber denkt die griechische Philosophie deutlich dualistischer. Zwei getrennte Substanzen prägen den Menschen: die niedrige animalische Welt des Fleisches, des Leibes, der Materie und die hohe geistige Welt der Vernunft, der Seele. Der Leib wird hier gar als Gefängnis der Seele interpretiert. Die Materie muss überwunden werden, die ›Seele‹ – das Eigentliche des Menschen – muss daraus befreit werden. Die Probleme, die man sich mit der Übernahme dieses Modells einhandelt, sind damals wie heute offensichtlich.

Ursprünglich bedeutet in der Hebräischen Bibel das ›Warten‹ auf das ›Leben danach‹ nicht das Warten eines separierten Teils des Menschen, etwa der ›Seele‹, sondern das Warten des ganzen Menschen. Dies kann auch für das Neue Testament als Überzeugung vorausgesetzt werden. Erst unter dem Einfluss der zweiteiligen griechischen Anthropologie wird innerhalb der christlichen Theologie daraus die Konzeption einer *anima separata*, einer Seele, die nach dem Tod vom Leib getrennt, sich bereits der Seligkeit bei Gott erfreuen kann und ›nur noch‹ zur Steigerung der eigenen Seligkeit auf die Auferstehung des Leibes am Ende aller Zeiten wartet. Mit der ›Zwei-Teilung‹ des Menschen drängt sich zum einen die gerade heutzutage zentrale Frage auf, wie denn so etwas wie das ›Material‹ des Menschen auferstehen kann; aus welchem ›Stoff‹ der verklärte Leib des Menschen ist. Und zum anderen verbindet sich die Vorstellung mit einer *zeitlichen Differenz zwischen Vollendung der Seele und des Leibes*.

a) Patristische Weichenstellungen

Theologiegeschichtlicher Hintergrund und damit auch ›Zeitfenster‹ für die Weiterentwicklung des christlichen Nachdenkens über Tod und Auferstehung ist neben der permanenten Herausforderung durch einen jenseitsskeptischen Epikureismus die Auseinandersetzung der Alten Kirche mit der Irrlehre der *Gnosis* im 2. und 3. Jh., die von der philosophisch begründeten Abwertung des Fleisches geprägt ist. Schöpfung und Materie als Ganze sind Folgen eines widergöttlichen Prinzips. Dieses böse Prinzip, der Demiurg, hat die Welt und die Materie geschaffen. Der gute Gott bleibt jenseits dieser Welt und hat mit der Materie nichts zu tun. Die Gnosis geht also von einem dualistischen Prinzip Gottes aus, einem positiven jenseitigen, transzendenten Gottwesen und einem negativen diesseitigen, die Schöpfung schaffenden Gottwesen. Der Mensch ist nun als eigentliches Geistwesen von dem guten Gott geschaffen, ist aber durch den bösen Demiurgen, das böse Weltprinzip, in das Gefängnis seines Leibes eingesperrt. Er muss daraus befreit werden. Das ist die letzte konsequenteste Übernahme der philosophischen Vorgaben aus dem Platonismus in scheinbar christlichem Gewand.

Gegen die Abwertung von Natur und Schöpfung in dieser Irrlehre setzt die rechtgläubige Theologie die These, dass die Schöpfung eine gute Schöpfung ist und darum auch erlösungsfähig. Das Heil Gottes ist *salus carnis*, Heil des Fleisches, so betonen *Irenäus* (†220) und *Tertullian* (†220). Freilich ist ›Fleisch‹ kein materieller Gegenbegriff zur Seele, sondern meint die umfassende Erfahrung der Eingebundenheit des Menschen in Welt, Geschichte, Umwelt. Es meint sein Mitmenschsein, sein Sein-in-Gemeinschaft, in Beziehung stehen. Kosmologisch oder universal bedeutet das Festhalten an der Erlösung der sarx ein Festhalten an der Treue Gottes zu Welt und Geschichte, zur Schöpfung als Ganzer. In einer expliziten Polemik gegen die Gnosis kann diese Deutung freilich auch materialistisch aufgeladen werden. Dabei schießt diese Idee über das ursprünglich intendierte Ziel hinaus. Etwas nachdenklichere Theologen wie zum Beispiel *Origenes* (†254) interpretieren daher korrigierend: Es geht nicht um die Selbigkeit der Materie, die auferweckt wird, sondern um das bleibende Bild, die individuelle Form, die einen konkreten Menschen vom anderen unterscheidet. Als Individuum und nicht als beliebiger göttlicher Funke ist der Mensch unsterblich im Angesicht Gottes. Wichtig ist den rechtgläubigen Theologen dabei, dass der drohende Gegensatz von Leib und Geist durch eine dauerhafte Verbindung beider versöhnt wird und dass das Leiblich-Sinnenhafte durch den Geist beherrscht wird.

Leib und Seele werden als die beiden aufeinander verwiesenen Teile des Menschen verstanden. Freilich kann nicht der Mensch selbst für eine unauflösliche Einheit beider sorgen, sondern nur der Geist Gottes. Erst durch ihn wird der Mensch zu einem Ganzen. Er allein eint den Menschen und verleiht so dem Menschen unvergängliche Dauer. Die verschiedenen Theologenschulen der Zeit können dabei in ihrer Interpretation dieser geschenkten Einheit und ihren Auswirkungen durchaus differieren. Die westlichen Theologen und die alexandrinische Schule plädieren für die ethisch-moralischen Konsequenzen dieser Einheit: Der durch Gottes Geist befreite Mensch soll auch leibhaftig das Gute tun. Der Leib ist daher so etwas wie das notwendige Medium, das Werkzeug, um auch leibhaftig gut zu handeln. Darum hat der Leib auch Anteil am ewigen Heil. Die antiochenische Schule ist eher spirituell-kontemplativ ausgerichtet: Das Streben nach der immer größeren Gottähnlichkeit ist ein geistig-geistliches Tun; der Leib muss durch dieses Streben beherrscht, das Leiblich-Sinnliche zu diesem Ziel unterworfen werden. Leiblichkeit und Sinnlichkeit sind eher Herausforderungen, vor die der Mensch gestellt ist und die es zu bewältigen gilt. Letztes Ziel ist aber die völlige Durchgeistigung. Hier ist eine latente Entwertung des Leiblich-Sinnlichen spürbar. Freilich: auch hier hält man prinzipiell an der Teilhabe des Leibes an der ewigen Vollendung fest. Gegen den drohenden Dualismus der Gnosis betonen daher alle orthodoxen Strömungen explizit die Auferstehung des Leibes (früher: Fleisches) als christliche Überzeugung.

Als Folge handelt man sich damit aber mehr Probleme ein, als man löst. Es drängt sich nämlich die Frage auf: Wann soll dies geschehen, wenn der Leib doch als Leichnam und damit als sichtbar bleibender ›Rest‹ der Verwesung anheimfällt? Dies kann nur am Jüngsten Tag geschehen, wenn alle Materie, alle Schöpfung vor Gott steht; dann erst wird auch der Leib des Menschen vollendet werden. So bedeutsam diese Entscheidung gegen die Gnosis und ihre Leibfeindlichkeit und Schöpfungsskepsis gewesen ist, so unaufhebbar ist das sich daraus entwickelnde Folgeproblem: die Idee eines ›Zwischen‹ zwischen persönlichem Ende und Ende der Welt (individuellem Tod und ›jüngstem Tag‹), samt seinen ›Begleiterscheinung: der Gedanke einer strikten Trennung von Leib und Seele verbunden mit der Frage: Was ›überlebt‹ eigentlich von mir? In der Folgezeit rückt als theologische Deutemuster die Vorstellung einer Vollendung der Seele in den Mittelpunkt. Wo aber das Hauptinteresse auf der Rettung der Seele liegt, stellt eine ursprünglich damit nicht intendierte Abwertung des Leibes und damit auch einer Entwertung von Welt und Geschichte eine latente Gefahr dar.

b) Mittelalterliche Problemstellungen und ihre Lösungsversuche

Wie immer ist die mittelalterliche Theologie in ihrem Verhältnis zur christlichen Antike durch den Versuch der Präzisierung, der Differenzierung und der Systematisierung gekennzeichnet. Die mittelalterliche Theologie versucht die Zusammenhänge auf den Begriff zu bringen. So entwickelt die scholastische Theologie ein eigenes Lehrstück von den letzten Dingen, das möglichst umfassend alle Aspekte klären und systematisieren will. Wie verhalten sich also Leib und Seele zueinander? Was macht die Identität des Menschen aus? Was bedeutet der Tod für die Verstorbenen? Gibt es Kommunikationsmöglichkeiten im Tod? Wie weit reicht die kirchliche Sanktionsgewalt? Was bedeutet Unsterblichkeit? Wie sieht eigentlich die konkrete Topographie des Jenseits aus? Wie verläuft das Jüngste Gericht? Gibt es Kriterien für ein Bestehen im Gericht? Dabei sind die letztgenannten Fragen Auslöser für eine im Mittelalter geradezu überbordende theologische Phantasie. Wie reagiert nun die mittelalterliche Theologie auf die aus der christlichen Antike übernommenen Fragestellungen?

1 Tod und Auferstehung

Da die konkreten theologischen Infragestellungen (Epikureer; Gnosis) der altkirchlichen Theologie abhanden gekommen sind, geht es im Mittelalter um eine prinzipielle systematische Antwort, die bis in die Einzelheiten durchreflektiert sein muss. Was ist nun das, was das Unvergängliche des Menschen ausmacht? Während die einen Leib und Seele eher trennen und so die vom Leib getrennte Seele – die *anima separata* – als Person, als Mensch betrachten, gehen die anderen davon aus, Leib und Seele eher als Einheit zu betrachten, sodass die *anima separata* nicht als Person, als Mensch verstanden werden kann. Hugo von St. Viktor ist zum Beispiel ein Vertreter der ersten Gruppe. Dagegen plädieren im weiteren Verlauf der Theologiegeschichte Theologen wie z. B. *Thomas von Aquin* († 1274) immer wieder für die notwendige Zusammengehörigkeit der Seele mit dem Leib: ›die Seele ist das Lebensprinzip des Leibes‹. Leib und Seele sind nicht Teile, sondern zwei aufeinander bezogene Prinzipien (Ursachen). Der Leib ist lebendig durch das Lebensprinzip (die Seele), die Seele existiert erst durch das Daseinsprinzip (den Leib). Thomas versucht hier mit dem der Philosophie entnommenen Denkmodell – dem auf Aristoteles zurückgehenden Modell des Hylemorphismus – und einem differenzierten Begriffsinstrumentar die Sache voran zu bringen: Die Seele ist die Form des Leibes: *anima forma corporis*. Eine christliche Theologie, die derart bei philosophischen Ideen Anleihen macht, muss aber nun ›Seele‹ in ihrer Beziehung zum Leib, zu Geschichte und Welt sehen. Leib und Seele sind Beziehungsbegriffe, die ohne einander nicht denkbar sind. Die Begriffe Leib und Seele zielen auf eine Einheit in Unterschiedenheit, die den Menschen als Ganzen unvermischt und ungetrennt beschreiben. Nimmt man die gegenseitige ›Prägung‹ von Leib und Seele, wie sie sich Thomas von Aquin vorgestellt hat, wirklich ernst, kann die Seele nicht einfach übrig bleiben, ohne dass der Leib Spuren, und zwar die entscheidenden Spuren in ihr hinterlassen hätte. Die Seele ist durch unseren Leib, unsere Geschichte, unsere Erfahrungen geprägt und zwar ›leibhaftig‹ geprägt. Seele wäre so etwas wie die immaterielle ›Matrize‹ eines durchaus materiellen geschichtlichen, weltbezogenen, sozial verbundenen ›Prägestocks‹, nämlich des Leibes; die Seele würde aber dennoch Geschichte wie Welt in sich bewahren können.⁹

Der Mensch ist eben kein rein geistiges Phänomen, sondern er ist immer auf anderes hin bezogen und durch anderes geprägt. Gerade seine Beziehungen machen ihn aus. Diese Beziehungen, die wir leben und aus denen wir leben, sind leibhaftige Beziehungen. Das macht ihre Unverwechselbarkeit aus. Und diese Unverwechselbarkeit ist letztlich auch das, von dem christliche Theologie überzeugt ist, dass es in Gott vollendet werden kann. Thomas denkt sich das Ganze als dynamischen Wachstumsprozess, der erst am Jüngsten Tag vollendet wird. Die Seele lässt den Körper zum Leib werden und der Leib ist die konkrete körperliche Ausdrucksgestalt der Geistseele. Der Geist ist nicht ohne Sinnlichkeit verstehbar; der Körper wird nur ›inspiriert‹ zum Eigenen, und so zum ›Leib‹ des Menschen. So kann Thomas den einheitlichen Blick der Bibel auf den Menschen wahren und in eine neue Denkform übersetzen, die bis heute prägend geblieben ist. Freilich fällt es von hier aus schwer, sich die Seele im Zwischenzustand vorzustellen – und hier gelangt auch Thomas von Aquin an kein Ziel. Denn die Frage, wie denn nun das Sterben als Gehen zu Christus und die Einheit des leibhaftigen Menschen zusammenzudenken sei, zeigt sich in der Folge als eigentliches Kernproblem. Dieses ist auch der Auslöser der – für die weitere Diskussion prägend gewordenen – Fortführung der Problematik unter Papst *Johannes XXII.* und seinem Nachfolger *Benedikt XII.*

1331/32 betont Johannes XXII. – mit Rückgriff auf einen Teil der Kirchenväter und die patristische Idee vom ›wartenden Himmel‹ – eine zeitliche Differenz zwischen Tod und Vollendung. Ein Teil der Väter hatte dazu die Idee des Seelenschlafes bis zum Tag des Gerichtes entwickelt und so ein das Endgericht vorwegnehmendes Individualgericht abgelehnt. Ein anderer Teil dagegen hatte einfach eine Dopplung angenommen: Das individuelle Gericht schon nach dem Tode, das in einem leid- oder freudvollen Leben der abgeschiedenen Seelen

---

⁹ Vgl. dazu auch die vertiefende Studie von T. Kläden, Leib und Seele.

1 Tod und Auferstehung

mündet, die am Ende der Zeiten aber die ›plenissimum fructum‹ ihrer Taten empfangen werden. Konsequenz der zeitlichen Differenzierung von Tod und Vollendung durch Johannes XXII. ist nun die These, dass die Seele der Auserwählten erst nach der allgemeinen Totenerweckung und dem allgemeinen Gericht zur Anschauung Gottes kämen, desgleichen gälte für die Verdammten und die Hölle. Eine weitreichende theologische Diskussion bricht an, mit dem Ergebnis, dass der Papst von dieser Lehrmeinung wieder abrückt und auf dem Sterbebett einen Widerruf formuliert (Bulle ›Ne super his‹ vom 3.12.1334; DH 990–991)[10]. Erst sein Nachfolger Benedikt XII. ringt sich aber zu einer expliziten Neuformulierung und damit der Klärung der entstandenen seelsorgerlichen Fragestellungen durch (Traktat ›*De statu animarum sanctorum ante generale judicium*‹ und Konstitution ›*Benedictus Deus*‹ vom 29.1.1336; DH 1000–1002). So finden sich in ›Benedictus Deus‹ die Formeln, dass die Seelen der Gläubigen, die nach ihrem Tod keiner Reinigung mehr bedürfen, »*sogleich* nach ihrem Tod [...] auch vor der Wiederaufnahme ihrer Leiber und dem allgemeinen Gericht [...] im Himmel, Himmelreich und himmlischen Paradies mit Christus in der Gemeinschaft der heiligen Engel versammelt waren, sind und sein werden« (DH 1000) und »dass die Seelen der in einer aktuellen Todsünde Dahinscheidenden *sogleich* nach ihrem Tod zur Hölle hinabsteigen, wo sie mit den Qualen der Hölle gepeinigt werden« (DH 1002). Nichtsdestotrotz (vgl. ›nihilominus ...‹; DH 1002) hält Benedikt XII. aber an der Lehre des allgemeinen Gerichts am Jüngsten Tage fest, zu dem alle Menschen erscheinen müssen.[11] Er betont damit in Abset-

---

[10] Vgl. Ratzinger, Eschatologie, 114f.
[11] Das *iudicium duplex* ist damit festgehalten und so geht das Christentum der damaligen Zeit von zwei eschatologischen Prüfszenarien aus. Diese Communis opinio ist klassisch bereits formuliert bei Thomas (STh Suppl. 88 1, ad 1: Erst das Weltgericht bringt die volle Zumessung der Strafe durch die Vereinigung der Seele mit dem Leib). Diese Differenzierung setzt sich bis zur Reformationszeit durch. Noch Calvin und Zwingli gehen davon aus, dass direkt nach dem Tod das Urteil gefällt und dann am Ende der Zeiten endgültig bekannt gegeben wird. Gestützt wird diese Lehre des doppelten

zung von seinem Vorgänger aus christologischen Gründen, dass die Eschata nicht in ferner Zukunft liegen, sondern der Mensch unmittelbar nach seinem Tod davon betroffen ist. Doch gibt es auch nach ›Benedictus Deus‹ ein Moment der Ausständigkeit, »sofern die resumptio corporum – die Wiedervereinigung mit dem Leib – und das allgemeine Gericht noch ausstehen.«[12] Damit scheint die Frage nach der Leib-Seele-Problematik wie auch die nach der Möglichkeit des ›Zwischenzustands‹ lehramtlich formal entschieden – freilich nur in dem von Benedikt XII. intendierten Rahmen.

So entwickelt Benedikt XII. seine Argumentation, ohne näher auf die Johannes XXII. ebenfalls prägende (biblische) Frage nach der Leiblichkeit des Menschen und damit auch dem Schicksal der Welt als ganzer näher einzugehen. Die Plausibilität dieses Einwandes gegen eine allzu ›exklusive‹ Vorstellung einer ›unsterblichen Seele‹ bleibt daher bis heute relevant, ja erhält angesichts der sich von der Psychologie, Pädagogik etc. nahelegenden Rede von der Ganzheitlichkeit des Menschen sogar neue Durchschlagskraft. Freilich erscheint der damit auftretende Konflikt mit Physik, Biochemie und Medizin um das Verständnis einer leibhaften Auferstehung dadurch nicht lösbarer. »Diese Auferstehung würde ja eine völlig neue Materialität voraussetzen, einen grundsätzlich veränderten Kosmos, der völlig außerhalb unserer Denkmöglichkeiten liegt. Auch die Frage, was bis zum ›Ende der Zeiten‹ geschehe, ist ja nicht einfach abzuschieben. [Auch] Luthers Wort vom ›Seelenschlaf‹ löst hier sicher nichts. Wenn es aber gar keine Seele gibt, wenn folglich auch nichts schlafen kann, dann entsteht das Problem, wer denn hier eigentlich auferweckt werden könnte? Wie kommt die Identität zwischen dem damaligen und dem nun doch wohl neu aus Nichts zu schaffenden Menschen zustande?«[13] Die

---

Gerichts übrigens auch durch das sich verstärkt durchsetzende Gedankengebilde des Fegefeuers, das in der Reformationszeit dann aber entschiedenen Widerspruch erfährt.

[12] Ratzinger, Eschatologie, 116.
[13] Ebd. 92.

Leib-Seele-Problematik scheint so ungelöst wie ehedem. Versuchen wir aber wenigstens einen skizzenhaften Überblick über die heute aktuellen Interpretationsmodelle zu erhalten.

2.2 Interpretationsmodelle der Auferstehung der Toten

2.2.1 Auferstehung am Jüngsten Tag

Dieses Vorstellungsmodell geht davon aus, dass im Tod Leib und Seele voneinander getrennt werden. An der Seele vollzieht sich nun unmittelbar nach dem Tod das persönliche Gericht Gottes, dessen Konsequenzen Himmel, Fegefeuer oder Hölle sein können. Im besten Fall gelangt diese Seele – so ihr Schicksal nicht das Fegefeuer oder gar die Hölle ist – zur unmittelbaren Anschauung Gottes; der Leib aber unterliegt dem normalen Verwesungsprozess. Erst am Jüngsten Tag, der der vom persönlichen Sterbetag verschiedene ›letzte‹ Tag ist, vollzieht sich dann die Auferstehung der Toten mit Leib und Seele. Diese Denkweise entspricht in unmittelbarer Weise dem formalen Inhalt des Lehrschreibens Benedikts XII. und findet sich so bis heute in der Lehrtradition der Katholischen Kirche wieder.[14] Die Seele wird in diesem Modell lebensjenseitig als wartende Seele vorgestellt und erhält damit eine unübersehbare Zeitcharakteristik. Zugleich legt sich die Idee zweier verschiedener Arten der Seligkeit nahe: die sofortige leiblose Anschauung Gottes durch die Seele und dann – erst nach der leiblichen Vollendung am Jüngsten Tag – die endgültig beseligende Anschauung Gottes auch im Leib. Diesem Problem ist wohl kaum entgegenzutreten, weil innerhalb dieses Modells sowohl der persönliche Sterbetag wie auch der Tag des Jüngsten Gerichts notwendig eine Zeitdimension in sich tragen. Ist also beides – Auferstehung von Leib und Seele und die betonte Zeitjenseitigkeit der Seele – überhaupt zusammen innerhalb eines Modells denkbar?

---

[14] Vgl. den Weltkatechismus Nr. 997.

2.2.2 Auferstehung im Tod[15]

Grundüberlegung dieses Modell scheint folgendes zu sein: Zeit ist allein ein diesseitiges Problem. Der Tod aber bedeutet das Heraustreten aus diesem Zeitzusammenhang hinein in die Ewigkeit, die allein durch ihr ewiges Jetzt und Heute gekennzeichnet ist. Folglich ist das Problem eines ›Zwischenzustandes‹ zwischen Tod und Auferweckung ein Scheinproblem. Das ›Zwischen‹ existiert nur in unserer zeitlichen Perspektive (zeitdiesseitig; sozusagen in der ›Hinterbliebenen-Perspektive‹); in Wahrheit ist das ›Ende der Zeiten‹ bereits zeitjenseitig und damit die (zeitliche) Trennung von Sterbetag und Jüngstem Tag unsinnig (es wäre eine Projektion von Zeit ins Jenseits). Wer also stirbt, tritt unmittelbar in die Gegenwart des Jüngsten Gerichts, der Auferstehung der Toten und der Wiederkunft Christi. Daher ist es angemessen von einer ›Auferstehung *im Tod*‹ zu sprechen. Individuelles Ende mit persönlichem Gericht und kollektiv-menschliches bzw. kosmisches Ende werden zeitjenseitig gleich›zeitig‹ im Bezug auf die Ewigkeit!

Um den zentralen Einwand gegen diese These gleich auf den Punkt zu bringen[16]: Wenn die Auferstehung im Tod geschieht und den ganzen Menschen meint, was ist dann mit dem unübersehbar vorhandenen Leichnam? Geschieht hier nicht doch wieder eine ›Entleiblichung‹ oder ›Leibvergessenheit‹ bzw. gar ›Leibfeindlichkeit‹, freilich auf durchaus subtilere Art? Hier hilft auch die – übrigens nur im Deutschen so mögliche – Differenzierung zwischen Leib und Körper nur bedingt. Denn der Begriff des ›Leibes‹ wird dabei deutlich spiritualisiert und aufs Engste mit dem Seelebegriff verbunden und zuletzt noch mit der individuellen Lebensgeschichte, dem Weltbezug, den sozialen Beziehungen etc. ›aufgeladen‹; die rein ›materiellen‹ Elemente werden alsdann auf den Begriff ›Körper‹ übertragen. Eine Vollendung dieses Elements wird als primitiver ›Physizismus‹ gebrandmarkt und die so gewonnene Leib-Seele-Einheit

---

[15] Vgl. u. a. Greshake/Lohfink, Naherwartung; Greshake/Kremer, Resurrectio.
[16] Vgl. bes. Ratzinger, Eschatologie, 216–220.

kann – unter der Vorgabe darin dem biblischen Vorbild gerecht geworden zu sein – getrost ins Jenseits eingehen. Was ist aber nun der *ganze* Mensch, wenn der Körper nicht dazu gehört? Was soll die Rede vom Weltbezug, wenn das, was diesen Weltbezug vermittelt, die Materie nämlich, ›außen vor‹ bleibt? Der Versuch mit diesem Leibbegriff durch seine Entmaterialisierung den kritischen Anfragen aus Medizin und Physik zu entgehen und zugleich dennoch Zeit-, Welt- und Menschenbezug zu wahren, scheint also nicht ganz gelungen.

Auch die Lösung, dass der ›neue‹ Leib, der dann durchaus Körper sein kann – freilich von ganz anderer ›stofflicher‹ Materie –, bleibt eine Scheinlösung, denn hier stellt *Joseph Ratzinger* zu Recht fest: »Auferweckung ist dann eine Neuschaffung und der Auferweckte kann der gleiche, aber nicht derselbe sein wie der Gestorbene, der folglich mit dem Tod als dieser Mensch definitiv endet [...]. Wieso ist es nun eigentlich kein Dualismus, wenn man nach dem Tod einen zweiten Leib postuliert [...], dessen Herkunft und Existenz dunkel bleiben?«[17] Eine Lösung, die nicht sofort dem Vorwurf der Leib- und Schöpfungsfeindlichkeit auf der einen und dem unangemessenen Physizismus auf der anderen Seite zu unterwerfen ist, scheint kaum in Sicht. So stehen die beiden Aussagen ›Materie an sich, d. h. ohne Welt- und Personenbezug bleibt unvollendbar‹ *(Gisbert Greshake)* und ›Auferstehung, die am Erdenleib vorbeigeht, ist keine‹ *(Joseph Ratzinger)* scheinbar unversöhnlich nebeneinander stehen; verbunden mit einem gegenseitigen Ausschluss der Positionen und je eigenen theologischen ›Folgekosten‹. Oder ist doch eine Lösung möglich?

2.2.3 Diskussionen und die Möglichkeit eines Konsenses

Zunächst müsste der leibfeindliche, geschichtslose Charakter des griechischen Seelebegriffs kritischer in den Blick genommen werden. Ist er von Platon selbst her schon zu relativieren[18], so wird darüber hinaus deutlich, dass eine christliche Theologie,

---

[17] Ebd. 214f.
[18] Vgl. ebd. 71f.

die bei diesen philosophischen Ideen Anleihen macht, ›Seele‹ in veränderter Form verstehen muss und auch immer verstanden hat. Sie kann und darf ›Seele‹ nicht ohne explizite Beziehung zum Leib, zu Geschichte und Welt sehen. Andererseits muss christliche Eschatologie die rettende Vollendung des ganzen Menschen, also auch des Körpers, der Materie, die einmal ›Leib‹ war, in den Blick nehmen können, ohne dabei aber den materiellen Körper, wie er sozusagen in der ›Hinterbliebenen-Perspektive‹ als Leichnam verbleibt, zum Maß aller Dinge zu machen. Eine solche ›pure‹ Materialität wäre für die Auferstehung des konkreten Toten ebenso ohne über andere Materialität hinausgehende Relevanz. Die Seele kann also – angesichts der zeitlebens gegebenen Einheit mit dem Leib – mit dem Tod nicht einfach als vom gestorbenen Menschen ›ohne Rest‹ ablösbarer geschichtsfreier Teil verstanden werden. Dieses ›griechisch-gnostische‹ Verständnis ist für die christliche Theologie als unbiblischer Dualismus abzulehnen. Ebenso kann aber trotz völliger Hinfälligkeit der körperlichen Materie auch kein ›körperfreier‹ Leib als kontinuitätsbildendes Element konstruiert werden. Ist aus dieser Dialektik überhaupt heraus zu kommen?

Zunächst ist »eine Dualität, die die Konstante von der Variablen unterscheidet, unerlässlich und einfach von der Logik der Sache her gefordert. *Die Unterscheidung zwischen Seele und Leib ist aus diesem Grund unverzichtbar.*«[19] Nimmt man darüber hinaus die Idee der gegenseitigen ›Prägung‹ von Leib und Seele, wie sie sich Thomas von Aquin vorgestellt hat, wirklich ernst, ist eine ›reine Seele‹ undenkbar, an/in der der Leib und das über ihn Vermittelte nicht Spuren, und zwar die entscheidenden Spuren hinterlassen hätte. Denn an diesen ›Spuren‹ macht sich die Frage der individuellen Identität des Menschen fest. Eine solch ›leibhaftig‹ geprägte Seele wäre dann als der wirklich Tod überdauernde Repräsentant des Menschen einschließlich seiner unverwechselbaren Geschichtlichkeit und Weltbezogenheit vorstellbar. Demgegenüber wäre die Einführung eines den Leibbegriff überstrapazierenden, weil letztlich

---

[19] Ebd. 130.

1 Tod und Auferstehung

doch allzu spiritualisierten Leibverständnis, wie sie mit der These der Auferstehung im Tod‹ zu verbinden ist, verzichtbar. Gleichzeitig ist aber die Seele als ›Sitz‹ der Leiblichkeit, als Identität, die den Tod überdauert, vorstellbar. Damit bietet sich ein Kontinuität bildendes Element an, wie es – angesichts des heutigen Wissens über Stoff- und Energiewechselvorgänge – Materie als solche heute gar nicht mehr zu leisten vermag: Diese Seele wäre so etwas wie die immaterielle ›Matrize‹ eines durchaus materiellen geschichtlichen, weltbezogenen, sozial verbundenen ›Prägestocks‹, nämlich des Leibes; sie wäre weder geschichtslos noch leiblos, sondern würde Geschichte wie Welt in sich bewahren können.

Die Frage nach der ›Zukunft‹ körperlicher Materie kann – ohne einer gnostischen Leibfeindlichkeit zu verfallen – vielleicht mittels folgender Überlegung beantwortet werden: Bereits zu Lebzeiten kann von einer »materiellen Identität des menschlichen Leibes« nicht die Rede sein, »da er, wenn auch je nach chemischer Substanz mit unterschiedlicher Prozeßdauer, einem ständigen Stoffwechsel unterliegt.«[20] Diese Art von Materialität macht also schon zu Lebzeiten des Menschen nicht seine ›Leiblichkeit‹ aus; wieso sollte es dann mit dem Tod der Fall sein? Die Vollendung solcher Materialität, die vom Menschen her gesehen immer nur seine zeitweilige menschliche Materialität ist, kann und darf damit dem ›Ende aller Zeit‹ und damit der hier explizit für den Jüngsten Tag auszusprechenden ›Vollendung der ganzen Schöpfung‹ zugeschrieben werden, ohne der individuellen durchaus ›leibhaften‹, d. h. all ihre Geschichts- und Weltbezüge mitbringenden Vollendung der menschlichen Seele im Augenblick des individuellen Todes irgendwie im Wege zu stehen.

Die Stellungnahme der Glaubenskongregation aus dem Jahre 1979 arbeitet sich letztlich genau an diesem Punkt ab. Sie hält an der Begrifflichkeit ›Seele‹ fest, ist sich freilich des damit drohenden Dualismus bewusst. Zugleich wird aber darauf hingewiesen, dass auch die Idee der Auferstehung im Tod einem subtilen Dua-

---

[20] Lüke, Auferstehung, 53.

›So bleiben, wie ich bin ...‹? – Auferstehung mit Leib und Seele

lismus unterliegen kann. Gibt sie die Hoffnung auf Vollendung der Materie, insofern diese nicht zur Leibhaftigkeit, d. h. individuellen Freiheitsgeschichte eines Menschen gehört, auf oder gibt sie diese Hoffnung nicht auf? Kann es Leiblichkeit ohne Körperlichkeit geben? Hat das Körperliche, die Materie keine eschatologische Zukunft? Was bedeutet es, dass Gott am Ende alles erlöst, Christus wirklich alles in allem ist? Demgegenüber wäre nochmals eine Konkretisierung der mit der Idee der Auferstehung des Fleisches bzw. Leibes Gemeinten notwendig. Fleisch, Sarx, betont den gemeinschaftlichen, den kommunialen Charakter der Auferstehung. Auferstehung eines Menschen ist kein isoliertes Geschehen, es geht nicht um eine individualisierte Glückseligkeit des Menschen. Dem widerspricht explizit die Rede von der Auferstehung des Fleisches bzw. des Leibes, indem sie den kommunialen und damit solidarischen Charakter der christlichen Auferstehungshoffnung betont. Zugleich betont christliche Eschatologie damit die Leibfreundlichkeit, Erden- und Geschichtsbezogenheit christlicher Hoffnung. Es geht nicht um eine privatisierte Innerlichkeit, sondern um eine geschichtlich-politische, gesellschaftliche Dimension christlicher Auferstehungshoffnung, also um eine soziale, ganzheitliche Sicht. Das hier und jetzt wird unter der Perspektive der verheißenen Zukunft wahrgenommen. Das ganz andere, Jenseitige, Neue fragt in diese Welt hinein. Leibhaftigkeit, Auferstehung bedeutet: Die Geschichte und die Welt hier und jetzt sind ernst genomen, darum ist die Geschichte und Welt hier und jetzt zu gestalten um sie antizipatorisch der verheißenen Zukunft nahe zu bringen. Die Botschaft von der Auferstehung des Leibes fordert das Handeln hier und jetzt heraus. Indes: Wie ist das alles vorzustellen ohne materielle Vermittlung? Und was bedeutet das für den Status von Materie? Diese Fragen bleiben auf beiden Seiten offen. Ist hier überhaupt eine Lösung möglich? Wohl kaum! Allenfalls eine Relativierung, die die ernsthaften Fragen beider Seiten wahrnimmt und sie auch vor den theologiegeschichtlich vorhandenen Einseitigkeiten reflektiert.

Zu Recht fasst daher der Katholische Erwachsenenkatechismus von 1985 die Problematik folgendermaßen zusammen:

1 Tod und Auferstehung

»Zwei Extreme waren zu vermeiden: auf der einen Seite ein primitiver Materialismus, der meint, wir würden bei der Auferstehung der Toten wieder dieselbe Materie, dasselbe Fleisch und dieselben Knochen annehmen wie in diesem Leben. Nun wissen wir aber, dass wir schon in diesem Leben unsere Materie im Lauf von etwa sieben Jahren immer wieder austauschen. Die Identität der Person zwischen diesem und dem zukünftigen Leben kann also nicht an der Identität der Materie hängen [...]„ wir werden zwar dieselben sein, und doch werden wir alle verwandelt werden (vgl. 1 Kor 15,50f). [...] auf der anderen Seite darf man diese Verwandlung nicht im Sinn eines weltlosen Spiritualismus rein geistig verstehen. Es geht um eine neue, durch den Geist Gottes verwandelte, verklärte Leiblichkeit und um eine wesenhafte (nicht stoffliche) Identität des Leibes [...] Man kann diese Mitte zwischen Materialismus und Spiritualismus als geistigen Realismus bezeichnen. Er besagt, dass am Ende alles vom Geist Gottes verwandelt und verklärt werden wird. Wir können uns davon keine konkrete Vorstellung machen. Wir wissen nur: Wir, unsere Welt und unsere Geschichte werden dieselben sein und werden doch ganz anders dieselben sein.« (412f.)

Kapitel 2: ›Zu richten die Lebenden und die Toten ...‹

1. Das Jüngste Gericht

Die Botschaft vom Gericht Gottes über den Menschen, fest verankert im christlichen Glaubensbekenntnis, war in der Geschichte des Christentums über weite Strecken hinweg alles andere als der Ausdruck einer Zukunftshoffnung. Die ursprüngliche Frohbotschaft wurde zur Angst einflößenden Drohbotschaft.[1] Sie wurde zum Mittel missbraucht, um moralisches und verantwortliches Verhalten hier auf dieser Welt durch Druck und Erzeugung von Furcht zu gewährleisten. Der französische Philosoph *Michel Foucault* spricht anschaulich von jener ›dunklen‹ Seite der Seelsorge als ›Pastoralmacht, die gerade durch ihre Unterdrückungs- wie Instrumentalisierungsmechanismen gekennzeichnet ist.[2] Für das Thema des Endgerichts gibt es daher tatsächlich gewisse ›Hochzeiten‹ in der Theologiegeschichte. Im Hohen Mittelalter wird z. B. das Jüngste Gericht zum beherrschenden Thema der Bauplastik und Malerei. Sowohl die Bildzeugnisse als auch die Textzeugnisse dieser Zeit zeigen deutlich, dass nicht vorrangig die Himmelshoffnung, sondern die Höllenangst mit dem Gerichtstag verbunden war. Die biblische Angst vor dem allgemeinen Tag des Zorns wird am Ende zur doppelten Angst vor der individuellen Verurteilung zu Purgatorium oder Hölle bis zum Endgericht und zur Angst vor der endgültigen Verurteilung beim Endgericht. Dies kann als Auswirkung der Prädestinationslehre des Augustinus, samt seiner Lehre von der massa damnata, verstanden werden; er gilt als einer der meist gelesenen und prägenden Theologen dieser Zeit. Selbst für Anselm v. Canterbury schien es daher un-

---

[1] Vgl. Delumeau, Angst im Abendland.
[2] Foucault, Sorge.

möglich, dass die Barmherzigkeit Gottes größer sein könne als seine Gerechtigkeit (vgl. Cur Deus Homo 1,24).

In der Neuzeit hat die Angst vor dem Weltgericht für viele ihre Wirkung eingebüßt. Doch dort, wo sich in der Folge die Menschen der unliebsamen Gerichtsbotschaft einfach entledigen, kommt die Dimension der Verantwortung für die eigenen Taten zu kurz. Wo ich den Eindruck gewinne, für mein Tun, für mein Handeln und seine Konsequenzen im Letzten nicht mehr gerade stehen zu müssen, bleibt die Frage offen, welchen Sinn es hat, ob ich gut oder schlecht handle, Gutes oder Böses tue. Der weitestgehende Verzicht auf die Gerichtsbotschaft steht in der Gefahr zu Nivellierung, zur Gleichmacherei zu führen. Umgekehrt fordert die Idee des Gerichts unmissverständlich die Verantwortung des Menschen ein; die Frage ist nur: Zu welchem Preis tut sie das? Sie müsste doch so zu artikulieren sein, dass die Tragweite der Lebensentscheidung deutlich gemacht wird, ohne einfach nur Angst davor einzuflößen, von einem anderen die Rechnung dafür präsentiert zu bekommen. Die Rede vom Gericht ist darum so etwas wie eine Gratwanderung zwischen zwei Extremen: der angstbesetzten Drohung oder des Entzugs aus der Verantwortung.

1.1 Das biblische Fundament

1.1.1 Der Tag des Herrn

Schon von den Anfängen des Alten Testaments her ist die Botschaft vom Heil immer auch mit der Ansage des Gerichts verbunden. Diese Verknüpfung begegnet auch in anderen Religionen. Die Gerichtsaussagen der jüdisch-christlichen Tradition haben dabei einen zweifachen Ursprung: Die erste Wurzel ist die in den frühen Schichten des Alten Testaments verankerte besonders von Propheten akzentuierte Ansage des Strafgerichtes Gottes am Tage Jahwes (vgl. Gen 18,20; Jes 2,12; 13,6; 65,6f; Ez 30,3; Joel 2,1; Zef 1,14–16; 3,9–20; Ps 62,13; Sir 5,5.7; Spr 24,12). An diesem Tag wird Jahwe seine Herrschaft in voller Herrlichkeit aufrichten. Zugleich ist dieser Tag der Tag des Gerichts, das vor allem die Ruchlosen, die Frevler in Israel, die Israel bedrängenden Völker treffen wird. Die zweite Wurzel ist die Überzeugung, dass die individuelle Entscheidung für oder gegen Gott, die sich in der individuellen Lebensführung ausprägt, heilsbedeutsam ist. Und zwar in dem Sinne, dass der bzw. die Einzelne dafür Rechenschaft abzulegen hat. Diese Überzeugung begegnet im Alten Testament besonders in der weisheitlichen und apokalyptischen Literatur.

Der offensichtliche Kontext der Rede vom Gericht Gottes ist in der Heiligen Schrift zunächst also die prophetische Literatur, näherhin die Gerichtsprophetie. Die Bibel – bis hin zum neutestamentlichen Umkehrruf Johannes des Täufers, aber auch so manches deutliche Wort im Munde Jesu – ist voll von nachdrücklichen Aufforderungen zur Umkehr, die dann durch Gerichts- und Drohworte nachdrücklich unterstrichen werden. Die Bibel kennt von Anfang an, selbst in der Schöpfungstheologie, diese ›dunkle Seite‹ des Handelns Gottes, um sie zugleich zu ›relativieren‹: Ausgangspunkt ist die Idee, dass die gute Schöpfung Gottes durch die Freiheit des Menschen und deren Missbrauch zur bösen Schöpfung geworden ist. Und um dieser Güte seiner Schöpfung willen ereifert sich Gott: ›Da reute es den Herrn auf der Erde den Menschen gemacht zu haben‹ (Gen 6,6). Die schöpfungstheologische Dialektik von guter Gabe Gottes und Missbrauch menschlicher Freiheit durchzieht die gesamte theologische Tradition Israels bis hinein in die prophetische Zeit. Dort spitzt sich der Gedanke noch zu: Gott hat das Volk aus Ägypten befreit, ihm das Land geschenkt, in dem Milch und Honig fließen, und Israel hat nichts Besseres zu tun, als anderen Göttern nachzulaufen (vgl. Hosea) und – noch schlimmer – die eigene Freiheit dazu zu nutzen, eine gottwidrige unsoziale Gesellschaftsstruktur aufzurichten (vgl. Amos). Statt die Gabe der Freiheit als Aufgabe aufzufassen, vergeht man sich gegen die göttliche Gerechtigkeit und die Gerechtigkeit gegenüber den Mitmenschen. Kein Wunder also, dass die Propheten mit dem Zorn Gottes, dem Gericht, dem Untergang drohen.

Freilich, in keiner Phase der Theologie wird davon abgesehen, dass Israels Gott ein guter Gott ist. Jahwe bleibt im Prinzip der liebende, der wohlwollende, der nahe Gott, so sehr er auch jetzt und hier Grund hat, sich von seiner anderen Seite zu zeigen. Niemals entwickelt Israel die Idee eines zweiten, destruktiven Prinzips neben dem guten Gott. Niemals denkt Israel dualistisch. Ebenso wichtig ist die Grundüberzeugung, dass Gott allen Grund hat, zu zürnen und sein Gericht zu vollziehen. Gottes Gericht und sein Zorn entspringen nie einer Laune, einem unkalkulierbaren zerstörerischen Affekt gegen den Menschen oder gar gegen die ganze Schöpfung, sondern sie entspringen seiner Sorge um die Schöpfung, seiner Sorge um sein Volk, seiner Sorge um den Menschen. Zorn und Gericht sind im Alten Testament so etwas wie die Kehrseite der Nähe und der Liebe Gottes.

1.1.2 Gericht und Treue Gottes

Der treue Gott – so der der Gerichtsmetaphorik zugrunde liegende theologische Hauptgedanke – bleibt verantwortlich für seine Schöpfung. Das bedeutet, dass auch die Gerichtsbotschaft des Alten Testaments auf dem gleichen, breiten theologischen Fundament ruht, das die biblische Tradition als Ganze trägt. Die Rede vom Gericht Gottes weist darauf hin, dass Gott sich selber in Verantwortung nimmt, auch gegen das Versagen des Menschen und dessen Ungerechtigkeit seine Gerechtigkeit, seine Wahrheit und Treue durchzusetzen. Das macht noch einmal darauf aufmerksam, dass die biblische Gerichtsbotschaft eine durch und durch hoffnungsgeprägte Botschaft ist. Sie beruht auf der theologischen Überzeugung, dass Gott derjenige ist, der am Ende alles zum Guten wenden kann und wenden wird. Gerade weil man davon überzeugt ist, dass nichts in der Welt geschieht, ohne dass Gott darin spürbar und erfahrbar ist, müssen auch die real erfahrenen Abgründe der Geschichte theologisch bewältigt werden. Die Überzeugung vom treuen Dasein Gottes ist der entscheidende Schlüssel für das Gerichtsverständnis.

Dabei mag folgende theologische Grundüberzeugung gerade in modernen Ohren befremdlich klingen: Für einen frommen Israeliten ist es theologisch stimmiger, sich ein Unglück als verdiente Strafe Gottes vorzustellen, als davon ausgehen zu müssen, dass es auch nur ein einziges Ereignis in der Weltgeschichte gibt, das nichts mit Gott zu tun hätte. Gottes Handlungsfähigkeit, seine Macht, seine Geschichtsfähigkeit, sein Engagement und seine Treue werden so umfassend vorgestellt, dass nicht ohne Bezug, auch auf die dunklen Seiten des Weltgeschehens, geglaubt werden kann. So kann die Idee vom Gericht Gottes als eine Art Katastrophenbewältigungstheologie gedeutet werden. Die Gerichtsmetaphorik erweist sich in diesem Horizont als theologisches Interpretament ›post festum‹. Negative Geschichtsereignisse (Exil, die Zerstörung des Tempels etc.) – also Ereignisse, die eigentlich neutral politisch interpretierbar wären – werden im Nachhinein theologisch ›aufgeladen‹. Das politische Unglück wird als Beweis des ›Engagements‹ Gottes, eben als gerechte Strafe im Vollzug seiner Gerechtigkeit interpretiert. Mitunter geht diese theologische Vorstellung so weit, dass nicht nur das kollektive Schicksal Israels in dieses Bildfeld des Gerichts und/oder gerechten Zornes Gottes eingeordnet wird, sondern dass auch das persönliche Schicksal, das persönliche Unglück jedes Einzelnen so gedeutet wird (so der Tun-Ergehens-Zusammenhang, wie er in Teilen der Weisheitsliteratur, z. B. auch im Buch Iob zumindest im Munde der ›Freunde‹ Iobs sichtbar wird). Darin lernen Menschen mit unbegreiflichen und daher sinnlosen anmutenden Katastrophen ihres Lebens zurecht zu kommen, ohne in völlige Verzweiflung der Gottesferne zu stürzen. Zugleich hat die Rede vom Gericht und vom Zorn Gottes in den biblischen Schriften immer auch appellativen oder pädagogischen Charakter, da das Motiv des Gerichts auch als Mahnung und Ermahnung, als Hinweis auf den Ernst der Lage verstanden werden kann. Damit wird deutlich, dass die Rede vom Zorn und vom Gericht Gottes eine theologisch sekundäre Rede ist; sie ist ein Interpretament des Engagements Gottes für seine Schöpfung.

1.1.3 Neutestamentliche Zuspitzungen

Die Gerichtsbotschaft des Neuen Testamentes knüpft wie so oft an die alttestamentlichen Vorgaben an. Die beiden zentralen Aspekte der alttestamentlichen Überlieferung – Gott setzt seine

2 ›Zu richten die Lebenden und die Toten ...‹

Gerechtigkeit durch, seinen Heilswillen zum Heil aller Menschen, und Gott nimmt den Menschen beim Wort, nimmt ihn in die Verantwortung – finden sich personal zugespitzt im Neuen Testament wieder. Gott setzt in Jesus von Nazaret seinen heiligen Willen durch und die Entscheidung des Menschen ist angesichts des in Jesus von Nazaret sichtbar gewordenen heiligen Willens Gottes herausgefordert. Jesus Christus selbst ist derjenige, der diesen heiligen Willen Gottes, sein Heil für alle Menschen durchsetzt. Auch im Neuen Testament wird deutlich: Der Heilswille Gottes, wie er sich in Jesus von Nazaret präsentiert, muss sich gegen den unheiligen Willen der Menschen durchsetzen. Auch hier sind die Taten der Menschen realistisch beurteilt, sie sind zumeist alles andere als heilvoll; sie sind ›sündig und böse‹. Wer schafft nun Heil trotz der Sünde? Die Antwort des Neuen Testamentes ist wiederum personal zugespitzt: Gott schafft Heil in Jesus von Nazaret trotz der Sünde der Menschen.

Daher sind sämtliche Motive des Gerichts im Neuen Testament grundsätzlich christologisch dimensioniert: Jesus Christus ist der Richter; der Tag Gottes im Alten Testament ist darum der Tag Christi, der Tag der Parusie Christi. Das Gericht durch Christus ist kein anderes Gericht als das Gericht Gottes. Jesus Christus ist nicht nur derjenige, der richtet, sondern zugleich der Maßstab für das Gericht. Alles hängt am Glauben an ihn bzw. an dem Bekenntnis zu seiner Person. So haben die Worte vom Gericht eine zweifache Zielrichtung innerhalb des Neuen Testamentes: Für die Glaubenden, die sich an Jesus Christus halten und ihm nachfolgen, die umkehren und mit der Gottesherrschaft ernst machen, ist das Gericht ein Grund zur Hoffnung. Für die, die den Glauben verweigern, das Bekenntnis zu Jesus als den Christus ablehnen, ist das Gericht der Anlass für Furcht und Zittern, Klagen und Weherufe, die freilich durch ihren grundlegend paränetischen Charakter (Ruf zur Umkehr) geprägt sind.

Jesus und seine Botschaft stehen nun in deutlicher Kontinuität zur alttestamentlich prophetischen Theologie. Der Ernst des Umkehrrufes ist von dorther näher zu bestimmen. Freilich hat dieser Ernst, in Ergänzung zur prophetischen Tradition, nicht nur eine ethische Dimension. Unverkennbar ist seine christolo-

Das Jüngste Gericht

gische Spitze. Offensichtlich wird diese Dimension beim Thema Sündenvergebung. Sünden vergeben kann nur einer – nämlich Gott. Jesus aber beansprucht gerade dies in Vollmacht tun zu können. Er fordert damit zur Stellungnahme zu seiner Person heraus: Glaubt man ihm, dass er die Gottesherrschaft in Person ist, dass er es ist, der den Willen Gottes erfüllt, und damit Sünden vergeben kann, oder glaubt man ihm nicht? Diese Dimension macht zum einen den Ernst der Lage deutlich. Die Frage nach Umkehr und Bekenntnis, ja oder nein, hat eine christologische Tiefendimension im Neuen Testament. Und wo dieses Bekenntnis und damit die christologischen Konsequenzen verweigert werden, wird die Frohbotschaft zur Drohbotschaft, wird der Freudenbote zum Richter. Doch sie macht zugleich die Art und Weise des ›Richtens‹ bewusst: Die jesuanische Mahnung zur Umkehr ist zugleich mit einer Praxis der Vergebung verbunden, die an seiner Person konkret erfahr- und erlebbar ist. Will ich wahrhaben, dass Gott derjenige ist, der dem Menschen Heil schaffend in Jesus Christus nahe kommt oder will ich dies nicht wahrhaben? Das bedeutet aber, das Gericht ist kein äußerlich zum Handeln des Menschen irgendwann einmal Hinzukommendes, sondern es ist ein Gericht, das hier und jetzt im Ja oder Nein des Menschen bereits geschieht. Lasse ich mir die Nähe Gottes in Jesus von Nazaret gefallen und verhalte mich entsprechend, oder wende ich mich von dieser Nähe Gottes ab? Das ist das Gericht und das ist bereits die Strafe. Darum gilt neutestamentlich: Jesus von Nazaret ist nicht nur die Gottesherrschaft in Person, sondern er ist auch das göttliche Gericht in Person. Kein Wunder also, dass die neutestamentlichen Schriftsteller ihn auch mit den traditionellen Titeln des göttlichen Richters etikettieren: Menschensohn, Richter, Offenbarer Gottes. Wer sich Jesus verweigert, verweigert sich Gott, verweigert sich dem Leben. Das bekennt das Alte Testament und bekennt das Neue Testament, freilich personal zugespitzt auf Jesus von Nazaret.

1.2 Systematische Konkretionen

1.2.1 Widerspruch gegen das Unrecht

Die Rede vom Gericht Gottes erweist sich biblisch gesehen nie als eine theoretisch abstrakte Rede; sie ist immer eine praktisch-konkrete Rede. Sie bindet sich an die konkreten Erfahrungen, an die konkreten Zustände in der Welt. Sie ist in der konkreten Erfahrung der Welt wie in der konkreten Erfahrung Gottes bzw. Christi verankert. Die Rede vom Gericht Gottes ist ebenso eine bleibend kritische Rede. Kritisch in dem Sinne, dass sie die Welt, so wie sie ist, kritisch in den Blick nimmt. Sie deckt auf, was in den Augen Gottes, angesichts der Gerechtigkeit Gottes, falsch, böse ist und daher den Unwillen, den Widerstand, den Zorn Gottes, erregt. Die Rede vom Gericht Gottes impliziert darüber hinaus den Gedanken, dass solche negativen Situationen der Ungerechtigkeit, des Unrechts nicht auf ewig so sein und bleiben werden. Gott selbst wird es sein, der die Veränderung zum Guten schaffen und Gerechtigkeit durchsetzen wird. Diese Veränderung ist im Christusereignis bereits spürbar. Vor der Wahrheit der Gerechtigkeit Gottes wird alle menschliche Ungerechtigkeit offengelegt, sie kann keinen Bestand haben. Gott allein schafft es, aus der Ungerechtigkeit des Menschen, der Unwahrheit seiner sündigen Strukturen, neue Schöpfung, Gerechtigkeit entstehen zu lassen. Allein die apokalyptische Tradition denkt sich hier den Ausgang des Gerichts streng dualistisch: Die Guten werden belohnt, die Bösen bestraft. Demgegenüber legt die prophetische Tradition wie die christologische Zuspitzung des NT Wert darauf, dass das Motiv des Gerichts Gottes eine Hoffnung für alle bedeutet, die Hoffnung nämlich, dass Gott niemanden aufgegeben hat. Der mahnende Charakter des Motivs des Gerichts deutet hier betont auf die Möglichkeit der Umkehr hin. Gott gewährt die Neubesinnung, er gewährt den Neubeginn, ja er ist es letztlich, der den Neubeginn, die Wende zum Guten schaffen kann und schaffen wird.

1.2.2 Hoffnung auf Rettung und Sehnsucht nach Gerechtigkeit

Die bis heute herausfordernde Spitze des Gerichtsgedankens liegt aber auf einer anderen Ebene. Aus dem Bewusstsein, dass jedes erlittene Unrecht auch Gott empört, wächst der Trost für die Opfer der Geschichte. Gewalt und Unrecht verschwinden nicht im Dunkel der Vergangenheit, sondern werden als solche offengelegt und als nicht sein sollend vor der Gerechtigkeit Gottes verurteilt. Gott erweist sich gegenüber den Opfern der Geschichte als der treue Gott, weil er allein das Unrecht beim Namen nennt. Darin artikuliert sich die Überzeugung, dass das Gericht als ein Hoffnungsbild seine eigentliche Spitze in der darin artikulierten Hoffnung auf *endgültige* Gerechtigkeit bestimmt. Es ist die kontrafaktische Hoffnung darauf, dass den Opfern der Geschichte am Ende Recht widerfährt, und damit verbunden auch die Hoffnung, dass am Ende nicht das Böse und damit die Täter der Geschichte das letzte Wort behalten und zur alles bestimmenden Wirklichkeit werden, sondern dass die Opfer der Geschichte als ins Recht Gesetzte, als Gerettete sichtbar werden. Diese Dimension erweist nun den Gedanken an ein Gericht ›Gottes‹ als einen alles andere als archaischen Gedanken.

Warum wird selbst in unseren Tagen so emotional und lautstark darüber diskutiert, ob der Rechtsstaat einen Schwerverbrecher nach verbüßter Strafe als Gnadenakt aus der Haft entlassen darf, auch wenn dieser keine Reue zeigt? Warum ist Reue des Täters für so viele Menschen wichtig, mitunter wichtiger als die Bestrafung selbst? Vielleicht weil sich darin jenseits des modernen Emanzipationsstrebens gegen die Fremdbestimmung durch aufgezwungene Schuldgefühle eine Sehnsucht zeigt, die nach Gerechtigkeit angesichts geschehenen Unrechts ruft. Dieses ›Bedürfnis‹ lässt offensichtlich werden, dass geschehenes Böses nicht einfach ungeschehen zu machen ist, dass es Dinge gibt, die ich selbst weder ›rechtfertigen‹, noch aus der Welt schaffen oder wieder gut machen kann. Zu Recht hat daher bereits die Theologie des Mittelalters zwischen jener Reue entschieden, die Menschen angesichts der Strafe wie der Abgründigkeit ihrer Tat empfinden, und jener eigentlichen Reue, die der Mensch gerade nicht durch eigene Leistung, sondern als ›Gnade‹ Gottes vollbringen kann. Am Ende bleibt dem Täter nicht einfach nur jener Ekel vor den Konsequenzen der eigenen bösen Tat, der das Gefühl der Reue erzeugt, und der den Menschen wirklich menschlich werden lässt. Es bleibt auch der nagende Zweifel daran, ob und wie je alles wieder gut werden kann, ob am Ende die Opfer zu ihrem ›Recht‹ kommen oder nicht. Und es keimt die Hoffnung, dass es – wider alle weltliche Erfahrung – doch irgendwann einmal so sein wird. Gott erweist sich daher auch als der treue Gott gegenüber den Tätern, weil er ihre bösen Taten ernst nimmt und zugleich dafür sorgt, dass die Untaten offensichtlich werden, aber auch ihre Wirkungen zum Guten gewendet werden können. Denn er ist der Einzige, der als derjenige erhofft, geglaubt, ja beklagt wird, der am Ende aller Zeiten alles zum Guten wenden kann und wenden wird.

Die biblische Rede vom Gericht Gottes benennt genau diese Dimensionen: Weil der Rechtsbruch, menschliche Ungerechtigkeit, die böse Tat, nicht nur gemeinschaftszerstörend ist, sondern die Güte der Schöpfung beeinträchtigt, und damit das durch das Böse hervorgerufene Leid Gottes gute Schöpfung von der Wurzel her in Frage stellt, muss Gott um der Güte der Schöpfung und der Wahrung der menschlichen Gemeinschaft willen gegen diesen Rechtsbruch, die Ungerechtigkeit, das Böse vorgehen. So erweist sich das Motiv des Zornes und des Gerichtes als Kehrseite des Motivs der Barmherzigkeit und damit der positiven Schöpfungsmacht Gottes. Sie haben ihren theologischen Grund in der Überzeugung, dass Gott ein seiner Schöpfung und der Geschichte der Menschen treuer Gott ist. Er hat seine Schöpfung nach ihrer Erschaffung nicht ins Nichts entlassen. Die Schöpfung kommt in allem, was sie tut, nicht von Gott los und er lässt sie auch nicht einfach los. Daher darf er als derjenige erhofft, ja bis in die persönliche Klage hinein als derjenige zur Verantwortung gezogen werden, dessen schöpferische Kraft richtet, indem sie rettet. Er wird am Ende seine Macht dazu gebrauchen, alle lebensfeindlichen Mächte und Kräfte einzuschränken und endgültig zu überwinden. Gott wird am Ende der Geschichte, am Ende der Tage, die Geschichte jedes einzelnen Menschen zum Guten wenden. Er ist allein derjenige, der auch über die Abgründe menschlicher Ungerechtigkeit, menschlicher Sünde, Heil schaffen kann und Heil schaffen wird.

1.2.3 Gericht und Selbstgericht

In der christologischen und damit personalisierten Zuspitzung des Gerichtsmotivs im Neuen Testament wird deutlich, dass das Gericht kein von außen über den Menschen verhängtes Fremdurteil ist, sondern in letzter Konsequenz Selbstgericht, Konfrontation mit den Konsequenzen des eigenen Handelns. Freilich ist dieses Selbstgericht kein Resultat menschlicher Kraft und Leistung. Der Mensch wäre gänzlich überfordert, sich selbst das Urteil über sein Leben zusprechen zu müssen. Es ist viel mehr nur mit Gott und durch Gott möglich. Man spricht vom Selbstgericht vor dem Angesicht Gottes. Das kann man sich nun nicht nur als rein passive Anwesenheit Gottes, als die Rolle eines bloßen Zuhörers oder Zuschauers vorstellen, der unbeteiligt das Selbstgericht des Menschen registriert. Die biblische Überlieferung spricht vom Durchsetzen der Gerechtigkeit Gottes als Folge seiner Barmherzigkeit. Das bedeutet, dass das Gericht in der aktiven Begegnung mit Gott begründet ist: das Selbstgericht hat den Charakter einer Begegnung von Mensch und Gott, es ist personales und damit dialogisches Geschehen, es ist ein Miteinander von Gott und Mensch. Dabei legt gerade die Gerechtigkeit Gottes das offen, was am Menschen ungerecht, böse, sündig ist, auch wenn mitunter der Mensch sich zu Lebzeiten der Konsequenzen seines Tuns nicht vollständig bewusst ist. Gottes Gerechtigkeit schafft Klarheit. Der Mensch begegnet dieser Gerechtigkeit Gottes und erkennt in ihr und durch sie seine Ungerechtigkeit, seine Taten des Bösen und Unterlassungen des Guten. Die Gerechtigkeit Gottes wird zum Maßstab zur Grundausrichtung seines Lebens. »Das Jüngste Gericht ist keine Strafe, sondern eine Gnade.«[3]

Diese Gerechtigkeit Gottes ist nun keine abstrakte Gerechtigkeit, Jesus Christus selbst und sein Tun, sein Handeln, sein

---

[3] Fuchs, Gericht, 121.

Verhalten, ist die Gerechtigkeit Gottes, angesichts derer unsere Ungerechtigkeit offenbar wird. Mit ihm wird aber auch der Horizont von Barmherzigkeit und Gnade sichtbar, in dessen ›Raum‹ das Gericht stattfindet. Angesichts der liebenden Zuwendung der Gerechtigkeit Gottes in Jesus Christus enthüllt sich die Wahrheit über uns. Dieses Gericht der Liebe Gottes, wie sie in Jesus Christus offenbar wurde, enthüllt, was in unserem Leben verborgen bleibt, es deckt auf Gutes wie Böses, Gelingen wie Scheitern. Es bringt die schmerzliche Wahrheit des Menschen über sich selber an den Tag. Die Sünde selbst wird zur Strafe.[4]

Die Begegnung mit der Liebe Gottes in Jesus Christus wird zum Gericht, weil sie den Menschen mit sich selber konfrontiert. Erst in dieser Begegnung erkennt der Mensch sich selbst und die wahren Konsequenzen seiner Taten. Erst mit Blick auf Jesus Christus wird ihm klar, wer er ist und worin seine Lebensentscheidung besteht, im Wahren und im Falschen. Erst hier geht ihm endgültig auf, was vor Gott Bestand hat und was nicht. Das offenbart zugleich den Prozesscharakter des Gerichtsgedankens. Das Durchdringen der Erkenntnis ist das Gericht. Diese Erkenntnis kann für den Menschen ambivalent sein, denn sie ist beides, befreiend wie bedrückend, belastend wie entlastend, beurteilend wie freisprechend. Freilich sie ist nicht etwas, was an ihm geschieht, sondern sie ist richtende und gerichtete Selbsterkenntnis und damit auch ›Transformation‹ des Menschen angesichts der liebenden Gerechtigkeit Gottes, angesichts dessen, was das Alte Testament als die Doppelperspektive von Gerechtigkeit und Barmherzigkeit Gottes formuliert, und angesichts dessen, was davon in und durch Jesus Christus offenbar geworden ist.

---

[4] Vgl. ebd. bes. 72–76.

2. Vom doppelten Ausgang des Gerichts

Aus den eschatologischen Entwürfen der christlichen Antike stammen zwei Konzepte, die bis heute die unterschiedlichen Optionen des Gerichtsmotivs prägen. Sie nehmen beide ihrerseits biblische Motive auf und erarbeiten aus ihnen ein eigenes theologisches Denksystem, das freilich zu entgegengesetzten Konsequenzen führt.

2.1 Origenes oder: Die Hoffnung auf die Wiederbringung aller

Origenes ist in seiner Eschatologie geprägt von den Grundzügen alexandrinischer Theologie. Bereits *Clemens von Alexandrien* betont *das* theologische Grundaxiom des universalen Heilswillens Gottes als das entscheidende Motiv aller eschatologischen Aussagen, auch die des Gerichts: »Gott übt keine Rache, denn Rache heißt Böses mit Bösem vergelten, er aber straft nur um des Guten willen« (Stromata VII, 26). Origenes greift dieses Grundaxiom auf und entwickelt daraus eine umfassende eschatologische Theorie. Man kann sein Denken als Versuch charakterisieren, die allgemein akzeptierte apokalyptische Tradition der Heiligen Schrift und des Volksglaubens in einer weiterführenden, ehrfürchtigen und zugleich pastoral wie theologisch neuen Weise zu interpretieren und so zu entmythologisieren. Damit will er den eigentlichen, den tieferen Gehalt der apokalyptisch-eschatologischen Bilder erheben und diese für das Alltagsleben des Christen fruchtbar machen. Daher ist Origenes besonders daran interessiert, die Kontinuität zwischen dem jetzigen christlichen Leben und dem eschatologischen Ende deutlich zu machen. Eschatologische Aussagen haben immer eine zukünftige und eine gegenwärtige Relevanz.

Origenes kann in vielen Punkten eine geradezu peinlich korrekte, traditionelle Auslegung liefern. Aber an einigen Punkten geht er durchaus eigene Wege und setzt dabei bewusst Kontrapunkte, die bis heute Aufmerksamkeit erregen, weil sie manche Selbstverständlichkeit christlicher Eschatologie, insbesondere aber den Gerichtsgedanken von innen her anfragen und daher auch aufbrechen. Das gilt insbesondere für die Vorstellung des doppelten Ausgangs des Gerichts und der damit verbundenen Vorstellung einer ewigen Hölle. Dabei ist sich Origenes durchaus bewusst, dass eine Infragestellung der Ewigkeit der Strafen wegen der ungeheuer ethischen Implikationen etwas Heikles ist. Freilich kann er nicht umhin in Fortschreibung der Grundgedanken Clemens' von Alexandrien, den Strafen Gottes einen Erziehungseffekt, nicht aber eine Bedeutung an sich zuzusprechen. Auch die Strafen müssen die Eigenschaft eines Heilsmittels haben, sonst sind sie theologisch unsinnig. Alle Strafen sind harte, lang andauernde aber zeitlich begrenzte göttliche Maßnahmen des Heilens und der Versöhnung; Zweck der Strafe ist das Ende der Strafe. Gottes Sieg über das Böse besteht nicht in der Vernichtung oder endlosen Verdammnis der handelnden Personen, sondern in der vollständigen und endgültigen Aufhebung des Bösen, die in der erziehenden Befreiung aller Geschöpfe aus dem Bann des Negativen vollzogen wird. Daher wird auch der Satan einmal auf den göttlichen Appell positiv antworten. Das Gute allein ist ewig und unbedingt, das Böse und alles Übel gehören der vorübergehenden Dimension des Veränderlichen an. Gottes frei gewinnende Macht ist die Garantie für das vollkommene Gelingen seines Werkes. Sind nun ewige Strafen für ein zeitliches Vergehen überhaupt angemessen? Kann ein endlich beschränkter Mensch so sehr sündigen, dass ihm Gott auf ewig aus der Gemeinschaft ausschließt?

Die Rede von der menschlichen Entscheidung und Verantwortung und damit die menschliche Freiheit wird bei Origenes durchaus ernst genommen. Denn Hölle ist etwas erheblich Gewichtigeres als die Idee einer banalen Schlussabrechnung. Hölle ist die grundlegende Infragestellung der Gemeinschaft von Mensch und Gott, Hölle, das ist das endgültige Nein, die endgültige Verweigerung des Menschen zur Gemeinschaft mit Gott. Ist ein Mensch dazu überhaupt fähig, so die Frage des Origenes. Seine Antwort lautet: Die Entscheidung des Menschen für oder gegen Gott ist ein Prozess, der ein Leben lang anhält und auch im Tode nicht aufhört. Ja, es ist ein Prozess, der alles und jeden mit einschließt, es ist ein universaler Lernprozess der ganzen

Schöpfung. Hölle wie Himmel haben bei Origenes universalen, kosmischen Charakter. Und das ist ein Motiv, das letztlich zu einer universalen Hoffnung für alle führen muss.»Origenes konzipiert die Hölle selbst als ein Fegefeuer.«[5]

Ausgangspunkt für einen solchen Gedankengang ist natürlich die sie tragende Gottesvorstellung. Gott setzt seinen umfassenden Liebeswillen dazu ein, dass er in befreiender, läuternder, alles Negative aufhebender, heiligender Aktion alles Übel und alles Böse, das der Freiheit seiner Geschöpfe entspringt, ausscheidet und so schließlich alle für die universale Gemeinschaft des Lebens zurück gewinnen kann. Damit verbindet sich bei Origenes die feste Überzeugung, dass wirklich alle Menschen am Ende gerettet werden und für immer in der liebenden Anschauung Gottes vereinigt werden können. Dieses universale Heil ist unabdingbar, so Origenes, wenn Christus wirklich alles in allem sein soll, wie Paulus 1Kor 15, 24–28 schreibt. Origenes verwendet dafür den Ausdruck Apokatastasis – Wiederherstellung; einen Ausdruck, der sowohl eine re- wie eine prospektive Dynamik entwickelt. Es handelt sich um die Wiederherstellung der ursprünglichen Harmonie und Einheit der Schöpfung wie auch die Vollendung und Erfüllung der Schöpfung. Diese Wiederherstellung von allem, die Allversöhnung, ist freilich keine Zwangsmaßnahme Gottes, die die Freiheit des Menschen nicht akzeptiert, sondern sie geschieht als eine die Freiheit voraussetzende und ernstnehmende pädagogische und therapeutische Maßnahme. Dabei ist – ein typischer Zug östlicher Theologie – Jesus Christus selbst der entscheidende Pädagoge, der Therapeut Gottes schlechthin. Diesem Werben Gottes in Jesus Christus kann sich auf Dauer keiner entziehen. Selbst die gefallenen Engel und Dämonen werden am Ende gerettet werden.

So denkt sich Origenes am Ende eine voll umfassende Allversöhnung, ausgehend vom Grundaxiom des universalen Heilswillens Gottes. Freilich bleibt bei Origenes diese These eine wohlbegründete und damit attraktive theologische Hypothese, keine fixe Lehre. Dennoch ist er der Überzeugung, damit das

---

[5] LeGoff, Geburt, 75.

Gesamt des christlichen Glaubens, besser zu beschreiben, als die, die die Existenz ewiger Höllenstrafen festhalten wollen. Origenes versucht dabei eine angemessene Erfassung des ursprünglichen Schöpfungszieles zu leisten, eine Aufgabe, die ja die Konsequenz bzw. das Ziel aller eschatologischen Spekulationen sein soll. Dabei versucht er sowohl der theologischen Aussage von der Güte und Barmherzigkeit Gottes wie von der menschlichen Freiheit gerecht zu werden. Sein Ausgangs- und Zielpunkt bleibt die Universalität des Heils. Das reizt schon viele zeitgenössische, christliche Autoren zum Widerspruch; sie nehmen insbesondere Anstoß daran, dass er sogar den Satan und die gefallenen Engel nicht vom Himmel ausschließen will. Ob diese letzte These ebenfalls zutrifft, hat Origenes übrigens der Phantasie und dem Urteil der Leser überlassen, begleitet vom diskreten Hinweis darauf, dass letztlich nichts die letzte Einheit und Harmonie der Schöpfung Gottes am Ende stören darf. So spekulativ sich diese Idee anhört, Eschatologie ist für Origenes kein theoretisches Glasperlenspiel, sondern das gnadenvolle Endstadium einer lebenslangen Beziehung zu Gott und damit der entscheidende Kern und die letzte Sinngebung christlichen Lebens, christlichen Handelns und christlichen Sterbens. Daher folgt ihm auch eine Reihe der Väter (u. a. Gregor v. Nyssa; Diodor v. Tarsus; Theodor v. Mopsuestia); ein anderer Teil lehnt seine Thesen vehement ab.

Die langandauernden Kontroversen über die Deutungen des Origenes fordern letztlich im Jahr 543 einen lehramtlichen Schiedsspruch über die Theologie des Origenes heraus. Dort werden jene Passagen aus dem Werk des Origenes, die die Apokatastasis als theologische Denknotwendigkeit zu beschreiben scheinen, als häretisch verurteilt. Als Hoffnung und in diesem Sinne als fürbittendes Gebet[6], also als äußerster Horizont christlicher Eschatologie, bleibt sie eine theologische Denkmöglichkeit.

---

[6] Vgl. Ratzinger, Eschatologie, 177.

2.2 Augustinus oder: Der doppelte Ausgang des Gerichts

Der entscheidende Gegenentwurf gegen eine allzu mitleidige Theologie, die eine ewige Strafe und damit ein endgültiges Verlorengehen einzelner ablehnt, stammt aus der Feder des *Augustinus*. Er ist geprägt durch ein eher heilspessimistisches Szenario. Auch bei ihm ist Gottes Wesenseigenschaft die Liebe. Freilich, gerade diese Liebe Gottes hat notwendig zwei Seiten, seine Gerechtigkeit und seine Barmherzigkeit, eine erwählende und eine verwerfende Seite. Diese Spannung liegt in Gott selbst begründet und ist nicht auflösbar. Ergebnis des göttlichen Handelns und des menschlichen Verhaltens ist für Augustinus eine scharfe Gegenüberstellung des Guten in der seligmachenden Gnade und des Bösen im Fluch der Verdammnis. Letztere wird real vollzogen in der ewigen Trennung einer geringen Zahl gerechter Engel und Menschen von einer großen Zahl *(massa damnata)* der Verdammten: »Die gesamte Masse (der Menschheit) verdient die Strafe, und wenn sämtlichen die geschuldete Strafe der Verdammnis zuteil würde, so geschähe dies sicherlich nicht zu Unrecht.« Augustins Hauptargument richtet sich gegen das falsche Mitleid. Es ist ein bloß menschliches Gefühl »und zumeist denken sie nur an ihren eigenen Vorteil, da sie sich von der allumfassenden Barmherzigkeit Gottes gegen das Menschengeschlecht fälschlich Straflosigkeit ihrer eigenen Sittenverderbnis versprechen« (De Civ XXI). Sein Kampf richtet sich nicht nur gegen die Laxheit, sondern auch gegen die vermessene Hoffnung manch großer Kirchenväter, dass Christen, auch wenn sie schwere Sünder wären, keine endgültige Verurteilung zu befürchten hätten.

Konsequenz dieser innergöttlichen Spannung ist also ein Dualismus der Zukunftserwartung: Hoffnung und Heil für die einen, die Erwählten, die Wenigen, und Erwartung des Unheils und der Verdammnis für die meisten anderen. Um der Gottheit Gottes und der Freiheit des Menschen willen muss Augustinus auf der Dualität des Gerichts bestehen, die der Gerechtigkeit Gottes Ausdruck verleiht und die die Freiheit des Menschen und seine Entscheidung für die Sünde ernst nimmt. Da die

Mehrheit der Menschen der Verdammnis anheim fällt, ist klar, dass ein Schwerpunkt dieses Modells der Eschatologie auf Sünde, Verdammnis und Hölle als den prägenden Themen liegt. Dabei fällt auf, dass Augustinus schon in einer etwas hartnäckigen Weise auf der Ewigkeit der Höllenstrafe insistiert und an einer ausführlichen Widerlegung all jener, die ein falsches Vertrauen auf die Barmherzigkeit Gottes hegen, interessiert ist. Sowohl die tragische Qual der Verdammten als auch die Seligkeit der ewig Belohnten sind für Augustinus mehr als bloßer Ausdruck der gerechten Antwort Gottes auf den Wert menschlicher Handlungen. Sie stellen das Misslingen bzw. das Gelingen des vernunftbegabten Geschöpfes dar, das entweder in seiner wahren beständigen Heimat ankommt oder diese letzte Heimat eben verfehlt. Himmel wie Hölle sind dem Menschen nichts Äußerliches, sondern die innere Erfüllung oder eben Verfehlung, das Ziel des Ziels seiner eigenen Sinn- und Glückseligkeitssuche.

Interessanterweise zeigt die Geschichte der Eschatologie, dass das Modell des Augustinus über lange Phasen hinweg das dominierende und prägende geblieben ist, während der Entwurf des Origenes bald an den Rand der Rechtgläubigkeit geriet und nur in wenigen, eher erbaulichen Teilen volksfrommer oder spiritueller Theologie einen Ort zum Überleben findet.

3. Gerechtigkeit und Versöhnung

3.1 Allzumenschliches

Im Gegensatz zur zeitgenössischen Apokalyptik enthält sich das NT bewusst allzu drastischer Ausmalungen von Endgericht und Höllenqualen. Es genügt ihm zumeist der ›diskrete Hinweis‹ auf die Folgen, um die Gewissen wach zu rütteln. Die christliche Theologie hat im Weiteren diese Zurückhaltung aufgegeben. Es scheint als wurde gerade der Höllenzauber »im Laufe der christlichen Jahrhunderte massiv ausgebaut, ja geradezu zum System erhoben, weil man meinte, ohne Höllenterror die christlichen Moralvorstellungen nicht durchsetzen zu können [...]. Der Terror wurde damit integraler Bestandteil der christlichen Paränese.«[7] So kann *Friedrich Nietzsche* – bekanntlich ein intimer Kenner der inneren Abgründe des Christentums – polemisieren: »Vergessen wir nie, wie erst das Christentum es war, das aus dem Sterbebett ein Marterbett gemacht hat, und daß mit den Szenen, welche auf ihm seither gesehen wurden, mit den entsetzlichen Tönen, welche hier zum ersten Male möglich erschienen, die Sinne und das Blut zahlloser Zeugen für ihr Leben und das ihrer Nachkommen vergiftet worden sind« (Morgenröte, WW I, 1064). Die fatale Wirkungsgeschichte der augustinischen *massa damnata*[8] samt der ernstgemeinten Frage des *Petrus Lombardus*, ob sich denn die Seligen an den Höllenqualen der Verdammten erfreuen, wird hier offensichtlich: »Was sie verlangen, das heißen sie nicht Vergeltung, sondern ›den Triumph der Gerechtigkeit‹; was sie hassen, das ist nicht ihr Feind, nein! Sie hassen ›das Unrecht‹, die ›Gottlosigkeit‹; was sie glauben und hoffen, ist nicht die Hoffnung auf Rache, die Trunkenheit der süßen Rache, sondern der Sieg Gottes, des gerechten Gottes über die Gottlosen. Und sie nennen das, was ihnen als Trost wider alle Leiden des Lebens dient, – ihre Phantasmorgie der vorweggenommenen zukünftigen Seligkeit. Sie heißen das ›das jüngste Gericht‹«

---

[7] Brantschen, Gewinnung, 193.

[8] Augustinus bedeutet »insofern einen Wendepunkt in der Kirchengeschichte, als [er] die in Frage stehenden Texte in einer Weise auslegt, die zeigt, daß er um den Ausgang des göttlichen Gerichtes einfach weiß. Und alle seiner Autorität sich Beugenden, von Gregor dem Großen über das frühe und hohe Mittelalter, Anselm, Bonaventura und Thomas nicht ausgenommen, bis hin zu den Reformatoren und Jansenisten werden im gleichen Sinn Wissende sein und von diesem Wissen als völlig gesicherter Basis aus ihre weiteren Spekulationen über die doppelte Vorherbestimmung Gottes post oder ante praevisa merita ausbauen« (v. Balthasar, Was dürfen wir hoffen, 52; vgl. auch ebd. Anm. 55, [57f]). Ist es erstaunlich, dass der gleiche Augustinus auch die Theodizeefrage ›entschärft‹, indem er »die eschatologische Frage nach der Gerechtigkeit Gottes [...] durch die anthropologische Frage nach der Sünde des Menschen« ersetzt (vgl. Metz, Theologie als Theodizee, 110; zur Kritik an Augustinus vgl. ebd. 107ff)?

(Genealogie der Moral, 1. Abh. Nr. 14). »Kein Zweifel: die unausrottbare, menschliche Sehnsucht nach letzter Gerechtigkeit!« – so *Johannes Brantschen* – hat sich »in der traditionellen Höllentheologie mit einer Menge anderer Bedürfnisse und Erwartungen vermischt: die Höllenvisionen der Tradition verraten uns viel über das menschliche Herz und das menschliche Unbewußte (etwa auch den Neid der Frommen auf die sündigen Erdenfreuden der Nichtfrommen) – sie sagen uns letztlich aber wenig über das Geheimnis des christlichen Gottes.«[9] Das lässt aufhorchen.

Die Umbaumaßnahmen der letzten Jahrzehnte an der traditionellen Gestalt der Fegefeuer- und Höllenlehren zeugen von der Notwendigkeit des theologischen Umdenkens[10]. Jeder Übersetzungsarbeit eschatologischer Bilder ist mit *Karl Rahner* ins Stammbuch zu schreiben: Äußerster Horizont der ›Rede von den letzten Dingen‹ ist die Gottesfrage selbst. »Wie Menschen vom Menschen [und seiner Zukunft] denken, hängt […] immer davon ab, wie sie von ihrem Gott denken. [Christinnen und] Christen bekennen von ihrem Gott, dass er sich nicht zu gut war, einer der Menschen, einer unter unendlich vielen zu werden, er der einzige und einmalige schlechthin. […] Genau dieser Gottesgedanke ist es, was den christlichen Glauben einzigartig macht: Er macht feinfühlig dafür, dass etwas so Unbedeutendes, Überflüssiges, Zerbrechliches, wie es der Mensch seiner Natur nach ist, zugleich einmalig sein kann.«[11] Es gibt daher kein ›Wissen um die letzten Dinge‹, das über das hinausginge, was innerhalb der Christologie und der christlichen Anthropologie zu sagen wäre. Das zeitigt nun aber auch Folgen

---

[9] Brantschen, Gewinnung, 197 (vgl. ebd. die Versuchung, die Rache Gottes stellvertretend bereits in menschliche Hände zu nehmen). Vgl. auch Pröpper, Warum, 266; Berger, Engel, 96; 98; vgl. dazu Tück, Opfer, 373 FN 26.
[10] Zur Verabschiedung der Bilder vgl. Hoping/Tück, Für uns gestorben, 92f; Rahner, Prinzipien, passim; Lehmann, Fegefeuer, passim; Fuchs, Wege, 282f. Zur bereits altkirchlich vorhandenen Tendenz einer ›Subjektivierung der Bilder‹ vgl. v. Balthasar, Was dürfen wir hoffen, 41ff; ebenso 69ff.
[11] Müller/Stubenrauch, Bedacht, 162f.

für die ›letzte Konsequenz‹ dieses komplexen Prozesses, den wir als Endgericht bezeichnen: die Idee einer ›ewigen Verdammnis‹.[12]

3.2 Anthropodizee oder Theodizee?

Eine zweite theologisch weitreichendere Anfrage stellt die aktuelle Diskussion um die Apokatastasislehre[13] dar. Sie wird innerhalb der katholischen Theologie spätestens seit der betonten ›Wiederentdeckung‹ des universalen Heilswillens Gottes als theologische und anthropologische Grundkonstante im II. Vatikanischen Konzil virulent. Im evangelischen Bereich lässt sich kein konkreter Zeitpunkt benennen. Freilich kann sich ihre Diskussion auf Martin Luther selbst berufen[14] und im negativen Gewand der Prädestinationslehre ist sie Dauerthema jeglicher evangelischer Dogmatik. Im 20. Jahrhundert wird sie indes in der Diskussion in und um die Kirchliche Dogmatik *Karl Barths* wieder einem breiteren Publikum gegenwärtig[15]. Höchst aktuell ist nun dabei eine Entwicklung, in der selbst eine sich orthodox nennende Allversöhnungslehre grundlegenden Anfragen von Seiten einer Theologie gegenüber steht, die unter dem Schlagwort einer fraglich bleibenden Täter-Opfer-Versöhnung eine allzu flüssige Konzeption des gött-

---

[12] Näheres zur theologischen Bearbeitung dieser Fragestellung s. u. Kap. 4. Zur Intersubjektivität der Sollensverpflichtung, die im Begriff der Versöhnung verborgen liegt, vgl. Verweyen, Hölle, 7: »Wer mit der Möglichkeit auch nur eines auf ewig Verlorenen außer seiner selbst rechnet, der kann nicht vorbehaltlos lieben«. Zur intersubjektiven Dimension der Versöhnung, die in den traditionellen Eschatologien selten zum Zuge gekommen ist, vgl. Tück, Opfer, 366ff; Ansorge, Vergebung, 37ff.
[13] Zum theologiegeschichtlichen Hintergrund und der vor diesem notwendigen späten Rechtfertigung des Origenes wie zur geschichtlichen Klärung der damaligen Tractanda vgl. Janowski, Dualismus, 191ff; dies., Allerlösung; Verweyen, Hölle, 5f; v. Balthasar, Was dürfen wir hoffen, 48ff, bes. 50.
[14] Vgl. ›Ein Sendbrief über die Frage, ob auch jemand ohne Glauben verstorben, selig werden möge‹ (1522) WA 10/3 318ff; bes. 325f.
[15] Vgl. Janowski, Dualismus, 175ff (bes. 181–183), die insbes. auch auf Paul Althaus rekurriert.

lichen Heilswillens und der Versöhnung aller bewusst und zu Recht in Frage stellt[16].

3.2.1 Anamnetische Solidarität

Es ist wohl gerade der politischen Theologie, wie wir sie mit dem Namen *Johann Baptist Metz* verbinden, zu verdanken, dass nach der großen Katastrophe des 20. Jahrhunderts, die Metz selbst mit dem Zäsurbegriff ›Auschwitz‹ verbindet, einer allzu eschatologie-vergessenen Theologie wieder ein apokalyptischer Stachel eingesenkt und der Schmerz daran stets wachgehalten worden ist[17]. Je länger je deutlicher verbindet Metz diese apokalyptische Grunddimension der christlich-jüdischen Überlieferung in seiner ›Theologie nach Auschwitz‹ mit der These einer anamnetischen Vernunft. Er verknüpft darin die Gottesfrage untrennbar mit der Frage nach dem bleibenden Recht des Gehörtwerdens der Opfer und der Theodizee als (Ein-)Klage des Gedächtnisses der Leidenden[18]: »Es geht [...] um die Frage, wie denn überhaupt von Gott zu reden sei, angesichts der abgründigen Leidensgeschichte der Welt, ›seiner‹ Welt«. Das ist – so Metz – »die Frage der Theologie; sie darf von ihr weder eliminiert noch überbeantwortet werden. Sie ist ›die‹ eschatologische Frage, die Frage, auf die die Theologie keine alles versöhnende Antwort ausarbeitet, sondern eine unablässige Rückfrage an Gott.«[19] Ihr angemessen ist jenes ›Eingedenken‹, »das« – so Metz – »dem so Vergessenen auf der Spur bleibt, das, analog zum alttestamentlichen Bilderverbot, auf eine Kultur des Vermissens zielt, [und ...] als Organ einer Theologie [...] als Theodizee unser [...] Bewußtsein mit der in ihm systematisch vergessenen Klage und Anklage des Geschehenen zu konfrontieren sucht.«[20]

---

[16] Zum Gesamtkomplex vgl. Remenyi, Ende, passim.
[17] Vgl. dazu auch Fuchs' Plädoyer gegenüber einem gesellschaftlichen Eschatologieverlust und der damit verbundenen Phänomene: ders., Wege, 282ff.
[18] Vgl. Pröpper, Warum, 269.
[19] Metz, Theologie als Theodizee, 104.
[20] Ebd. 112f.

Eine solchermaßen gefasste Gottesfrage verschärft indes die Theodizee in entscheidender Weise, weil sie zum Gelingen der anamnetischen Solidarität einen Gott postulieren muss, dem alle Last der Theodizee aufzubürden ist, weil er erst am Ende der Geschichte die geschundenen Opfer der Geschichte rettet. Fällt diese Annahme eines aus dem Tod rettenden Gottes nicht unter das Verdikt jener zu teuer erkauften, himmlischen Harmonie, die Iwan Karamasow zu Recht als mit der Idee eines allmächtigen und gütigen Gottes unvereinbar zurückweist? Es ist kaum erstaunlich, dass das Gottespostulat der anamnetischen Vernunft dabei ungewollt den Spuren jener Philosophie folgt, deren Prinzipien sie immer skeptisch gegenüber gestanden hat: Kein anderer als Immanuel Kant selbst hat nämlich, wie dies z. B. Hansjürgen Verweyen aufgezeigt hat, in seinem Gottespostulat im § 87 der Kritik der Urteilskraft (bzw. § 6 der Kritik der praktischen Vernunft) Ähnliches zu denken gegeben. Freilich, auch Kant kommt aus der bereits beschriebenen Misere nicht heraus, denn auch sein Gottespostulat läuft im Letzten auf einen Gott hinaus, der erst nachträglich die Harmonie des Ganzen ans Licht bringt.[21]

Wer angesichts des erbarmungslosen Leids von Menschen nicht bloß ein undifferenziertes Gefühl von Mitleid empfindet, sondern sich aufrichtig empört[22], hat damit schon das ›Ja‹ zur Solidarität mit den anderen gesprochen[23]. Als strikte Kon-

---

[21] Verweyen, Kants Gottespostulat, 582ff.
[22] Zum biblischen Hintergrund der klassischen Figur des Ijob vgl. Pröpper, Warum, 260: »Das Zukunftweisende an Ijobs Verhalten dürfte darin liegen, »daß er [...] gegen den strafenden und prüfenden Gott an einen anderen, den befreienden, ja solidarischen Gott appelliert hat, ›Ich weiß gewiß, sagt er, daß mir ein Anwalt lebt [...]. Ihn werde ich schauen, er wird für mich sein; den meine Augen sehen, wird kein Fremder sein‹. Eine Erkenntnis ist die allerdings nicht mehr, sondern eben ein Appell, Protest und Hoffnung in einem.« Vgl. auch Fuchs, Rechenschaft, 12f.
[23] Diejenigen, die in Camus' ›Pest‹ ohne Rücksicht auf sich selbst für die anderen da sind, haben sich (wie der Arzt Rieux) trotz allem immer noch »nicht daran gewöhnt, sterben zu sehen.« (Camus, Pest, 76. Der mir seltsam anmutenden Camus-Interpretation von Gerd Neuhaus (vgl. ders., Theodizee, 122–164) mit der Annahme, auch Dr. Rieux werde sich schließlich

sequenz des ›Je me révolte, donc nous sommes‹ Camus' lässt sich die Idee der anamnetischen Solidarität an entscheidender Stelle vertiefen. Denn auch dieser berechtigte Protest kommt nicht an einem Gottespostulat vorbei. Das lässt sich an einer Situation äußerster Entscheidung verdeutlichen: Für den ›Anwalt der Anklage‹ im Theodizeeprozess gibt es einen kritischen Punkt: Wie verhält sich dieser Anwalt dort, wo der unschuldig Leidende in die äußerste Krise des gegen Gott schreienden Leidens geführt wird? An dieser Stelle ist die Theodizeefrage nie eine theoretische Frage aus der Distanz, sondern immer eine ›von Angesicht zu Angesicht‹. Mit dem Schritt auf jenen nicht einsichtigen Sinn des Leidens zu muss der solidarisch Mitgehende eine Hoffnung auf Sinn wider allen Anschein von Sinnlosigkeit setzen – eine Hoffnung, die gerade im Horizont der radikalen Theodizeeproblematik nur mit äußerster Anstrengung überhaupt gedacht werden kann. Diesem Schritt entspringt das Postulat, dieser Ursprung des unbedingten ›du sollst sein‹ möge sich endgültig gegen das Leid und gegen die Gewalt durchsetzen. Dieses ›Sich-Durchsetzen‹ darf aber nicht selbst wiederum ein Akt der Gewalt sein. Gewalt gebiert Gewalt, beseitigt sie nicht. Vor allem enthält sie unmöglich eine Antwort auf die Frage nach dem Sinn von Leiden.

3.2.2 Im Kreuz ist Heil

Die Frage nach Sinnerfüllung und Zukunftshoffnung angesichts des Leidens stellt sich gerade an jenem Punkt, den wir als Mittelpunkt christlicher Hoffnung bekennen, am prägnantesten: am Kreuz Jesu Christi. Die Frage ist nicht allein mit dem Verweis auf das Leiden Gottes zu beantworten, dennoch bleibt dieses Leiden Gottes eine notwendige Bedingung dafür, dass ich überhaupt angesichts menschlichen Leides noch an einem göttlichen Du festhalten darf, das mir die Überwindung dieses Leidens verheißt. Aber gibt es auch einen hinreichenden Grund da-

---

an das Sterben der Menschen gewöhnen (vgl. bes. 130–132) bzw. habe sich tatsächlich am Ende daran gewöhnt (vgl. bes. 145ff), vermag ich nicht zu folgen.

für, Gott im Leiden des Gekreuzigten anwesend sein zu lassen? Vermag es Gott tatsächlich, im Leben und vor allem im Sterben eines Menschen so präsent zu sein, dass *darin* der Sieg des Lebens über den Tod, der Sieg des Lebenssinns über die Unsinnigkeit menschlicher Abgründe sichtbar wird und diese Abgründe endgültig wirksam aufgebrochen sind?

Hier hat – so will es scheinen – die von Martin Luther geprägte Rede von dem nur noch im Gegenteil seiner selbst sichtbar werdenden Gott ihren entscheidenden Anhaltspunkt. Mit Luther ist in einer solchen ›Kreuzestheologie‹ zunächst einmal der Abschied von allen gängigen Gottesbildern, von jeglicher ›Herrlichkeitstheologie‹ festzuhalten. Dennoch griffe ein Plädoyer, das angesichts des Kreuzes Jesu allein die Erkennbarkeit Gottes im Gegenteil seiner selbst, im Paradox, verteidigte, zu kurz. Die biblische Tradition, die letztlich in das Kreuz von Golgota einmündet, ist viel konsequenter: Denkt man an das Schicksal der Propheten, deren Leben das Leiden Gottes an seinem Volk und die liebende Treue zu ihm Leib-haftig abbilden, dann wird deutlich: »Je paradoxer [hier] die menschliche Gestalt erscheint, die [Gott] zu seinem ›Realsymbol‹ erwählt, desto mehr vermag sich die wahre Gestalt Gottes gegenüber den vielen von Menschen entworfenen Gottesbildern durchzusetzen.«[24] Je weniger an diesem Menschen die uns vertraute Gestalt eines Menschen sichtbar bleibt, desto durchlässiger wird er für den Gott Israels (vgl. bes. Jes 52,14; 53,2 LXX).[25]

Angesichts der Darstellung der Sterbeszene beim Evangelisten Markus hat daher H. Verweyen einmal formuliert: »Mk 15,34–39 ist […] nur auf der Folie dessen [zu verstehen], was Gott seinen Propheten zumutet.«[26] Im Schicksal der Propheten zerbrechen alle selbstgemachten Bilder Gottes um der Heiligung seines Namens willen. Und in dieser Traditionslinie steht auch das Schicksal Jesu: »Dem Sohn wird in seinem Sterben auch noch das für ihn spezifische Bild Gottes [– das des lieben-

---

[24] Verweyen, Botschaft, 82.
[25] Vgl. ebd.
[26] Verweyen, Grundriß, 359.

den Abba-Vaters –] zerbrochen – und damit das, wofür er sein ganzes Leben in die Waagschale geworfen hatte«[27]. Es vollzieht sich eine Heilung des Gottesnamens im Zerbrechen aller Bilder, angesichts derer keine größere Heilung mehr vorstellbar ist: »Im nackten Du – ›mein Gott, mein Gott, warum hast *du* mich verlassen‹ – auf das hin Jesus in seinem Gebetsschrei ›aushaucht‹, *ist* Gott so da, wie er *da ist*« – als reiner Anruf des letzten Schreis. Dieses Bild Gottes im Aushauchen des sterbenden Jesus zeigt ein ganz anderes Bild vom Herr-Sein Gottes über den Tod. Aber dieses Sichtbarsein Gottes ist alles andere als zwingend, weil es willentlich zu keinem äußeren Zwang mehr fähig ist. Ein Liebender – so hat es einmal der evangelische Theologe *Ernst Fuchs* formuliert – setzt sich immer dem Vorwurf aus, dass er die andern der *Überzeugungskraft* seiner Liebe unterwerfe. Aus diesem Grunde muss der Liebende das Urteil über sich denen überlassen, die er liebt, d. h., er muss die Liebe selbst darüber entscheiden lassen, wer ihn versteht. Denn die Antwort der Liebe, um die es dem Liebenden allein geht, kann nicht erzwungen werden.

So ist und bleibt gerade der sterbende Jesus der ›Sohn‹, das vollkommene Abbild der Liebe des ›Vaters‹. Eine menschliche Gestalt, die nicht nur die Not eines Menschen spiegelt, der von allen Menschen verlassen ist, sondern deren letzter Atemzug Gottverlassenheit, d. h. den Schmerz Gottes selbst, zum Ausdruck bringt, damit Gottes letztes Wort hörbar wird – das Wort seines ewig Warten-Könnens auf das Ja des Menschen, das um der gewollten freien Antwort des geliebten Menschen willen auch das Risiko eines leidvoll zu ertragenden Neins eingehen muss[28]. Eine allzu schwache Hoffnung, so will es scheinen! Freilich hat sie das Potenzial, eine zentrale Anfrage an die christliche Eschatologie, die von einem ganz anderen Ende her aufbricht, einer Lösung näher zu bringen.

---

[27] Ebd.
[28] Vgl. Verweyen, Grundriß, 360; Pröpper, Warum, 271.

3.3 Versöhnung – eine unmögliche Möglichkeit?[29]

Hoffnung und Verdammnis sind zwei entgegengesetzte Aspekte der Rechtfertigung des Gerichtsgedankens. Diese Erwartung einer strafenden Vergeltung, die Gott im kommenden Leben an den Menschen vollziehen wird, war ein zentraler Inhalt der christlichen Hoffnung der ersten Jahrhunderte. Das war das Klima, in dem sich unter dem Druck der gewaltsamen Verfolgungen, im zunehmenden Rigorismus der theologischen Weisungen, in der vorwiegend juristisch fühlenden Mentalität vor allem des lateinischen Westens mit der Aussicht auf Herstellung der Gerechtigkeit, auch die aggressive Freude auf Heimzahlung und Rache verbinden konnte. Das vernichtende und quälende Handeln Gottes gab der menschlichen Phantasie die Gelegenheit zu ungehemmt ausmalender Zustimmung. Wir heute haben aber zu fragen, was daran menschliches Wunschdenken ist und was theologische Notwendigkeit.

Die Notwendigkeit der Durchsetzung der Gerechtigkeit Gottes bestätigt auf den ersten Blick die Denkbarkeit ewiger Verdammnis – nicht so sehr um Gottes als um unseretwillen. Denn es gibt Taten, die zum Himmel schreien. Sie sind nicht nur ein Gräuel, sondern sie scheinen die Menschlichkeit überhaupt in Frage zu stellen. Sie sind nicht nur böse, sondern schlechthin monströs. Taten aber, die zum Himmel schreien, schreien auch nach der Hölle. Die monströse Tat heischt nicht nur nach Verurteilung, sondern nach Verdammung, und zwar in der religiösen Dimension des Wortes: Der Täter ist nicht nur aus der menschlichen Gemeinschaft ausgeschlossen; er hat sich endgültig von einer moralischen Ordnung abgesondert, die diese Gemeinschaft der Menschen übersteigt.[30]

---

[29] Vgl. zum Folgenden bes.: H. U. v. Balthasar, Was dürfen wir hoffen, passim.

[30] Der Gedanke einer absoluten Vernichtung der Täter, einer *Annihilation*, löst das entstehende Problem nur scheinbar. Er steht in unaufgebbarer Spannung zu einer bleibenden personalen Beziehung Gottes auch zu den Tätern der Geschichte, die durch die Sünde, so abgründig sie auch sein mag, nicht aufgehoben wird (vgl. auch Brantschen, Gewinnung, 203–205).

Und dennoch spricht *Hans Urs von Balthasar* zu Recht von der theologischen Verpflichtung, für alle Menschen zu hoffen. Nie wird es von Gott ungeliebte Wesen geben, da Gott die Liebe schlechthin ist. Gäbe es diesen Fall, so müsste Gott sich selber beschuldigt finden – und wäre es auch nur in einem Fall – nicht wahrhaft geliebt zu haben. Doch was folgt daraus für uns? Es kann aus theologischen Gründen keinen menschlichen Partikularismus der Hoffnung geben. Christliche Hoffnung verliert ihren Sinn, wenn sie nicht die Aussage eines ›wir alle‹, eines ›alle zusammen‹ umfasst. Die Täter der Geschichte können also nicht auf ewig verloren gegeben werden. Freilich stellt sich hier die Frage: Beleidigt eine solche ›Hoffnung für alle‹ nicht die Würde der Opfer und ihrer Leiden? Ist die Rede von einer leeren Hölle nicht nur etwas für die Zufriedenen, die Gewinner der Geschichte, die Täter, nicht aber für die Opfer? Plädiert sie nicht für eine Versöhnung auf Kosten der Gerechtigkeit? Die Opfer aber erwarten Gerechtigkeit. »Der Hinweis auf Gottes Verzeihen« – so formuliert Johannes Brantschen hier zu Recht – »greift zu kurz [...] denn Verzeihen kann nur das Opfer [...] Wie aber soll das geschehen?«[31] Ein erster Gedanke greift das Motiv der Reue auf.

Ist es absurd darauf zu hoffen, dass in jenem komplexen Prozess der endgerichtlichen Begegnung von Täter und Opfer irgendwann einmal der Täter soweit kommt, zu erkennen, was ihm selbst fehlt, wenn das Opfer nicht vollendet ist, so dass er selbst in jenes Eingedenken einstimmt, das allein das Opfer rettet? Freilich kann er das nicht, ohne seine eigene Schuld zu bejahen, ohne zu bejahen, was er selbst, vielleicht zeitlebens, verneint hat: das Subjekt-, das Personsein, die Freiheit seines Opfers. Was kann er angesichts der durch Gott geleisteten Restitution der Opfer, der eschatologischen Durchsetzung ihres Rechtes auf Gerechtigkeit und dem Ans-Ziel-Kommen ihrer Klage tun? Was kann der Täter angesichts dieses Vollendungs-Handelns Gottes anderes tun, als sich in jenes Geschehen der Versöhnung durch Christus hineinfallen zu lassen, das auch für

---

[31] Ebd. 209.

die absolute Verzweiflung des niederträchtigsten aller Mörder, die dem auf ewig Nicht-mehr-gut-machen-Können entspringt[32], keinen Platz mehr lässt? Denn das, was er »der unendlichen Liebe angetan hat, ist bereits durchgestanden. Sie (die unendliche Liebe) ist stark genug, alles verfehlte Tun der Freiheit gleichsam in sich aufzusaugen und restlos aus-zuleiden.«[33]

Schwieriger scheint hier die angemessene Erfassung der Position der Opfer zu sein.[34] Ihr Leben, ihre Freiheit und die Erfüllung all dessen, was in ihnen, mit und durch sie hätte sein sollen, münden in das Postulat eines Gottes, der für die bleibende Würde der Opfer über den Tod hinaus gerade steht. Dies geschieht nicht, in dem er das Leiden der Opfer in einer nachträglichen himmlischen Harmonie doch wieder desavouiert[35]. Sondern indem er sich mitten hinein an den Ort der Opfer begibt und dort als derjenige sichtbar wird, der inmitten des Todes, der Entwürdigung, der Unabgegoltenheit des Lebens als der Rettende, Vollendende sich verspricht. Nicht hoheitlich machtvoll, demonstrativ – das würde die Opfer im Nachhinein nochmals entwürdigen, sondern – so scheint es fast – im Gegenteil seiner selbst. Angesichts eines solchen Handelns Gottes bleibt auch die Frage nach einer Theodizee in ihrem Recht. Es ist der als Klage formulierte Ruf nach Gott als demjenigen, der zur Restitution all dessen fähig ist, und nun Rede und Antwort zu stehen hat, warum er dies nicht zu Lebzeiten getan bzw. die Infragestellung des Lebens der Opfer, ihrer Freiheit und Würde

---

[32] Vgl. Fuchs, Rechenschaft 26f; ders., Wege, 279f. Es ist jener »Horizont der Versöhnung Gottes, in dem erst das Unmögliche möglich wird, nämlich die Versöhnung zwischen Täter und Opfer, die nicht die Gerechtigkeit verletzt, weil die Täter elementar existentiell, durch ihre ganzen schmerzempfindlichen Fasern hindurch (seelisch und leiblich) selbst restlos zum schutzlosen und radikal geöffneten Resonanzboden dessen werden, was sie getan oder versäumt haben« (ebd. 280).
[33] Verweyen, Fragen, 145.
[34] Zur Diskussion der aktuellen theologischen Positionen vgl. Remenyi, Hermeneutik, 59–63.
[35] Zur bleibenden Verwundung der Opfer, den Stigmata der Demütigung vgl. Tück, Opfer 369; vgl. auch Remenyi, Ende, 503. Diese bleibenden Stigmata betreffen indes Opfer und Täter vgl. Fuchs, Wege, 280.

überhaupt zugelassen hat und dennoch als der zu Restitution Fähige geglaubt, erhofft, ja gepriesen werden darf[36]. Es bleibt hier die Zumutung, Gott nicht nur als denjenigen zu glauben, der ewig auf die Umkehr des letzten Täters zu warten bereit ist, weil er unter dem Verlust auch nur eines seiner Geschöpfe leidet, sondern ihn zugleich als denjenigen zu bekennen, dessen eschatologisch offenbar werdende Herrlichkeit so sein wird, dass – man wagt es fast nicht zu sagen – »selbst Auschwitz und alle anderen Ungeheuerlichkeiten der Geschichte und alle Tragödien des persönlichen Lebens« – so nochmals *Johannes Brantschen* – »in einem neuen Licht erscheinen können.«[37]

Die eschatologische Zumutung an die Opfer scheint aber noch einen Schritt weiter zu gehen. Vollendung der Opfer bedeutet in letzter Konsequenz für die Opfer auch zu den Tätern Stellung zu beziehen. Die Rückgewinnung der Täter kann und darf nicht ohne das Mittun der Opfer vollendet werden[38]. Gott kann Versöhnung nicht schaffen über die Würde und Freiheit der Opfer hinweg[39]: Freilich, indem »Gott sie bei ihrem Namen ruft« – so *Dirk Ansorge* –, »werden die Opfer zu dem, was ihnen ihre Henker verwehrt haben: zu freien Subjekten. Als Subjekte aber sind sie nicht mehr bloß unbeteiligte Zuschauer in einem Gericht, das Gott und die Henker exklusiv betrifft. Von Gott erneut in ihre Subjektivität eingesetzt, nehmen die Opfer vielmehr eine unvertretbare Aufgabe im Versöhnungsgeschehen wahr. ›Versöhnung‹ bleibt nicht mehr nur auf das Verhältnis

---

[36] Vgl. Pröpper, Warum, 271: »Ich weiß nicht, was es für erlittenes Leiden bedeutet, daß Gott selber die Tränen abwischt. Aber ich plädiere dafür, diese Frage wenigstens offen zu halten.« Vgl. ders., Fragende, 275. Vgl. dazu auch Fuchs, Rechenschaft, 18ff.
[37] Brantschen, Gewinnung 210f; vgl. ders., Macht 236ff; vgl. dazu auch die vorsichtigen Formulierungen bei Hoping/Tück, Für uns gestorben, 96.
[38] Zur freiheitsanalytischen Strukturierung dieser These vgl. Striet, Versuch, 73ff. Indes droht hier in Unterschätzung der Macht der ohnmächtigen Liebe und ihrer willentlichen Entscheidung, gegebenenfalls ewig auf Vollendung warten zu wollen und zu können, nicht ein freiheitlicher Vergebungszwang (vgl. ebd. 75)?
[39] Vgl. Hoping/Tück, Für uns gestorben, 93; Fuchs, Rechenschaft, 28.

zwischen dem Sünder und Gott beschränkt, sondern »weitet sich zur Begegnung alle Menschen untereinander«[40]. Mehr als die Bitte des Vollendung verheißenden Gottes an die Opfer, mit ihm in ohnmächtiger Liebe auch auf die Bekehrung des letzten sich nicht bekehren wollenden Täters warten zu wollen, kann und darf hier nicht formuliert werden. Mit Gott warten lernen – nicht weil jeder Täter immer auch Opfer ist, denn das macht die endgültige Versöhnung zu einem billigen Aufrechnen je eigener Verletzungen. Nein! – weil es Gott selbst ist, der um seiner Liebe willen auf Vollendung wartet. Weil er sich willentlich abhängig gemacht hat, von der Freiheit seiner Geschöpfe, hat er das Recht, diese Bitte zu formulieren und eine Antwort zu erwarten[41]: »Gott nimmt uns ernst. Er ist diskret, weil er liebt. [...] So wartet denn Gott in seiner diskreten Liebe bei denen, die sich verlieren und verloren haben, bis sie – weder gezwungen, noch überlistet, sondern freiwillig – heimkommen. Dieses Warten ist Gottes Schmerz [...]. Erschütternde Ohnmacht der Liebe!«[42]

Ist es anmaßend hier das biblische Gleichnis vom Vater und den zwei Söhnen zu bemühen?[43] Auch dort scheint die Rückgewinnung des Jüngeren, des verlorenen Sohnes, weit einfacher

---

[40] Ansorge, Vergebung, 57; zum dahinterstehenden Freiheitsbegriff vgl. Remenyi, Ende, 497ff. Kann und darf das christologisch pointierte Versöhnungsgeschehen gerade angesichts des alttestamentlich bereits im Bild des leidenden Gottesknechtes Angedeuteten, auf die Opfer hin geöffnet werden (eine Öffnung, die freilich nur von den Opfern selbst so gedeutet werden kann und darf)? Dies ist allenfalls als ›Grenzgedanke‹ möglich. Hier hat man sich daher vor einer allzu naheliegenden ›christologischen Vereinnahmung‹ zu hüten (zur Gefahr vgl. Tück, Opfer, 379ff). Eine Subsummierung der Opfer von Auschwitz unter wie immer geartete Christologie scheint bei Wahrung der Universalität des Rettungsgeschehens in Christus nicht notwendig. Der Weg des leidenden Gottesknechtes im Abgrund des Leidens ist der bleibende Heilsweg des Volkes Israel, in den wiederum die Heiden auf ihrem Sonderweg eingepflanzt wären!
[41] Zur gegenseitigen Verschränkung von Theodizee und Anthropodizee vgl. auch Remenyi; Ende, 507f. Vgl. dazu auch Fuchs, Rechenschaft, 22f.
[42] Brantschen, Macht, 239.
[43] Vgl. Brantschen, Macht, 236ff.

als die Annahme der väterlichen Einladung durch den Älteren. Der Vater – so hat es Johannes Brantschen einmal formuliert – »ist verloren, solange seine Söhne nicht verstehen, wie Liebe immer verloren ist und leidet, wenn sie nicht verstanden, nicht beantwortet wird. Erst wenn der ältere Sohn seinem jüngeren Bruder die Hand gäbe, wäre die Freude des Vaters ganz, wäre die Liebe zu Hause.«[44] Man versuche das apokalyptische Bild der auf den Thronen sitzenden und mitrichtenden Opfer der Geschichte auf der Folie des um seiner Liebe willen wartenden Gottes durchzubuchstabieren[45]. Dann, so will es scheinen, sind nicht nur Fegefeuer und Hölle wegen notwendiger Umbaumaßnahmen geschlossen, sondern selbst der Himmel der Vollendung wird zu einer ungeahnten Baustelle des Lebens[46].

---

[44] Brantschen, Gewinnung, 211.
[45] »Die ›Mitrichtenden‹ […] sitzen deshalb in der Nähe Christi, weil sie ihre eigene Freiheit durch die ihnen in Christus begegnende Liebe Gottes zutiefst haben bestimmen lassen. Darin wurden sie befähigt, sich trotz erlittenen Unrechts und Leids der Vergebung zu öffnen« (Ansorge, Vergebung, 56f).
[46] S.u. Kap. 5/3.1.

Kapitel 3: Auferstehung auf Bewährung oder Hölle auf Zeit? – Das Fegefeuer

1. Fegefeuer – eine veraltete Mythologie?

Beim Wort Fegefeuer assoziieren viele Christen eine Art Vorhölle, eine ›kleine Hölle auf Bewährung‹. Da das Fegefeuer aber ein negativ besetzter Ort der Qual und der Pein, der Strafe für begangene Sünden ist, erleidet es das gleiche Schicksal wie das Thema Hölle: Es erscheint als heute kaum mehr verständlich zu machen, allenfalls als ein veralteter Mythos, eine Bild- und Vorstellungswelt vergangener Zeiten, die nur ein Ziel hatte: Dem Menschen ein schlechtes Gewissen einzureden und die Angst vor den jenseitigen Strafen zu schüren, um das Verhalten im Diesseits zu verbessern. Die Konsequenz wäre heute: Nichts als weg mit diesem Relikt mittelalterlicher Glaubensverkündigung. Damit ist zum einen schon eine Grundproblematik des Themas Fegefeuer benannt: Was wir heute mehr als Erinnerung als wirklich als Glaubensinhalt damit verbinden, entstammt einer bestimmten theologiegeschichtlichen Epoche, die nicht mehr die unsere ist. Konkret liegt tatsächlich die ›Geburt‹ des Fegefeuers im Mittelalter.[1] Diese Epoche hatte ihre eigenen Vorstellungen und ihre eigenen theologischen Bedürfnisse und hat darauf eine Antwort gesucht und gegeben. Das ist freilich – so erscheint es heute – eine Antwort, die wir heute nicht mehr verstehen können oder wollen. Was fangen wir also mit dem Thema Fegefeuer an? Dazu hilft zunächst eine Rückbesinnung auf die Grundlagen und die groben Grundzüge der theologiegeschichtlichen Entwicklung.

---

[1] Vgl. dazu und zum Folgenden: LeGoff, Geburt des Fegefeuers.

3 Auferstehung auf Bewährung oder Hölle auf Zeit? – Das Fegefeuer

1.1 Biblisches

Der Blick in die Bibel ist ernüchternd. Weder das Alte noch das Neue Testament sprechen explizit vom Fegefeuer. Das ist zum Beispiel der entscheidende Grund dafür, wieso die Vorstellung vom Fegefeuer durch die Reformatoren abgelehnt wurde. Sie hat keine biblische Grundlage. Vielfach werden zur Legitimation dieser Vorstellung Bibelstellen herangezogen, die eigentlich anders gedeutet werden müssen und nur mit Mühe als Hinweis auf so etwas wie die Idee eines Fegefeuers verstanden werden können. So finden wir im Alten wie im Neuen Testament Texte, in denen das Gericht Gottes, seine Gerechtigkeit, der Tag des Herrn etc. mit Motiven der Reinigung, der Klärung, der Bewährung oder – so das traditionelle Wort – ›Läuterung‹ umschrieben wird. Die Begegnung mit Gottes Gerechtigkeit verändert den Menschen, das ist die damit verbundene Grundaussage. Freilich sagen die zitierten Stellen nichts über die Idee einer durch den Menschen selbst zu vollziehenden Reinigung oder Bewährung aus. Ihre Intention ist vielmehr das klärende Handeln Gottes zu verdeutlichen.

Noch unspezifischer erweist sich das Motivfeld ›Feuer‹. Wenn biblisch vom Feuer die Rede ist, so ist das ein Kennzeichen, ein Bild für die Begegnung mit Gott selbst. Der liebende, ja der für sein Volk sich ereifernde Gott ist wie ein Feuer, das verbrennt. Manch prophetische Gerichtsszene kann mit dem Bild des Feuers als Zeichen des Eifers, des Zorns, des Engagiertseins Gottes spielen. So nimmt das Feuer einen festen Platz im Szenenrepertoire des Endgerichts ein. Aber auch die Höllenvorstellung wird mit dem Motiv des Feuers verbunden. Das speist sich freilich weniger aus der eher anschauungsarmen biblischen Vorstellung der Scheol als aus verschiedensten religionsgeschichtlichen Quellen, von der Höllenvorstellung des Alten Ägyptens bis zur phantasievollen Bebilderung des Motivs des ›Abstiegs in die Hölle‹ der griechischen und römischen Antike. Das wird dann insbesondere in der zwischentestamentlichen apokalyptischen Literatur fruchtbar gemacht (äthHen; 4Esra; syrBar), die dann auch die Höllenphantasien der christlichen Antike beeinflusst.[2] Daher erstaunt es nicht, dass sich vor diesem Hintergrund die Vorstellung des Fegefeuers als kleine Hölle auf Zeit/auf Bewährung entwickelt.

Explizit biblisch ist hingegen die Idee eines fürbittenden Gebets für die Verstorbenen (2 Makk 12,45). Dahinter steht die Idee einer mit dem Tod nicht einfach endenden Solidargemeinschaft der Glaubenden. Diese Idee des Judentums übernimmt nun das frühe Christentum. Daneben kennt es die Idee eines betenden Gedenkens derer, die aktuell nicht teilhaben an der Gottesdienstgemeinschaft; sei es, weil sie physisch abwesend sind, sei es, weil sie aufgrund ihrer Verfehlungen im altkirchlichen Bußverfahren vorübergehend aus der Gottesdienstgemeinschaft ausgeschlossen worden sind. All diese Hinweise sind zugegebenermaßen wenig spezifisch für das Fegefeuer selbst, beeinflussen seine Theologie aber dennoch.

1.2 Die theologiegeschichtliche Entwicklung und der lehramtliche Grundbestand

Mit *Karl Lehmann* kann man gleich zu Beginn folgendes festhalten: »Die Lehre vom Fegefeuer hat es immer schon schwer mit der überschießenden Phantasie.«[3] Daran hat sich bis heute wenig geändert. Zur Situationsbestimmung solcher Phantasien mögen folgende Bilder dienen: »Man löste den Gedanken der Läuterung ab vom Gedanken der Begegnung mit Gott und Jesus Christus; man verräumlichte und verzeitlichte das personale Geschehen; man deutete die Symbole und Bilder (namentlich das vom Feuer) wie objektive Beschreibungen, als ginge es um einen geographisch lokalisierbaren Ort, um richterlich festgesetzte Haftstrafen und um physikalisch meßbare Temperaturen, und so erschien das Läuterungsgeschehen schließlich wie ›eine riesige Folteranstalt, ein kosmisches Konzentrationslager, in dem jammernde, klagende und seufzende Kreaturen bestraft

---

[2] Näheres s.u. Kap. 4/1.
[3] Lehmann, Fegefeuer, 236.

3 Auferstehung auf Bewährung oder Hölle auf Zeit? – Das Fegefeuer

werden‹.«[4] Die Fegefeuervorstellung greift dabei auf einen breiten Fundus an volkskulturellen Denkstrukturen zurück, die ihrerseits die Theologie ›inspirieren‹. Was ist also zu tun? Zunächst hilft eine Konzentration auf den Lehrbestand der Kirche.

Der Begriff ›Fegefeuer‹ *(ignis purgatorius)* taucht erst im 11. Jahrhundert innerhalb theologischer Abhandlungen auf. Die damit gemeinte Sache konnte man häufig anders zum Ausdruck bringen. Ja, die kirchlichen Dokumente vermeiden sowohl den Begriff ›Fegefeuer‹ als auch das Bild des Feuers als Ganzes. Auf beiden Konzilien, die die Union mit den orthodoxen Kirchen herbeiführen sollten (2. Konzil von Lyon 1274, DH 865; Konzil zu Florenz 1439, DH 1304) – in denen bekanntlich die gemeinte Sache als solche umstritten war – und im Trienter Konzil (gegen die Infragestellungen durch die Theologie der Reformatoren) wird der Kernbestand der kirchlichen Fegefeuerlehre definiert. Der Begriff des Feuers ist allen drei Konzilien fremd. Dagegen werden zur Umschreibung der gemeinten Sache Bilder und Motive aus dem Reinigungs- und Läuterungsgeschehen entnommen (*purgari, poenae purgatoriae* oder *cartharteriae* – ›reinigen‹ bzw. ›reinigende Strafen‹); nur selten schwingt eine räumliche Vorstellung (z. B. als Reinigungs*ort*) mit. Das Konzil zu Trient (Dekret über den Reinigungsort vom 3.12.1563, DH 1820) formuliert gegen die Reformatoren nur: Es gibt einen Reinigungsort und die dort befindlichen Seelen erfahren durch die Fürbitte der Gläubigen eine Hilfe. Darüber hinaus fügt es eine Mahnung an die Bischöfe hinzu, keine weiteren theologischen Ausdeutungen, Spitzfindigkeiten oder Ausmalungen zuzulassen. Den Missbräuchen soll ein Ende gesetzt werden; jede spekulative Erweiterung wird verworfen; insbesondere von den Ausdeutungen des strafenden Charakters, wie dies in der scholastischen Theologie mit besonderer Vorliebe geschah, wird abgesehen, bzw. der korrekte Umgang damit als Reformauftrag formuliert. Am Geschehen selbst wird aber – gegen die häufig gerade auf die Missstände zielenden Einwände der reformatorischen

---

[4] L. Boros in: Nocke, Eschatologie, 130f.

Theologie – festgehalten, ohne dass damit gesagt wäre, dass beide Ansichten – die katholische und die reformatorische – sich darin widersprechen müssten! Ebenso auffällig ist die deutliche Zurückhaltung bezüglich irgendeiner theologischen Begründung. In dieser Spur verbleiben bis heute der Weltkatechismus (Nr. 1030–32) und der katholische Erwachsenenkatechismus (424–26), die beide kurz bzw. etwas ausführlicher kommentierend auf die genannten konziliaren Festlegungen und die auf 2Makk 12,45 rekurrierende Praxis des Fürbittgebetes verweisen.

2. Das Fegefeuer in ideengeschichtlicher Perspektive

Wenn das nun aber der dürre Bestand des lehramtlich Verbindlichen ist – es gibt einen Reinigungsort; Fürbitte ist sinnvoll; alles Weitere ist irrelevant – woher kommt dann die überreiche Phantasie der Bilder, die wir bis heute mit dem Begriff Fegefeuer verbinden? Denn die Texte vermeiden, ja verbieten eigentlich alles, was in der Theologie wie in der Volksfrömmigkeit des Westens daraus gemacht wird.

Mit dem Thema ›Fegefeuer‹ scheinen wir es nicht nur mit einer ganz eigenen Entwicklung katholischer Frömmigkeit zu tun zu haben, die sich freilich auch und gerade im Wirkhorizont katholischer Theologie entwickeln konnte. Nicht nur die Reformatoren, auch die orthodoxe Theologie kennt keine explizite Fegefeuerlehre. Während die reformatorische Theologie aufgrund des Fehlens des biblischen Fundaments, aber auch angesichts konkreter, vom Trienter Konzil ebenfalls kritisch in den Blick genommener Missstände, den Fegefeuergedanken aus ihrem eschatologischen Standardrepertoire verbannt[5], hat die orthodoxe Theologie eine ganz eigene Zugangsweise zur Problematik: Da in der Wirkungsgeschichte des Origenes die Anhänger einer fixen Apokatastasislehre so etwas wie eine jenseitige Läuterung annehmen, lehnt die rechtgläubige Theo-

---

[5] Vgl. z. B. Calvin, Institutio (1555) III,5,6.

3 Auferstehung auf Bewährung oder Hölle auf Zeit? – Das Fegefeuer

logie des Ostens diese Idee als Hintertür zur Apokatastasislehre ab. Ähnliche Verdachtsmomente sind bei den spätmittelalterlichen Vereinigungsversuchen zwischen Ost- und Westkirche prägend. Während die Unionskonzilien für die westliche Theologie zu einer Präzisierung ihrer Vorstellungen vom Fegefeuer führen, bleibt die orthodoxe Theologie grundlegend skeptisch. Sie kennt keine mehrteilige Jenseitstopologie, sondern hält an einem inhaltlich nicht weiter bestimmten oder ausgemalten Zwischenzustand fest, wie er sich schon bei Clemens von Alexandrien und Origenes findet. Er kann, da er verschiedene Grade des Elends (so z. B. Johannes Chrysostomos) kennt, als eine Art Läuterungsort verstanden werden. Da – gut orthodox – das ganze Leben ein Erziehungsprozess Gottes mit den Menschen ist, warum sollte das nach dem Tod ein Ende haben? Darüber hinaus wird in der orthodoxen Theologie nicht nachgedacht. Ganz im Gegenteil zur westlichen, insbesondere später auch römisch-katholischen Theologie. Gerade die westliche Theologiegeschichte entwickelt in bestimmten Phasen geradezu eine Detailverliebtheit, die das Thema Fegefeuer in den schillerndsten Farben ausmalt (inklusive einer differenzierten Systematisierung durch die Theologen der Hochscholastik[6]). Dabei erfinden die mittelalterlichen Theologen das Fegefeuer aber nicht einfach, sondern sie greifen auf Elemente zurück, die theologiegeschichtlich schon da sind. Prägend wird dabei der Gedanke des fürbittenden Gebets, den kein geringerer als Augustinus als eschatologischen Gedanken etabliert (vgl. Conf IX, 13,34–37; CivDei XXI, 24). Ebenfalls auf Augustinus rekurriert der Gedanke des reinigenden bzw. strafenden Feuers, durch das ein jeder hindurch muss, ob sein endgültiges Schicksal nun der Himmel oder die Hölle ist (vgl. CivDei XXI, 26). Hinzu kommen nun aber auch spezifische Anliegen, die gerade die mittelalterliche Theologie umtreiben.

---

[6] Vgl. LeGoff, Geburt, 287ff.

2.1 Zentrale Grunddimensionen der mittelalterlichen Fegefeuerlehre

2.1.1 Der kommuniale Grundaspekt

Die familiäre Gemeinschaft, aber auch die Gemeinschaft des Glaubens bricht nicht einfach mit dem Tod des Individuums ab. Seit der Frühzeit kennt die christliche Liturgie daher Totengebete, die auf den Aspekt einer bleibenden Gemeinschaft zwischen den Lebenden und den Toten abheben. Im Mittelalter beginnt man darüber nachzudenken, ob spezielle Messen für die Toten ihnen im Jenseits helfen, ob man damit ihnen beistehen kann. Angeregt ist diese Idee durch eine veränderte Bußpraxis, die seit dem frühen Mittelalter, also seit der Ausbreitung des Christentums im germanischen Bereich (Frankreich, Deutschland, Großbritannien) einsetzte. Der Gemeinschaftsaspekt von Glaube und Glaubensvollzug gewinnt – bedingt durch die tribalen Gesellschaftsstrukturen – innerhalb der Liturgie, aber auch und gerade innerhalb der Eschatologie an Bedeutung.

2.1.2 Ein mentalitätsgeschichtlicher Perspektivenwechsel

Die Vorstellung von Schuld und Sünde betont im germanischen Kulturraum vor allem das Ausgleichsprinzip. Mit dem Schuldbekenntnis und der gewährten Vergebung durch den Priester ist – so das allgemeine Rechts- und Gerechtigkeitsempfinden – es nicht getan. Die Folgen der Sünde, der Übertretung, der schlechten Tat müssen irgendwie wieder aus der Welt geschafft werden, wieder gutgemacht werden. Auf diese Problematik rekurriert bereits das altkirchliche Bußverfahren mit einem zum Teil Jahre dauernden Rekonziliationsprozess, der Reue und Wiedergutmachung vor dem eigentlichen sakramentalen Akt der Beichte voraussetzte, d. h. er schloss mit dem Bußakt der Beichte und der Wiederaufnahme in die Gemeinschaft ab. Die liturgische Praxis des Mittelalters kennt aber nun zuerst das Vergebungsgespräch und damit die Rekonziliation; an dieses schließt der Versuch der Wiedergutmachung an. Das führt fast notwendig zu neuen Herausforderungen der Theologie wie der liturgischen Praxis. So brachten bereits die ersten Missionare, Mönche aus Irland und Schottland, die Idee der Tarifbuße mit.

Sie geht von einer ordnungsgemäß gewichteten und austarierten Bußleistung zur Wiedergutmachung der Tatfolgen aus. Diese Tatfolge wird aber nicht – wie noch zur Zeit der Alten Kirche – vor dem eigentlichen Bußakt, zum Teil in einem mehrmonatigen öffentlichen Bußritus reguliert, sondern geschieht nun nach der individuellen Einzelbeichte. Freilich muss man hier die feinen theologischen Unterschiede beachten: Nicht die durch den Priester zugesprochene göttliche Vergebung muss hier durch eine, wie immer auch geartete Bußleistung ›verdient‹ werden; die ist und bleibt alleinige Gnade Gottes. Aber ganz klar erkannt und vom germanischen Stammesdenken her naheliegend ist folgender Gedanke: Die Sünde ist nicht nur ein individuelles, inneres Vergehen; sie hat auch äußerlich spürbare Folgen für die Gemeinschaft und diese Folgen müssen ausgeglichen werden, wenn die Gemeinschaft zusammengehalten werden soll. Die Sündenfolgen müssen durch entsprechende Leistungen ausgeglichen werden.

Natürlich erhalten solche Ausgleichsbestrebungen schnell eine jenseitige Dimension. So stellt man sich die Frage, was denn mit den Dingen geschieht, die nicht mehr gutgemacht werden können, zum Beispiel weil der Geschädigte, das Opfer, nicht mehr lebt, weil der Täter bereits gestorben ist? Welche Folgen hat eine nicht mehr gut zu machende Tat für den reuigen Täter? Kann Ersatz geleistet werden anstelle des eigentlichen Opfers? Und später kommt für die Hinterbliebenen noch die Frage hinzu: Kann Ersatz geleistet werden anstelle des Täters? Oder: Kann man selbst vorsichtshalber schon etwas mehr tun, damit die Tatfolgen der eigenen Sünden auch wirklich beseitigt, die Sache wieder gut ist? Oder kann man für Dinge, denen man sich gar nicht richtig bewusst ist, schon vorsichtshalber ›vorab‹ Ausgleich schaffen?

2.1.3 Sündensensibilität im Mittelalter

Solche Fragen haben nicht nur mit dem typischen Anliegen einer Differenzierung und Systematisierung der theologischen Gedanken im Mittelalter zu tun, sondern sie entspringen einem verfeinerten Schuldbewusstsein des Mittelalters, das eine besondere Bußgesinnung zur Folge hat. Gerade diese verfeinerte Bußgesinnung ist ein starkes Element, das in der Theologiegeschichte des Mittelalters für die Ausarbeitung des Fegefeuergedankens besonders wichtig wird. Aufgrund verschiedenster Ursachen (kulturelle Umbrüche, Veränderung des Bildungsgrades, gesellschaftliche Umstrukturierungen) entwickelt das hohe Mittelalter eine stark emotional geprägte Spiritualität (z. B. Minnedichtung oder theologisch Mystik, aber auch das Aufkommen verschiedenster Buß- und Askesebewegungen). Das macht sich an Ordensneugründungen wie denen der Dominikaner und Franziskaner deutlich, die davon geprägt sind, dass sich Gläubige die Frage stellen, wie sie ihren christlichen Glauben auch wirklich leben können und wie die wahre Nachfolge Christi funktionieren soll. All das führt zu einer hohen Sensibilisierung für das eigene Leben, das, was daran gut ist und vor allem das, was daran schlecht ist. Es kommt zu einer Interiorisierung und Individualisierung des Sünden- und Schuldverständnisses. Diese Phase des Mittelalters ist daher von einem ausgeprägten Sinn für Schuld und Sünde geprägt. Angesichts der Hypersensibilisierung sind die Höllen- und Verdammnisängste umso größer. Wie entlastend muss daher der Gedanken an das Fegefeuer gewesen sein, der die Chance gab, vor dieser letzten, endgültigen Konsequenz, die ein allein gültiger eschatologischer Dualismus – entweder Himmel oder Hölle – vorgab, doch noch bewahrt werden zu können. *Jacques Le-Goff*[7] bringt diesen mentalitätsgeschichtlichen Umschwung mit einem grundlegenden Wechsel der sozialen, institutionellen und juristischen Lebensbedingungen in Verbindung. Sie sorgen in Gestalt bestimmter soziokultureller Grundimpulse für eine geradezu explosionsartige theologische Ausgestaltung dieses Gedankens und sind letztlich unmittelbare Konsequenzen aus dem bereits Gesagten, wenngleich sie zumeist konkrete historische Anlässe als Auslöser benennen können.

---

[7] Vgl. Geburt des Fegefeuers; Das Hochmittelalter; Kultur des europäischen Mittelalters.

2.2 Theologiegeschichtliche Verortungen

2.2.1 Mittelalterliche häretische Bußbewegungen

Als Gegenbewegungen zur etablierten Kirche entstehen im hohen Mittelalter Laienbewegungen mit zum Teil eigenen theologischen Zielsetzungen. Die Waldenser sind hier eher die Vorfahren der Reformatoren, also eine an Bibelstudium und praktischer Nachfolge und Umsetzung des Evangeliums orientierte Gruppe. Sie zweifeln die Fegefeuervorstellung deswegen an, weil ihr das biblische Fundament fehlt. Diese Anfrage ist aber weniger virulent als die Anfragen der Katharer und Albigenser. Diese häretischen Gruppierungen bedienen sich unter anderem alter, antichristlicher bzw. gnostischer Quellen (vermittelt durch die mittelalterliche Theologie der Ostkirche) und sind durch ein strenges Askese- und Bußideal gekennzeichnet. Die Katharer übernehmen die gnostische Vorstellung vom Seelengefängnis und der Seelenwanderung mit einem explizit leibfeindlichen Engagement und sie lehnen daher die Vorstellung eines Fegefeuers aus theologischen Gründen ab; dem Leib-Seele-Dualismus entspricht eine streng dualistische Sicht des Endes. Auf eine solche Herausforderung muss die etablierte Theologie reagieren, die die seelsorgerliche Not, die das Sünden- und Schuldbewusstsein mit sich bringt, aufnimmt und zugleich die Extreme der Häresie vermeidet. Sie reagiert mit einer ausdifferenzierten, systematisierten Fegefeuerdoktrin.

2.2.2 Die lehramtliche Fixierung des duplex iudicium und damit die Denknotwendigkeit eines eschatologischen Zwischenzustandes

Spätestens seit der Konstitution ›Benedictus Deus‹ Benedikts XII. ist die Idee des Zwischenzustands offizielle Lehre. Also muss der Zwischenzustand auch inhaltlich gefüllt werden. Benedikt XII. hatte dazu schon einzelne Vorgaben gemacht. Die Theologie nimmt die Idee dankbar auf und spinnt sie zu einer differenzierten, jenseitigen Läuterungstopographie des Fegefeuers aus. Der Gedanke des Fegefeuers als intermediäres Jenseits setzt also die formale theologische Klärung der Problematik des

Zwischenzustandes, der Unsterblichkeit der Seele, aber auch die Idee des zweifachen Gerichts voraus.

2.2.3 Pastorales Befreiungspotential und die Gefahr der Kapitalisierung

Die komplexe theologische Botschaft des Fegefeuers wird seelsorgerlich nicht als Drohbotschaft verstanden. Im Gegenteil! Ihr liegt ein echtes theologisches Befreiungspotential zugrunde, das uns heute vielleicht erstaunen mag. Das Fegefeuer garantiert eine gewisse Art von Verhandlungs- und Rechtssicherheit angesichts der letzten Dinge – es ist Ausdruck eines neuen Selbstbewusstseins, dass sich die ewige Verdammnis um einer leichten Sünde willen nicht (mehr) mit der Gerechtigkeit Gottes vereinbaren lässt. Zeitgleich entwickelt sich die moraltheologische Differenzierung zwischen lässlichen und schweren Sünden[8]. Das Ganze hat mit der durch die zunehmende Urbanisierung der Gesellschaft verbundenen Entwicklung einer städtischen Kultur mit veränderten Rechts- und Strafprinzipien zu tun (Verhältnismäßigkeitsprinzip zwischen Delikt und Strafe; Abschaffung des Gottesurteils als juristisch relevanter Tatsachenbestand; verfeinerte Prozess- und Gerichtsverfahren; vom passiven Rechtsobjekt zum Rechtssubjekt mit Ansprüchen). Konsequenz ist auch die Verrechtlichung der Gottesbeziehung, die sozusagen ›eschatologische Strafsicherheit‹ gegen einen als absolut allmächtig empfundenen Willkürgott, wie in manch nominalistisch geprägter Theologe präferiert, in Anschlag zu bringen versucht. Theologische Begründung dieser Rechtssicherheit des Menschen gegenüber Gott ist natürlich die Selbstbindung Gottes an den Menschen, also der Bundesgedanke.

Unverkennbar ist auch die gegenseitige Einflussnahme von theologischer Interpretation und konkreter sozialer Gestalt und Praxis. Da ein soziales Sicherungsnetz in der mittelalterli-

---

[8] Sakramententheologischer ›Reflex‹ auf diese Entwicklung ist die seit 1274 dann obligatorische Einzel- oder Ohrenbeichte; aber auch die moraltheologische Differenzierung von lässlichen Sünden und Todsünden; erstere werden zum besonderen ›Brennstoff‹ des Fegefeuers (vgl. LeGoff, Geburt des Fegefeuers, 265ff).

chen Gesellschaft fehlt, sind die Armen und Randexistenzen der Gesellschaft auf eine andere Art von Hilfe angewiesen. Die Armenfürsorge ist ein großes Problem. Die mit dem Fegefeuer verbundene Idee der Ersatzleistungen zur Wiedergutmachung von Sündenfolgen ist daher ein großer Fundus für eine halbwegs funktionierende Fürsorgepraxis. Freilich: Keine Entwicklung ohne die Gefahr des Missbrauchs. Und der folgt der positiven Entwicklung auf dem Fuß.

Das Fegefeuer wird zum größten Motiv für die aktive Werkfrömmigkeit des Mittelalters. Die authentische Praxis des Fegefeuerglaubens leidet in der Folge darunter, dass der Ausgleichsgedanke auch eine gute Geschäftsidee darstellt. Wo ein seelsorgerliches Bedürfnis befriedigt werden will, sind diejenigen nicht weit, die ihren ganz persönlichen Nutzen daraus ziehen. Selbst im Spätmittelalter nimmt noch die Zahl der Devotionen von Altären, Kapellen, aber auch Armen- und Siechenhäuser zu, obgleich zeitgleich die theologische Infragestellung einer solchen Frömmigkeit kaum mehr überhörbar ist. So gibt es eigens Spezialisten dafür, Priester, die nichts anderes tun, als für die armen Seelen der Verstorbenen gegen entsprechende Entlohnung Messen zu feiern. Denn gerade die Votivmesse erweist sich in der Volksfrömmigkeit als das entscheidende Medium, als Hauptschlüssel, den Qualen des Fegefeuers zu entkommen. Ein mitunter kaum gebildeter, geschweige denn für die dazu notwendige differenzierte Seelsorge wirklich ausgebildeter Klerus lebt von dieser reichlich sprudelnden Geldquelle. Eng damit verbunden ist der Gedanke einer exklusiven Etablierung der kirchlichen Vermittlung dieser Gnadenzuwendungen Gottes, die über die Heiligenverehrung nun beginnt, einen Gedanken der Reziprozität einzuführen. Man kann beinahe von einer Solidargemeinschaft von Lebenden und Toten in einem »endlosen Strom der vollkommenen gegenseitigen Hilfeleistung« sprechen[9]. Die kirchliche Vermittlung garantiert die Richtigkeit und die Zuverlässigkeit der Wirkung des hier Getanen und Geleisteten für das Jenseits und die Ewigkeit und vermittelt seine Wirkungen wieder zurück in das Diesseits. Das ist

---

[9] Ebd. 436.

wohl auch der immanente Schwachpunkt des ganzen Systems. Denn dort, wo aus bestimmten (kirchen-)politischen Gründen diese Vermittlung fraglich wird, droht das ganze System theologisch zusammenzubrechen. Das seelsorgerliche Bedürfnis bleibt, aber die kirchlich darauf gegebene Antwort wird schal, unglaubwürdig. Und an diesem entscheidenden Punkt legt dann die Reformation den Finger in die Wunde. Kein Wunder also, dass frühreformatorische Kritiker wie John Wyclif und Jan Hus, aber auch die eigentlichen Reformatoren wie Martin Luther, Johannes Calvin und Huldrych Zwingli angesichts einer völlig verkommenen Praxis der Fegefeuertheologie zu vehementen Gegnern der Fegefeuerlehre werden.

Um diesen Anfragen theologisch entgegen zu wirken, kommt es zu einer extremen Ausmalung des Fegefeuers in der Volksfrömmigkeit. Die Qualen wie die Topographie dieser Folterkammer werden möglichst anschaulich ausgemalt. Motivzentrum ist das quälend versengende Feuer, der Glutstrom. Damit verbunden ist auch ein ganzer Erzählkomplex von umhergehenden unerlösten Seelen (bis hin zum Motiv des wütenden Heeres). Dieser Motivbereich – eigentlich in der Hochzeit der Minne, also im 11. und 12. Jahrhundert entstehend – hält sich bis zur Renaissance, ja bis zum Barock durch. Trotz aller bereitwillig ausgemalten Sadismen bleibt das Fegefeuer interessanterweise immer noch ein Ort der Hoffnung. Denn seine Existenz währt – im Gegensatz zur Hölle – nur bis zum Jüngsten Tag, hat also ein Ende und den armen Seelen darin kann beigestanden, kann geholfen werden. Nicht nur exemplarische Heilige – die natürlich besonders – sondern jeder und jede kann etwas für die armen Seelen im Fegefeuer tun. Manch mittelalterlicher Heiliger ist geradezu auf die Erlösung armer Seelen aus dem Fegefeuer ›spezialisiert‹.

2.3 Die bleibende Hoffnungsgestalt der Fegefeuerlehre

2.3.1 Zur Hermeneutik der Bildwelt

Für die Bildwelt des Fegefeuers gilt insbesondere das zur Interpretation eschatologischer Aussagen bereits Gesagte: Die Bilder selbst sind nicht mit der Sache zu verwechseln! Sie sind auf

3 Auferstehung auf Bewährung oder Hölle auf Zeit? – Das Fegefeuer

ihren theologischen Gehalt hin neu zu überdenken und auf diesen existentialen, d. h. auch anthropologisch zentrierten Kerngehalt hin zu reflektieren.

Das Fegefeuer nimmt einen besonderen Aspekt der Gottesbegegnung im Tod zum Ausgangspunkt. Es ist dabei weder räumlich noch zeitlich abzugrenzen, noch ist es irgendeine Phase zwischen Tod und dem endgültigen Eingehen in Himmel oder Hölle. Ebenso wenig sind die Gottesbegegnungen im Gericht und die im Fegefeuer auseinander zu dividieren. Die Gottesbegegnung selbst ist dieses klärende Feuer, seine Begegnung hat etwas Gewaltiges, mitunter Erschreckendes, Verzehrendes. Vor seiner Liebe und Barmherzigkeit, vor seiner Gerechtigkeit wird alles, was an uns lieblos, unbarmherzig und ungerecht war, offensichtlich. Es wird deutlich, wie alles hätte sein können, aber nicht gewesen ist. Es wird deutlich, was alles hätte getan werden müssen, aber von uns nicht getan worden ist. Unsere Fehler, unsere Begrenztheit und unser eigenes uns selbst nicht Gerechtwerden wird offensichtlich. Diese Erfahrung ist erschreckend und, weil sie von der liebenden Zuwendung Gottes begleitet ist, zugleich befreiend. Die eigene Unvollkommenheit und Fehlerhaftigkeit steht uns unmittelbar vor Augen. Das hat etwas grundlegend Schmerzliches an sich, aber auch etwas grundlegend Klärendes. Uns wird klar, dass wir mit dem wenigen, was wir tun konnten und was wir tun, vor Gott nie und nimmer bestehen können. Beschämt können wir uns eigentlich nur noch abwenden von uns selber. Da ist aber einer, der uns wieder aufrichtet, der uns nicht darauf festlegt, was hätte sein können, was wir nicht getan haben. Da ist einer, der uns deutlich macht, wie wir hätten sein können und uns dadurch wieder aufrichtet.

Das Motiv des Fegefeuers und das Motiv des Gerichts gehören unmittelbar zueinander. Gottes Gerechtigkeit kann sich nicht zeigen, ohne dass uns dabei unsere Ungerechtigkeit weh tut, ohne dass uns dabei die Schamesröte ins Gesicht drängt. Fegefeuer und Gericht sind verschiedene Aspekte ein und derselben Sache: Nämlich der Selbsterkenntnis, des Selbstgerichts, das durch die klärende Begegnung mit Gott in uns ausgelöst wird. Diese brennende Erfahrung der Gottesbegegnung beschränkt sich aber nicht nur auf das Bewusstwerden unserer Schuld. Die biblischen Texte sprechen explizit von der Klärung, der Läuterung. In unserem heutigen Verständnis bedeutet das: Gott selbst macht uns dadurch, dass er uns begegnet, dazu bereit, neu anfangen zu können, unsere Unzulänglichkeiten, das, was wir nicht getan haben, aber hätten tun sollen, auch hinter uns zu lassen. Gott selbst macht uns bereit so zu werden, dass die Begegnung mit ihm, seiner Liebe, seiner Gerechtigkeit uns nicht mehr weh tut, nicht mehr brennt. Er tut dies, indem er selbst das ausgleicht, was uns und unserem Tun und Lassen noch fehlt. Er tut dies, indem er die Tat der Liebe leistet, zu der wir nicht fähig waren, indem er das an uns ergänzt, was uns zu unserem geglückten Menschsein noch fehlt. Das heißt, Läuterung und Reinigung ist nicht nur ein äußerliches Abwaschen, sondern eine innere Verwandlung, ein Ergänztwerden, ein Vollendetwerden. Gott macht uns zu dem Menschen, der wir eigentlich hätten sein sollen. Er schafft weg, was falsch war, ergänzt, was fehlt, hebt hervor, was gut war, und lässt uns zum Schluss so dastehen, dass wir uns selbst wieder in die Augen schauen können.

Das Motiv des Fegefeuer würde am Gericht, das heißt an der richtenden Begegnung mit Gott im Tod, das hervorheben, was Gottes Liebe und Gerechtigkeit, seine Barmherzigkeit an uns im Positiven bewirkt. Es wird das hervorheben, was deutlich macht, wie seine Liebe uns selbst wieder zu liebenswerten Menschen macht. Auch das Fegefeuer ist wie das Motiv des Gerichts im Kern also eine frohe Botschaft, keine Drohbotschaft. Die neuere Dogmatik hebt daher besonders das Motiv der Erneuerung, der Reinigung hervor. Sie betont die darin wirksame, verwandelnde Kraft Gottes. Gott verwandelt uns, damit wir tauglich werden für die ewige Gemeinschaft mit ihm. Durch Gottes Handeln an uns, seine Läuterung, lässt Gott unser Leben in einem neuen Licht erscheinen, aus dem alle Schattenseiten vertilgt sind. Wir sehen also, das Fegefeuer ist ein zentrales Element innerhalb des umfassenden Gerichtsgedankens. Gibt es aber noch einen zusätzlichen Wert der Fegefeuerlehre über den allgemeinen Gerichtsgedanken hinaus? Sicher, sie ist ein Element in einer umfassenden Vorstellung der endzeitlichen Begegnung von Gott und Mensch am Ende des menschlichen Lebens. In dieser Begegnung, klärt sich das Leben des Menschen, wird es gerichtet, das heißt bewertet und neu ausgerichtet. Aber gibt es darüber hinaus noch eine spezifische Pointe der Fegefeuerlehre?

2.3.2 Vom Proprium des Fegefeuers

Joseph Ratzinger gibt dazu einen ersten Hinweis: der Gemeinschaftsaspekt der Fegefeuerlehre. Was er damit meint, lässt sich nur deutlich machen, wenn wir uns noch einmal den Ausgangspunkt, nämlich die Verbindung zum mittelalterlichen Bußwesen vergegenwärtigen. Gerade die mittelalterliche Bußsensibilität legt Wert auf die Betonung der gemeinschaftlichen Folgen meiner Sünden, meiner bösen Taten. Die mittelalterliche Idee des Fegefeuers hat diesen Gemeinschaftscharakter von Sünde und Sündenfolgen theologisch aufgearbeitet. Gerade die Sündenfolgen, die die Gemeinschaft beeinträchtigen, werden theologisch durch den Fegefeuergedanken bewältigt. Das tut die Fegefeuerlehre, indem sie die Solidarität der Täter mit den Opfern über den Tod hinaus in den Vordergrund stellt. Der theologische Mehrwert der Fegefeueridee ist daher ein doppelter: Zum einen betont er die Idee eines Wartens, Arbeitens an der Vollendung, die auch die Tatfolgen meiner Sünden in den Blick nimmt. Zum andern betont er die Idee einer umfassenden solidarischen Gemeinschaft von Lebenden und Toten. Der Fegefeuergedanke betont also den dialogisch-kommunialen Aspekt des Gerichts. Hier steht nicht mehr der Strafgedanke im Mittelpunkt, sondern der Gedanke der Klärung, der Abklärung, der Aufklärung und der Läuterung und des Ausgleichs von allen und zwischen allem.

Wenn wir uns die Fegefeuerlehre unter dem Aspekt der Bewährung und Läuterung anschauen, wird unmittelbar deutlich, dass dieses christliche Spezifikum in Konkurrenz zu einer anderen Vorstellung tritt, die nicht ursprünglich im jüdisch christlichen Horizont vorhanden ist, sondern eher eine Anleihe aus östlichen Regionen darstellt: die Reinkarnationsvorstellung. Von ihrem Ursprung her – der Idee der Bewährung, der Läuterung, der Klärung – scheint sie ein ähnliches Hoffnungspotential wie die christliche Fegefeuerlehre zu repräsentieren. Sie tut dies freilich in einer völlig unterschiedlichen Weise.

3. Eine moderne Infragestellung: Reinkarnationsglaube

Wieso wird hier das Thema Reinkarnation nicht als allgemeine religionstheologische Alternative zum christlichen Auferstehungsglauben im Gesamten dargestellt, sondern unter dem Stichwort Fegefeuer abgehandelt? Diese Verortung ist mit einer Grundthese verbunden: Der Reinkarnationsglaube ist keine Alternative zur christlichen Auferstehungshoffnung als Ganze, sondern betont ein spezifisches Motiv, das systematisch stimmiger unter dem Stichwort Läuterung und Bewährung zu verorten ist. Das lässt sich auch an jenen Wellenbewegungen seit Beginn der Neuzeit ablesen, in denen der Reinkarnationsgedanke im weltanschaulichen Bewusstsein der Menschen Hoch- oder Tiefzeiten erlebt. Besonders in Krisenzeiten wird die Frage nach dem bleibenden Sinn des Lebens häufig mit dem Gedanken verbunden: Das kann doch nicht alles sein! Ich muss doch eine andere Chance erhalten, um aus meinem Leben doch noch etwas zu machen! Beim näheren Hinsehen wird also deutlich, und das soll im Folgenden auch näher erläutert werden, dass die Idee der Reinkarnation keine Konkurrenzveranstaltung, also keine Alternative zum Auferweckungsglauben, dem Gedanken eines Lebens nach dem Tod darstellt, sondern viel eher zu den in der Idee des Fegefeuers tragenden Vorstellungen der Bewährung, der Klärung, der Läuterung des Lebens zusammengehört.[10]

---

[10] Vgl. zum Folgenden Hilberath, Reinkarnation; Kehl, Nur einmal; ders. Was kommt, bes. 50–80.

3 Auferstehung auf Bewährung oder Hölle auf Zeit? – Das Fegefeuer

3.1 Begrifflichkeit und Vorstellungswelt

3.1.1 Zum Begriff ›Reinkarnation‹

Reinkarnatio heißt wörtlich Wiedereinfleischung. Das Wort selbst zeigt schon an, welche spezifische Grundstruktur hinter dem Gedanken der Reinkarnation steckt. Einerseits geht es um etwas, was erneut, gegebenenfalls sich wiederholend geschieht. Dies impliziert also die Annahme von etwas Bleibendem. Andererseits steckt in diesem Wort ein ›erneut‹, ein erneutes Sich-Einfleischen, ein Ins-Fleisch-Treten. Damit hängt ein gewisser Dualismus, nämlich ein Auseinandertreten von Fleisch und dem, was sich da entfleischt oder wiedereinfleischt, zusammen. Dieser Dualismus wird deutlicher am Alternativbegriff der Seelenwanderung *(Metempsychose)*. Seelenwanderung verbindet sich automatisch mit der Vorstellung einer vom Körper getrennten Seele, die innerhalb der materiellen Welt umherwandert oder von außen in diese hinein kommt. Gelegentlich ist damit auch die Vorstellung einer unkörperlichen Seelenwelt als Dauerzustand verbunden *(Rudolf Steiner)*. Mit der Vorstellung der Reinkarnation verbinden wir in der Regel die Idee einer kontinuierlichen persönlichen Identität; für die östlichen Vorstellungen von Reinkarnation ist dies hingegen nicht notwendig. Die Vorstellung einer Wiedergeburt – so der dritte, allgemein verwendete Begriff – ist dort gerade nicht notwendig mit der Idee einer bleibenden personalen Identität verbunden; im Gegenteil: diese soll gerade aufgehoben werden. Schon die drei im umgangssprachlichen synonym verwendeten Begriffe zeigen an, dass nicht jeder das gleiche meint, wenn er von Reinkarnation, Seelenwanderung oder Wiedergeburt spricht. Man muss die konkret damit verbundenen Vorstellungen im Einzelnen erfragen um sich ein korrektes Bild zu machen.

3.1.2 Zur Geschichte des Reinkarnationsgedankens

Die Überzeugung von der Wiedergeburt findet sich ursprünglich in vielen archaischen Religionen; sie bindet sich häufig an den Ahnenkult und lebt von dem Gedanken, dass die Seele des Verstorbenen in einem seiner Nachkommen, also in der Familie, der Sippe, wieder geboren würde. Das Sozialgefüge der Sippe, des Stammes erhält so eine beständige und verlässliche Grundstruktur. Der Tod des Einzelnen ist nur scheinbar eine Unterbrechung des Kreislaufes des Lebens. Dieses Leben geht aber in der Existenz der Familie, des Stammes unaufhörlich weiter. Wir hatten gesehen, dass gerade die Jenseitsvorstellungen Griechenlands in der spätklassischen Phase von dieser Idee der Wiedergeburt der Seelen geprägt sind. Die Wiedergeburtslehre Platons stellt daher auch die verbindlichen Grundprinzipien und Grundbegriffe (z. B. unsterbliche, körperlose Seele; menschliche Existenz als eine vorübergehende Verbindung von Seele und Körper etc.) für unser modernes Verständnis bereit.

Eine besondere Ausprägung erhielt der Gedanke der Wiedergeburt in den altindischen *Upanishaden* (ca. 8. Jh. v. Chr.). »Danach steht alles weltliche und menschliche Leben unter dem Gesetz des ›Karma‹, womit der Bedingungszusammenhang von Tat und Folgen, von Ursache und Wirkung auch für das sittliche Leben ausgesagt wird. Dieses wird bestimmt von der gerechten Vergeltung von gut und böse, gleichsam nach Art einer automatisch funktionierenden Vergeltungskausalität der Taten. Diese Vergeltung vollzieht sich in einer Vielzahl von Wandlungen und Wiedergeburten (›Samsara‹), in denen der Mensch sich allmählich zu seinem wahren Selbst emporarbeitet (wozu ein Menschenleben normalerweise nicht genügt). Das Ziel dieses langen Prozesses wird in der Erlösung vom Fluch der Wiedergeburten gesehen, nämlich darin, dass der Mensch dem ewigen Wandel enthoben wird und in seinem Atman (= geistiges Identitätsprinzip) ganz eins wird mit dem absoluten und ewigen Sein, dem ›Brahman‹ (= die Weltseele), das in ihm angelegt ist und durch alle vergängliche Wirklichkeit hindurch sich als das allein Unvergängliche und deswegen Heilende durchsetzt. Als hauptsächliche Erlösungswege werden der Weg der Erkenntnis, der Weg des Werkes (im leidenschaftslosen Handeln) und der Weg der hingebenden Gottesliebe gelehrt.«[11] Diese sehr spezifische Einordnung und Ausdeutung des Reinkarnationsgedankens macht nun

---

[11] Kehl, Nur einmal, 36.

aber deutlich, wie sehr der Gedanke selbst vom leitenden religiös-theologischen Denkgebäude mitgeprägt ist.

3.1.3 Eine notwendige Differenzierung

Zum besseren Verständnis ist es daher notwendig, gleich zu Beginn eine wichtige Differenzierung einzuführen. Dabei muss besonders auf den Unterschied des westlichen und des östlichen Modells von Reinkarnation abgehoben werden. Beide Modelle unterscheiden sich in drei zentralen Punkten grundlegend:

1. Wie verhält sich das Leben vor dem Tod zum Leben nach dem Tod?
2. Gibt es die Vorstellung einer persönlichen, bleibenden Identität?
3. Welchen Sinn hat der Kreislauf der Wiedergeburten?

Die Antworten auf diese drei Fragen sind so unterschiedlich, dass man eigentlich von zwei Modellen von Reinkarnation sprechen muss. Diese grundsätzliche Unterscheidung gilt aber nur für die ursprünglichen Modelle. Durch den kulturellen Austausch zwischen Ost und West haben sich inzwischen beide Modelle auch gegenseitig vermischt und wir finden in der Praxis fließende Übergänge zwischen beiden Modellen. Dennoch müssen wir fragen, was den ursprünglichen Kern der je unterschiedlichen Modelle ausmacht.

a) Das westliche Modell von Reinkarnation:

Das westliche Modell versteht die Idee der Wiedergeburt als Heils- und Hoffnungsbotschaft. Durch die Folge der Wiedergeburten können alle positiven Lebensmöglichkeiten des Individuums und der Menschheit im Ganzen ausgeschöpft werden. Die Idee der Wiedergeburt verbindet sich mit der Idee der Vervollkommnung, des Fortschritts. Es ist eine Hoffnung über den Tod hinaus, die sich aus der Erfahrung speist, dass Leben immer nur partiell gelingt und der ersehnte Sinn des Lebens immer nur begrenzt verwirklicht werden kann. Der Tod lässt dieses Fragmentarische des Lebens deutlich hervortreten. So eröffnet die Aussicht auf immer neue Geburten die Hoffnung darauf, dass der ›Sinn‹ unseres Lebens einmal vollkommen verwirklicht werden könnte. Gerade in der europäischen Aufklärung finden wir den Gedanken der Wiedergeburt (z. B. bei *Gotthold Ephraim Lessing*) wieder, weil er mit der Idee einer schrittweisen Vervollkommung des Menschengeschlechts sehr gut zum aufklärerischen Erziehungsideal passt. Und da ein einziges Menschenleben zur Erreichung des Ideals nicht ausreicht und der Tod nicht automatisch die Erleuchtung bringt, bedarf es eben einer Reihe von Leben. In einer gewissen Weise passt diese Idee auch mit einer nur kurze Zeit später entstehenden Theorie der Naturentstehung ideal zusammen: nämlich der Evolutionstheorie. Der Gedanke der Wiedergeburt ergänzt die Evolutionstheorie sozusagen mit einer geistigen Dimension: »Der Geist umkleidet sich mit immer neuen Hüllen, geht durch neue Erfahrungen hindurch, sucht nach immer besseren Ausdrucksmöglichkeiten, bis er schließlich aus den Hüllen herausgewachsen ist und seine Unendlichkeit erkennt.«[12]

b) Das östliche Modell der Wiedergeburt:

In den Traditionen der östlichen Religionen (Hinduismus und Buddhismus) ist dem gegenüber die Lehre von der Wiedergeburt zunächst keine Heilsbotschaft. Sie zeigt, dass der Mensch dem kosmischen Gesetz von Werden und Vergehen ausgesetzt ist. Es gibt kein glückliches Leben im Jenseits, keine Beständigkeit, sondern alles unterliegt dem Gesetz des Kommens und Gehens. Die Seele wird sozusagen zur Wiedergeburt gezwungen; kehrt in den leidvollen Kreis des Werdens und Vergehens zurück. Eigentliches Ziel des östlichen Modells ist daher, einmal nicht mehr wiedergeboren werden zu müssen, einmal dem elenden Kreislauf der Wiedergeburten entkommen zu können. Wiedergeburt wird nicht freudig erwartet, sondern unheilvoll befürchtet. Die Frage ist: Wie kann man sich aus dem Kreislauf der Wiedergeburten befreien?

Mit der Lehre der Wiedergeburt nach dem östlichen Modell ist, wie oben skizziert, notwendig die Idee des Karmas verbunden. Es herrscht so etwas wie eine unaufgebbare Vergeltungs-

---

[12] Ebd.

3 Auferstehung auf Bewährung oder Hölle auf Zeit? – Das Fegefeuer

kausalität. Keine Tat bleibt ohne Folgen (im Positiven wie im Negativen). Das Karma wirkt über den Tod hinaus, denn seine Wirkungen treffen den Menschen auch im Jenseits. Das Karma ist die innere Antriebskraft der Wiedergeburten. Erst wenn alles Karma getilgt ist, ist der Weg aus dem leidvoll erfahrenen Tun- und Ergehenszusammenhang eröffnet; erst dann besteht die Hoffnung auf ein Ausbrechen aus dem Kreislauf des Geborenwerdens und Sterbens hinein in das Nichts (Nirwana), das als einziges Bestand hat.

Das ist wohl der entscheidende Unterschied zwischen dem östlichen und dem westlichen Modell der Wiedergeburt. Dieser Unterschied macht auf eine weitere Differenz aufmerksam. Der Fortschritts- und Vervollkommnungsgedanken des westlichen Modells verbindet sich notwendig mit der Idee eines sich stets vervollkommnenden, damit aber notwendig mit sich identisch bleibenden Personenkerns. Das macht wohl einen Teil der aktuellen Attraktivität des Gedankens aus! Das östliche Modell ist dem gegenüber geradezu gegensätzlich orientiert: Selbstbindung, Selbstbezogenheit und Selbstverwirklichung sind etwas, von dem man sich befreien muss; man muss sich selbst aufgeben, um sein eigenes Ich – *Atman* – in die ewige universelle Weltseele – *Brahman* – hinein aufzulösen. Nur dadurch kann man vom Fluch der Wiedergeburt befreit werden.

Genau an diesem Punkt sieht man deutlich, wie sehr das westliche Modell der Wiedergeburt eine kulturbedingte Adaption des ursprünglichen Modells darstellt. Die typisch westlich neuzeitlichen Vorstellungen (zum Teil mit Versatzstücken aus der christlichen Tradition) wie Subjektivität, Unsterblichkeit der Seele, Selbstverwirklichung, Fortschritt etc. werden in das Modell eingewoben und es verändert sich dabei grundlegend. Ja, nur durch diese Veränderungen kann es im Westen tatsächlich zu einem attraktiven Gegenmodell zur christlichen Eschatologie werden. Erst so kann nämlich die Idee der Wiedergeburt zur Heilsbotschaft werden. Zugleich wird dabei auch Folgendes deutlich: In einer globalisierten Welt gibt es keine abgeschlossenen Kulturräume mehr. Die gegenseitige Beeinflussung verschiedenster Kulturströme ist nicht aufzuhalten.

3.2 Moderne Plausibilitäten

Was macht nun die westliche Variante des Wiedergeburtsgedankens so attraktiv? Neben vielleicht nicht ganz ernst zu nehmenden, scheinbar parapsychologischen Phänomenen der ›Erinnerung‹ an ein früheres Leben, gibt es sicher einige konkrete Beobachtungen, die die heutige Plausibilität und Attraktivität dieser adaptierten Jenseitsvorstellung verdeutlichen können.[13]

3.2.1 Die Vorstellung eines natürlichen Todes

Der ständige Wechsel von Geburt und Tod, Werden und Vergehen lässt das Phänomen Tod zu einem quasi natürlichen Rhythmus im Leben, Wachsen, Vergehen werden. Der Tod ist der eine Pol in einem ständigen Hin und Her zwischen Geborenwerden und Sterben. Damit verliert er einen Teil seiner Anstößigkeit. Er wird zur quasi natürlichen Durchgangsstation. Diese Idee des natürlichen Todes passt zu einer auch in anderen Bereichen spürbaren Attraktivität einer Naturmystik; zugleich ist diese Idee gedeckt durch ein im tiefsten naturwissenschaftlich-evolutionär ausgerichtetes Weltbild. Demgegenüber wirken christliche Hoffnungsbilder zu konkret, zu individuell, zu anspruchsvoll und damit zu anstrengend. So attraktiv dieser natürliche Umgang mit dem Phänomen Tod ist, so fraglich erscheint es, ob er durch diese scheinbare Natürlichkeit seine Anstößigkeit verliert. Der Tod verliert etwas von seinem herausfordernden Charakter; seine existentiale Dimension, die den Menschen zum Menschen macht. Die Kernfrage ist diese: Habe ich eine individuelle Geschichte, die gerade auch als ›Sein zum Tode‹ ihre spezifische Signatur erhält, oder bestehe ich nur aus dem rhythmischen Hin und Her zwischen Leben und Tod? Was macht denn eigentlich die unveräußerliche Würde, den Kern meiner Person aus? Es erscheint so, als ob sich hier eine gewisse Spannung zu dem offenbart, was die westliche Variante des Wiedergeburtsgedankens eigentlich verheißen sollte: Die Heilsbotschaft von der schrittweisen Vervollkommnung der eigenen Person.

---

[13] Vgl. zum folgenden auch Kehl, Was kommt, 49–80.

3.2.2 Das Motiv der ausgleichenden Gerechtigkeit

Die Idee der Wiedergeburt, verbunden mit der Vorstellung des Karma, lässt keinen Zweifel daran, dass es für alles in der Welt eine Erklärung gibt, auch für das Übel. Der Einzelne schafft sich sein Schicksal selbst und nur er oder sie ist dafür verantwortlich. Das entspricht wiederum gut der Mentalität der Moderne: Jeder ist seines Glückes Schmied, Selbstverantwortung, Gleichheit und Gerechtigkeit sind die Leitgedanken. Niemand kann ein Mehr an Glück, ein Recht auf Gerechtigkeit oder ähnliches einklagen. Man ist für alles selbst verantwortlich. Wir sind der Urheber unseres eigenen Schicksals. Dieser Gedanke ist der Freiheitsgedanke in Vollendung. So braucht kein Neid, kein Mitleid, keine Hoffnung auf Veränderung mehr aufzukommen. Man ist nicht mehr irgendwelchen Unwägbarkeiten ausgeliefert, alles hat seinen Sinn und ich habe alles so verdient, wie ich es erhalte. Damit hat der einzelne Mensch die Verantwortung für sein eigenes Leben in einer nie gekannten Zuspitzung und ist zugleich die Verantwortung dafür los – nämlich in einer zeitverschobenen Perspektive. Verunsichern kann mich hier und jetzt nichts mehr, alles läuft gesetzmäßig und zielstrebig ab (innerhalb der westlichen Variante zu einem absoluten vollendeten Höhepunkt hin). Nichts in dieser Welt kann mir Probleme machen, nicht einmal das Übel, denn es gibt kein unverdientes Leid mehr; die Theodizeefrage ist stillgelegt.

Diese umfassende Zuständigkeit des Menschen und seine Verantwortung für alles mutet ihm reichlich viel zu, vielleicht sogar zu viel. Macht es sich eine solche Antwort, wie sie die Wiedergeburtslehre zusammen mit der Idee des Karmas verbindet, nicht zu leicht? Ist ihre Weise der Erklärung nicht zu einfach, weil monokausal? Bin ich wirklich an allem schuld? Handele ich nicht auch unter den Bedingungen in der Kontingenz der Geschichte, die doch die Freiheit meines Handelns und damit meiner Verantwortlichkeit wiederum beeinflusst? Könnte wirklich alles anders laufen, nur wenn ich es wollte? Kann eine Veränderung nur im nächsten Leben erfolgen, wird damit nicht das Hier und Jetzt, das Bestehende legitimiert ohne es kritisch zu hinterfragen?

Die ›Lösung‹ des Theodizeeproblems überzeugt nicht. Eine solche Lösung – jeder ist an dem Leid, das er erfährt, selbst schuld – erscheint zynisch und kalt. Demgegenüber gibt es Kategorien des Bösen und Dimensionen des Übels, die nicht einfach ›verdient‹ sein können. Dagegen hält der christliche Glaube daran fest: Es gibt keine rational befriedigende Erklärung des Bösen und des Übels. Die Existenz des Bösen und des Übels kann nur ausgehalten; ihre Auswirkungen durch ein gemeinsames Handeln, ein füreinander Einstehen etc. gelindert werden. Angesichts des Übels und des Bösen ist aktiver Widerstand gefragt, nicht fraglose Hinnahme, Klage und Anklage, kein demutsvolles Ertragen um eines Egoismus im nächsten Lebens willen. Die Frage nach Gott angesichts des Leides und des Übels ist offenzuhalten, bleibt unbeantwortbar. Daher scheint manches, was innerhalb der Reinkarnationsvorstellung Probleme bereitet – zum Beispiel das Verhältnis von Freiheit und Verantwortung, von Schuld und Kontingenz – in der christlichen Erbsündenlehre immer noch besser aufgehoben, als in einem kausal respektiven Tun- und Ergehenszusammenhang, wie ihn die Idee des Karmas entwickelt.[14]

3.2.3 Leistung zahlt sich aus

Im westlichen Modell der Wiedergeburt ergänzen sich die quasi naturalistische Idee des Werdens und Vergehens und die Grundidee des industriellen Zeitalters, nämlich die Idee des linearen Fortschritts, und die Merkantilisierung aller Lebensbereiche in geradezu idealer Weise. Es entspricht dem Fortschrittspathos der frühen ebenso wie der globalisierten Ökonomisierung der späten Moderne. Freilich unsere heutige Lebenserfahrung ist hier eher ambivalent. Der Fortschrittsgedanke ist nicht per se human; und die Ideen von Markt und Wachstum haben ihr dämonisches Gesicht längst offenbar werden lassen. All das macht auch das subtil wirkende, eschatologische Leistungsprinzip des Wiedergeburtsgedankens fraglich. Wird hier nicht der Leistungsdruck noch über den Tod hinaus ins Jenseits verlängert?

---

[14] Vgl. Kehl, Was kommt, 60.

Dazu formuliert die christliche Zukunftshoffnung ebenso wie das christliche Menschenbild eine deutliche Alternative. Der Mensch ist nicht einfach das, was er tut und was er leistet. Was den Menschen ausmacht, ist zuinnerst erst einmal ein Geschenk. Das ist das Paradox des christlichen Menschenbildes, wie es die Schöpfungstheologie, die Anthropologie, die Gnadenlehre etc. in den Mittelpunkt stellen. Der Mensch ist Geschöpf, Gabe, befreit, erlöst und nur so ist er ein zu aktivem Handeln befähigter, ein zum Mitschaffen berufener, befreiter Mensch. Er ist sich selbst Geschenk. Er gibt sich nicht einfach, er erschafft sich nicht einfach selbst.

3.2.4 Wer bin ich?

Auf einer bestimmten Ebene erweist sich nun aber die Wiedergeburtslehre als höchst modernes, ja ›postmodernes‹ Deutungsmuster. Die Pluralität der Lebenswirklichkeit muss nicht mehr als Bedrohung empfunden werden, sie kann als immer neue Chance genossen werden. Wenn mir alle Wege offen stehen, muss ich gar keine Identität finden, das macht das Leben leichter und weniger anstrengend. Ich muss mich nie endgültig entscheiden, ich habe die freie Auswahl. Es gibt unüberschaubar viele Möglichkeiten, Erfahrungen zu sammeln und ein eigenes Leben zu führen. Im Zyklus der Wiedergeburten kann ich alles je neu aus- und durchprobieren. Der Unübersichtlichkeit der späten Moderne entspricht die Unendlichkeit der Versuche, die mit dem Gedanken der Wiedergeburt als Antwort bereitgestellt werden. Ich brauche mich nicht bis ins Letzte anzustrengen, um ein Leben zu gestalten. Was mir jetzt nicht gelingt, gelingt mir eben in einem anderen Leben. Ich habe unendlich viel Zeit und Gelegenheiten, alle Möglichkeiten zu ergreifen und durchzuspielen. Identität – das ist ein ewiger Lern- und Erfahrungsprozess; ich – das ist ein Weg, kein Ziel. Ich bin viele, ich bin polysynthetisch, eine multiple Persönlichkeit.[15]

Stimmt nun dieses Ideal von Persönlichkeit und ist es wirklich ein Ideal? Wer bin ich wirklich, wenn ich alles und nichts davon

---

[15] Vgl. Sachau, Reinkarnationsvorstellungen, 253ff.

bin? Kann eine Vervollkommnung eigentlich stattfinden, wenn meine Identität nicht ›bleibt‹? Wie soll es dann geschehen, dass mein Ich sich zu einem höheren Ich entwickelt? Wie soll ich zu einer höheren Stufe aufsteigen, wenn ich nichts von vorher weiß, mich mit nichts und niemanden identifizieren kann? Wer oder was bin ich, wenn mein gelebtes Leben, meine Geschichte, meine Erfahrungen eigentlich keinen Einfluss haben auf das, was bzw. wer ich bin; wenn ich sie doch beliebig wechseln kann wie ein Hemd? Neben einem subtilen Heilsegoismus relativiert der strikte Leib-Seele-Dualismus des Wiedergeburtsgedankens den Stellenwert der persönlichen Erfahrungen und unterläuft damit seine eigene Grundidee. Wie kann ich etwas werden, wenn mein Leben, meine Erfahrungen, meine Beziehungen zu Anderen, eigentlich beliebig, weil austauschbar und multiplizierbar sind? Die skeptischen Anfragen an den Wiedergeburtsgedanken werden umso deutlicher, je konkreter man dieses Modell durchspielt. Wie ist nun aber der Reinkarnationsgedanke als solcher theologisch zu beurteilen? Gibt es konkret benennbare christliche Fragen an die Vorstellungen des Reinkarnationsgedankens?

3.3 Christliche Anfragen

3.3.1 Schöpfungstheologie: Differenz von Schöpfer und Geschöpf

Im Gegensatz zur Wiedergeburtslehre betont der christliche Glaube, dass es einen unüberwindlichen Abstand zwischen Geschöpf und Schöpfer gibt. Alles, was ist, die Welt, ich, meine Persönlichkeit, meine ›Seele‹ sind ›geschaffen‹, d. h. endlich und nicht ewig, nicht-göttlich. Selbst unendlich viele Wiedergeburten können diese Grunddifferenz nicht überwinden; ich bin und bleibe Geschöpf. Daher hatten wir deutlich gemacht: Die christliche Vorstellung von Seele und Unsterblichkeit versteht beides eben nicht als ›Eigenschaften‹ des Menschen, sondern als ›Gaben‹, Gaben Gottes an den Menschen. Die Beziehung zu Gott macht den Menschen unsterblich. Weil Gott in Beziehung zu uns tritt, uns unendlich liebt, werden wir unsterblich[16].

---

[16] Vgl. oben Kap. 1/1.1.3.

Im Gegensatz zum Wiedergeburtsgedanken betont der christliche Glaube die Freiheit und damit auch die Unterschiedenheit des Geschöpfes vom Schöpfer; freilich um den Preis der Endlichkeit und damit des Vertrauens, dass ein anderer mich unsterblich macht und nicht ich mich selbst erlösen kann. So führen paradoxerweise erst das Akzeptieren der Geschöpflichkeit und damit auch die Bejahung der Endlichkeit menschlicher Existenz christlich gesehen zur Unsterblichkeit; nämlich zur Unsterblichkeit als Geschenk Gottes an uns.

3.3.2 Gnadenlehre: Vergebung, nicht Selbsterlösung

Ein entscheidender Differenzpunkt liegt nun auch in der Vorstellung, wie der Mensch zur Vollendung, zur Fülle, zum vollendeten Sein gelangt. Hier lautet die christliche Antwort: Nicht durch die eigene Leistung in einem immer wieder neuen Leben, sondern durch Annahme durch Gott. Angenommen sind wir so, wie wir sind: unvollkommen, fehlerhaft, unvollendet, ja gescheitert, verfehlt, misslungen, missglückt. Unser ganzes Leben, mit all seinen Anteilen von ungelebtem, unvollendetem, misslungenem Leben wird durch Gott vollendet. Vollendung ist keine Leistung, keine Anstrengung, sondern eine Gabe; Gott vollendet, was noch fehlt. Freilich ist das kein passives Geschehenlassen, sondern setzt ein aktives Sich-Öffnen, sich Bereiten, sich das Vollendetwerden gefallen Lassen voraus. Vollendung geschieht christlich gesprochen durch Barmherzigkeit und Vergebung und durch die Befähigung des Menschen, das anzunehmen, was nicht gelungen ist, zu bereuen, was misslungen ist, sich befreien und heilen zu lassen. Christliche Vollendung ist ein Ausgeglichenwerden, das Gerechtigkeit voraussetzt, durchsetzt und gewährt. Es ist ein individuelles Geschehen, das das gelebte Leben nicht einfach durchstreicht, sondern ernst nimmt, weil es genau dieses bearbeitet und so vollendet.

3.3.3 Anthropologie: Die Würde von Beziehung und Geschichte

Gerade mit dem heute so missverständlichen Bekenntnis zur leibhaftigen Auferstehung verteidigt, wie wir gesehen haben, der christliche Glaube die Einzigartigkeit und Würde des individuellen menschlichen Lebens und der menschlichen Geschichte hier und jetzt. Unsere Existenz, unsere Erfahrungen, unsere Beziehungen, kurz, all das, was unser Leben zu unserem Leben macht, sind auch eschatologisch etwas wert. ›Ich‹ bin meine Geschichte, meine unvertretbaren Erfahrungen, meine Beziehungen, das Miteinander, das Du, das Wir, etc. – all das bin ›leibhaftig‹ ich. Leibhaftig – das ist nicht die Biochemie des Körpers, sondern es ist all das, was ich und nur ich in diesem Leib, in dieser Welt in dieser Lebensgeschichte erfahren, erspürt, erlebt, erlitten, erfühlt und erspürt habe. Diesem allem ist die Vollendung durch Gott, das Heil, die Ewigkeit zugesagt. Nicht etwas Abstraktes, von allem Leiblichen Gereinigtes, von keiner Geschichte Beflecktes, eben nicht die nackte Seele überlebt, sondern mein ganzheitliches Ich mit all seinen Dimensionen, mein Beziehungsorgan zu Welt, Geschichte und Mitmenschen. Dieser Leib ist nichts Nebensächliches und damit nichts Austauschbares oder beliebig Vervielfältigbares oder gar als Hülle Abstreifbares. Gott vollendet daher kein abstraktes Ideal von mir; kein gereinigtes Etwas, sondern mich mit meinen Flecken, Makeln, Schrammen und Runzeln. Er vollendet nicht das, was ich gerne gewesen wäre, sondern das, was ich bin, mit meinen Unzulänglichkeiten, Begrenztheiten, mit meiner Schuld, meiner Dummheit, mit all dem, was gewesen sein sollte und doch nicht geworden ist. Ich bin die Geschichte, die ich zu erzählen habe. Gott vollendet mich mit Leib und Seele, mit Harmonien und Dissonanzen; mit Geschichte und Welt; und eben auch mit Beziehungen und Erfahrungen. Das bedeutet aber: Er vollendet mich und dich und uns; weil ich ohne dich nicht ich, weil ich nur ich bin, wenn wir sind. Gegen die immanente Egozentrik des Wiedergeburtsgedankens legt christliche Auferstehungshoffnung auch und gerade auf diese Gemeinschaftsstruktur der Jenseitshoffnung einen besonderen Wert.[17]

---

[17] S. u. Kap. 5/3.1.

Kapitel 4: Zur Hölle mit der Hölle?

Das Thema Hölle ist wohl eines der schwierigsten, weil belastetsten Themen im Rahmen der Eschatologie. In der Verkündigung war die Hölle mit ihren Strafen und mit den Wegen zur Vermeidung dieser Strafen eigentlich lange Zeit das eschatologische Thema schlechthin. Eine solche Fixierung auf die Hölle ist aber letztlich eine unangemessene Engführung und diese Engführung hat mit Sicherheit einiges dazu beigetragen, dass christliche Eschatologie als Ganze in Verruf geraten ist. Inzwischen ist das Pendel der Verkündigung geradezu in das andere Extrem ausgeschlagen und daher ist es kaum verwunderlich, dass bestimmte theologische Kreise der heutigen Theologie geradezu eine Höllenvergessenheit und Verdrängung des Themas Hölle vorwerfen. Wie ist aber diesen Extremen zu entkommen, also wie betreiben wir weder eine Angst einflößende, eher Psychosen denn Glauben hervorrufende Höllenfixierung und nehmen aber auf der anderen Seite zugleich auch das mit dem Motiv der Hölle verbundene theologische Thema ernst? Denn auch für eine heutige Verkündigung hat zu gelten: Die Rede von der Hölle hat einen Sinn auf dem Hintergrund der unbedingten, uneingeschränkten und universalen Heilszusage Gottes an den Menschen. Rechnet Theologie nicht mehr mit den Konsequenzen für das Neinsagen des Menschen, nimmt sie den Menschen und seine freie Entscheidung nicht ernst. Um den angemessenen Ort des theologischen Themas Hölle zu finden, müssen wir uns zuerst mit einer kleinen kulturgeschichtlichen Entwicklung der Hölle beschäftigen, um zu begreifen, was dieses Motiv aussagen soll und was nicht.

1. Eine kleine Kulturgeschichte der Hölle[1]

1.1 Biblisches

1.1.1 Scheol und was noch?

Das große Gewicht, das in den traditionellen Bildern der Eschatologie das Thema Hölle besitzt, könnte dazu verleiten, zu meinen, sie müsse das zentrale Thema der biblischen Überlieferung sein, da diese doch Quelle aller Theologie ist. So ist es aber nicht. Große Teile des Alten Testaments kennen die Hölle als Strafort einfach nicht, obwohl das Thema in den großen Kulturen des alten Orients – seien es die Ägypter, die Sumerer oder die Babylonier – durchaus vorhanden ist und auch theologisch etabliert war. Von allen Religionen des Alten Testaments ist der Glaube Israels derjenige, der sich der Welt am meisten zuwendet. Konsequenz daraus ist, dass man lange Zeit überhaupt nicht über das Thema Jenseits nachdenkt und wenn, dann geschieht dies so, dass der Unterschied der Jenseitsvorstellung Israels zu der Idee eines alles verschlingenden Nichts sehr gering ist. Die Unterwelt, das Totenreich, die Scheol – das ist der mit einem starken Tor verschlossene Raum, in dem die Seelen/Schatten der Verstorbenen dahin vegetieren. Dieses Schicksal des Schattendaseins in der Scheol erleiden alle, Gute wie Böse, am Ende ihres Lebens. An einen Strafort darüber hinaus denkt man gar nicht.

In Bezug auf das Böse wird daher eher praktisch-konkret ja weltlich gedacht: Gott bestraft die Bösen und zwar immanent, in dieser Welt, hier und jetzt. Im Kollektiv geschieht diese Strafe, indem Gott Seuchen, Hungersnöte, Kriege zulässt; im individuellen Bereich verbindet sich das Strafmotiv mit dem Motiv des frühen Todes, des Aussatzes, der Kinderlosigkeit etc. Erste Entwürfe einer Idee von Hölle entstehen daher ziemlich spät, in einem eher schon apokalyptisch geprägten Horizont (z. B. bei Trito-Jesaja, Jes 66; wobei man sich heute exegetisch darüber streiten kann, ob hier wirklich an eine jenseitige Bestrafung ge-

---

[1] Vgl. dazu Minos, Hölle; Vorgrimler, Geschichte der Hölle.

dacht wird, oder nicht doch an eine irdische). Man muss bis zur mittleren Weisheitsliteratur (z. B. Hiob) gehen, bis man Texte findet, in denen der allgemein akzeptierte Tun- und Ergehenszusammenhang und das Prinzip der immanenten Gerechtigkeit in Frage gestellt werden. Hiob stellt explizit die Frage nach dem Schicksal des Gerechten angesichts der Tatsache, dass es den Bösen gut und den Guten schlecht ergeht. Im Tod ist das Schicksal beider identisch: Sie liegen im Staub, vegetieren in der Scheol. Soll das die Gerechtigkeit Gottes darstellen? Erst der Prophet Joel beginnt aber über ein Endgericht nachzudenken, in dem das Schicksal von Guten und Bösen unterschiedlich beurteilt wird. Dieses Element hat bereits einen stark apokalyptischen Einschlag, ohne dass man den Propheten Joel konkret zur Apokalyptik zählen könnte. Der erste Kontakt mit der hellenistischen Welt – bedingt durch die Eroberungszüge Alexander des Großen – bringt hier einen entscheidenden Impuls. Die Zeit ist sozusagen gesättigt von religiösen Bedürfnissen, Zukunftsspekulationen und Hoffnungsideen verschiedenster Natur. Indes wird die dort bereits enthaltene Höllenvorstellung nicht übernommen. Noch im 3. Jh. v. Chr. kann daher Kohelet die These vom gleichen Schicksal des Guten wie des Bösen vertreten und Jesus Sirach geht etwas später noch vom Prinzip der immanenten Gerechtigkeit aus. Der entscheidende Wandel geschieht wiederum in jenen politischen Ereignissen, die die apokalyptische Strömung als Ganze etablieren: Antiochus IV. Epiphanes (175–164 v. Chr.) und sein radikales Vorgehen zur Verfolgung des jüdischen Kultus einerseits und zur Etablierung der hellenistischen Kultur andererseits.[2] Der Aufstand der Makkabäer gegen dieses Schreckensregime ist die Geburtsstunde der apokalyptischen Literatur und mit ihr die Entstehungsstunde der Höllenvorstellung. 2Makk hält zwar noch an der traditionellen Sichtweise fest: Antiochus wird eine böse Strafe erhalten, hier und jetzt; und auch das Buch Weisheit zählt rein irdische Strafen auf. Aber das 160 v. Chr. redigierte Danielbuch etabliert zum ersten Mal die Vorstellung einer ewigen Hölle. So hält sich

---

[2] S. o. Teil I Kap. 4/3.2.

bis in die Spätphase des Alten Testaments eine gewisse Offenheit – immanente Bestrafung oder ewige Hölle –, die prägt auch die Entstehungszeit des Neuen Testaments prägt.

Die pharisäische Tradition zur Zeit Jesu zeigt zwar einen gewissen Hang zu Höllenvorstellungen, aber erst bei den Qumran Essenern kann die Höllenvorstellung explizit nachgewiesen werden (vgl. *Flavius Josephus*). Daneben sind es vor allem apokryphe Texte aus dem ersten vorchristlichen und nachchristlichen Jahrhunderten, die diese Idee verbreiten (wiederum: äthHen, 4Esra, syrBar). Mit ihnen popularisiert sich die Höllenvorstellung samt der damit verbundenen Bilder und das prägt auch das Neue Testament. Die verbreitetste Vorstellung seit dem 2. Jahrhundert nach Christus ist die, dass beim Tod die Seelen in verschiedene, nach gut und böse getrennte Abteilungen der Scheol gelangen, wo sie das Jüngste Gericht erwarten. Die einen kommen daraufhin in den Garten Eden, die anderen in die Gehenna. In talmudischen Quellen wird die Gehenna als ein unterirdischer Ort mit zum Teil übereinander liegenden Stätten vorgestellt, in denen die Hitze nach unten hin exponentiell zunimmt. Feuer, Skorpione und die Qual, die eigenen Glieder zu verzehren – das alles sind die Strafen der Hölle, die diese Literatur und die damit verbundene Volksfrömmigkeit in den buntesten Farben ausmalt. Im Allgemeinen werden diese Qualen aber als zeitlich begrenzt verstanden und dienen der Reinigung. Nach Ablauf einer gewissen Zeit dürfen die so gereinigten Seelen den Garten Eden betreten. Von der Reinigung ausgenommen sind verhärtete Sünder, zu denen die Christen als abgefallene Juden zählen. Was ihr Schicksal angeht, unterscheiden sich die beiden traditionellen Talmudschulen. Die strenge Schule des Schamai glaubt an die ewigen Schrecken, eine Bestrafung ohne Ende; die etwas liberale Schule des Hillel hingegen nimmt an, dass es nach dem Endgericht eine allgemeine Vergebung geben wird. Andere denken, dass die Christen einfach zu Nichts werden. Weiterreichender Spekulationen enthält man sich.

1.1.2 Neutestamentliche Zurückhaltung

Liest man das Neue Testament, ist man vielleicht erstaunt darüber, wie wenig Raum auch hier dem Thema Hölle gewidmet ist. Jesus von Nazaret, tritt mit einer Frohbotschaft, nicht mit einer Drohbotschaft an. Das Reich Gottes ist nahe gekommen. Konsequenz dieser Ansage ist, dass die Nähe Gottes in Jesus von Nazaret zur Entscheidung ruft. Wo Gottes Zeit und Gottes Welt anbricht, ist die Zeit der Entscheidung angebrochen: Kehrt um und glaubt an das Evangelium (Mk 1,15). Jesus teilt in seinem Tun und seinem Sprechen die Endzeitvorstellung seiner Zeit. Die Radikalität seiner Verkündigung stellt vor die Alternative: Entweder – Oder. In diesem Rahmen wird auch Hölle ein Thema. Denn die Entscheidungssituation muss auch die Möglichkeit der falschen Entscheidung ins Auge fassen. Diese Möglichkeit steht aber keinesfalls im Zentrum der Verkündigung Jesu. Im Gegenteil! Aber als Möglichkeit kann und darf sie nicht verschwiegen werden, dafür ist die Lage zu ernst. Auch die Verkündigung Jesu nutzt die volkstümlichen Höllenvorstellungen, um diesen Ernst der Lage auszudrücken. Die Höllenvorstellungen – mit den Attributen: Heulen, Zähneknirschen, Finsternis, Qual – dienen sozusagen als Negativfolie für die Botschaft vom Anbruch der Gottesherrschaft. Allein in dieser Hinsicht gehört die Hölle in die Botschaft des neutestamentlichen Christentums hinein.

Als erster Theologe des Neuen Testaments entfaltet Paulus die Konsequenzen des Christusereignisses. Er interpretiert seine Zeit und das, worauf es ankommt, im Lichte dieses Ereignisses. Auferstehung Jesu bedeutet für ihn den Anbruch der Endzeit. Seine Theologie ist daher auch und gerade durch die Naherwartung geprägt. Jetzt ist die Zeit der Entscheidung, da das Ende bereits angebrochen ist. In ähnlicher Weise denkt der zweite große Theologe des Neuen Testaments: Johannes. Auch in seiner Theologie kommt die Frage der Entscheidung – ganz in der Linie der jesuanischen Botschaft – explizit zur Geltung. Darüber hinaus sind sowohl Paulus als auch Johannes sehr zurückhaltend. Beide kennen zwar das Motiv des göttlichen Gerichts, der Krisis und damit der Scheidung, verzichten aber auf weitere Ausmalungen. Sie repräsentieren den breiten Strang neutestamentlicher Überlieferung, in der die Höllenvorstellung einen geringen Platz einnimmt. Sie kann fast schon als ein Randphänomen des Neuen Testamentes, eine wage Erwartung, eine hypothetische Drohung verstanden werden. Doch auch das Neue Testament kennt eine entscheidende Ausnahme, die aber zusammen mit dem volksfrommen Fundus eine ungeahnte Wirkungsgeschichte entfaltet: Die geheime Offenbarung des Johannes setzt in typisch apokalyptischer Manier den Untergang der gottwidrigen Kräfte in Szene und scheint sich auch nicht vor einer krassen Ausmalung des Schicksals dieser Kräfte zu scheuen. Die konkreten Höllenvorstellungen, die im Weiteren die christliche Tradition prägen, sind nun nur zum Teil Erbe der biblischen Überlieferung, vielmehr sind sie Folge einer nachbiblischen Entwicklung in mehreren Schüben.

1.2 Altkirchliche Wegbereiter

1.2.1 Apokryphe christliche Apokalypsen

Die nachbiblische Entwicklung ist von Anfang an durch eine gewisse Anschaulichkeit und Freude am Detail geprägt. Gerade in der Volksfrömmigkeit etabliert sich nun die Höllenidee. Chronologisch sind es apokryphe Apokalypsen und verwandte Schriften, die sich dieses Thema zunächst annehmen. Erst in einer zweiten Phase reagieren die Theologen der christlichen Antike auf solche Vorgaben der Volksfrömmigkeit und bearbeiten sie theologisch.

Am stärksten ist das Bedürfnis, über das zukünftige Schicksal Bescheid zu wissen, in den Gemeinden, die ja aus einfachen, wenig gebildeten Menschen bestehen. Sie haben sich zu einem neuen Glauben bekehrt, ihr irdisches Los ist schwierig, man verlangt ihnen einiges ab. Gerade in Verfolgungszeiten nimmt das Interesse daran zu, konkreter zu wissen, wie es denen ergehen wird, die sich nicht zum Glauben bekannt haben, ja die in der einsetzenden Christenverfolgung vom Glauben abgefallen sind oder die selbst die junge Gemeinde verfolgt haben. Manchmal ist dieses Interesse auch mit einem allzu menschlichen Ge-

4 Zur Hölle mit der Hölle?

fühl der Rache, das heißt aber auch der Sehnsucht nach Gerechtigkeit und Ausgleich verbunden. Die Zukunft soll das Los der Gegenwart kompensieren. Die biblische Überlieferung stellt nur wenig Deutungshilfen und Antworten bereit, und so wird diese theologische Lücke mit apokryphen Material aufgefüllt.

Diese ›verborgenen Schriften‹ des 2. bis 4. Jh. n. Chr. präsentieren und präzisieren jene Punkte, die in den orthodoxen Evangelien bewusst im Dunkeln gelassen wurden. Manches aus der Erbauungsliteratur dieser Zeit hat auch obskure theologische Quellen und vertritt alles andere als orthodoxe Überzeugungen. Gerade die Häresie der Gnosis mit all ihren Dualismen erweist sich als ein Fundus für Höllenvorstellungen aller Art. Die Welt in Gut und Böse aufzuteilen, ist ihr Grundprinzip; der ewige Kampf zwischen Gut und Böse ihre Grundüberzeugung. Kein Wunder also, dass die Hölle und ihre Strafen ein beliebtes Thema gerade auch christlich angehauchter, gnostischer Literatur darstellen. Unterschiedliche literarische Motive werden dabei aus der säkularen Umwelt wie aus anderen Kulten und Religionen übernommen: z. B. Christi Abstieg in die Unterwelt aus der griechischen Mythologie; die Seelenreise des apokalyptischen Sehers aus altorientalischen, die Beschreibung von Straf- und Qualorten aus ägyptischen bzw. babylonischen Quellen.

Die erste detaillierte Beschreibung der Hölle liefert die *Petrusapokalypse*, die ca. 125 bis 150 n. Chr. entstanden ist. Ihr Bilder- und Motivrepertoire wird zum Prototyp aller Höllengemälde bis zu Mittelalter und Barock. Ihre Motivwelt wird durch die *Paulusapokalypse* (4. oder 5. Jh. n. Chr.) neu bearbeitet und erweitert. Sie findet eine weite Verbreitung und hat eine breite Wirkungsgeschichte, z. B. in neuhochdeutscher Übersetzung bis ins hohe Mittelalter hinein. Ihr Bildrepertoire überzeugt durch Detailfreude und Vielfalt, ebenso wie durch Differenziertheit und vor allem Einprägsamkeit. In Szene gesetzt ist das Ganze als Seelenreise des Paulus ins Jenseits. Begleitet von einem Engel schildert der Protagonist, was er sieht. Insgesamt gibt es – so versichert der Deute-Engel (als klassisches apokalyptisches Motiv) – 1444 Qualen (viele entnommen aus altorientalischen Mythen). Das Textmaterial belegt die Kenntnis unterschiedlicher Qualen und Strafen, Intensitäten und Temperaturen, ja spezifischer Qualen für spezifische Vergehen und einen differenzierten Sündenkatalog. Woher kommt nun diese erste ›Hochzeit‹ der Höllenvorstellung in der christlichen Antike?

1.2.2 Theologische Weichenstellungen[3]

Für das 2. und 3. Jh. sind sicher die Verfolgungssituation und die damit verbundene Lebenserfahrung der Christen ein Auslöser besonderer Art. Die konkrete Lebenssituation ruft die Frage nach dem Jenseits, nach der Möglichkeit eines Ausgleichs und damit dem endgültigen Sieg der Gerechtigkeit Gottes hervor. Die urmenschliche Sehnsucht nach Gerechtigkeit ist auch der Auslöser für reichlich überbordende Höllenvorstellungen. Sicher ist auch, dass ein erstes, eher oberflächliches Nachdenken über das Motiv des Zwischenzustandes dazu anregt, diese ›eschatologische Pause‹ zu füllen: Man genießt die Seligkeit oder erleidet eben die Strafen für seine Sünden und Vergehen. Die Volksfrömmigkeit, insbesondere aber die Theologie des 4. und 5. Jh. müssen nun aber von anderen Grundvoraussetzungen ausgehen: Das Christentum ist zur etablierten Staatsreligion geworden, von Gerechtigkeit und Ausgleich fordernden Verfolgungserfahrungen kann keine Rede mehr sein. Im Gegenteil. Es ist modern Christ zu sein. Hier ist nun folgende Beobachtung interessant: Neben dem Höllenmotiv wird in dieser Zeit auch das Motiv des Himmels detailreich ausgemalt. Man denkt positiv über diese zukünftige Seligkeit nach. Die Hölle wird demgegenüber zum detailreich strukturierten Antibild.

Die weitere theologiegeschichtliche Entwicklung bringt nun aber durchaus folgenreiche Veränderungen. Während der kirchliche Osten es bei der wenig konkreten Ausgestaltung eines wie auch immer gearteten möglichen Zwischenzustandes belässt und dabei Strafen eher unter dem pädagogisch motivierten Prinzip von Läuterung und Reinigung abhandelt, schlägt die Theologie des Westens einen anderen Weg ein. Prägend für

---

[3] Vgl. dazu ergänzend auch die Ausführungen Kap. 2/2 und 3.

4 Zur Hölle mit der Hölle?

die Theologie des Westens werden in der Folge zwei Theologen: Augustinus († 430) und Gregor der Große († 604).

Augustinus gilt wohl zu Recht als derjenige Theologe, der die Frage nach den Höllenstrafen besonders ernst nimmt. Für Augustinus ist auch klar, was in der Hölle geschieht: Qualen und Feuer, Hitze und Leid treffen als vorläufig strafend quälende Läuterung alle und als ewige Strafe nach dem Jüngsten Gericht den Großteil der Menschen, die massa damnata. Denn nur wenige hat Gott zur ewigen Seligkeit vorherbestimmt, allein aus Gnade, nach seinem Willen, das wohlverdiente Schicksal der meisten aber ist die Hölle. Noch deutlicher wird Gregor der Große. In politisch und gesellschaftlich unsicheren Zeiten scheint es nur einen sicheren Hort zu geben: Die Kirche und ihre Gnadenmittel, die Sakramente. Sie ist das Rettungsfloß, die rettende Arche auf dem unsicheren Ozean der Zeiten. Sie hilft in allen Lebenslagen, im Diesseits und im Jenseits. Gregors Interesse an der Hölle liegt daher in der Frage der kirchlichen Vermittlung und ihrer praktisch seelsorgerlichen Umsetzung begründet. Er schreckt dabei auch nicht vor reichlich vereinfachten Beispielen zurück, die gerade aufgrund ihrer Volkstümlichkeit nicht ohne Breitenwirkung bleiben. Damit ist nun die Grundlage für eine geradezu explosionsartige Weiterentwicklung der Höllenvorstellung im frühen Mittelalter gelegt. Spätestens seit Gregor wird das Thema ›Hölle‹ zum Zentralthema der Eschatologie. Das Mittelalter sammelt, systematisiert, malt aus, was in der Volksfrömmigkeit immer schon da war bzw. zum Nutzen dieser Frömmigkeit auch seelsorgerlich gefördert wurde.

1.3 Die Blüte der Höllenvorstellung im Mittelalter

Die Blüte der Höllenvorstellung im Mittelalter verdankt sich dem christlichen Mönchtum. Der Himmel ist einer Kulturelite vorbehalten. Ein Großteil der Menschheit – so das Erbe Augustins – hingegen verfällt der Verdammnis. Seit den Anfängen des Mönchtums wird nun die Höllenfurcht zum Stilmittel asketischer Literatur. Darum etabliert sich gerade in der mittelalterlichen Klosterliteratur die literarische Gattung der visionären – Höllenvision – eine Art Reisebericht aus dem Jenseits. Gerade die Klassiker des Mönchtums, die iroschottischen Mönche des 7. bis 9. Jh., kennen zahlreiche Beispiele solcher Erzählungen, die zugleich den Volksglauben inspirieren. Sie dienen zur Ermahnung des Klerus, zur forcierten Einprägung asketisch mönchischer Ideale und zur disziplinierenden Erziehung des Volkes.

Ernster und nüchterner wird dagegen das Thema Hölle bei den mittelalterlichen Theologen abgehandelt. Man ist auch hier besonders um eine Systematisierung, Differenzierung und Präzisierung bemüht. Dazu teilt man die Menschheit in vier Kategorien: Die Guten, die Bösen, die nicht ganz so Guten und die nicht ganz so Bösen und kennt diverse Abstufungen von Qualen als differenziertes Strafsystem[4]. Als theologisch prägende Christusdarstellung dieser Zeit tritt die Gestalt des Christus-Judex in der Vordergrund: Christus als der Weltenrichter, eine Variante der altkirchlichen Pantokrator-Darstellung. Gerade das im Kirchenbau neu entdeckte Westportal bietet den idealen Platz für die künstlerische Ausgestaltung der eschatologischen Phantasien. Die großen Portalszenen des Endgerichts an den Eingangsportalen der Kirchen sind gleichfalls eine theologisch normierte und normierende Kunstform dieser Zeit. Das Jüngste Gericht wird zu einem formal wohlgeordneten Prozess, bei dem Engel, Apostel und Heilige assistieren. So etabliert sich der Erzengel Michael als Seelenrichter und Maria und Johannes (zum Teil in Gemeinschaft mit anderen Heiligen) interzedieren, leisten Fürbitte, ohne freilich verhindern zu können, dass eine stattliche Menge der vor Gericht Stehenden für immer verloren geht.

Neben dieser ›Prozessordnung‹ des Endgerichts ist ein ausdifferenzierter Strafenkatalog von besonderem Interesse. Das Hochmittelalter entwickelt vor diesem Hintergrund die moraltheologische Differenzierungen zwischen lässlichen und Todsünden, wobei nur die letzteren zur ewigen Verdammnis führen. Dabei zeigt der Katalog der Todsünden eine kulturell bedingte Entwicklung: In der Frühzeit des Christentums zählte

---

[4] Vgl. den Sentenzenkommentar des Petrus Lombardus.

4 Zur Hölle mit der Hölle?

Apostasie, d. h. Glaubensabfall, dazu. Später ist man eher an einem Minimalkonsens verbindlichen sozialen Verhaltens interessiert. So sind die Todsünden dieser Zeit eher durch ihren destruktiven Sozialcharakter gekennzeichnet: Mord, Diebstahl, Trunkenheit, Zorn, Falschaussage, Sakrileg. In der spätmittelalterlichen Gesellschaft, die eher von der Idee der Feudalgesellschaft und des Rittertums, aber auch der praktischen Ausübung des Handels geprägt ist, kommen Hochmut und Habgier dazu. In eher monastisch geprägten Umgebungen finden sich dagegen die Motive der Unkeuschheit und der Lust.

Von theologisch besonderer Bedeutung ist für die mittelalterliche Theologie indes eine ganz andere Fragestellung: Wie groß ist der Einfluss der Kirche auf das eschatologische Geschehen? Die Fragen von Sünde, Schuld und Buße sind nun dominierende Fragestellungen. Der Blick auf den Heilsweg der Sakramente, die kirchliche Vermittlung des Heils als Lösungs- und Erlösungsweg erhält besondere Bedeutung. Gerade die Vergebungsgewissheit durch die Heilszusage der kirchlichen Bußpraxis ist zentral; die Vergebungsvollmacht des Priesters wird zu einer seiner wichtigsten Eigenschaften. Zu dieser Zeit wird dann die Buße als wahres Sakrament in die Siebenzahl der Sakramente verbindlich aufgenommen (2. Konzil von Lyon 1274). Indes kennen all diese Bestrebungen der Theologie letztlich nur ein Ziel: Zu verhindern, dass die Gläubigen in die Hölle gelangen. Denn hier haben selbst die Möglichkeiten der kirchlichen Einflussnahme ein Ende. Und dennoch wird die Antwort auf die Frage nach der Anzahl der Geretteten gut augustinisch beantwortet: Nur wenige werden gerettet; es gibt mehr Verworfene als Auserwählte. Das Heil ist außerordentliche Gnade Gottes, die Hölle das gewöhnliche Schicksal.[5] Die Höllenangst wird daher zur dominierenden Existenzerfahrung.

---

[5] Vgl. die Berechnungen z. B. bei Berthold von Regensburg (†1272): Hunderttausende fahren in die Hölle, nur wenige in den Himmel; die Anzahl der Höllenfahrten nimmt mit dem nahen Ende der Welt zu; oder bei Johannes Herolt (†1468): auf 30.000 Tote kommen nur zwei Selige und drei Kandidaten fürs Fegefeuer; der Rest – 29.995 – fährt in die Hölle.

Indes macht die Lokalisierung der Hölle Probleme bzw. gibt Anlass zu theologischen Auseinandersetzungen. Während die Mehrheit der Theologen für einen realen Ort an den Enden der Erde oder tief unter der Erde plädiert, gibt es auch Theologen, z. B. Johannes Scotus Eriugena, die behaupten: Hölle ist etwas Seelisches und kann nicht in der materiellen Welt lokalisiert werden. Thomas von Aquin zieht sich sybillinisch aus der Affäre: Körperlose Seelen können eigentlich an keinem materiellen Ort verbleiben, sie werden daher an einem Ort sein, der ihnen angemessen ist (Supplementum 69 Art. 1). Weniger strittig sind indes die Torturen der Hölle. Hier ist man sich fast in allem einig, insbesondere in der überschießenden Phantasie: Feuer, Kälte, Riesenschlangen, Gestank, Lärm, Finsternis, Dämonen, Ketten, glühende Kessel – der infernalischen Phantasie der Theologen ist keine Grenze gesetzt. Hier bildet Thomas von Aquin eine rühmliche Ausnahme. Allzu realistische Visionen widerstreben seinem rationalen Geist. Darum beschränken sich seine (leider sehr verstreuten) Hinweise, auf das Notwendigste. Es gibt einen wie auch immer gearteten Straf-›Ort‹ *(quasi in loco)*. Die Verdammten erleiden dort zweierlei Torturen: die Qual der Verdammung (im Sinne von Gottesferne, die an sich unvorstellbar ist) und den sinnlichen Schmerz, der von einem Feuer vollzogen wird, das von Gott speziell dazu erschaffen wurde, um Seele und Körper zugleich zu verbrennen. Dieses Schicksal trifft alle, die im Zustand einer Todsünde aus dem Leben gehen. Jene aber, die ohne Taufe sterben, Kinder und Heiden, kommen in die Vorhöllen, wo sie nur die Strafe der Verdammung erdulden, wenn ihr einziger Makel in der Erbsünde besteht. Die Frage nach der Dauer bringt nun selbst Thomas in Verlegenheit. Wie ist es möglich, dass ein unendlich guter Gott seine eigenen Geschöpfe zu ewig dauernden Qualen verurteilen kann? Seine Argumente sind freilich zahlreich und bleiben doch unbefriedigend: Die Todsünde stürzt das Ordnungsprinzip des Universums selbst um, ist eine nicht gutzumachende Verfehlung, deren Sanktion nur ewig sein kann; sich in den Zustand der Todsünde zu versetzen heißt, sich willentlich in eine Situation zu begeben, aus der man mit eigener Kraft

4 Zur Hölle mit der Hölle?

nicht mehr entkommen kann, heißt, das Geschöpf außerhalb des Schöpfers zu stellen – ein absoluter Akt, eine definitive Wahl mit ewigen Folgen, wenn das Geschöpf ewig lebt und demnach ewig bestraft werden muss. Die Strafe ist proportional zur Würde der beleidigten Person: den unendlichen Gott zu beleidigen, verdient also unendliche Strafe; die endliche Kreatur vermag aber nicht mit unendlicher Intensität zu leiden, daher muss die Kompensation eine unendliche Dauer sein. Selbst der große Theologe der Scholastik wird an der entscheidenden Stelle unsicher.

Die christliche Antike kannte beide Versionen, die des Origenes und die des Augustinus, wenngleich die augustinische Deutung sich zunehmend durchsetzte. Diese theologische Offenheit behält das Mittelalter im Prinzip bei. 1201 wird dann durch Papst Innozenz III. die Idee der Existenz einer Strafe der Verdammnis in die theologische Lehre verbindlich eingebracht. Das Vierte Laterankonzil 1215 und das Konzil von Lyon 1274 äußern sich dann konkreter zur Existenz der Hölle und zur Ewigkeit der Strafen und das Konzil von Florenz 1439 definiert sie mit folgendem Wortlaut:

»Die heilige Römische Kirche glaubt fest, bekennt und verkündet, dass kein Heide, kein Jude, kein Ungläubiger und niemand, der von der Einheit mit Rom getrennt ist, am ewigen Leben teilhaben wird. Vielmehr wird er in das ewige Feuer stürzen, das dem Teufel und seinen Engeln bereitet ist, wenn er sich nicht vor dem Tode wieder mit ihr verbindet.« (DH 1351)

Das bleibt bis auf weiteres der dürre Grundbestand lehramtlich verbindlicher Lehre. Sie wird innerhalb der Theologie nur systematisiert und ausgefaltet. Interessant ist dabei indes die Art der Argumentation: Die Jenseitsfrage wird zur Diesseitsfrage der Zugehörigkeit oder der Nichtzugehörigkeit. Das ist ein guter Hinweis auf die innere Struktur des Höllengedankens selbst: Er lebt von solchen Einschluss- und Ausschlussstrukturen, gewinnt seine Plausibilität, indem er die eigene Identität durch Abgrenzung etabliert.

1.4 Neuzeitliche Infragestellungen

Die auf dem Konzil von Trient in die Wege geleitete katholische Reform als Antwort auf die Reformation ist eschatologisch nicht allzu kreativ. Sie belässt es beim traditionell Gewohnten. Die Hölle gehört zum Standardrepertoire christlicher Endzeitszenarien, mit dem Ziel den Gläubigen eine heilsame Furcht einzujagen und sie auf den rechten Weg zu führen und darauf zu halten. Katechismen schärfen das Notwendigste dazu in Kurzform ein. Eine weitere Methode der Katechese findet sich in der Gattung der Höllenpredigten, die insbesondere im Barock eine gewisse Hochzeit erlebt. Ihre klassische Form hält den repressiven Charakter für wichtig und bedient sich dabei der stereotypen Bilder und Ausmalungen der Volksfrömmigkeit in mitunter extremer Weise. Der Prediger hat insbesondere darauf zu achten, vor wem er predigt: einfache Bauern oder Handwerker oder der gehobene Adel oder gar Könige. Jede soziale Schicht hat ihre eigene Hölle, die man homiletisch auszugestalten hat. Dabei bleibt ein allgemein verbindliches Grundprinzip: Die Hölle ist ein Bild des reinsten Leidens und Grauens, das perfekte totalitäre Foltersystem, eine geschlossene Welt des absolut Bösen als logisch-unlogisches Pendant zu einer Religion, die Gott als die unendliche Liebe predigt. Je eindrucksvoller und sinnlicher diese Predigten, desto wirkungsvoller sind sie; Angst ist dabei das wichtigste Instrument. Nur wenige Theologen entziehen sich dieser Dynamik und setzen – im Rückgriff auf das Erbe des *Thomas von Aquin* – eher auf ein spirituell geistiges Verständnis von Hölle: ›Hölle‹ bedeutet in der Gottesferne leben; daher befindet sie sich in jedem Einzelnen von uns, wenn wir die Sünde leben; Christus steigt ständig in unsere Höllen hinab, um sie dem Heil zugänglich zu machen. Die Sünde selbst beinhaltet daher bereits ihre Bestrafung.

Diese pastorale Dominanz des Themas Hölle wird nun fast zeitgleich mit grundlegenden Infragestellungen konfrontiert. Mit der Entdeckung Amerikas sind Millionen von Heiden samt ihren Vorfahren, weil sie von Christus nie etwas gehört haben und daher nicht getauft sind, notwendig zur Hölle verdammt. Doch wohin mit all diesen Verdammten? Seit dem 17. Jh. kommt es daher zu Infragestellungen von unterschiedlichen Seiten. Atheisten und Freidenker machen sich lustig über allzu offensichtliche instrumentalisierte Höllenpredigten. Kritische Geister in der Theologie entdecken die eschatologischen Gedanken eines Origenes und der alexandrinischen Schule wieder. Die zentrale theologische Infragestellung kommt von Seiten der Gnadentheologie: Der universale Heilswille Gottes widerspricht einer ewigen Hölle und der Bestrafung Unschuldiger (wie z. B. der ungetauften Kinder oder der Heiden etc.). Am Ende des 18. Jh. ist die traditionelle Höllenvorstellung in den intellektuellen Kreisen der Gesellschaft ernsthaft erschüttert.

Eine durch die französische Revolution und weitere gesellschaftliche Umwälzungen in die Defensive geratene Kirche versucht ihre verloren gegangene weltliche Macht durch den hypertrophen Anspruch auf moralische Autorität samt Höllendrohung aufrecht zu erhalten. Die Hölle wird zur letzten Festung der Kirche im Streit um die individuelle Moral und die Stabilität der politischen und sozialen Gegebenheiten. Die Lehre der Kirche bleibt an diesem Punkt scheinbar unerschütterlich, wobei die Instrumentalisierung des Themas ebenso offensichtlich ist und so die Glaubhaftigkeit der Kirche als Ganze erschüttert wird. Denn die theologischen Motive werden mehr und mehr durch Fragen der Nützlichkeit ersetzt. Daher ist – trotz veränderter gesellschaftlicher Umstände – selbst im 19. Jahrhundert in der Seelsorge noch eine Verschärfung der Höllenthematik zu beobachten. Das geschieht indes zu einer Zeit, in der das theologische Fundament dieser Vorstellung schon längst in Frage gestellt ist und wegbricht. Man baut in infernalistische Luftschlösser. Aber auch dieser Zustand hält nicht auf Dauer; die Höllenangst als Instrument der sozialen Regulierung verliert ihre Schärfen. Sie wird sozusagen durch übermäßigen Gebrauch stumpf. Der Schock der gesellschaftlichen Umbrüche durch politische Revolutionen, national-staatliche Veränderungen und die Veränderung der Gesellschaftsstrukturen durch die industrielle Revolution führt dazu, dass die traditionellen Antworten und Regulierungsmechanismen nicht mehr greifen. Der Glaubwürdigkeitsverlust der Kirche als Ganzer ist wohl kaum zu unterschätzen.

2. Hölle – reale Möglichkeit? Zur theologischen Diskussion des 20. Jahrhunderts

2.1 Lehramtliche Zurückhaltung

Die als Kennzeichen der Entwicklung Ende des 19. Jh. genannten Elemente prägen auch das Thema Hölle in der Theologie zu Beginn des 20. Jahrhunderts. Obgleich – und das wäre für einen theologischen Neuansatz von besonderer Bedeutung – die gesellschaftlichen Umwälzungen des 20. Jh. die christliche Eschatologie besonders herausfordern. Die Abgründe des menschlichen Tuns, wie sie gerade dieses Jahrhundert offensichtlich macht, lassen die Fragen der Eschatologie in neuem Licht und mit neuer Schärfe auftreten. Und nur langsam macht sich die Theologie daran, sich diesen Herausforderungen zu stellen. Am offensichtlichsten mag hier eine zunehmende Beschränkung und Beschneidung des Themas seitens der lehramtlichen Äußerungen sein. Man konzentriert sich sozusagen auf das Notwendige. Angesichts einer jahrhundertelangen Instrumentalisierung des Höllengedankens in der Pastoral sind die letzten Jahrzehnte des 20. Jahrhunderts durch eine selbstauferlegte eher restriktive Zurückhaltung wie Selbstkritik gekennzeichnet.

So behandelt 1979 das Dokument der Glaubenskongregation zu ›aktuellen Fragen der Eschatologie‹ die Höllenthematik nur knapp. Zwar betont die Erklärung, dass die Kirche »an eine Strafe glaubt, die für immer auf den Sünder wartet, der der Anschauung Gottes beraubt sein wird, und an einen Widerhall dieser Strafe in seinem ganzen Sein«, ermahnt aber zugleich: »Die Gefahr bildlicher und willkürlicher Darstellung ist besonders zu fürchten, denn ihre Übertreibungen haben großen Anteil an Schwierigkeiten, auf die der christliche Glaube oftmals trifft. [...] Weder die Hl. Schrift, noch die Theologie

4 Zur Hölle mit der Hölle?

bieten genügend Erhellendes für eine Darstellung des Jenseits.«[6] Der Katholische Erwachsenenkatechismus führt daher aus:

> »Man muss die Aussagen der Heiligen Schrift über die Ewigkeit der Hölle freilich richtig verstehen. Nicht umsonst handelt es sich dabei um Mahnreden; sie haben ermahnende und zur Entscheidung herausfordernde Funktion. Es sollen dem Sünder die Konsequenzen seines Tuns vor Augen gehalten werden, nicht damit er bestraft werde, sondern damit er umkehre und so zum ewigen Leben finde. Deshalb wird weder in der Heiligen Schrift noch in der kirchlichen Glaubensüberlieferung von irgendeinem Menschen mit Bestimmtheit gesagt, er sei tatsächlich in der Hölle. Vielmehr wird die Hölle immer als reale Möglichkeit vor Augen gehalten, verbunden mit dem Angebot der Umkehr und des Lebens. So verstanden soll die Hölle den Ernst und die Würde der menschlichen Freiheit vor Augen führen, die zu wählen hat zwischen Leben und Tod. Gott achtet die Freiheit des Menschen, er zwingt seine beseligende Gemeinschaft keinem Menschen gegen dessen Willen auf. Die Heilige Schrift lässt auch keinerlei Zweifel daran, dass es Sünden gibt, die vom Reiche Gottes ausschließen (vgl. 1 Kor 6,9–10; Gal 5,20–21; Eph 5,5; Offb 21,8). Es geht also in unserem Leben um eine Entscheidung auf Leben und Tod. Die Heilige Schrift sagt uns freilich nicht, ob jemals ein Mensch sich tatsächlich in letzter Endgültigkeit gegen Gott entschieden und damit den Sinn seines Daseins endgültig verfehlt hätte.« (423)

Der sich hier abzeichnende Umdenkungsprozess, der den Status des Höllengedankens als eschatologisches Zentralthema grundlegenden relativiert, ist indes nicht denkbar ohne die entsprechende Vorarbeit der Theologie. Die eigentliche Diskussion um das Thema Hölle findet ab Mitte des 20 Jh. im Diskurs der Theologen statt. Die entscheidenden Fortschritte bzw. Weiterführungen der Gedankenführung sind dabei häufig das Werk einzelner Theologen, die aber für ihre Zunft beispielhaft und damit auch wegweisend sind. Es kommt zu einer grundlegenden Neuorientierung der Eschatologie, die auch die Positionierung des Lehramtes nicht unbeeinflusst lässt. Auffallend ist in-

---

[6] In diesem Duktus argumentiert auch der Weltkatechismus: »Die Lehre der Kirche sagt, dass es eine Hölle gibt und sie ewig dauert. [...] Die schlimmste Pein der Hölle besteht in der ewigen Trennung von Gott.« (Nr. 1035) und betont zugleich den mahnend-bekehrenden Charakter der biblischen wie lehramtlichen Aussagen über die Hölle (Nr. 1036).

des, wie wenig die Hölle noch ein Thema lehramtlicher Reflexion überhaupt ist, innerhalb des theologischen Nachdenkens aber durchaus eine nicht zu unterschätzende Position einnimmt, freilich in einer ganz anderen Weise als früher.

2.2 Theologisches Weiterdenken

Das theologische Nachdenken des 20. Jh. nimmt Ideen und Strömungen auf, die innerhalb der Theologiegeschichte schon da waren. Es sind Fragen nach dem Verhältnis von Gerechtigkeit und Barmherzigkeit Gottes; es ist dies die Frage nach der Konsequenz aus dem Bekenntnis zum universalen Heilswillen Gottes, die Frage nach dem Heil in anderen Religionen und die Frage nach den Konsequenzen aus den Ergebnissen des Nachdenkens über den Menschen als Ganzen, die Frage nach seiner Freiheit, seiner Verantwortung, seiner Autonomie, seiner Subjektivität und Personalität. Ein gutes Beispiel für diese Veränderungen bildet die Theologie Karl Rahners, die insbesondere die Verschiebungen aufgrund einer veränderten Anthropologie berücksichtigt.

2.2.1 Karl Rahner

Auf dem Boden einer erneuerten katholischen Anthropologie geht *Karl Rahner* von der Philosophie der Freiheit aus, die das christliche Menschenbild grundlegend prägt. Sie impliziert den Gedanken an die Setzung endgültiger Entscheidungen. Hölle ist auch für Rahner theologisch zu bestimmen als »die endgültige Verlorenheit des Menschen in einer letzten Trennung von Gott. Der Mensch ist als geistig-personales Wesen notwendigerweise ein Subjekt, das in Freiheit irgendwann einmal und endgültig über sich selber entscheidet und das wird, was es sein will, und zwar letztlich in seinem Verhältnis zu Gott. Wenn diese personale, freie, letzte Entscheidung gegen Gott fällt und dann endgültig ist, dann ist das gegeben, was wir die Hölle nennen. Wenn man richtig versteht, was eben gesagt wurde, dann ist eigentlich deutlich, dass der Mensch sich seine Hölle selber schafft, mit anderen Worten, dass die Hölle gar nicht als äußeres strafartiges Ereignis aufgefasst werden muss, das den Menschen gegen seinen Willen überfällt. Das Wesen der Hölle ist das Nein zu Gott als die letzte und totale Entscheidung des Menschen gegen Gott, die letzte, vom Wesen der Freiheit selbst her nicht mehr revidierbare Entscheidung.«[7]

Dabei hebt *Karl Rahner* nun besonders auf den metaphorischen Charakter der Höllenvorstellung ab: »Wer solche Bilder realisieren kann, um sich eben diese letzte Sinnlosigkeit seines Daseins in Endgültigkeit deutlich zu machen, kann sich unbefangen solchen Bildern stellen. Wenn ein anderer aus seiner eigenen Mentalität und Lebenserfahrung heraus solche Bilder vielleicht als naiv empfindet und mit ihnen nichts anfangen kann, der kann sich solche Bilder, ohne sie zu verwerfen, ruhig schenken, sie auf sich beruhen lassen und sagen: Der Mensch steht in der absoluten Möglichkeit, Gott endgültig zu verlieren, obwohl dieser Gott Ziel und Erfüllung seines Wesens wäre.«[8] Hölle, das ist nicht etwas dem Menschen Fremdes, Äußeres, sie entspringt seinem eigenen Herzen. Zugleich ist sie mit der je eigenen ernsthaften Entscheidung verbunden, die ihrerseits mit Schwierigkeiten verbunden ist, deren Verbindlichkeit aber auch ein endgültig liebender Gott anerkennen muss. Freilich wird Gott keinen Zwang zur Glückseligkeit des Menschen ausüben. Doch weil Gott mir erlaubt für mich zu hoffen, darf, ja muss ich auch für alle anderen hoffen. Die Hölle ist nicht notwendig leer, aber ich darf, ja muss darauf hoffen, dass niemand darin sein wird. Alles andere widerspräche der unendlichen Liebe, dem universalen Heilswillen Gottes, wie er ihn offenbart hat.»In diesem Sinne hoffe ich auf eine universale Erlösung der gesamten Weltgeschichte und Menschheit.«[9]

2.2.2 Hans Urs von Balthasar

Neben *Karl Rahner* gehört sicher auch *Hans Urs von Balthasar* zu jenen wichtigen Theologen des 20. Jahrhunderts, die gerade die Frage nach der Hölle in entscheidenden Punkten voran-

---

[7] Rahner, Hinüberwandern, 7 (SW 30, 608).
[8] Ebd. (SW 30, 669).
[9] Ebd. 10 (SW 30, 671).

gebracht haben. Von Balthasar greift besonders auf das biblische Fundament zurück. Dort ist vom Ernst der Entscheidungen und damit vom Ernst der Möglichkeit der Verwerfung, der Hölle, die Rede. Beide Motive sind von zentraler Bedeutung und daher unverzichtbar. Aber es bedarf der hermeneutisch adäquaten Analyse. Die biblischen Stellen sind keine antizipierenden Reportagen, sondern sie enthüllen den Ernst, die Ernsthaftigkeit der Lage, in der sich der Mensch angesichts der Botschaft von der angebrochenen Gottesherrschaft befindet. Neben solch drohenden Texten gibt es auch Texte, die die Zukunft des Menschen offen lassen und wiederum andere, die ohne Wenn und Aber eine Hoffnung für alle Menschen ausdrücken. Die Pluralität dieser Positionen, wie wir sie in der Bibel finden, sollte für uns verbindlich sein. Das zeigt sich auch bei einem Gang durch die Theologiegeschichte. Hier hatte eben nicht nur die Position des Augustinus Nachfolger, sondern auch Origenes hat eine eigene Wirkungsgeschichte erzeugt: *Thomas von Aquin, Mechthild von Hackeborn, Angela von Foligno, Julian von Norwich, Therese von Lisieux*. Immer wieder anzutreffen ist auch das Motiv der Stellvertretung der Heiligen für die verlorenen Sünder, angefangen bei Paulus (Röm 9–11), *Theresa von Avila, Johannes vom Kreuz* und vielen anderen mehr. Eine Vielzahl von Theologen des 19. und 20. Jh. spricht sich ebenso für die Deutung von Balthasars aus.

Alle Bemühungen v. Balthasars kreisen bei ihm um das eine Axiom: Gewissheit über das Ende lässt sich nicht endgültig gewinnen, aber eine Hoffnung lässt sich begründen. So wiederbelebt v. Balthasar letztlich die Position des *Origenes*. Und spitzt damit die Grundfrage nach der Hölle auf das zu, was schon bei Origenes im Mittelpunkt stand: die Frage nach dem Gottesbild. Was trauen wir Gott nicht mehr zu, wenn wir ihm eine ewige Hölle, d. h. eine gottlose Hölle zutrauen?

Gerade im Rekurs auf das innere Zentrum des Kreuzesgeschehens gelingt es *v. Balthasar* gegenüber den traditionellen Alternativen – ewige Hölle oder Apokatastasis – eine dritte Option, den Gedanken an eine leergehoffte Hölle – der Hölle als ›unmögliche Möglichkeit‹ –, zu establieren: »Christi Kreuz,

4 Zur Hölle mit der Hölle?

das jedes sündige Nein des Menschen auf sich geladen hat, kann, so scheint es, nur am äußersten Ende der Hölle, ja jenseits ihrer, wo eine nur dem Sohn zugängliche Gottverlassenheit sich ereignet, aufgestellt sein.«[10] Von zentraler Bedeutung ist dabei jener sich im Verlassenheitsschrei des Gekreuzigten veranschaulichende Abstieg Jesu Christi in die Gottverlassenheit, der *descensus Christi ad infernos*. Er ist, so deutet v. Balthasar, »seine Solidarisierung in der Nicht-Zeit mit den von Gott weg Verlorenen [...]. In diese Endgültigkeit (des Todes) steigt der tote Sohn ab, keineswegs mehr handelnd, sondern vom Kreuz her jeder Macht und eigenen Initiative entblößt [...] unfähig zu jeder aktiven Solidarisierung, erst recht zu jeder ›Predigt‹ an die Toten. Er ist (aus einer letzten Liebe aber) tot mit ihnen zusammen. Und damit stört er die vom Sünder angestrebte absolute Einsamkeit: der Sünder, der von Gott weg ›verdammt‹ sein will, findet in seiner Einsamkeit Gott wider, aber den Gott der absoluten Ohnmacht der Liebe, der sich unabsehbar in der Nicht-Zeit mit dem sich Verdammenden solidarisiert.«[11] Hierin eröffnet sich die Möglichkeit der Hoffnung, dass der ›Ernst der göttlichen Unterfassung‹ letztlich nicht vor dem ›Ernst der menschlichen Selbstverweigerung‹ kapitulieren wird. Denn die »wahre Macht« – so Johannes Brantschen – »zeigt sich nicht in der Einkerkerung und Vernichtung des Gegners, sondern in seiner freien Gewinnung«[12]. Die Gefahr der Hölle existiert, aber ebenso begründet ist aus dem universalen Heilswillen Gottes heraus die Hoffnung, dass die Hölle leer sein wird. Die Hoffnung, nicht das Wissen, spricht daher von der Wiederbringung aller. Die Erwartung, dass die geschöpfliche Freiheit in allen ihr Ziel finden und schließlich das Böse restlos überwunden sein wird, ist nicht der Gegenstand einer notwendig wissenden Voraussicht, sondern Ausdruck einer großen Hoffnung, über die hinaus Gott nichts Größeres entgegengebracht werden kann.

---

[10] V. Balthasar, Theodramatik, Endspiel, 173.
[11] V. Balthasar, Stellvertretung, 408.
[12] Brantschen, Gewinnung, 209.

Gegen die Position v. Balthasars hat sich auch Widerstand geregt. Gibt es daher so etwas wie einen positiven Gehalt von Hölle? Im besten Fall – will man nicht von einem Festhalten um des Gewohnten willen ausgehen – kann man die Notwendigkeit einer existierenden Hölle in einer von ihren negativen Konsequenzen her betrachteten Hoffnung auf endgültige Gerechtigkeit begründen. Das ist wohl auch der theologisch entscheidende Grund den Gedanken an die Hölle auch heute nicht einfach zu verabschieden, sondern zu versuchen, ihn neu zu bedenken. Die Forderung nach Gerechtigkeit war ja von Anfang an das entscheidende Element für das apokalyptische Denken als Ganzes und für die Idee eines doppelten Ausgangs des Gerichts. Diese Forderung nach einer endgültigen Gerechtigkeit muss gerade angesichts der im 20. Jh. sichtbar gewordenen Abgründe menschlicher Bosheit ins Recht gesetzt werden. Damit rückt das Thema Hölle aber in den Gesamtrahmen christlicher Hoffnungsperspektive und nicht in den Rahmen von Vernichtung ein. Hölle hält an der Notwendigkeit von Versöhnung fest, die weder die Täter der endgültigen Vernichtung oder Annihilatio preisgibt, noch auf Kosten der Opfer bzw. über ihre Köpfe hinweg geschehen kann. Und sie führt die Frage nach der Möglichkeit einer endgültigen Versöhnung vor den Abgrund der menschlichen Freiheit; und damit vor die Frage nach der Möglichkeit dessen, was wir als ›Himmel‹ bezeichnen.

Kapitel 5: ›All will be well ...‹

Wirkt Himmel heute überhaupt noch als ein Symbol der Hoffnung, auf das man zu setzen wagt? Ist ein ›ewiges Leben‹ heute noch eine attraktive Zukunftshoffnung, oder gilt eher die abschreckende Wirkung einer auf Dauer gestellten Langeweile? Das Paradies (dieser Begriff wird heute in einem weiten Sprachgebrauch gleichsinnig mit dem Begriff ›Himmel‹ verwendet) mag zwar in jedem Munde sein – sei es als Lockvogel für Fernreisen oder als Appetizer ganz anderer Sehnsuchtsbranchen –, aber was genau damit gemeint ist, scheint nicht wirklich greifbar. Wie der Himmel selbst ist es zum Allerweltswort geworden, das am Ende doch nicht so verlockend wirkt, oder Erwartungen weckt, die nicht einzulösen sind. Auffallend ist bei einem Blick in die Kultur- und Theologiegeschichte freilich ein zentraler Punkt, dass nämlich gegenüber einer entfalteten und reich bebilderten Negativfolie der Hölle- und Fegefeuervorstellungen, das Bild vom Himmel als Essenz des jenseitigen Heils immer seltsam blass und wenig konkret erscheint.

1. Eine kleine Kulturgeschichte des Himmels[1]

Himmelsbilder scheinen zwischen zwei Extremen zu oszillieren: sie sind entweder sehr konkret oder wirken allzu theologisch-abstrakt. Hier muss als erstes die bereits erwähnte Synonymie zum Begriff ›Paradies‹ auffallen. Paradies – das ist das Land, wo Milch und Honig fließen, wo die Quellen aller Welt ihren Anfang nehmen; ein Reich des Nichtmangels, der Fülle und des Idealzustandes. Eschatologie und Schöpfungstheologie tref-

---

[1] Vgl. dazu bes. Lang/McDannell, Himmel; Vorgrimler, Geschichte des Paradieses.

fen sich in diesem Punkt. Das zukünftige Ziel entspricht irgendwie dem verlorenen Ideal! Ein beträchtlicher Teil der biblischen Überlieferung wie der kirchlichen Verkündigung lebt von der Tatsache, dass der jenseitige Himmel irgendwie verdiesseitigt wird.[2] Die Suche nach dem Himmel oder dem Paradies (manchmal auch ganz konkret als Überbleibsel des Gartens Eden aus der Schöpfungsgeschichte verstanden) hat ganze Generationen von Theologen und Abenteurern inspiriert; sie hat zu politischen und gesellschaftlichen Experimenten geführt, um das Paradies auf Erden zu schaffen, die zumeist an den irdischen Realitäten scheiterten. Mit dieser ›Verzweckung‹ verliert der Himmel selbst freilich seinen Eigenwert. Dennoch kommt keine der großen Weltreligionen ohne solche Vorstellungen aus, und jede entwickelt dabei mehr oder minder ähnliche Gedanken und Bilder. Allzu alt sind indes auch solche sehr geläufigen Vorstellungen gar nicht.

Die Religionen der alten Kulturvölker, wie z. B. Mesopotamien oder Ägypten, sind eher schweigsam und theologisch unterbestimmt. Die Ägypter z. B., die Meister des Totenkults, kennen ein fernes Land im Westen, dort, wo die Sonne untergeht, aber sie malen die dortigen Realitäten wenig konkret aus; umso ausgiebiger aber den Weg dorthin. Die anderen Hochkulturen des Alten Orient sind noch zurückhaltender, ja skeptischer gegenüber dem Jenseits. Vom Himmel wollen sie am besten gar nichts wissen, denn der ist sowieso nur etwas für die Götter. Im Folgenden kann man zwar zwischen Paradies- und Himmelstraditionen unterscheiden, doch sind in beiden Bereichen ähnliche Entwicklungen aufzufinden. So bleibt ein unhintergehbares Faktum der Theologiegeschichte, dass mit der zunehmenden Eschatologisierung der Zukunftsvorstellungen Himmel und Paradies zu Synonymen werden.

---

[2] Vgl. dazu Fuchs, Gericht, 168f.

5 ›All will be well ...‹

1.1 Biblisches

1.1.1 Jenseits der Scheol

Die Hebräische Bibel besitzt zwar eine breite protologische Tradition, ist aber auch mit positiven Jenseitsspekulationen sehr zurückhaltend. Nach dem Tod gibt es zunächst nur das dunkle Schattenreich der Scheol als Schicksalsort aller. Nur für wenige Auserwählte gab es die Vorstellung einer Entrückung in die unmittelbare Gottesnähe (Elija mit dem Flammenwagen). Mit Veränderung der theologischen Gesamtlage ändert sich auch hier Grundlegendes: Obwohl wenn die Antwort jedes gläubigen Juden doch noch lange Zeit sehr zurückhaltend in der Entwicklung neuer Ideen und Bilder ausfällt, so entwickeln sich doch Bilder wie die vom ›Heimgang zu Gott‹; vom ›Ruhen im Schoß der Väter‹ (insbesondere Abrahams); freilich, all das sind wenig spektakuläre Verheißungen. Den entscheidenden Impuls erhält das Nachdenken über ein ›Danach‹ erst in Zeiten, in denen das Hier und Jetzt neue Herausforderungen stellt. Auch hier stellt die apokalyptische Ideenwelt eines letzten Gerichts, eines Tages des Zorns und der Abrechnung, an dem die Bösen bestraft und die Guten belohnt werden, den entscheidenden Auslöser für ein weiteres Nachdenken dar. Das dort entwickelte Motivrepertoire bleibt bis heute erhalten: Himmel, das ist das Reich Gottes, in dem keine Not, kein Leid mehr herrscht; in dem der Mangel dem Überfluss weicht, wo Herrlichkeit und Seligkeit herrscht, ein Leben bei Gott. Die in der Bibel zunächst schöpfungstheologisch strukturierte Paradiesesvorstellung wird eschatologisiert; das entspricht einer Verjenseitigung der Zukunftshoffnung in Krisenzeiten. Dabei kann am Ende sogar zur biblisch-protologischen Paradiesesvorstellung noch die hellenistische Vorstellung der jenseitigen Welt als Aufenthaltsort der unsterblichen Seele einzelne Motive ins Repertoire der Hebräischen Bibel und der zwischentestamentlichen Literatur eingespeist haben, die dann auch für das NT vorausgesetzt werden können.

Auch die wichtigsten Zeugnisse für die Paradiesestradition im Judentum im engeren Sinne finden sich zumeist außerhalb der biblischen Überlieferung. Diese Traditionen haben im Gegensatz zur protologischen (d. h. schöpfungstheologischen) Dimension der biblischen Urgeschichten eine kosmologische bzw. eschatologische Grundorientierung. Paradies, das ist der Ort der eschatologischen Erfüllung; er wird am Ende eine Einheit mit dem Jerusalemer Tempel eingehen und so zum Ort der privilegierten Gegenwart Gottes werden (äth Hen), oder der Berg Zion wird selbst zum stellvertretenden Paradies (Jub). Ähnliche Überlegungen finden sich später auch in der rabbinischen Literatur, und sowohl Midrasch als auch Talmud malen das Ganze dann ebenso wie die Höllentraditionen farben- und detailreich aus.

Demgegenüber ist die Vorstellung des ›Himmels‹ zunächst (wenn auch nicht dominierend) als kosmographische Größe präsent (eben als Konsequenz des klassischen Weltbilds), bevor er nachexilisch ausgehend von der Tempeltheologie zur religiösen Metapher ausgeweitet wird. In dieser theologischen Ausdeutung wird der Himmel zum ›Wohnort‹, d. h. Machtbereich Gottes (vgl. 1 Kön 8), kann aber auch als Synonym für Gott selbst, bzw. seine Transzendenz verstanden werden. Dies wird dann insbesondere in der prophetischen Tradition bei Jes, DtJes und Ez eine dominierende Vorstellung und zusammen mit den theologischen Verschiebungen der Jenseitsvorstellungen zu einem zentralen Motiv der eschatologischen Zukunftshoffnung. Dominierend werden die Himmelsvorstellungen aber, wie schon mehrfach erwähnt, erst in der Apokalyptik, die ihren Niederschlag dann auch im außerbiblischen Schrifttum des Frühjudentums findet (äthHen; 4 Esra; Himmelfahrt des Mose; syr Bar) und auf die theologische Vorstellungswelt des Neuen Testaments Einfluss nimmt.

1.1.2 Herr des Himmels und der Erde

Im NT findet sich eine kosmographische wie eine kosmographisch-theologische Verwendung des Begriffs ›Himmel‹. Himmel ist wie ›Erde‹ ein Teil der Schöpfung Gottes; zugleich ist ›dort droben‹ auch die Wohnstatt Gottes, sein himmlischer Tempel, sein Thron. Paulus und die paulinische Tradition kennen den Begriff nur noch formelhaft; die DtrPln verwenden ihn

5 ›All will be well ...‹

in seiner kosmologischen Dimension; das johanneische Schrifttum füllt ihn christologisch; während die geheime Offenbarung dann das ganze Bild- und Vorstellungsrepertoire der Apokalyptik zur Geltung bringt. Die Deutungen des Himmels sind innerhalb des neutestamentlichen Schrifttums also vielfältig: christologisch, soteriologisch, eschatologisch; ihre Grunddimension aber ist stets eine relationale; nämlich die Frage nach der Gottesbeziehung; die Himmelvorstellung des Neuen Testaments ist daher durch eine theozentrische Perspektive bestimmt. Doch bleibt die ganze neutestamentliche Überlieferung sehr zurückhaltend: Gegen eine allzu offensichtliche Übertragung weltlich-diesseitiger Vorstellungsmuster setzt sich z. B. bereits der synoptische Jesus zur Wehr (Gleichnis von der Frau mit sieben Männern im Streitgespräch mit den die Auferstehung leugnenden Sadduzäern). Und auch Paulus spricht in 1 Kor 15 wohl in Abgrenzung zu allzu materialistischen Deutungen der Auferstehung von einem neuen, geistigen Leib der Auferstandenen. Dennoch muss man wohl als eine zentrale Pointe der neutestamentlichen Jenseitsvorstellungen, die diese mit dem Alten Testament teilen, festhalten: Das Christentum denkt vom Anfang her, von der Geburt, es denkt vom Leben her, nicht vom Tod. Es denkt für ein Leben diesseits des Himmels. Diese Vorstellung von Erlösung und Heil hat nicht nur die breite Tradition der alttestamentlichen Überlieferung hinter sich, die sich Heil nie anders vorstellen kann, als ein weltlich und geschichtlich wirksames und spürbares Heil, als Heil der Welt und in der Welt. Sie nimmt auch die inkarnatorische Grunddimension des neutestamentlichen Gottesbildes und seiner Erlösungsvorstellungen auf; und das alles hat massiven Einfluss darauf, wie die Vorstellung des Himmels konkretisiert wird. Der Himmel reicht sozusagen ins Diesseits hinein. Es ist ein uns hier und jetzt schon zugewandter Himmel, der sich aber durch keine weltliche Utopie vereinnahmen oder instrumentalisieren lässt, und so zum Ort billiger menschlicher Sehnsüchte wird. Gerade auch die christliche Vorstellung vom Himmel lebt aus der grundlegenden Spannung eines Hier und Jetzt und ›doch noch nicht‹. Gott wohnt nur dann im Himmel, wenn er uns hier und jetzt zugewandt ist.

Das wird in keiner anderen Schrift deutlicher als gerade in der Apokalypse. Freilich muss man ihre Art der Darstellung etwas ›gegen den Strich‹ bürsten. So sollte man sich nicht von der ausladenden Schilderung der kostbaren Baumaterialien des neuen Jerusalems ablenken lassen von dem, worauf es eigentlich ankommt: den neuen Ort des ›Kultes‹ als Feier der himmlischen Liturgie in der unmittelbar erfahrenen Gottesnähe. Dazu kommen jene Verheißungen des himmlischen Friedens, des für immer überwundenen Todes, der abgewischten Tränen und damit des wieder gut gemachten Leides, die als verheißungsvolle Gegenbilder zur aktuellen Verfolgungserfahrung der Gemeinden konzipiert sind, und den Himmel zurück an die Erfahrungen dieser Erde binden. An einer weiteren kosmographischen Ausdeutung hat die biblische Überlieferung, inklusive des Neuen Testaments, aber kein Interesse; im Gegensatz zum nachneutestamentlichen apokryphen Schrifttum, das wiederum das versammelte Standardrepertoire der zwischentestamentlichen frühjüdischen Literatur wiederbelebt. So ist die Zurückhaltung der Bibel umso auffallender, wenn man sie z. B. mit den Paradiesesvorstellungen vergleicht, die andere Religionen entwickeln, wie sie z. B. der Koran enthält.

1.2 Religionsgeschichtliche Streiflichter

Kein heiliges Buch beschreibt die jenseitigen Gefilde so gründlich wie der Koran, wenngleich stereotyp wiederholend und kaum mit Erklärungen verbunden. In mehr als hundert Passagen preist die Schrift das Glück der wahren Gläubigen. Während die Bibel nur vage Andeutungen macht, können die Muslime auf einen Augenzeugen zurückgreifen, den Propheten selbst, der ja schon zu Lebzeiten in den Himmel entrückt wurde, dort das Paradies schaute und zurückkehrte, um im Koran davon zu berichten: In den Gärten der Seligen gibt es weder Sommerhitze noch Kälte – dafür aber durchwobene Polster, Datteln, Granatäpfel, Geflügel und köstlichen Trunk, dargereicht von alterslosen Jünglingen; und es gibt holdselige, schwarzäugige Frauen. In den Hadithen, den Überlieferungen über Leben und Aussprüche des Propheten, werden die Wonnen noch weiter ausgemalt. Jeder Erwählte werde einen Palast besitzen, der wiederum 70 weitere Paläste enthalte, jeder mit 70 Wohnungen bestückt, erbaut aus hohen Perlen von 12 000 Ellen Durchmesser. In jeder Wohnung werde ein Diwan stehen, bedeckt von 70 Teppichen und umgeben von 4000 goldenen Sesseln mit Beinen aus Amethyst. Die Zahl der Frauen, die dem Gerechten zustehen, schwankt zwischen zwei und 70 000. Geflügelte Pferde würden auf den Ritt des Erlösten warten, und gebratene Vögel, groß wie Kamele, sich jederzeit seinem Appetit anbieten. Umgeben ist das ganze von einer Mauer – also kein Paradies ohne Mauer; es ist die Grenze zum Nicht-Garten; zur Wildnis, zur Welt. Die Grenze zwischen Gut und Böse.

Auch in der islamischen Überlieferung (Hadithe) wie in der muslimischen Volksfrömmigkeit bleiben diese Vorstellungen prägend, nur die islamische Mystik spiritualisiert den Gedanken zunehmend (Ort der unmittelbaren, z.T. auch erschreckend erfahrenen Nähe Gottes – so der persische Mystiker und Dichter Attar[3]). Dagegen fehlt den volksfrommen Darstellungen, die bis heute prägend sind, eine theologische oder gar aufklärerische Deutung. In der christlichen Theologie sind daher diese allzu realistischen Darstellungen immer schon auf Skepsis gestoßen. Ist dieser Himmel nicht nur eine Projektion all dessen, was Menschen hier nicht haben? Der Himmel, das Paradies als jenseitiges Schlaraffenland sozusagen? Diese Art der Ausgestaltung der Paradiesesvorstellung gibt aber den Blick auf eine menschliche Grundkonstante frei, die am Himmel mitbaut: Die Logik des Wünschens und des Begehrens und die Idee einer besseren Zukunft, einer vollkommenen Welt: ein Ort ohne Existenzbedrohung in jeder Hinsicht. Mit weniger als dem Paradies gibt man sich nicht zufrieden und im Paradies gibt man sich auch nicht mit weniger als allem zufrieden.

Manchmal wird auch in der Zukunft das in Aussicht gestellt, was wir hier aus eigener Schuld verloren haben. Zum Menschen gehört also irgendwie die Erfahrung dazu, aus dem ur-

---

[3] Vgl. Kermani, Schrecken.

sprünglichen Heil, der Vollkommenheit ›vertrieben‹ zu sein. Es ist die Erfahrung, dass die Welt, die wir gestalten, nicht so ist, wie sie sein könnte. Das ist aber dann der entscheidende Antrieb zur Veränderung auch hier und jetzt (wer wünschte sich nicht eine Welt des Friedens, der Gerechtigkeit, eine Welt, in der niemand hungern muss …?). Freilich hat die Skepsis und Zurückhaltung der Christinnen und Christen auch gegenüber allzu diesseitigen Erfüllungszielen der Sehnsucht nach dem Paradies einen guten theologischen Grund. Kein Bild reicht aus, um den Himmel angemessen zu beschreiben. Die Wirklichkeit ›Himmel‹ lässt sich mit keinem Bild einfangen. Diese Unzulänglichkeit macht darauf aufmerksam, dass man diese Bilder zwar benutzen, mitunter auch kräftig daran mitmalen darf, aber sich stets auch bewusst machen soll, was der Himmel nicht ist.

1.3 Theologiegeschichtliches

Die christliche Lehre vom Himmel ist theologiegeschichtlich betrachtet erfreulich frei von irgendwelchen grundlegenden dogmatischen Auseinandersetzungen, lehramtlichen Festlegungen oder gar Verurteilungen.[4] Die Theologie war – ganz im Gegensatz zu anderen Themenbereichen – immer erstaunlich frei in ihren Himmelsvorstellungen.

1.3.1 Die christliche Antike

In der christlichen Antike ergibt sich keine einheitliche Vorstellung von Paradies und Himmel, wenngleich sich einige grundlegende Auffassungen, Schwerpunktsetzungen und Begriffe einbürgern, die z.T. die christliche Theologie bis heute prägen. Zu ersten Konkretionen fordert die Frage nach dem Schicksal der christlichen Märtyrer heraus, die ein erstes Aufblühen chiliastischen Gedankenguts, aber auch die Entfaltung von Himmelvorstellungen fördert. Die entscheidende Herausforderung der

---

[4] Diese lehramtliche Offenheit hält sich durch bis zum Weltkatechismus, der in sehr verknappter Weise allein die biblische Tradition und ihre theologiegeschichtlichen Präzisierungen wiederholt (Nr. 1023–27).

christlichen Antike stellt aber die Gnosis und ihre sowohl dualistischen wie spiritualisierenden Tendenzen dar, denen das Bekenntnis zur leiblichen Auferstehung und damit zur Erlösung des ›Fleisches‹ entgegengesetzt wird. Die Theologie selbst wird, was die konkreten Vorstellungen vom Himmel angeht, zwar zunehmend ethisierend und moralisierend; beim Repertoire bleibt man aber bei den klassischen Vorbildern. Darüber hinaus erweist sich die platonische Vorstellung von der Unsterblichkeit der Seele als zunehmend prägend. So gerät der Himmel insbesondere als Zielort der Gerechten, als Ort der Belohnung für die Treuen in das Blickfeld und erhält dabei eher asketisch-spiritualisierte Konnotationen (der Himmel als Heimstatt der Seelen). Gerade die griechischen Väter des 3. Jh. (Klemens von Alexandrien und Origenes) können als Paradebeispiel für diese Inkulturation des Gedankens der Unsterblichkeit der Seele in die christlichen Vorstellungen gelten (bis hin zur Konsequenz des Apokatastasisgedankens bei Origenes). Die griechischen Väter des 4. Jh. (Kyrill von Jerusalem, die drei Kappadozier) sind an eschatologischen Themen nur wenig interessiert; die meisten sympathisieren auf die eine oder andere Weise mit den Grundgedanken des Origenes. Eine gewisse Dominanz des asketisch-spiritualisierten Ideals der Himmelsvorstellung findet sich auch im Westen bis hin zu Augustinus (aber auch Hilarius von Portier; Ambrosius von Mailand; Hieronymus); wobei Augustinus auch eher aus vorhandenen Traditionen schöpft, als dass er Neues entwickeln würde.[5] Der Himmel wird zum geistigen Ideal und erhält zugleich eine strenge Theozentrik: »Er [Gott] wird das Endziel unserer Sehnsucht sein, den wir ohne Ende schauen, ohne Überdruß und Müdigkeit lieben werden und loben« (Augustinus, CivDei XXII,30). Die ›visio beatifica‹ wird zum Synonym des Himmels schlechthin.

---

[5] Zu den Einzelelementen der Väterliteratur vgl. Vorgrimler, Geschichte des Paradieses, 55.

1.3.2 Mittelalterliche Konkretionen und ihre Wirkungsgeschichte

Auch im Mittelalter ändert sich an dieser grundlegenden Zurückhaltung christlicher Theologie nur wenig; ganz im Gegensatz zur ausufernden Ausmalung der Höllenqualen. Irgendwie kann man die Realität des Himmels nicht steigern, ohne dass daraus eine Dopplung des Diesseits würde. Aber mit einer zunehmenden Ethisierung und Spiritualisierung der Theologie im Verlauf des Mittelalters werden nun Himmelsvorstellungen formuliert, die gerade die geistige Dimension betonen. Für die Theologen der Scholastik ist der Himmel kein körperlich-realer Ort, sondern der Zustand von (gestufter) Seligkeit. Hier differenziert sich die kosmographische Vorstellung des Himmels von der theologisch-spirituellen. So wird die kosmographische Vorstellung des Himmel im durch die muslimischen Theologen übermittelten aristotelisch-ptolemäischen Weltbild mit seinen acht lokalen Himmelssphären oder Schalen im Sinne einer gestuften Glück-Seligkeit der Vereinigung der menschlichen Seele mit Gott spiritualisiert und verinnerlicht (mit einer deutlichen Dominanz der Lichtmetaphorik). Sie wird dann in der hochmittelalterlichen Mystik zur dominierenden Vorstellung. Dabei wird mitunter die abstrakte Idee der ›ewigen Anschauung Gottes‹ durch ein eher persönliche Züge tragendes Verhältnis des einzelnen zu Gott konkretisiert, wie dies etwa in der hochmittelalterlichen Mystik (Himmel als ewige Glückseligkeit einer personalen Gottesbeziehung) der Fall ist. Wo sich über diese deutlich vergeistigte Sicht hinaus Konkretionen finden (z. B. die mystischen Jenseitsreisen samt auf- und niedersteigender Engel; aber auch die – als politisches Ideal missbrauchbare – Idee des himmlischen Jerusalems als Folge einer dominierenden Stadtkultur; die Idee des Paradiesesgartens in Gestalt eines Elucidariums samt der Idee eines an der städtisch-höfischen Schicht orientierten himmlischen Müßiggängertums oder die Verwirklichung eines real gewordenen messianischen Reiches in der Täuferbewegung etc.), sind sie allesamt als Konkretionen biblischer Bilder und deren reale Ausgestaltung zu verstehen. Freilich finden sich darüber hinaus auch typisch mittelalterliche Ergänzungen. Hier ist das Motiv der zwischenmenschlichen

5 ›All will be well ...‹

Liebe zu nennen, das gerade im Gefolge der mittelalterlichen Minne als himmlisches Motiv ergänzt[6] und in der Mystik dann theozentrisch interpretiert wird (später wird die Romantik das Motiv der zwischenmenschlichen Liebe als ganz eigenes, eher anthropologisch orientiertes Motiv ihrer Himmelsvorstellungen wieder aufgreifen). Gerade die Kunst trägt dazu bei, den geglaubten Regionen ›dort oben‹ eine körperlich-gegenständliche Qualität zuzuschreiben. Dem setzen die ›aufgeklärten‹ Theologen der Hochscholastik, z. B. Thomas von Aquin, immer wieder bewusst die Vorstellung des Himmels als metaphorischen Ausdruck des Lebens ›bei Gott‹ entgegen.

Die weitere Entwicklung verbleibt im Prinzip in diesen, von Antike und Mittelalter gelegten Spuren. Während die Renaissance insbesondere die menschliche Seite des Himmel in den Vordergrund rückt[7] und dazu die Idee des Paradiesgartens geradezu zu einer geographisch gestalteten, strukturierten, dynamischen Himmelslandschaft weiter ausmalt, bevorzugen die reformatorischen Theologien, wie später auch das asketisch-fromme Bürgertum eine eher theozentrische Perspektive. Eine göttliche Mitte hat auch der Himmel der sich nun katholisch verstehenden Welt nach der Reformation: Er ist freilich – in Abgrenzung vom protestantischen Gegenüber – neben den Seligen mit einer Fülle von Heiligen bevölkert.

Die überkonfessionell sich durchsetzende strenge Theozentrik wird Ende des 18. Jh. durch eine Bewegung konterkariert, deren spirituelle Prägekraft keinen geringeren als Immanuel Kant auf den Plan ruft[8]. Freilich ist in der Folge nicht der Aufklärungstheologie Kants, sondern den Phantasieprodukten der Traumvisionen Emanuel Swedenborgs der durchschlagende Erfolg einer allgemeinen Prägung der Himmelsvorstellungen vergönnt. Swedenborg kann als der Erfinder der neuzeitlich modernen Himmelsvorstellungen und damit jener Fülle konkreter

---

[6] Lang/McDannell, Himmel, 136.
[7] Vgl. ebd. 156ff.
[8] Vgl. ›Träume eines Geistsehers erläutert durch Träume der Metaphysik‹ (1765).

menschlicher Bilder, ja eigentlich eines anthropozentrischen Himmels gelten, die nicht nur mit dem asketischen, aber auch dualistischen Erbe der zeitgenössischen Philosophie (insbesondere dem Leib-Seele-Dualismus eines Descartes) bricht, sondern – angereichert durch spiritistische Motive, die sich der ab Mitte des 19. Jh. gerade im angelsächsischen Raum prägend werdenden Fantasy-Literatur verdanken – bis heute unsere modernen Alltagsvorstellungen des Himmel prägen (wobei wir ›Kinder der Spätmoderne‹ die Frage nach deren ›Realitätsgehalt‹ entweder der Filmindustrie Hollywoods oder dem ›Wachturm‹ überlassen).[9]

1.3.3 Neuzeitliche Infragestellungen

Mit dem Zerbrechen des antiken Weltbildes an der Wende zur Neuzeit (vgl. die Thesen Keplers; Korpernikus'; Galileis oder Newtons) gehen sowohl die Plausibilität der spiritualisierten Übersetzung wie der Realitätsbezug der traditionellen Bilder in einem dramatischen Umbruch zu Ende. Die ausgeprägte christologisch begründete Theozentrik der Eschatologie der Reformation wirkt hier ebenso wie die stereotype, volksfromme Wiederholung der Himmel- und Höllenvorstellungen der Gegenreformation bis hin zur Barockscholastik nur retardierend. Konnte noch Immanuel Kant das Gefühl von Transzendenz angesichts der Erhabenheit des ›bestirnten Himmels‹ nicht verleugnen, so wird unter der zunehmenden Dominanz des naturwissenschaftlich geprägten Weltbilds dieser ›Himmel‹ ins Unendliche entgrenzt und verliert dadurch seine göttlich-transzendente Sphäre. Er büßt damit auch seine Symbolkraft ein. Himmel und Hölle als reale Orte ewigen Glücks oder ewiger Verdammnis existieren in einem auf das naturwissenschaftlich Messbare reduzierten Weltbild nicht. Mit der Krise der Jenseitsvorstellungen gerät indes auch das dahinter stehende Gottesbild ins Wanken und das transzendente Potential des Himmels unter Projektionsverdacht. *Ludwig Feuerbach* entkleidet die Metaphorik des Himmels ihrer religiösen Bedeutung und enthüllt zu-

---

[9] Vgl. Lang/McDannell, Himmel, 246ff.

nächst ihre theologische und dann ihre anthropologische Tiefendimension: »Wie der Mensch seinen Himmel denkt, so denkt er seinen Gott; die Inhaltsbestimmtheit seines Himmels ist die Inhaltsbestimmtheit seines Gottes, nur dass im Himmel sinnlich ausgeführt wird, was in Gott nur Entwurf, Konzept ist. Der Himmel ist daher der Schlüssel der innersten Geheimnisse der Religion. Wie der Himmel das aufgeschlossene Wesen der Gottheit ist, so ist er auch subjektiv die offenherzigste Aussprache der innersten Gedanken und Gesinnungen der Religion.« (Wesen des Christentums, Kap. 19). An der seit *Karl Marx* üblich gewordenen Rede von der Religion als ›Opium des Volkes‹, die durch ihre Jenseitsvertröstung nur von der hier und jetzt zu verändernden Wirklichkeit ablenkt, mag – auch angesichts des Scheiterns der ›säkularen‹ politischen Alternative des christlichen Himmels – niemand mehr ernsthaft bezweifeln, steckt doch ein unleugbares Körnchen ›Wahrheit‹ darin, die jede Vorstellung eines jenseitigen Himmels immer noch trifft. Doch von weit größerer Bedeutung ist die damit verbundene Naturalisierung aller Lebensdeutung, die jeden Gedanken an ein ›Danach‹ nicht nur verbietet, sondern geradezu als lächerlich erscheinen lässt:

> Lasst euch nicht vertrösten!
> Ihr habt nicht so viel Zeit!
> Lasst Moder den Erlösten!
> Das Leben ist am größten:
> Es steht nicht mehr bereit.
> Lasst Euch nicht verführen
> zu Fron und Ausgezehr!
> Was kann Euch Angst noch rühren?
> Ihr sterbt mit allen Tieren
> Und es kommt nichts nachher
>
> (Bertolt Brecht)

1.3.4 Unaufgebbare Theozentrik

Jenseits aller anthropozentrischen Bebilderung steht also am Ende der Frage nach dem Himmel die Frage nach Gott selbst. Dabei stellt die theozentrische Antwort keine wirkliche Alternative zur Anthropozentrik der Himmelsvorstellungen dar. Sie wachsen im gleichen und nicht im gegenläufigen Sinn. Freilich vermeidet die theologische Sprache der Moderne bewusst jede Anschaulichkeit und Unmittelbarkeit des Himmelsgedankens. Lang/McDannell sprechen hier sehr anschaulich von einem ›theozentrischen Minimalismus‹ moderner Himmelsvorstellungen[10], der sich einem symbolischen ›Kompromiss‹ zwischen einer rationalistischen Auflösung des Himmelgedankens und dessen transzendental-existentialer Übersetzung verdankt. Zugleich macht dieser theozentrische Minimalismus aber auch auf eine konkrete Verlusterfahrung der Moderne aufmerksam: In einer Theologie des Himmels herrscht in der Moderne ein absolutes Bilderverbot. Dabei drohen indes nicht nur die Bilder, sondern die Sache selbst verloren zu gehen.

2. Erlösung vom Himmel?

2.1 Jenseits von Erlösung

Heil sein, Ganz werden, glücklich sein – all das sind geläufige Formeln für menschliche Sehnsüchte; Kontrastworte zur Alltagserfahrung, im Persönlichen und Politisch-Gesellschaftlichen. Und nicht selten finden sich solche Begriffe als Chiffren einer gewissen unbestimmten Restreligiösität als sprachlich kaum mehr konkret fassbares Relikt von Transzendenzbezug wieder, die gerade dort zum Zuge kommt, wo nach einem Ideal für das jenseitige Sein, eben den ›Himmel‹ gesucht wird. ›Himmel‹ ist das den menschlichen Sehnsüchten entsprechende Sein *(Ottmar Fuchs)*; sozusagen ein Urwort menschlicher Sprache. Doch steht das Thema Himmel nicht erst heutzutage ganz schnell unter Projektionsverdacht und führt zur Mahnung: Weg von den Projektionen eines Heilsegoismus (der ›persönliche Himmel‹), der uns für die Erde und das, was hier zu tun ist, blind macht! Doch gerade die in diesem gesellschaftspolitischen Umschwung begründete Entfremdung der Eschatologie von individuellen Heilshoffnun-

---

[10] Lang/McDannell, Himmel, 446.

gen und damit der Verlust des Erlösungsgedankens bleiben nicht ohne ›Nebenwirkung‹. So gleicht der aktuelle Blick auf Heils- und Jenseitsvorstellungen einem bunten Sammelsurium verschiedenster Motive und Strömungen: von neu zu erlernender Sterbekultur zur neuen Attraktivität paranormaler Phänomene (samt dem Glauben an außerirdisches Leben von ›Akte X‹ und ›Psi‹) bis zum Reinkarnationsgedanken – alles hat hier seinen Ort. Gerade die ›Anleihen‹ aus den fernöstlichen Religionen und Kulturen gewinnen besondere Bedeutung, freilich in freundlich zubereiteter, d. h. aber auch bedürfnis- und damit marktgerechter Form, die freilich zugleich von einer gewissen ›Subjektmüdigkeit‹ geprägt zu sein scheint, die sich lieber mit dem Gedanken des Nichtigwerden im All-Einen abfindet, als auf eine Personenmitte mit Zukunft hoffen will. Allenfalls die praktische ›Kehrseite‹ bereitet etwas Sorgen: jene Gruppen, die sich möglichst schnell von den Beschwernissen des diesseitigen ›Körpermülls‹ lösen wollen und dies mittels kollektivem Selbstmord zu erreichen hoffen. Angesichts solcher Vorstellungen legt sich zumindest die Frage nahe, ob der Himmel tatsächlich nur noch etwas für Spinner mit mangelndem politischen Sendungsbewusstsein oder sektiererische Fundamentalisten ist.

2.2 Diesseits des Himmels

Es ist daran festzuhalten, dass Gott und die mit ihm verbundene Wirklichkeit alle dem Menschen mögliche Vorstellung übersteigt. Diese Wirklichkeit ist in der christlichen Verkündigung kein Ort an und für sich. Es ist eine personale Wirklichkeit; eine Beziehungsaussage; eine dialogische Wirklichkeit, dynamisch, nicht statisch: nämlich die immerwährende Gemeinschaft des Menschen mit Gott. Es ist ein Leben in Gemeinschaft mit der Liebe Gottes, wie sie uns im Antlitz Jesu Christi entgegengetreten ist. Himmel ist aber kein einsames Geschehen zwischen mir und Gott, sondern er nimmt alles auf, was mich selbst ausmacht, mein Leben, meine Beziehungen, die, die mich geliebt haben, die, die ich geliebt habe. Himmel – das sind wir in einem umfassenden Sinn; und dieser Himmel ist nicht einfach, er ›wird‹, er ›lebt‹, weil er das Leben schlechthin ist. Hier verdichtet sich das Leben zu ungeahnter Intensität (Leben in Fülle), ebenso wie es jenes Bild des grenzenlosen Glücks und der endgültigen Zufriedenheit beinhaltet. Das alles sind Sprachbilder, die auszudrücken versuchen, was eigentlich nicht auszudrücken ist.

Jede Zeit, jede Epoche entwickelt ganz eigene, ›paradiesische‹ Himmels-Bilder, die zumeist mitten aus dem Leben gegriffen sind (Festmahl; Friedensreich; die neue Stadt; Hochzeit; Lachen; Tanzen; Trocknen der Tränen; Leben in Fülle; aber auch Schau Gottes und ewiges Leben). In der biblischen Tradition hat das einen guten Grund: Die religiöse Metapher ›Himmel‹ ist kein folkloristischer Schmuck; sie erhält ihre Verbindlichkeit gerade dadurch, dass sie an unseren Erfahrungen zurückgebunden bleibt und sie als die von Gott geschenkte höchste Möglichkeit erkennbar werden lässt. Biblische Himmelsbilder sind wie alle Hoffnungsbilder immer erdgebunden und erfahrungsgetränkt. Himmlische Wirklichkeit ist immer auch geschöpfliche Wirklichkeit und das nicht nur, weil wir nicht umhin kommen, uns von »den Orten der Bergung Bilder zu machen.«[11] Himmelsbilder aber sind kein Selbstzweck, sondern Hinweise auf irdische Möglichkeiten und Aufgaben. Daher bleibt die entscheidende Herausforderung christlicher Himmelsvorstellungen, dass der Himmel das ist, was hier und jetzt beginnt. »Der Himmel, der kommt, wird zum Bauplan der Welt.«[12] Ein rein vergeistiger Himmel ist trostlos.[13]

> Der Himmel, der ist,
> ist nicht der Himmel, der kommt,
> wenn einst Himmel und Erde vergehen.
>
> Der Himmel, der kommt,
> ist der kommende Herr,
> wenn die Herren der Erde gegangen.

---

[11] Steffensky, Schönheit, 23.
[12] Ebd.
[13] Hinkellammert, Aufstand, 25.

5 ›All will be well …‹

> Der Himmel, der kommt,
> das ist die fröhliche Stadt,
> und der Gott mit dem Antlitz des Menschen.
>
> Der Himmel, der kommt,
> grüßt schon die Erde, die ist,
> wenn die Liebe das Leben verändert.
>
> (Kurt Marti)

3. Die (Wieder-)Entdeckung des Himmels

3.1 Heaven can wait

Eine der Hauptfiguren in *Paul Claudels* Drama ›Der seidene Schuh‹, Don Camillo, entwickelt eine verrückt anmutende Gottesleugnung, die allzu einfach ausfallende Katechismusantworten gegen sich selbst zu wenden scheint: Wenn Gott als der ›Schöpfer‹ und als die ›unbedingte Liebe‹ bezeichnet wird, bietet sich Camillo gerade darin die tiefste aller Möglichkeiten, Gott zu leugnen: Wenn er weiß, dass Gott unendlich in Liebe seinem Geschöpf zugeneigt ist, so wird dieser Gott unendlich daran leiden, wenn sich dieses Geschöpf ihm verweigert, indem es jene Gestalt vereitelt, die der Schöpfer in ihm bilden wollte. Das eine ›schwarze Schaf‹ vereitelt, was Gott mit ihm vorhat. Hier ist die Konsequenz menschlicher Freiheit bis an ihr (negatives) Ende durchdacht: Denn Gott hat sich freien Willens und damit unwiderruflich für diese menschliche Freiheit entschieden, muss also ihr freies (möglicherweise negatives) Ergebnis anerkennen. Gott hat die menschliche Freiheit durchaus auf eigenes Risiko hin geschaffen. Hat er sich damit tatsächlich von diesem Menschen abhängig gemacht, so sehr, dass er ›auf ewig‹ an seinem ›Nein‹ leidet?

Wie können wir angesichts solcher Überlegungen Gottes ›Wesen‹ auch nur halbwegs angemessen beschreiben? – Als Wartenkönnen![14] Sprechen wir Gott ein Wartenkönnen und

---

[14] Zur eschatologischen Größe des ›Wartens‹ vgl. bes. Müller, Christliche Theologie.

Wartenwollen zu, so betonen wir damit die freiwillige Selbstverpflichtung Gottes auf den Menschen. So behält hierin Claudels Don Camilo zum einen durchaus Recht, und befindet sich doch zum anderen im Unrecht. Denn: Leidet Gott an der Verweigerung des Menschen ›ewig‹? Nein, denn ›ewig‹ ist hier allein die unwiderrufliche Entschiedenheit Gottes für den Menschen, seine Entscheidung wirklich ›ewig‹ warten zu können und warten zu wollen. Camilo kann Gott nicht leiden ›lassen‹, weil jener sich mit der Erschaffung des freien Menschen schon zur freiwilligen Übernahme dieses ›Leidens an der Freiheit des Menschen‹ aus Liebe zu ihm entschieden hat. In diesem Rahmen haben wir uns auch die ›Hoffnung auf die Erlösung aller‹ im Sinne *Hans Urs von Balthasars* vorzustellen. An die Möglichkeit der Vollendung und damit an den Himmel zu glauben, ist daher eine Glaubenspflicht, nicht um Gottes, sondern um des Menschen willen!

3.2 Solidarisierung und Dynamisierung des Himmels

An diesem Punkt können wir uns auch noch an eine Frage wagen, deren Beantwortung eigentlich noch aussteht: »Kann ein Mensch ganz fertig und am Ende sein, solange seinetwegen noch gelitten wird, solange Schuld, die von ihm ausgeht, auf Erden weiterglimmt und Menschen leiden macht?«[15] Ist z. B. nicht das besondere Gericht gerade unter dem Aspekt der Reinigung und des Selbstgerichts interpersonal so verzahnt mit dem Schicksal anderer, ja mit der gesamten Weltgeschichte und kann es deswegen überhaupt vor jenem Tag zu Ende gebracht sein, den wir den ›jüngsten‹ oder das Weltgericht nennen? Nur auf den ersten Blick redet die christliche Vorstellung vom Himmel daher einer Individualisierung dieses Geschehens das Wort. Viel grundlegender ist ihr kommunialer Charakter.

»Was besagt es, wenn er [der Heiland] spricht: ›Ich werde nicht mehr trinken‹? [vgl. Mt 26,29] [...]. Mein Heiland trauert auch jetzt über meine Sünden. Mein Heiland kann sich nicht freuen, solange ich in Verkehrtheit bleibe [...]. Solange wir nicht han-

---

[15] Ratzinger, Eschatologie, 151.

5 ›All will be well ...‹

deln, daß wir zum Reiche aufsteigen, kann er den Wein nicht allein trinken, den er ›mit uns‹ zu trinken versprach [...]. Der also ›unsere Wunden auf sich nahm‹ und unsertwegen litt als Arzt der Seelen und der Leiber, sollte sich nichts mehr machen aus den schwärenden Wunden? [...] Er wartet also, daß wir uns bekehren, daß wir seinem Beispiel folgen, daß wir in seine Fußstapfen treten und er sich ›mit uns‹ freue [...]. Noch haben [...] auch die Apostel selbst ihre Freude nicht erhalten, sondern auch sie warten, daß ich ihrer Freude teilhaft werde. Denn auch die von hinnen scheidenden Heiligen erhalten nicht sogleich den vollen Lohn ihrer Verdienste, sondern sie warten auf uns, auch wenn wir verzögern, auch wenn wir träge bleiben. Nicht nämlich haben sie volle Freude, solange sie wegen unserer Irrungen unsere Sünden betrauern und beklagen. [...] Es warten auch [Abraham], Isaak und Jakob, und alle Propheten warten auf uns [...] ›Ein Leib‹ nämlich ist's, der der Rechtfertigung harrt. ›Ein Leib‹, der zum Gerichte aufersteht. ›Sind es auch viele Glieder, so doch Ein Leib; es kann das Auge nicht zur Hand sagen: ich brauche dich nicht‹ [...]. Du wirst also [zwar] Freude haben, wenn du als Heiliger aus diesem Lande scheidest; dann aber erst wird deine Freude voll sein, wenn dir kein Glied mehr fehlt. Warten wirst nämlich auch du, wie du selbst erwartet wirst«.[16]

Läuterung, Fegfeuer, der Hölle ›Aug' in Aug'‹ gegenüberstehen, ja der Himmel selbst, bedeutet letztlich mit Gott, mit Jesus, zusammen warten zu lernen – und zwar zu warten bis kein Glied des Leibes Christi mehr fehlt. ›Warten‹ – das ist zugegebenermaßen ein etwas anderer, vielleicht zunächst befremdlicher Begriff von ›Vollendung‹. Er deutet die Möglichkeit eines ›Schon‹ der persönlichen Vollendung an, die gleichzeitig die bewusste freie Entscheidung zu einem ›Noch-nicht‹ des ›Warten-Könnens‹ und ›Warten-Lernens‹ beinhaltet, des ›Wartens‹ darauf, dass auch das letzte Quäntchen der von mir angerichteten Sünde und all ihrer Folgen bereut, geläutert, vergeben, bei Gott angekommen, eben vollendet ist. ›Du wirst warten‹, sagt Origenes, ›wie auch du selbst erwartet wirst‹. Das ist vielleicht eine etwas andere Vorstellung des Himmels, als die Bilder, die wir üblicherweise damit verbinden, aber es ist ein Himmel, der allein von sich sagen darf: ›Der Himmel – das sind wir!‹

---

[16] Origenes, 7. Homilie über Leviticus, Nr. 2; zitiert nach: H. de Lubac, Glauben aus der Liebe, Einsiedeln 1970, 368–373.

3.3 ›All is well that ends well‹

›Was verliert Gott, wenn er den Menschen verliert?‹ Die Frage nach der Möglichkeit des Himmels verschärft sich gerade angesichts des Gegenteils seiner selbst nochmals.[17] So stellt die Frage nach der Möglichkeit von Vollendung und damit dem Hoffnungspotenzial des Himmels die Frage nach Gott in all ihrer Konkretheit. Die innere Theozentrik aller Himmelsvorstellungen ist damit unaufgebbar. Hinter diese Grundeinsicht der Theologiegeschichte kommt gerade auch die Moderne nicht zurück. Die zunehmende Sprachlosigkeit stellt indes die späte Moderne vor die Frage nach dem, was da sein soll, aber irgendwie doch nicht sein kann. Sie artikuliert sich in jener subtilen Sehnsucht, dass am Ende alles gut sein möge, deren Erfüllung man sich aber nicht mehr vorzustellen wagt.

»All was well« – so lautete angesichts dieser zunehmenden theologischen Sprachlosigkeit der provozierende Schlusssatz der Harry-Potter-Romanreihe, die wie wohl kein anderes literarisches Produkt zur Jahrtausendwende das Lebensgefühl der späten Moderne auf den Punkt brachte. *Joanne K.* Rowling gibt in diesem Satz ein Versprechen, dass auch dort, wo Narben zurückbleiben, ihnen aber die Macht des Bösen und damit der Schmerz entzogen ist, alles gut werden kann, ja, dass sich selbst der Tod für immer bannen lässt. In Rowlings Romanreihe ist dies alles andere als eine naive Hoffnung. Kann man das Böse und am Ende den Tod wirklich besiegen? Ja! Weil – so Rowling – die Liebe jene Kraft ist »die wunderbarer und schrecklicher ist als der Tod, als die menschliche Intelligenz, als die Kräfte der Natur.«[18] Das Böse kann nicht lieben und das besiegelt letztlich sein Schicksal. Doch auch der Tod behält nicht das letzte Wort.

»Der letzte Feind, der zerstört werden wird, ist der Tod ...« – als Harry mit Hilfe Hermines auf dem Kirchhof des kleinen Dorfs Godric's Hollow, das Grab seiner Eltern mit dieser Inschrift findet, versteht er den Satz nicht. Auch als Hermine ihn

---

[17] Vgl. H. U. v. Balthasar, Theodramatik IV, 463f.
[18] J. K. Rowling, Harry Potter und der Orden des Phönix, 990.

5 ›All will be well ...‹

zu erklären versucht, reagiert er nur verärgert und bitter (»Aber sie leben nicht, dachte Harry: Sie sind nicht mehr. Die leeren Worte konnten die Tatsache nicht verhüllen, dass die vermoderten Überreste seiner Eltern unter Schnee und Stein lagen, gleichgültig, unwissend [...] und sah hinunter auf den Schnee, der den Ort vor seinen Augen verbarg, wo die letzten Überreste von Lily und James lagen, die jetzt gewiss nur noch Knochen waren oder Staub, unwissend und gleichgültig ihrem lebenden Sohn gegenüber ...« VII 337). Freilich, Rowling hat mit diesem Satz offensichtlich eine ganz andere Ebene im Blick. Einem Time-Interview zufolge stellt das Bibelzitat aus dem Ersten Korintherbrief (15,26) für sie so etwas wie den Cantus firmus der gesamten Romanreihe dar. Und schon im ersten Band wird deutlich, dass sie mit diesem Zitat nicht einfach den biologischen Tod im Blick haben kann, sondern vielmehr der Frage nach dem Tod bis auf seine letzte Quelle, dem Bösen, nachgehen, also ihn letztlich auch in seiner ganzen ›metaphysischen‹ Tiefe ausloten will. Durch alle Bände zieht sich wie ein roter Faden die Erinnerung daran, dass Harrys Mutter durch Hingabe ihres eigenen Lebens ihren Sohn vor der Ermordung durch Voldemort bewahrt hat. Im Endkampf mit Voldemort tritt Harry dieses Erbe an. Denn Harrys liebendes Selbstopfer sucht nicht mehr das eigene Überleben, sondern nur noch das Leben der anderen zu sichern. Er erneuert damit den ›Zauber‹ jener Hingabe für andere, den ihm seine Mutter aus Liebe geschenkt hat. Und er überlebt. Der wahre Herr des Todes ist am Ende – so lernen wir in jener surrealen Szene in King's Cross – derjenige, der vor dem Tod nicht davonläuft, sondern ihn um der Liebe willen riskiert (»Er nimmt hin, dass er sterben muss, und begreift, dass es viel, viel Schlimmeres in der lebendigen Welt gibt, als zu sterben« VII 729). Die Hoffnung auf Unsterblichkeit, auf den Himmel, erweist sich so nicht als etwas, das man für sich allein besitzen kann, sondern als der unüberbietbare Wunsch der Liebe, eine Gabe der Hoffnung für die anderen[19]. Was also verliert der Mensch, wenn er diese Hoffnung und damit den Himmel aus dem Blick verliert?

---

[19] »Bedaure nicht die Toten Harry. Bedaure die Lebenden, und vor allem

Christliche Hoffnung auf den Himmel provoziert mit der Zusage, dass sich die Lücke zwischen dem, was ist, und dem, was als Erhofftes sein könnte, nicht durch unser Zutun, sondern nur durch das liebende Tun eines ganz Anderen schließen wird. Gerade in diesem Modus der Hoffnung (Immanuel Kant würde sagen: im Postulat Gottes) aber wahrt sie das entscheidende ›Humanum‹. Darum gilt es den Himmel um des Menschen willen offen zu halten!

---

diejenigen, die ohne Liebe leben« (J. K. Rowling, Harry Potter und die Heiligtümer des Todes, 731).

Literaturverzeichnis

Agamben, G., Die Zeit die bleibt. Ein Kommentar zum Römerbrief, Frankfurt a.M. 2006.
Ansorge, D., Vergebung auf Kosten der Opfer? Umrisse einer Theologie der Versöhnung, in: SaThZ 6 (2001) 36–58.
Arendt, H., Vita activa oder vom tätigen Leben, München ^{11}1999.
Arens, Edmund (Hg.), Zeit denken. Eschatologie im interdisziplinären Diskurs, Freiburg u. a. 2010.
Assheuer, T., Die Dunkelseher, in: Die Zeit Nr. 36 vom 30. August 2007, 47.
Assheuer, T., Siehe, ich bin dein Star, in: Die Zeit Nr. 31 vom 24. Juli 2008, 39f.
Assmann, J., Das kulturelle Gedächtnis. Schrift, Erinnerung und politische Identität in frühen Hochkulturen, München ^{6}2007.
Assmann, J., Der Tod als Thema der Kulturtheorie. Todesbilder und Todesriten im Alten Ägypten, Frankfurt a.M. 2000.
Balthasar, H.U. von, Eschatologie, in: Fragen der Theologie heute, hrsg. v. J. Feiner/J. Trütsch/F. Böckle, Einsiedeln 1958, 403–422; auch abgedruckt in: H.U. von Balthasar, Verbum Caro (Skizzen zur Theologie, Bd. I), Einsiedeln 1960, 276–300.
Balthasar, H.U. von, Theodramatik, Bd. IV: Das Endspiel, Einsiedeln 1983.
Balthasar, H.U. von, Was dürfen wir hoffen?, Einsiedeln 1986.
Balthasar, H.U. von, Kleiner Diskurs über die Hölle, Einsiedeln ^{2}2007.
Bärsch, J., Die nachkonziliare Begräbnisliturgie. Anmerkungen und Überlegungen zu Motiven ihrer Theologie und Feiergestalt, in: A. Gerhards (Hg.), Christliche Begräbnisliturgie und säkulare Gesellschaft, Leipzig 2003, 62–99.
Barth, K., Der Römerbrief, Zürich ^{13}1984 (^{2}1922).
Baudler, G., Jesus und die Hölle. Zum religionspädagogischen und pastoraltheologischen Umgang mit den Bildern der Gehenna, in: ThG(B) 34 (1991) 163–174.
Beinert, W., Ich glaube an die Auferstehung der Toten, in: ThPQ 125 (1977) 348–367.
Benedikt XVI. (Ratzinger, J.), Eschatologie – Tod und ewiges Leben, (Neuauflage) Regensburg 2007.
Benjamin, W., Über den Begriff der Geschichte, These IX, ders. Gesam-

melte Werke Bd I/2, hrsg. v. H. Schweppenhäuser, Frankfurt a. M. 1991, 690–708.

Berger, K., Vom Verkündiger zum Verkündigten – Anfragen an ein Programm, in: Jesus von Nazaret. Vorlesungen der Salzburger Hochschulwochen 1994, hrsg. v. H. Schmidinger, Graz u. a. 1995, 185–209.

Berger, P.L., Auf den Spuren der Engel. Die moderne Gesellschaft und die Wiederentdeckung der Transzendenz, Frankfurt 1970.

Bloch, E., Das Prinzip Hoffnung, Frankfurt a.M. 1959.

Blumenberg, H., Lebenszeit und Weltzeit, Frankfurt a.M. ^{2}2005.

Boff, L., Was kommt nachher. Das Leben nach dem Tode, Regensburg 2009.

Boros, L., Mysterium mortis. Der Mensch in der letzten Entscheidung, Olten 1962.

Brantschen, J. B., Gott – die Macht der freien Gewinnung, in: Gottesgeschichten. Beiträge zu einer systematischen Theologie (FS G. Bachl), hrsg. v. W. Achleitner/U. Winkler, Freiburg 1992, 192–211.

Brantschen, J.B., Die Macht und Ohnmacht der Liebe. Randglossen zum dogmatischen Satz: Gott ist unveränderlich, in: FrZThPh 27 (1980) 224–246.

Brantschen, J. B., Warum gibt es Leid? Die große Frage an Gott, Freiburg 2009.

Breuning, W., Zur Lehre von der Apokatastasis, in: IKaZ 10 (1981) 19–31.

Bultmann, R., Geschichte und Eschatologie, Tübingen ^{2}1964.

Camus, A., Die Pest, Hamburg 1950.

Christliche Begräbnisliturgie und säkulare Gesellschaft, hrsg. v. A. Gerhards/B. Kranemann, Erfurter Theologische Schriften 30, Leipzig ^{2}2003.

Cohn, N., Das neue irdische Paradies. Revolutionärer Millenarismus und mystischer Anarchismus im mittelalterlichen Europa (Kulturen und Ideen), Reinbek bei Hamburg 1988.

Cohn, N., Die Erwartung der Endzeit. Vom Ursprung der Apokalypse, Frankfurt a. M. 1997.

Daley, B./Schreiner, J./ Lona, H.E., Eschatologie. In der Schrift und Patristik (Handbuch der Dogmengeschichte, hrsg. v. M. Schmaus u. a., Bd. IV, Faszikel 7a), Freiburg 1986.

De Lubac, H., Glauben aus der Liebe, Einsiedeln 1970.

Delumeau, J., Angst im Abendland. Die Geschichte kollektiver Ängste im Europa des 14. bis 18. Jahrhunderts, Reinbek bei Hamburg 1989.

Die größere Hoffnung der Christen. Eschatologische Vorstellungen im Wandel, hrsg. v. A. Gerhards (QD 127), Freiburg 1990.

Dinzelbacher, P., Die letzten Dinge. Himmel, Hölle, Fegefeuer im Mittelalter, Freiburg 1999.

Dinzelbacher, P., Von der Welt durch die Hölle ins Paradies – Das mittelalterliche Jenseits, Paderborn 2007.
Dirscherl, E., Grundriß Theologischer Anthropologie. Die Entscheidung des Menschen angesichts des Anderen, Regensburg 2006.
Epikur, Von der Überwindung der Furcht. Katechismus, Lehrbriefe, Spruchsammlung, Fragmente, hrsg. v. Olof Gigon, Zürich 1968.
Escribano-Alberca, I., Eschatologie. Von der Aufklärung bis zur Gegenwart (Faszikel 7d), Freiburg 1987.
Faber, E.M., Du neigst dich mir zu und machst mich groß. Zur Theologie von Gnade und Rechtfertigung, Regensburg 2005.
Finkenzeller, J., Die »Seele« im Verständnis der Philosophie und Theologie. Zum Verhältnis von Anthropologie und Eschatologie, in: Weisheit Gottes-Weisheit der Welt I (FS J. Kard. Ratzinger, hrsg. v. W. Baier u. a.), St. Ottilien 1987, 277–291.
Fischer A.A., Tod und Jenseits im Alten Orient und im Alten Testament, Neukirchen-Vluyn 2005.
Foucault, M., Die Sorge um sich. Sexualität und Wahrheit 3, Frankfurt a.M. 1983.
Fuchs, O., Das Jüngste Gericht. Hoffnung auf Gerechtigkeit, Regensburg 2007.
Fuchs, O., Dass Gott zur Rechenschaft gezogen werde – weil er sich weder gerecht noch barmherzig zeigt? Überlegungen zu einer Eschatologie der Klage, in: Das Drama der Barmherzigkeit Gottes. Studien zur biblischen Gottesrede und ihrer Verwirklichungsgeschichte im Judentum und Christentum (= Stuttgarter Bibelstudien 183, hrsg. v. R. Scoralick), Stuttgart 2000, 11–32.
Fuchs, O., Neue Wege einer eschatologischen Pastoral, in: ThQ 179 (1999) 260–288.
Gemeinsame Synode der Bistümer in der Bundesrepublik Deutschland, Offizielle Gesamtausgabe, Band 1, Freiburg 1976.
Gerhards, A., Eschatologische Vorstellungen und Modelle der Totenliturgie, in: Die größere Hoffnung der Christen, 147–158.
Greshake, G. (Hg.), Ungewisses Jenseits? Himmel – Hölle – Fegfeuer, Düsseldorf 1986.
Greshake, G., Die Alternative »Unsterblichkeit der Seele« oder »Auferstehung der Toten« als ökumenisches Problem, in: ThPQ 123 (1975) 13–21.
Greshake, G., Endzeit und Geschichte. Zur eschatologischen Dimension in der heutigen Theologie, in: HerKorr 27 (1973) 625–634.
Greshake, G., Leben stärker als der Tod. Von der christlichen Hoffnung, Freiburg 2008.
Greshake, G., Seelenwanderung oder Auferstehung? Ein Diskurs über die

eschatologische Vollendung des Heils, in: ders., Gottes Heil – Glück des Menschen, Freiburg 1983, 226–244.

Greshake, G., Stärker als der Tod. Zukunft – Tod – Auferstehung – Himmel – Hölle – Fegfeuer, Mainz 1976.

Greshake, G., Tod und Auferstehung, in: Christlicher Glaube in moderner Gesellschaft, hrsg. v. F. Böckle u. a., Bd. 5, Freiburg 1980, 63–130.

Greshake, G./Kremer, J., Resurrectio mortuorum. Zum theologischen Verständnis der leiblichen Auferstehung, Darmstadt 1986.

Greshake, G./Lohfink, G., Naherwartung – Auferstehung – Unsterblichkeit, Freiburg [4]1982 (darin bes.: G. Greshake, Das Verhältnis »Unsterblichkeit der Seele« und »Auferstehung des Leibes« in problemgeschichtlicher Sicht: 82–120; ders., Die Leib-Seele-Problematik und die Vollendung der Welt: 156–184; G. Lohfink, Was kommt nach dem Tod?: 208–223).

Gruber, F., Diskurs der Hoffnung. Zur Hermeneutik eschatologischer Aussagen, in: Zeit denken, 19–45.

Gruber, F., Diskurs und Konsens im Prozess theologischer Wahrheit, Innsbruck u. a. 1993.

Gutiérrez, G., Theologie der Befreiung. Mit einem Vorwort von Johann Baptist Metz, München-Mainz [6]1983.

Heidegger, M., Sein und Zeit (Neuausgabe), Tübingen 2006.

Hilberath, B. J., Reinkarnation oder Auferstehung der Toten? Ein Vergleich zweier Hoffnungsbilder, in: Himmel – Hölle – Fegfeuer, 107–131.

Himmel – Hölle – Fegfeuer, hrsg. v. A. Biesinger/M. Kessler, Tübingen 1996.

Hinkellammert, F. Aufstand der Grenzen. Der Verlust des Himmels treibt die Welt in eine ganz reale Hölle, in: Zeitzeichen 12/2009 24–26.

Höhn, H.-J., Versprechen. Das fragwürdige Ende der Zeit, Würzburg 2003.

Hoping, H./Tück, J.H., »Für uns gestorben«. Die soteriologische Bedeutung des Todes Jesu und die Hoffnung auf universale Versöhnung, in: Theologische Berichte 23 (2000) 71–107.

Janowski, J. C., Allerlösung. Annäherung an eine entdualisierte Eschatologie, Neukirchen-Vluyn 2000.

Janowski, J. C., Eschatologischer Dualismus? Erwägungen zum ›doppelten Ausgang‹ des Jüngsten Gerichts, in: JBTh 9 (1994) 175–218.

Johnston, P., Shades of the Sheol. Death and Afterlife in the Old Testament, Downers Gove 2002.

Jüngel, E., Tod, Gütersloh [3]1985.

Katechismus der Katholischen Kirche, Leipzig 2007.

Katholischer Erwachsenkatechismus, hrsg. v. der Deutschen Bischofskonferenz, Bd. I: Das Glaubensbekenntnis der Kirche, Freiburg 2006.
Kehl, M., Eschatologie, Würzburg 1986.
Kehl, M., Nur einmal auf Erden? Seelenwanderung und Reinkarnation zwischen Häresie und Hoffnung, in: BiKi 49 (1994) 35–41.
Kehl, M., Und was kommt nach dem Ende? Von Weltuntergang und Vollendung, Wiedergeburt und Auferstehung, Ostfildern ²2008.
Kermani, N., Der Schrecken Gottes. Attar, Hiob und die metaphysische Revolte, München 2008.
Kittel, G., Befreit aus dem Rachen des Todes. Tod und Todesüberwindung im Alten und im Neuen Testament, Göttingen 1999.
Kläden, T., Mit Leib und Seele. Die mind-and-brain-Debatte in der Philosophie des Geistes und die anima-forma-corporis-Lehre des Thomas von Aquin, Regensburg 2005.
Klauck, H.-J., Weltgericht und Weltvollendung. Zukunftsbilder im Neuen Testament (QD 150), Freiburg – Basel – Wien 1994.
Köhler, J., Wider den Missbrauch von Bildern des Glaubens. Beobachtungen des Historikers zur Instrumentalisierung von Bildern, in: Himmel – Hölle – Fegefeuer, 75–105.
Küng, H., Ewiges Leben?, München 1982.
Kunz, E., Protestantische Eschatologie. Von der Reformation bis zur Aufklärung (ebd., Faszikel 7c/1), Freiburg 1980.
Lang B./McDannell C., Der Himmel. Eine Kulturgeschichte des ewigen Lebens, Frankfurt a. M. ²1990.
LeGoff, J., Das Hochmittelalter, Frankfurt a. M. 1999.
LeGoff, J., Die Geburt des Fegefeuers, Stuttgart 1991.
LeGoff, J., Kultur des europäischen Mittelalters, München u. a. 1970.
Lehmann, K., Was bleibt vom Fegfeuer?, in: IKaZ 9 (1980) 236–243.
Lévinas, E., Die Zeit und der Andere, Hamburg 1984.
Libanio, J.B./Lucchetti Bingemer, M.C., Christliche Eschatologie, Düsseldorf 1987 (Petropolis 1985).
Lüke, U., Auferstehung am Jüngsten Tag als Auferstehung im Tod, in: StZ 216 (1998) 45–54.
Macho, T., Tod und Trauer im kulturwissenschaftlichen Vergleich, in: Assmann, J., Der Tod als Thema der Kulturtheorie, 89–120.
Mann, G./Rahner, K., Weltgeschichte und Heilsgeschichte, in: Christlicher Glaube in moderner Gesellschaft, hrsg. v. F. Böckle u. a., Bd. 23, Freiburg 1982, 87–125.
Manser, J., Der Tod des Menschen. Zur Deutung des Todes in der gegenwärtigen Philosophie und Theologie, Frankfurt a.M. 1977.
Marcel, G., Wert und Unsterblichkeit, in: ders., Das ontologische Geheimnis – Fragestellung und konkrete Zugänge, Stuttgart 1961.

Marquardt, F.W., Was dürfen wir hoffen? Eine Eschatologie. Bd. I, Gütersloh 1993.

Merklein, H., Jesu Botschaft von der Gottesherrschaft, Stuttgart 1983.

Merkt, A., Das Fegefeuer. Entstehung und Funktion einer Idee, Darmstadt 2005.

Metz, J. B., Glaube in Geschichte und Gesellschaft, Mainz 1977.

Metz, J. B., Memoria passionis. Ein provozierendes Gedächtnis in pluralistischer Gesellschaft, Freiburg – Basel – Wien 2006.

Metz, J. B., Zum Begriff der neuen Politischen Theologie 1967–1997, Mainz 1997.

Metz, J.B., Theodizee-empfindliche Gottesrede, in: ders. Landschaft aus Schreien. Zur Dramatik der Theodizeefrage, Mainz 1995, 81–102.

Metz, J.B., Theologie als Theodizee?, in: W. Oelmüller (Hg.), Theodizee – Gott vor Gericht?, München 1990, 103–118.

Minois, G., Die Hölle. Zur Geschichte einer Fiktion, München 1994.

Moltmann, J., Im Ende – der Anfang. Eine kleine Hoffnungslehre, Gütersloh 2003.

Moltmann, J., Theologie der Hoffnung, München 1964.

Moltmann, J., Über den Anfang der Zeit in Gottes Gegenwart, in: Ende der Zeit?, hrsg. v. Peters, T.R./Urban, C., Mainz 1999.

Morgenroth, M., Heiligabend-Religion. Von unserer Sehnsucht nach Weihnachten, München 2003.

Mühling, M., Grundinformation Eschatologie. Systematische Theologie aus der Perspektive der Hoffnung, Göttingen 2007.

Müller, G.L., »Fegefeuer«. Zur Hermeneutik eines umstrittenen Lehrstücks in der Eschatologie, in: ThQ 166 (1986) 25–39.

Müller, K./Stubenrauch, B., Geglaubt – Bedacht – Verkündet. Theologisches zum Predigen, Regensburg 1997.

Müller, M., Christliche Theologie im Angesicht des Judentums. Bausteine einer Phänomenologie des Wartens, Stuttgart 2009.

Neuhaus, G., Theodizee – Abbruch oder Anstoß des Glaubens, Freiburg/Basel/Wien 1993.

Nocke, F.J., Eschatologie, Düsseldorf ^{2}2005.

Nocke, F.-J., Eschatologie. Fragen nach der Zukunft der Menschheit, in: Konturen heutiger Theologie, hrsg. v. G. Bitter/G. Miller, München 1976, 213–236.

Nocke, F.-J., Was können wir hoffen? Perspektiven der Zukunft im Wandel, Würzburg 2007.

Pannenberg, W., Heilsgeschehen und Geschichte, in: ders., Grundfragen systematischer Theologie I, Göttingen ^{3}1979.

Pemsel-Maier, S., Himmel – Hölle – Fegefeuer, Stuttgart 2001.

Pröpper, T., Erlösungsglaube und Freiheitsgeschichte. Skizze einer Soteriologie, München ²1991.

Pröpper, T., Fragende und Gefragte zugleich. Notizen zur Theodizee, in: ders., Evangelium und freie Vernunft. Konturen einer theologischen Hermeneutik, Freiburg 2001, 266–275.

Pröpper, T., Warum gerade ich? Zur Frage nach dem Sinn von Leiden, in: KatBl 108 (1983) 253–274.

Quartier, T./Scheer, A.H.M.,/van der Ven, J.A., Typen katholischer Bestattungsriten in der modernen Gesellschaft, in: Christliche Begräbnisliturgie und säkulare Gesellschaft, 182–201.

Rahner, J., Apokalyptik – Mutter der christlichen Theologie? In: Befristete Zeit, hrsg. v. J. Manemann, Jahrbuch Politische Theologie Bd. 3, Münster 1999, 225–231.

Rahner, K, Fegfeuer, in: ders., Schriften XIV, 435–449 (SW 30, 657–667).

Rahner, K., Zur Theologie des Todes, QD 2, Freiburg 1958 (SW 9, 348–392).

Rahner, K., Das christliche Sterben, in: Mysterium Salutis. Grundriß heilsgeschichtlicher Dogmatik, hrsg. v. J. Feiner/M. Löhrer, Bd. 5, Zürich 1976, 463–493 (SW 22/2, 254–280).

Rahner, K., Hinüberwandern zur Hoffnung (SW 30, 668–673).

Rahner, K., Kleiner theologischer Traktat über den Ablaß, in: ders., Schriften VIII, 472–487 (SW 11, 492–503).

Rahner, K., Marxistische Utopie und christliche Zukunft des Menschen, in: ders., Schriften VI, 77–88 (SW 15, 410–418). In SW 15 unter dem Titel »Christentum als Religion der absoluten Zukunft«.

Rahner, K., Theologische Prinzipien der Hermeneutik eschatologischer Aussagen, in: ders., Schriften zur Theologie IV, Freiburg ³1962, 401–428 (SW 12, 489–510).

Rahner, K., Über den ›Zwischenzustand‹, in ders.: Schriften zur Theologie XII, Freiburg 1975, 455–466 (SW 22/2, 245–253).

Rahner, K., Über die theologische Problematik der ›neuen‹ Erde, in: ders. Zur Theologie der Zukunft, München 1971, 183–193 (SW 15, 557–566).

Rahner, K., Zu einer Theologie des Todes, in: ders., Schriften X, 181–199 (SW 22/2, 230–244).

Rahner, K., Zur heutigen kirchenamtlichen Ablaßlehre, in: ders., Schriften VIII, 488–518 (SW 11, 504–529).

Rahner, K., Zur Theologie der Zukunft, München 1971.

Ratzinger, J. (Benedikt XVI.), Eschatologie. Tod und ewiges Leben, Regensburg 2007.

Ratzinger, J., Auferstehung und ewiges Leben, in: ders., Dogma und Verkündigung, München ³1977, 297–310.

Ratzinger, J., Jenseits des Todes, in: IKaZ 1 (1972) 231–244.
Ratzinger, J., Zur Theologie des Todes, in: ders., Dogma und Verkündigung, München ³1977, 277–296.
Ratzinger, J., Zwischen Tod und Auferstehung, in: IKaZ 9 (1980) 209–223.
Remenyi, M., Ende gut – Alles gut?. Hoffnung auf Versöhnung in Gottes eschatologischer Zukunft, in: IkaZ 32 (2003) 492–512.
Remenyi, M., Hermeneutik der Hoffnung. Replik auf Franz Gruber, in: Zeit denken, 58–77.
Richter, K., Christliche Begräbnisliturgie in nachchristlicher Zeit, in: Christliche Begräbnisliturgie und säkulare Gesellschaft, 298–319.
Rowling, J. K., Harry Potter und der Orden des Phönix, Hamburg 2003.
Rowling, J. K., Harry Potter und die Heiligtümer des Todes, Hamburg 2007.
Sachau, G., Westliche Reinkarnationsvorstellungen, Gütersloh 1996.
Schäfer, P., Eschatologie. Trient und Gegenreformation (ebd., Faszikel 7c/2), Freiburg 1984.
Scheffczyk, L., Apokatastasis: Faszination und Aporie, in: IKaZ 14 (1985) 35–46.
Scherer, G., Das Problem des Todes in der Philosophie, Darmstadt 1979.
Schipper, B. U./ Plasger, G., Apokalyptik und kein Ende?, Göttingen 2007.
Schmaus, M., Der Glaube der Kirche. Handbuch Katholischer Dogmatik. Bd. 2, München 1970.
Schmaus, M., Katholische Dogmatik IV/2, München ⁵1959.
Schmaus, M., Von den letzten Dingen, Regensburg – Münster 1948.
Schmied, A., Ewige Strafe oder endgültiges Zunichtewerden? Neuere Überlegungen zum Thema »Hölle«, in: ThG 18 (1975) 178–183.
Schwarz, H., Die christliche Hoffnung. Grundkurs Eschatologie, Göttingen 2002.
Schweitzer, A., Geschichte der Leben-Jesu-Forschung, Tübingen ⁹1984.
Simonis, W., Über Gott und die Welt. Gottes- und Schöpfungslehre, Düsseldorf 2004.
Sonnemans, H., Seele – Unsterblichkeit – Auferstehung. Zur griechischen und christlichen Anthropologie und Eschatologie, Freiburg 1984.
Sörries, R., Bestattungs- und Friedhofskultur der Gegenwart. Vom angebots- zum nachfrageorientierten Markt, in: Christliche Begräbnisliturgie und säkulare Gesellschaft, 204–217.
Steffensky, F., Die Schönheit des dickköpfigen Stolzes. Der Glaube an die Erlösung verweigert dem Tod das letzte Wort, in: Zeitzeichen 12/2009, 21–23.
Striet, M., Versuch über die Auflehnung. Philosophisch-theologische Überlegungen zur Theodizeefrage, in: H. Wagner (Hg.), Mit Gott strei-

ten. Neue Zugänge zum Theodizeeproblem (QD 169), Freiburg u. a. 1998 (^{2}1998), 48–89.

Stubenrauch, B., Was kommt danach? Himmel, Hölle, Nirwana oder gar nichts, München 2007.

Taubes, J., Abendländische Eschatologie, München 1991.

Taubes, J., Ad Carl Schmitt. Gegenstrebige Fügung, Berlin 1947.

Tück, J. H., Versöhnung zwischen Tätern und Opfer. Ein soteriologischer Versuch angesichts der Shoah, in: ThGl 89 (1999) 364–381.

Verweyen, H., Kants Gottespostulat und das Problem sinnlosen Leidens, in: ThPh 62 (1987) 580–587.

Verweyen, H., Botschaft eines Toten? Den Glauben rational verantworten, Regensburg 1997.

Verweyen, H., Gottes letztes Wort. Grundriß der Fundamentaltheologie, Regensburg ^{3}2000.

Verweyen, H., Hölle – ewig?, in: Horkel, W. (Hg.), Christliches ABC. Heute und Morgen. Praktischer Ratgeber für Lebensfragen und Lebenshilfe, Art. Hölle, 5–15, Bad Homburg 1987.

Verweyen, H., Offene Fragen im Sühnebegriff auf dem Hintergrund der Auseinandersetzung Raymund Schwagers mit Hans Urs von Balthasar, in: Dramatische Erlösungslehre. Ein Symposion, hrsg. v. J. Niewiadomski/W. Palaver, Innsbruck/Wien 1992, 137–146.

Vögtle, A., Das Neue Testament und die Zukunft des Kosmos, Düsseldorf 1970.

Vorgrimler, H., »... und das ewige Leben. Amen!« Christliche Hoffnung über den Tod hinaus, Münster 2007.

Vorgrimler, H., Geschichte der Hölle, München 1994.

Vorgrimler, H., Geschichte der Paradieses und des Himmels. Mit einem Exkurs über die Utopie, München 2008.

Vorgrimler, H., Hoffnung auf Vollendung. Aufriss der Eschatologie (QD 90), Freiburg 1980.

Wagner, H. (Hg.), Ars moriendi. Erwägungen zur Kunst des Sterbens, Freiburg 1989.

Weder, H., Gegenwart und Gottesherrschaft. Überlegungen zum Zeitverständnis Jesu und im frühen Christentum, Neukirchen-Vluyn 1993.

Weder, H., Mythisches Reden ist nicht zu ersetzen, in: Glaubensseminar für die Gemeinde. Publikation des Instituts für Erwachsenenbildung der evang.-reform. Landeskirche des Kantons Zürich, Heft 7, Zürich 1992, 7.

Werbick, J., Auf der Spur der Bilder, in: BiKi 54 (1999) 2–9.

Werbick, J., Von Gott sprechen an der Grenze zum Verstummen, Münster 2004.

Wiederkehr, D., Perspektiven der Eschatologie, Zürich 1974.

Wohlmuth, J., Mysterium der Verwandlung. Eine Eschatologie aus katholischer Perspektive im Gespräch mit jüdischem Denken der Gegenwart, Paderborn 2005.

Zeit denken. Eschatologie im interdisziplinären Diskurs, hrsg. v. E. Arens, (QD 234), Freiburg 2010.

Zenger, E., Das alttestamentliche Israel und seine Toten, in: K. Richter (Hg.), Der Umgang mit den Toten, Freiburg 1990, 132–152.

Personenverzeichnis

Agamben, G. 37–40
Angela von Foligno 281
Ansorge, D. 221, 230–232
Arendt, H. 83–84
Assheuer, T. 30, 36
Assmann, J. 19, 23f., 38, 113f., 133
Augustinus 85, 87, 89–92, 179, 201, 217–219, 238, 270, 274, 281, 292

Bärsch, J. 21
Barth, K. 55, 221
Benedikt XVI. (Ratzinger, J.) 130, 140, 176f., 185, 192f., 195–197, 216, 248. 301
Benjamin, W. 40, 69, 78
Berger, P.L. 220
Bloch, E. 28, 96, 98
Blumenberg, H. 30, 41
Bonaventura 89, 219
Brantschen, J. B. 219f., 227f., 230–232, 282

Calvin, J. 192f., 237, 245
Camus, A. 13, 28, 223–224
Claudel, P. 300f.
Clemens v. Alexandrien 213f., 238
Cohn, N. 31f., 35, 37

Darwin, C. 43
Delumeau, J. 201
Diodor v. Tarsus 216
Dirscherl, E. 185

Epikur 17, 187, 190

Faber, E.M. 78
Feuerbach, L. 25f., 28, 66, 96f., 99, 295f.

Fischer, A.A. 18, 41, 106, 108, 110, 117f., 121, 123
Flavius Josephus 265
Foucault, M. 201
Fuchs, E. 226
Fuchs, O. 211, 220, 222f., 229–231, 285, 297

Galilei, G. 295
Gerhards, A. 22
Gregor v. Nyssa 216
Greshake, G. 195f.
Gruber, F. 32, 55f., 61f.

Heidegger, M. 17–19, 174
Hesiod 128
Hinkellammert 299
Höhn, H.-J. 62
Homer 126–129

Irenäus 40, 87, 187

Janowski, C. J. 221
Joachim v. Fiore 85, 88f., 92
Johannes vom Kreuz 281
Julian von Norwich 281
Jüngel, E. 175f.
Justin 87

Kant, I. 53f., 57, 94, 223, 294f., 305
Kehl, M. 65, 249, 251, 255, 257
Kepler, J. 295
Kermani, N. 290
Kittel, G. 135, 137
Kläden, T. 191
Köhler, J. 59
Kopernikus, N. 295
Kremer, J. 195

Lang B. 31, 135. 284, 294f., 296
LeGoff, J. 215, 233, 238, 241,243
Lehmann, K. 220, 235
Lessing, G. E. 94f. 253
Levinas, E. 17, 26, 179
Lohfink, G. 195
Löwith, K. 30
Lüke, U. 198
Luther, M. 103, 193, 221, 225, 245

Macho, T. 18, 22f.
Marcel, G. 25–27, 62, 180
Marx. K. 25, 43, 45, 96f., 99, 296
McDannell C. 135, 284, 294f., 297
Mechthild von Hackeborn 281
Metz, J.B. 30, 55, 69, 219, 222
Minos 263
Moltmann, J 55, 95, 147.
Morgenroth, M. 83
Mühling, M. 94f., 177
Müller, K. 82, 158f., 200
Müller, M. 300

Neuhaus, G. 223f.
Newton, I. 295
Nietzsche, F. 96, 99–101, 219
Nocke, F.J. 19, 44, 46f., 50, 141f., 236

Origenes 81, 187, 213–216, 218, 221, 237f., 274, 276, 281, 292, 302

Papias 87
Pemsel-Maier, S. 58
Plasger, G. 36
Platon 126, 128–131, 187, 196, 251, 292

Pröpper, T. 28, 220, 222f., 226, 230

Quartier, T. 22

Rahner, J. 144
Rahner, K. 55, 67f., 102, 174, 220, 279f.
Remenyi, M. 144, 222, 229, 231
Richter, K. 22
Rowling, J. K. 302–305

Scheer, A.H.M. 22
Schipper, B. 36
Schwarz, P. 99
Simonis, W. 179
Sloterdijk, P. 99
Sörries, R. 22
Steffensky, F. 299
Steiner, R. 250
Stubenrauch, B. 82, 158f., 220

Taubes, J. 30f., 36
Tertullian 87, 187
Theodor v. Mopsuestia 216
Therese von Lisieux. 281
Theresia von Avila 281
Thomas von Aquin 89, 190–192, 197, 219, 273, 285, 281, 294
Tück, J.H. 220f., 229–231

v. Balthasar, H.U. 55, 169, 219–221, 227f., 280–283, 301, 303
van der Ven, J.A. 22
Vorgrimler, H. 170, 263, 284
Verweyen, H. 221, 223, 225f., 229

Weder, H. 149, 57
Werbick, J. 67, 77
Wohlmuth, J. 54,65, 69

GRUNDLAGEN THEOLOGIE

Die HERDER-Reihe GRUNDLAGEN THEOLOGIE gibt Leserinnen und Lesern profunde und übersichtliche Erstinformationen zu zentralen Themen aus Theologie und Glauben an die Hand. Dabei bietet die Einführungsreihe Orientierungs- und Nachschlagemöglichkeiten sowohl für Einsteiger als auch für Fachleute. Ausgewiesene Autorinnen und Autoren erleichtern Studierenden der katholischen Theologie und allen Interessierten den Zugang zu theologischem Denken, klären die relevanten theologischen Begriffe, entfalten themenbezogen zeit- und theologiegeschichtliche Hintergründe, legen auf der Höhe des aktuellen theologischen Diskurses die kirchliche Lehre dar und verweisen dabei auf offene und kontroverse Fragen. In Zeiten erodierender Kenntnisse über Glauben und Religion vermittelt GRUNDLAGEN THEOLOGIE verständliche und verlässliche Informationen. Die Bände bieten jeweils eine kommentierte Bibliographie zum Thema, sowie Karten, (Schau-)Bilder, Zeittafeln, Glossare und Register.

Jörg Ernesti
Konfessionskunde kompakt
2009, 220 S., mit Literaturverzeichnis, Verzeichnis
elektronischer Ressourcen, Glossar, Register
Bestell-Nr. 978-3-451-30307-4

August Franzen
Kleine Kirchengeschichte
25. Auflage
Erweiterte Neuausgabe 2008, 480 S., mit Papst- und
Konzilienliste, Zeittafel, Literaturverzeichnis, Registern
Bestell-Nr. 978-3-451-29999-5

Gisbert Greshake
Hinführung zum Glauben an den drei-einen Gott
5. Auflage
Erweiterte und aktualisierte Neuausgabe 2008, 128 S.,
mit Bibliographie und Personenregister
Bestell-Nr. 978-3-451-29787-8

Konrad Hilpert, Stephan Leimgruber (Hrsg.)
Theologie im Durchblick
Ein Grundkurs
2008, 320 S., mit Grafiken, vierfarbigen Abbildungen,
Sachregister
Bestell-Nr. 978-3-451-29883-7

Christina Kalloch, Stephan Leimgruber, Ulrich Schwab
Lehrbuch der Religionsdidaktik
2009, 440 S., mit Bibliographie, Personen- und Stichwortregister
Bestell-Nr. 978-3-451-30263-3

Markus Knapp
Die Vernunft des Glaubens
Eine Einführung in die Fundamentaltheologie
2009, 434 S., mit Literaturverzeichnis und Personenregister
Bestell-Nr. 978-3-451-30161-2

Albert Raffelt
Theologie studieren
7. Auflage
Einführung ins wissenschaftliche Arbeiten
Überarbeitete und erweiterte Neuausgabe 2008, 352 S.
Bestell-Nr. 978-3-451-29815-8

Karl Rahner, Herbert Vorgrimler
Kleines Konzilskompendium
35. Auflage
Sämtliche Texte des Zweiten Vatikanischen Konzils
2008, 775 S.
Bestell-Nr. 978-3-451-29991-9

Josef Römelt
Christliche Ethik in moderner Gesellschaft

Band 1: Grundlagen
2008, 248 S., mit Literaturverzeichnis und Register
Bestell-Nr. 978-3-451-29895-0

Band 2: Lebensbereiche
2009, 448 S., mit Literaturverzeichnis und Register
Bestell-Nr. 978-3-451-29995-7

Alexander Saberschinsky
Einführung in die Feier der Eucharistie
Historisch – Systematisch – Praktisch
2009, 220 S., mit Quellen und Literaturhinweisen
sowie Sach- und Personenregister
Bestell-Nr. 978-3-451-29884-4

Jürgen Werbick
Grundfragen der Ekklesiologie
2009, 264 S., mit Literaturverzeichnis und Personenregister
Bestell-Nr. 978-3-451-30303-6

In jeder Buchhandlung

HERDER